Die Allagash Entführungen

Unwiderlegbare Beweise für das Eingreifen von Außerirdischen

Raymond E. Fowler

Vorwort von Budd Hopkins

G. Reichel Verlag

Umschlagbild: David K. Brunn

Titel der Orginalausgabe:

The Allagash Abductions

Undeniable Evidence of Alien Intervention

1. Ausgabe 1993 Wild Flower Press

© 1995 1. Deutsche Ausgabe
G. Reichel Verlag
Reifenberg 36
D - 91365 Weilersbach

Übersetzt aus dem Amerikanischen von
Gudrun Brug und Gertraud Reichel

ISBN 3926388-30-7

Inhaltsverzeichnis

Raymond E. Fowler (26. November 1991)
(Dank an: Lynn Daily Evening Item, Lynn, Massachusetts)

Über den Autor

Raymond E. Fowler wurde in Salem, Massachusetts, geboren. Er machte seinen Schulabschluß am Gordon College of Liberal Arts mit einem B. A. (magna cum laude). Raymond Fowler arbeitete bei der USAF Security Service und bei GTE Strategic Systems Division. Er ging früh in den Ruhestand, und zwar als Manager im Bereich der Aufgabenstellung und Senior Planer auf dem Gebiet der Entwicklung wichtiger Rüstungssysteme.

Ray Fowlers Beiträge zur Ufologie werden von UFO-Forschern aus der ganzen Welt anerkannt. Seine Untersuchungsberichte sind für Kongresse, militärische Veröffentlichungen, Zeitungen, Zeitschriften und berufsspezifische Journale in den USA veröffentlicht worden. Der frühere USAF wissenschaftliche UFO-Projektberater Dr. J. Allen Hynek nannte Raymond Fowler einen "alles überragenden" UFO-Forscher... Ich kenne niemanden, der hingebungsvoller, vertrauenswürdiger oder beharrlicher wäre." Ray Fowler ist der nationale Direktor für Untersuchungen beim MUFON Aufsichtsrat und beim Mutual UFO Network, einer internationalen Gruppe, die UFOs erforscht.

Er baute und betreibt das Woodside Planetarium und Observatorium und zeigt Shows über Sterne, läßt durchs Teleskop sehen, hält Anfängerkurse für Kinder und Erwachsene über Astronomie und spricht über Themen wie Entstehung, Gemüseanbau, fischen in Süßwasser und UFOs.

Ray Fowler hat provozierende Dia-Shows über UFOs und Astronomie vor hunderten von Erwachsenen- und Kindergruppen in ganz New England und darüber hinaus gezeigt. Diese schließen Programme für Colleges, öffentliche Schulen, Ingenieurswesen, Logen, Kirchengruppen, Clubs, Mädchen- und Jungenpfadfindergruppen ein.

Dieses Buch ist meiner Mutter
Doris H. Fowler gewidmet,
die ihre UFO-Erlebnisse,
die sie als Kind und als Erwachsene hatte,
vor ihrem Tode im Jahre 1988 mit mir teilte.

Einführung von Budd Hopkins

Wer sich für das Studium des Phänomens der UFO-Entführungen interessiert, hat vielleicht die Erfahrung gemacht, daß das Thema nur allzu leicht mehr Hitze als Licht erzeugt - so wie sonst noch die Themen Steuern, Abtreibung und CIA. Ray Fowler gehört dankenswerterweise zu der kleinen Gruppe von Forschern, die den Versuchungen widerstehen und auf die Annehmlichkeiten eines starren Glaubenssystems verzichten. Dieses Buch ist ein Beweis seines wissenschaftlichen Geistes und seines soliden empirischen Verfahrens.

Unglücklicherweise begegnen viele Menschen Berichten von UFO-Entführungen mit festgefahrenen, oft sehr emotionalen Positionen und mit wenig Respekt für eine aufgeschlossene wissenschaftliche Neugier. Unter den verschiedenen Gruppen mit festen a priori-Positionen zum Thema sind am leichtesten die Kurzschluß-"Entlarver" auszumachen. Sie verbinden äußerst rigide Glaubenssysteme ("UFO-Entführungen sind wissenschaftlich ein Ding der Unmöglichkeit") mit dem totalen Desinteresse, solche Berichte tatsächlich zu untersuchen. Sie lassen sich alle miteinander als schlechtinformierte Ideologen einstufen, deren Positionen nicht auf Daten basieren, sondern auf Glauben.

Lassen Sie mich diesen Punkt veranschaulichen: Wenn Ray Fowler jemanden interviewt, der von einer möglichen UFO-Entführung berichtet, muß er drei Möglichkeiten nachgehen: Erstens könnte die betreffende Person ein kaltblütiger Lügner sein. Zweitens könnte sie irgendwie psychisch gestört sein und tatsächlich an eine Entführung glauben, die aber in Wirklichkeit niemals stattgefunden hat. Drittens könnte der Zeuge ganz einfach die Wahrheit erzählen, und zwar genau nach der Erinnerung. Der Kurzschlußentlarver erlegt sich andererseits große Beschränkungen auf; sein Glaubenssystem begrenzt die Möglichkeiten von vornherein auf die ersten zwei. Es liegt auf der Hand, daß dem Streben nach wissenschaftlicher Wahrheit Fesseln angelegt sind, wenn deren Möchtegern-Anhänger bereits im voraus den Daten so starre Beschränkungen verpassen. Im Gegensatz zu diesen Scheuklappen tragenden Entlarvern akzeptiert Mr. Fowler einen selbstverständlichen wissenschaftlichen Imperativ: Ein außergewöhnliches, bizarres und zwingendes Phänomen erfordert eine außergewöhnliche Untersuchung.

Eines der größten, jedoch wenig beachteten Hindernisse für ein objektives Studium liegt in dem paranoiden und/oder religiösen Ballast, den so viele von uns mit sich durchs Leben schleppen, der unsere Sicht färbt und unseren Wirklichkeitssinn belastet. Leider schleppen sich die meisten von uns tagaus, tagein mit einem dunklen und geräumigen Ranzen von Ängsten ab - Ängsten vor dem Unbekannten, vor dem Tod, vor geheimen Mächten oder sich im verborgenen abspielenden Verschwörungen. Gleichzeitig, und obwohl viele von uns es nicht zugeben wollen, tragen wir aber auch zumindest ein kleines Hoffnungsköfferchen mit uns herum, das angefüllt ist mit unserem Bedürfnis zu glauben, daß es irgendwo da draußen einen Gott oder eine Kraft oder einen Schutzengel gibt, die heimlich über uns wachen und uns vor ernsthaftem Leid bewahren. Ob diese uns angeborene und rührende menschliche Hoffnung in Gestalt eines traditionellen religiösen Glaubens oder einer mystischen Sehnsucht daherkommt oder sich lediglich im abergläubischen Daumenhalten äußert, spielt dabei keine Rolle. Es handelt sich um eine Art selbstgebasteltes Polster, das die scharfen Kanten der beobachteten Wirklichkeit mildern soll.

Es ist daher ganz natürlich, daß wir Berichte von allmächtig anmutenden fremden Wesen, die mit einer magischen Technologie ausgerüstet sind, instinktiv in unser bereits vorhandenes ideologisches Gepäck zu stopfen versuchen. Die UFO-Besatzungen müssen entweder böswillige Menschenräuber sein, die auf unsere Vernichtung aus sind, oder aber gütige Brüder aus dem All, die gekommen sind, um uns vor unseren zerstörerischen menschlichen Tendenzen zu retten. (Manche Leute bringen es gar zustande, gleichzeitig ihre paranoiden Ängste und ihre quasi-religiösen Hoffnungen zu befriedigen, indem sie nämlich von zwei Gruppen von Außerirdischen ausgehen - den guten und den bösen -, die im Krieg miteinander liegen, wobei wir letztendlich die Kriegsbeute darstellen. Bisher sind mir noch keine Beweise untergekommen, die eine so gefällige manichäische Kosmologie stützen würden.) Die kühle Objektivität, die zur Erforschung der UFO-Entführungen erforderlich ist, macht es notwendig, daß wir irgendwie unsere persönlichen Hoffnungen und Ängste heraushalten. Wir müssen Interviews ohne Voreingenommenheit oder Eigeninteresse angehen, dürfen bei hypnotischen Rückführungen die Testpersonen nicht manipulieren und müssen alle Indizien studieren, ohne sie zu zensieren, um etwa dadurch unsere geliebten Theorien zu stützen. Wir müssen sowohl unsere dunklen, paranoiden Kisten als auch unsere berstend vollen Hoffnungskoffer beiseite stellen. Damit sie unsere Arbeit nicht vergiften, dürfen wir sie nur spät in der Nacht öffnen, in unserem privaten Bereich zu Hause und fern unserer Forschung.

All dies soll Ray Fowlers Seriosität und Objektivität aufdecken. Obwohl er selbst ein zutiefst gläubiger Mensch ist, demonstrieren seine Bücher, daß er sich beim Studium des UFO-Phänomens einer pragmatischen Wissenschaftlichkeit verpflichtet hat. Seine kühle, nicht-ideologische Berichterstattung dessen, was sich wirklich zuträgt, beschämt die beiden derzeit populärsten, quasi-theologischen Interpretationen des Entführungsphänomens. Ein wütendes, paranoides Phantasiebild von UFO-Besatzungen beschwört außerirdische Teufel herauf, die sich im Untergrund verschanzt haben, unsere Kinder entführen und töten und sich an ihrem Fleisch und ihren lebensspendenden Körperflüssigkeiten gütlich tun, und zwar mit dem vollen Einverständnis der Regierung der Vereinigten Staaten, des Präsidenten, des CIA, der Trilateralen Kommission und, so weit ich weiß, des Amerikanischen Roten Kreuzes und von Amnesty International! Gleichermaßen lächerlich ist eine weitere populäre, aber ganz anders geartete Kulttheologie. Es handelt sich hier um den rosarot gefärbten Mythos, daß "ETs" einfach mißverstandene Brüder aus dem All sind, die schon bereitstehen, um uns in Frieden und im Licht zu begegnen und mit uns (telepathisch) zu plaudern, wenn nur wir uns erst einmal die Mühe machen würden, sie zu verstehen. Diese Sicht geht davon aus, daß die Raumschiffe einfach landen könnten und alles gut würde, wenn wir nur endlich damit aufhören wollten, das Wort "Entführung" in den Mund zu nehmen, und statt dessen des Nachts herumstünden und unsere Taschenlampen zum Willkommen schwenkten.

Doch Mr. Fowler und die Männer, über die er in „Die Allagash Entführungen“ schreibt, wissen, daß die "negativen" Empfindungen, die dem Erleben einer Entführung folgen, sich direkt aus dem Verhalten der Außerirdischen ergeben; keineswegs lassen sie sich aus einem menschlichen Versagen ableiten. Jack, Jim, Chuck und Charlie, "die Allagash-Vier", erzählen lediglich, was mit ihnen gemacht wurde, als sie sich in der Gewalt der Außerirdischen befanden. Sie berichten, daß ihre Entführer sie nicht nach ihrer Einwilligung gefragt haben, daß sie keine ausführlichen Erklärungen erhielten, und daß ihnen sowohl körperlicher als auch seelischer Schmerz zugefügt wurde. Weder die vier Entführten noch der Verfasser trachten nach einer Dämonisierung der UFO-Besatzung, doch versuchen sie andererseits auch nicht, ein Verhalten zu entschuldigen, das nach menschlichen sittlichen Maßstäben unentschuldbar ist.

Dieser Punkt muß so klar gestellt werden wie nur irgend möglich: Es ist eine Perversion der Wahrheit und ein beinahe grausam zu nennender Akt, den von einem UFO Entführten "negative" Reaktionen auf die Begegnung mit Außerirdischen zur Last zu legen. Obwohl Ray Fowler dieses Problem in seinem Buch nicht unmittelbar anspricht, gibt seine kühle, unverbogene Darstellung dem Leser viel Information, anhand derer entschieden werden kann, ob das Verhalten der Außerirdischen etwa durch menschliche Reaktionen ausgelöst wird.

„Die Allagash Entführungen“ ist ein wichtiges Bindeglied in der historischen Kette der Indizien und Informationen zum Phänomen der UFO-Entführungen - eine Kette, die Glied für Glied geschmiedet wurde, seit der Fall von Betty und Barney Hill 1966 erstmals ans Licht kam. Mr. Fowler stellt richtig fest, daß die Bedeutung der Allagash-Affaire in den vier separaten und sich gegenseitig erhärtenden Rechenschaftsberichten ein und desselben Vorfalls liegt. Er betont, daß der Schuldspruch unvermeidlich feststünde, wenn diese Männer in einem Prozeß über irdische Entführer ähnliche Aussagen machen würden.

Von diesem Buch läßt sich in vielerlei Hinsicht profitieren. UFO-Forschern werden wichtige Lektionen erteilt, wie gründlich man in solchen Fällen vorgehen muß, denn Mr. Fowler geht absolut gründlich und beharrlich vor. Fachleute auf dem Gebiet der Psychologie werden die Macht der Traumata spüren, die auf diese Erfahrungen sowie auf die Tiefe des Wunsches so vieler Entführten zurückgehen, ihre halbvergessenen Erinnerungen zu erforschen. Forscher und Wissenschaftler werden beurteilen können, in welchem Ausmaß die Allagash-Begegnungen früheren Berichten von UFO-Entführungen in bezug auf physische Wunden, Fortpflanzungsverfahren und andere häufig berichtete Merkmale gleichen. Alle, die ähnliche UFO-Begegnungen hinter sich haben, werden viele Gemeinsamkeiten mit Mr. Fowlers Testpersonen entdecken und dürften sich dadurch etwas weniger allein und losgelöst von der "normalen" Gesellschaft fühlen. Und schließlich wird sich eine allgemeine Leserschaft ein klares Bild davon machen können, wie ein erfahrener UFO-Forscher arbeitet, wie Hypnose eingesetzt wird und vor allem, was es bedeutet, wenn man plötzlich aus einer vertrauten Welt der Seen, Kanus und Campingplätze herausgerissen und in einen Zustand der Hilflosigkeit, Verwirrung und Angst versetzt wird - in eine Welt riesenäugiger, nicht-menschlicher intelligenter Wesen, die ihre eigene unentzifferbare Tagesordnung haben.

Raymond Fowler erzählt seine Geschichte einfach, unaufdringlich und kompetent - eine Geschichte, die man nicht so bald vergessen wird. Doch trotz ihrer Bedeutung können wir sicher sein, daß die Entführung von vier jungen Männern in der Allagash Wildnis im Jahre 1976 nur einer von Zehntausenden ähnlicher Vorfälle ist, die in ihrer Gesamtheit den wichtigsten Wendepunkt in der Geschichte der Menschheit ankündigen.

Budd Hopkins, New York 1993

Vorwort

Im November 1949 veröffentlichte das „True Magazin" einen Artikel von Major Donald Keyhoe. Dem UFO-Projektleiter der United States Air Force zufolge war er "einer der meistgelesenen und meistdiskutierten Zeitschriftenartikel in der Geschichte".[1]

Mehrere Monate später erweiterte Major Keyhoe den Artikel zu einem Buch und machte einen Bestseller daraus.[2] Artikel und Buch trugen den Titel: „The Flying Saucers are Real". Beide lieferten zwingende Beweise, daß die seltsamen fliegenden Objekte, die überall in der Welt in großer Zahl auftauchten, außerirdischen Ursprungs waren.

Damals hatte ich keine Ahnung, daß ich dieses Buch schreiben würde, das ebenfalls zwingende Beweise im Zusammenhang mit den sogenannten "Fliegenden Untertassen" liefern sollte. Weder Major Keyhoe noch ich hätten vor vierzig Jahren auch nur im Traum an dieses Thema gedacht. Solche Beweise demonstrierten, daß die weltweiten Berichte über Menschen, die von außerirdischen Wesen entführt wurden, den Tatsachen entsprechen, und wischten gleichzeitig jeden auch noch so kleinen Schatten eines Zweifels daran hinweg. Die UFO-Entführungen sind Wirklichkeit!

Viel Wasser ist seit diesen zwei Büchern und ihren weitreichenden Schlußfolgerungen den Berg hinuntergeflossen. Ich war ein Teenager während der frühen Tage der UFO-Geschichte und interessierte mich augenblicklich für die "Fliegenden Untertassen". Am 4. Juli 1947 sichtete ich am hellen Tag ein ovales Objekt, als ich in meinem Heimatort Danvers in Massachusetts auf einer Farm arbeitete. Damals war mir die Bedeutung mehrerer Kindheitserlebnisse noch gar nicht bewußt, von denen sich später herausstellte, daß sie mit dem, was ich an jenem Tag sah, zusammenhingen.

Mein Interesse hielt an, und ich wurde 1963 UFO-Forscher und später Direktor auf Bundesstaatebene für das Nationale Untersuchungskomitee für Luftphänomene (National Investigations Committee on Aerial Phenomena - NI-

---

[1] Edward, J.Ruppelt, *The Report on Unidentified Flying Objects* (New York: Doubleday & Company, Inc., 1956), S.64

[2] Donald E.Keyhoe, *The Flying Saucers are Real* (New York: Fawcett Publication, Inc., 1950).

CAP), das seinen Sitz in Washington hat und von keinem anderen als Major Donald Keyhoe geleitet wurde. Mittlerweile war er der wichtigste zivile Sprecher im Bereich dessen geworden, was die Air Force nun Unidentifizierte Fliegende Objekte (UFOs) nannte.

1967 arbeitete ich als Frühwarnkoordinator für das von der Air Force geförderte UFO-Projekt an der Universität von Colorado. Später wurde ich Untersuchungsdirektor für eine internationale UFO-Forschungsorganisation, sie sich MUFON nennt - Mutual UFO Network. Im Lauf der folgenden Jahre machte ich die persönliche Bekanntschaft mit Dr. J. Allen Hynek, dem früheren obersten wissenschaftlichen Berater des UFO-Projekts der United States Air Force. Ich wurde wissenschaftlicher Mitarbeiter am J. Allen Hynek Center für UFO-Studien.

Fast drei Jahrzehnte sind vergangen, seit ich meine erste UFO-Sichtung untersuchte. Während dieser Zeit beobachtete und dokumentierte ich in Berichten und sechs Büchern einen Prozeß, der offenbar auf eine langsame, aber sichere Konditionierung hinausläuft - initiiert von den Mächten hinter dem UFO-Phänomen. Zuerst gab es Sichtungen von entfernten silbrigen Scheiben und zigarrenförmigen Objekten. Dann folgten Sichtungen aus nächster Nähe von in sich gegliederten Flugmaschinen, die dicht an den Zeugen vorbeiflogen, die sich entweder auf dem Boden oder in der Luft befanden. Als nächstes kamen UFO-Landungen, die physische Spuren hinterließen. Dann hörte man von Berichten über Menschen, die von UFO-Besatzungen entführt wurden. Diese Berichte sind Thema des vorliegenden Buchs.

In meinem letzten Buch legte ich Beweise für den geheimen Plan hinter den UFO-Entführungen vor. Das Buch mit dem Titel „Die Wächter" enthielt eine Dokumentation der dritten und letzten Phase meiner Untersuchung eines klassischen Entführungsfalls, der unter dem Namen „Der Andreasson Fall"[3] bekannt geworden ist. Betty Andreasson war, wie so viele andere auch, seit ihrer Kindheit ein ganzes Leben lang immer wieder zeitweise von Außerirdischen beobachtet worden. Die Außerirdischen sagten Betty, sie sei ausgewählt worden, um den Zweck ihres - der Außerirdischen - Daseins in der Welt zu offenbaren. Es wurde ihr gesagt, daß:

1. die Menschheit unfruchtbar würde
2. die Außerirdischen physisch mit den Menschen verwandt sind

---

[3] Raymond E. Fowler „Der Andreasson Fall", 1995 G. Reichel Verlag

3. sie zur Fortpflanzung ihrer eigenen Spezies auf die Menschen angewiesen waren

4. sie an einem gentechnologischem Programm arbeiteten, mit der Absicht, irdische Lebensformen zu konservieren.

Daten, die den Erfahrungen Bettys und anderer während der Entführungen entnommen wurden, wiesen auch darauf hin, daß die großen blonden menschenähnlichen Wesen, die man oft mit den kleinen humanoiden, fetusähnlichen Kreaturen zu Gesicht bekommt, deren Schöpfer sind. Und in der Tat, wenn wir das, was Betty gesagt wurde, als bare Münze nehmen, dann waren genau dieselben Wesen auch für die schnelle Entwicklung des Homo sapiens verantwortlich, ausgehend von den niedrigeren Lebensformen vor Millionen von Jahren.

Falls diese Enthüllungen der Wahrheit entsprechen, sind sie wahnsinnig. Sie wären dann der Katalysator für weitreichende Erschütterungen auf der ganzen Welt. Deshalb tun wir gut daran, sie nicht ganz ernst zu nehmen, bis wir mit einiger Sicherheit wissen, daß die UFO-Entführungen auf dem Boden der Realität anzusiedeln sind. Dies ist die Absicht des Buches. Wie läßt sich beweisen, daß Berichte von UFO-Entführungen wirklich sind? Eine Möglichkeit wäre, einen wirklich gewappneten Fall zu finden, der derart überwältigende Beweise liefert, daß sie von einem Gericht nicht abgesprochen werden können. Dieses Buch dokumentiert einen solchen Fall. Es geht um vier durch und durch glaubwürdige Personen, die 1976 während eines gemeinsamen Kanu-Ausflugs auf dem Allagash Wasserweg in der Wildnis im Norden von Maine eine bewußte Begegnung mit einem UFO hatten. Ich werde diesen Fall im folgenden die Allagash-Entführungen nennen. Allen vier Zeugen fehlte in der Erinnerung eine gewisse Zeitspanne, und unter Hypnose durchlebte jeder von ihnen aufs neue in allen Einzelheiten eine UFO-Entführung, die sich mit den Erfahrungen der anderen deckte. Unsere Befragung förderte zutage, daß jeder der Zeugen die typischen Maßstäbe aufwies, die auch andere Entführte kennzeichnen, nämlich:

1. Interesse der Außerirdischen am Fortpflanzungssystem, u. a. Spermaentnahme bei jedem der vier
2. Mehrere UFO- und verwandte paranormale Erlebnisse, die bis in die frühe Kindheit zurückreichten und sich bis in die Gegenwart hineinzogen: die Entführung eines der Zwillinge sowie dessen Frau am 20. Mai 1988 aus ihrem abgelegenen Wohnort in Vermont während unserer Untersuchung

3. Physische Narben am Körper, wie sie auch andere durch UFOs Entführte aufweisen
4. Ein Knoten, der sich bei einem der Zwillinge über Nacht oberhalb des Schienbeins gebildet hatte, wurde chirurgisch entfernt und wurde - ohne das Wissen des Zwillings - einer Einrichtung der Air Force zur Analyse zugeschickt.

Die Dokumentation, die allein dieser Fall leistete, müßte bei einer unvoreingenommenen Jury eine positive Reaktion in bezug auf die Wirklichkeit von UFO-Entführungen hervorrufen.

Eine andere Möglichkeit, den Wahrheitsgehalt von UFO-Entführungen zu demonstrieren, wäre eine detaillierte Studie von Hunderten von Entführungsfällen. Dann wäre eine Analyse dieser Fälle einzuleiten, um herauszufinden, ob ihnen ein Muster zugrundeliegt, das ihre physische Realität nachweist. Die Ergebnisse einer solchen vor kurzem beendeten Studie werden in diesem Buch vorgestellt. Es erwies sich, daß es tatsächlich ein Muster gibt.

Auf den folgenden Seiten werden Sie die Allagash-Entführungen und die anderen UFO-Erlebnisse der vier wahrnehmenden Personen nacherleben. Alle relevanten Gespräche und hypnotischen Rückführungssitzungen wurden aufgezeichnet. Sie werden die sprichwörtliche Fliege an der Wand sein, die jede Facette einer Untersuchung mitverfolgt, die seit mehr als zwei Jahren im Gange ist. In einem ganz wirklichen Sinne gehören Sie, der Leser und die Leserin, einer einzigartigen Jury an. Sie sind aufgerufen, sich die Aufzählung von Indizien anzuhören, die auf eines der merkwürdigsten Verbrechen in der Geschichte hinweisen: die Entführung und Untersuchung von Menschen aus allen Schichten der Gesellschaft durch fremde Wesen aus einer anderen Welt. Die Zeugen werden nun in den Zeugenstand treten. Hören Sie sich ihre Aussagen aufmerksam und vorurteilslos an. Beachten Sie sorgfältig den direkten Zusammenhang zwischen diesen Zeugenaussagen mit den Zeugenaussagen von über zweihundert anderer Menschen, die angeblich auch eine Entführung erlebten. Entscheiden Sie dann, wie die Frage zu beantworten ist, die heutzutage unser Denken so sehr herausfordert: "Sind UFO-Entführungen Wirklichkeit?"

Kapitel 1

Hilfe !

Das Best Western Motel kam in Sicht, als ich von Route 128 kommend in die Trapelo Straße in Waltham, Massachusetts, einbog. Es war der 6. Mai 1988; im Motel wurde das jährliche PSI-Symposium abgehalten, das von der Universalist-Unitarian Kirche gesponsert wurde. In diesem Jahr ging es auf dem Symposium um das Thema UFOs. Ich sollte an diesem Abend der Hauptredner sein und kam frühzeitig, um meine audiovisuellen Geräte aufzustellen. Als Sprecher für den folgenden Abend waren unter anderen Budd Hopkins und David Webb vorgesehen. Sowohl Budd als auch David hatten sich mit ihren Untersuchungen von UFO-Berichten einen Namen gemacht, bei denen es um Entführungen von Menschen durch außerirdische Wesen ging. Interessanterweise war das Thema meiner Präsentation der Andreasson-Fall, klassisches Beispiel einer Entführung durch UFOs. Ich hatte diesen Fall schon seit mehr als einem Jahrzehnt erforscht und kam langsam zum Abschluß. Die Ergebnisse sollten dann in einem Buch mit dem Titel „Die Wächter"[4] veröffentlicht werden, in dem das geheime Muster hinter den UFO-Entführungen sichtbar werden sollte. Wie wenig wußte ich, als ich meine Geräte aufbaute, daß mich vor der Kulisse dieses Auditoriums noch ein weiterer, einzigartiger Entführungsfall erwartete. Er sollte den unanfechtbaren Beweis dafür liefern, daß UFO-Entführungen Wirklichkeit sind!

Jim Weiner machte sich auf den Weg zum Motel. Er hatte nur eines im Sinn. Irgendwie mußte er es schaffen, mich zu sprechen. Damals war Jim im Beth Israel Krankenhaus wegen einer Gehirnverletzung in Behandlung, die er sich bei einem Unfall im Haushalt zugezogen hatte. Die Diagnose ergab eine Temporallappenepilepsie. Dieses Leiden war unentdeckt geblieben, bis er 1982 wegen immer wieder auftretender Schmerzen in der Brust und Taubheit in der Seite einen Arzt aufsuchte.

---

[4] Raymond E.Fowler und Betty Ann Luca, "Die Wächter" ("The Watchers" New York: Bantam Books, 1990)

Im Laufe der Behandlung wurde Jim aufgefordert, sämtliche ungewöhnlichen Erlebnisse zu berichten, die für dieses Leiden symptomatisch sein konnten. Jim kam diesem Wunsch nach und gab ausführliche Darstellungen mehrerer merkwürdiger nächtlicher Erlebnisse, die ihn seit 1980 heimgesucht hatten. So war er beispielsweise immer wieder aufgewacht und hatte seltsame Wesen gesehen, die ihn anblickten, war vom Bett emporgeschwebt und vorübergehend gelähmt gewesen, während mit ihm im Genitalbereich etwas angestellt wurde. Als er zu diesen Erlebnissen befragt wurde, erzählte Jim seinem Psychiater, er habe das Gefühl, sie könnten mit einem Zwischenfall in Verbindung stehen. Er, sein Zwillingsbruder und zwei Freunde hatten ein UFO gesichtet und eine Begegnung mit Außerirdischen gehabt. Es hatte sich auf einem Camping- und Kanuausflug am Allagash Waterway in der Wildnis im nördlichen Maine ereignet. Auch sein Bruder und seine Freunde litten seit damals unter Alpträumen.

Jim hatte gerade „Die Besucher"[5] von Whitley Strieber gelesen. In dem Buch hatte Strieber seine UFO-Entführung und die darauffolgenden Erlebnisse aufgezeichnet, die eine auffallende Ähnlichkeit mit dem aufwiesen, was Jim durchmachte. Bis dahin hatte der Psychiater solche Erlebnisse als mögliche Auswirkungen von Jims Epilepsie gewertet. Allerdings erklärte er mir später, daß das, was Jim berichtete, nicht unbedingt dem normalen Muster entsprach, das die Temporallappenepilepsie aufweist. Jims Neurologe erzählte mir in etwa das gleiche. Die Neugier der beiden wurde durch die Tatsache geweckt, daß Jims UFO-Begegnung von drei anderen Personen geteilt wurde. Der Psychiater ermutigte Jim, einen Spezialisten aufzusuchen, der solche UFO-Begegnungen erforschte. Als in den Lokalzeitungen Anzeigen für das PSI-Symposium über UFOs erschienen, schlug er Jim vor, teilzunehmen und mit jemandem dort zu sprechen. Jim tat dies, und ich war der Spezialist, den er suchte.

Als ich meine Geräte aufgestellt hatte, ging ich zu einem Tisch, wo ich mein Buch verkaufen und Fragen beantworten sollte. Ich war so höflich und kooperativ wie möglich, als ich versuchte, Wechselgeld herauszugeben, Bücher zu signieren und mit mehreren Leuten gleichzeitig zu sprechen. Wie immer waren die unterschiedlichsten Leute mit den unterschiedlichsten Interessen vertreten. Manche suchten Hilfe beim Bücherschreiben, andere stellten Fragen, mehrere legten ihre persönlichen Theorien dar, und wieder andere wollten mir einfach ihre persönlichen UFO-Erlebnisse mitteilen.

---

[5] Whitley Strieber, Die Besucher ("Communion" New York: William Morrow, 1987)

Jim Weiner gehörte zur letzteren Kategorie und versuchte sehr beharrlich, sich Gehör zu verschaffen. Ich muß zugeben, daß ich ihm am Anfang nur mit einem Ohr zuhörte. Die dritte Phase der Erforschung des Andreasson-Falls nahm die ganze Zeit in Anspruch, die ich dem Forschen einräumen konnte. Ich war nicht willens, einen neuen Fall anzunehmen. Doch als Jim mehrere interessante Punkte erwähnte, änderte ich meine Meinung: fehlende Zeit, Alpträume von fremden Wesen und Zwillinge!

Zu jeder UFO-Entführung gehört immer eine gewisse Zeitspanne, über die der Zeuge keine Rechenschaft ablegen kann. Meistens werden Einzelheiten der Entführung von den Entführern tief im Unbewußten der Entführten begraben. Rückblenden bewußter Erinnerung und lebhafte, wirklichkeitsähnliche Alpträume bringen das Erlebnis jedoch teilweise an die Oberfläche. Außerdem offenbarte die dritte Phase meiner Erforschung des Andreasson-Falls ein seit langer Zeit bestehendes Interesse der Außerirdischen an Genetik. Es kam mir in den Sinn, daß Zwillinge (natürliche Klone) von großem Interesse für Außerirdische sein mußten, die sich mit Gentechnologie beschäftigten. Plötzlich interessierte ich mich sehr für das, was Jim mir mit solcher Hartnäckigkeit mitzuteilen versuchte!

Sofort ließ ich den Büchertisch in der Obhut von jemandem vom Nachbartisch, um mich mit Jim ungestört unterhalten zu können. Die Aussicht auf vier Zeugen, davon Zwillinge, die gemeinsam eine UFO-Entführung erlebt hatten, durfte ich mir nicht entgehen lassen. Wenn es sich als wahr herausstellte, wäre dies ein einzigartiger Fall in der Chronik der UFO-Geschichte. Eine dokumentarisch untermauerte Entführung könnte wesentlich dazu beitragen, die physische Realität solcher Erlebnisse zu beweisen.

Unser erstes Treffen war kurz. Ich machte ein paar Notizen, schrieb mir Jims Adresse auf und sagte ihm, ich würde mich bei ihm melden.

Unglaublich, aber wahr: Jim und sein Bruder Jack waren all die Jahre mit den beiden anderen Zeugen in engem Kontakt geblieben. Leider sind die Leute, die mehrfach Zeugen von UFO-Sichtungen geworden waren, Jahre nach den Ereignissen oft nicht mehr aufzufinden. Doch diesmal war es anders. Charlie Foltz und Jim wohnten beiden im selben Mietshaus. Chuck Rak lebte nicht weit von seinem Zwillingsbruder in Vermont auf dem Lande. Während der Untersuchung machte ich es mir zum Prinzip, so viel wie möglich über ihre persönlichen Verhältnisse zu erfahren. Wie oft stellt man sich die Frage: "Was für Leute sind diese Entführten eigentlich - Psychopaten? Schwindler?" Als Antwort ergab sich immer, daß die meisten Entführten normale Menschen aus allen Schichten und Berufen waren. Der kleine Prozentsatz von Psychopaten und Schwindlern wird gewöhnlich schon beim ersten Untersuchungsdurchgang ausgesiebt. Die folgenden autobiographischen Impressionen sollen dem Leser helfen, sich in diesem Punkt ein eigenes Urteil zu bilden.

Jim und Jack Weiner wurden am 8. Oktober 1952 geboren. Sie lebten in einem ländlichen Bezirk von Allentown, Pennsylvania. Sie genossen beide eine glückliche Kindheit, wurden aber streng erzogen, wie Jack dies in seiner Autobiographie aufzeichnet:

> Unsere Kindheit verlief ziemlich normal für eineiige Zwillinge. Alle Geschichten über Zwillinge, die man so hört, sind wahr. Zumindest in unserem Fall waren sie wahr. Wir aßen, schliefen, schrien und bewegten uns immer im Gleichklang. Uns reizten genau die gleichen Dinge, wir entwickelten die gleichen Vorlieben und Abneigungen. Wir verständigten uns telepathisch und in unserer eigenen Sprache. Wir wurden nie müde, über unsere neue Umgebung zu sprechen. Unser neues Leben gemeinsam zu verbringen, machte uns Freude, und wir verbrachten es auch gemeinsam. Als Kinder waren wir immer zusammen. Wir waren unzertrennlich. Da wir auf dem Land lebten, verbrachten wir viel Zeit an der freien Luft mit unserem großen Bruder Tom. Er machte uns schnell mit der großen und wunderbaren Welt der Maisfelder bekannt; sie waren durch Waldparzellen getrennt, in denen eine reiche Tierwelt beheimatet war. Zum Mißfallen unserer Mutter war unsere Lieblingsbeschäftigung, Tiere mit nach Hause zu bringen und sie dort zu behalten. Bei diesen Haustieren konnte es sich um eine Handvoll Regenwürmer handeln, aber auch um ein Waschbärbaby, ein junges Reh, Mäuse, einen Sperber, verschiedene Schlangen oder auch amphibienähnliche Geschöpfe. Vater stellte Walzbleche her und war Meister seines Fachs. Er machte uns sämtliche Käfige für unsere Menagerie. Er legte immer Wert darauf, daß wir selbst mit Hand anlegten und daß wir unsere eigenen Erfahrungen machten. Wir Kinder wurden bei allem, was er tat, miteinbezogen... Beerenpflücken... Angeln... Von unserem Vater lernten wir, die Natur zu lieben und zu schätzen und immer die positiven Dinge im Leben zu sehen.
>
> Auch unsere Mutter war die beste. Sie kochte phantastisch, nähte, machte die Gartenarbeit... alles. Einmal... verjagte sie mit dem Besen einen ausgewachsenen schwarzen Bären, der in unseren Abfalleimer im Hinterhof geraten war. Sie war ziemlich lebhaft, aber auch sehr sanft und einfühlsam. Das war eins der grundlegenden Dinge, die sie uns über das Leben beibrachte. Einfühlungsvermögen, die Fähigkeit, sich in die Lage anderer zu versetzen und sie dadurch besser zu verstehen. Man könnte sich keine bessere Zeit im Leben erhoffen als die vielen Jahre, die ich mit

meiner Familie verbrachte. Meine Mutter und mein Vater sorgten für die liebevollste Umgebung, die man sich vorstellen kann, und gewährten uns Kindern die Freiheit, umherzustreunen und aktiv zu lernen. Wer könnte sich da noch ein besseres Leben wünschen?

Die Zwillinge verbrachten ihre ersten acht Klassen in einer katholischen Konfessionsschule. Dann gingen sie auf ein öffentliches Gymnasium. Darauf gingen sie gemeinsam auf ein Gemeinde-College am Ort, doch nach einem Jahr trennten sich ihre Wege, und sie studierten an verschiedenen Colleges. Jim ging auf das Mansfield State College in Pennsylvania und schloß dort mit einem B.A. in Psychologie ab. Jack besuchte das Massachusetts Kunstcollege in Brookline, Massachusetts, wo er sein B. F. A. in Graphik erwarb. Später erhielt er das Meisterzertifikat in Keramik an der Benjamin Franklin Schule für Kunstgewerbe, das an die Universität Boston angegliedert war.

Chuck Rak wurde am 23. Januar 1949 geboren. Seine Kindheit verbrachte er in Waban, einem Dorf von Newton, Massachusetts, dessen Bewohner der oberen Mittelschicht angehörten. Die Sommer und Wochenenden verbrachte man auf dem 8 1/2 Hektar großen Anwesen der Familie direkt am Meer in Sandwich, Cape Cod. Der Vater war Psychiater, die Mutter Sprachtherapeutin. Zur Familie gehörten noch zwei ältere Schwestern.

Im Gegensatz zu den Zwillingen hatte Chuck eine stürmische Kindheit. Die Scheidung seiner Eltern, ein aufbrausender Vater und eine Alkoholikerin als Mutter machten ihm das Leben schwer. Schon als junger Teenager reiste Chuck durch die Welt, und auch darin unterschied er sich von den Zwillingen. Sein Vater nahm ihn mit nach England, Holland, Deutschland, Österreich, Italien und in die Schweiz. Chuck besuchte auch seine Schwester in verschiedenen Teilen der Welt, als sie bei U.S. AID angestellt war.

Chuck begann an der Universität von Arizona zu studieren, mußte das Studium aber wegen elterlicher Auseinandersetzungen über die Finanzen abbrechen. Später studierte er zweieinhalb Jahre lang am Massachusetts Kunstcollege. Dort begegnete er den Zwillingen und einem jungen Mann namens Charlie Foltz, dem vierten Teilnehmer an den Allagash Entführungen, und befreundete sich mit ihnen.

Charlie Foltz wurde am 11. Januar 1950 in Sharon, Pennsylvania, geboren. Er verbrachte eine glückliche Kindheit in Brookfield, einer bäuerlichen Gemeinde im Nordosten von Ohio. Charlie arbeitete als junger Mann fast immer auf und im Umkreis von Farmen und half seinem Vater bei der Montage von Wasserpumpen und -tanks für Privathaushalte. Nachdem er das Gymnasium abgeschlossen hatte, trat er in die Kriegsmarine ein und arbeitete dort im Nuklearprogramm. Er spezialisierte sich auf die Entsorgung radioaktiver Abfälle aus den atomaren U-Booten.

Nach seiner Entlassung 1972 arbeitete Charlie als Reparateur für Elektromotore und besuchte Abendkurse in Kunst an der Youngstown State Universität. Wenig später ging er dann ans Massachusetts Kunstcollege. Dort studierte er Fotografie und Kunstillustration und erwarb sein B. F. A. Am College freundete er sich mit den Zwillingen und Chuck Rak an.

Wie schon erwähnt, sind die vier immer noch befreundet und stehen in engem Kontakt zueinander. Jim lehrt jetzt an der Computerkunst Abteilung am Massachusetts Kunstcollege. Sein Hobby ist die Fotografie. Charlie Foltz arbeitet als medizinischer Illustrator am Veterans Administration Medical Center in Brockton, Massachusetts. Seine Freizeit verbringt er hauptsächlich als freiwilliger Helfer mit Kindern im Shriners Burn Krankenhaus und mit anderen Aktivitäten der Freimaurer. Jack und Chuck beschlossen, der Stadt den Rücken zu kehren. Sie zogen in zwei benachbarte Dörfer im ländlichen Vermont. Von seinem Haus aus führt Jack eine Firma für Computerkunst. Jack arbeitet selbständig als Portraitkünstler. Seine Arbeit führt ihn oft zu Einkaufszentren, wo er Karikaturen zeichnet und verkauft. Jack und Chuck treiben beide gern Sport im Freien.

Die Profile dieser Zeugen wurden im Rahmen einer Gesamtuntersuchung der berichteten UFO-Begegnung mit Außerirdischen erstellt. Nachdem mich Jim Weiner während unserer Diskussion auf dem PSI-Symposium im Mai 1988 um Hilfe gebeten hatte, begann ich mit der Untersuchung, die zwei Jahre dauern sollte. Die Befragungen fanden zum größten Teil 1989 statt, da ich schon so tief in der dritten Phase meiner Erforschung des Betty Andreasson Luca Falls steckte und „Die Wächter" schrieb.

Als erstes schickte ich den Zeugen Fragebögen, die sie ausfüllen sollten. Die Formulare waren eigens von MUFON, the Mutual UFO Network[6], zum Zweck der systematischen Sammlung von Daten über UFO-Sichtungen entworfen worden. Es dauerte mehrere Monate, bis ich die Formulare richtig ausgefüllt zu-rückerhielt. Ich erhielt auch von jedem einzelnen Darstellungen des UFO-Erlebnisses, worum ich gebeten hatte, sowie eine Namensliste für Charakterreferenzen und andere Zwecke im Zusammenhang mit der Untersuchung. Ich wollte sichergehen, daß die Zeugen zuverlässig und keine Schwindler waren. Zusätzlich wollte ich dokumentiert sehen, daß eine solche UFO-Sichtung

---

[6] MUFON, 103 Oldtowne Road, Sequin, TX 78155

1976 tatsächlich von ihnen gemeldet worden war. Im folgenden werden die Ergebnisse dieser Nachforschungen zusammengefaßt.

Überprüfung der Charakterreferenzen

Als erstes kontaktierte ich Jims Chef, den Leiter des Lerncenters für Computerkunst am Massachusetts Kunstcollege. Er sagte mir, daß Jim einen "absoluten Sinn für Integrität" habe, was ihn immer wieder dazu bringe, sich für andere einzusetzen. Er fügte hinzu, daß Jim "eine Menge Leistung bringt und eigentlich keine Beachtung oder Anerkennung dafür fordert" und manchmal "nicht einmal dafür bezahlt werden will". Als nächstes befragte ich einen Nachbarn in der Heimatstadt der Familie Weiner, der die Zwillinge seit zwanzig Jahren kannte. Auch er verbürgte sich für deren Integrität. Der Hausarzt, bei dem Jim Weiner seit 1983 Patient war, stellte fest, Jims Zuverlässigkeit stehe "außer Zweifel. Bei allen meinen Begegnungen mit Jim empfinde ich ihn als ehrlich, fürsorglich und verläßlich. Nie gab es irgendwelche Anzeichen, daß er Aufmerksamkeit nötig hat oder daß er in irgendwelchen Situationen Fakten falsch darstellt."

Noch andere Personen wurden befragt, darunter Nachbarn von Jack und Mary Weiner. Klassenkameraden und Kollegen, die Chuck Rak und Charlie Foltz seit vielen Jahren kannten, wurden ebenfalls befragt. Sämtliche Zeugen bekamen gute Noten für Ehrlichkeit. Keiner der Befragten glaubte, daß einer der Zeugen zu den Leuten gehörten, die aus irgendeinem Grund einen Schabernack treiben würden.

Sichtungsbeweise

Um die Möglichkeit eines Schabernacks noch sicherer auszuschließen, fragte ich viele der Leute, ob die Zeugen ihnen gegenüber den Vorfall schon 1976 erwähnt hätten. Einer der Befragten hatte damals selbst geplant, an dem unglücklichen Campingausflug teilzunehmen, hatte aber wegen eines Familientermins absagen müssen. Er erzählte mir, daß die Zwillinge die Begegnung mit dem UFO erwähnt hatten, als sie von ihrem Ausflug zurückgekehrt waren. Auch ein Freund von Chuck Rak erinnerte sich daran, von Chuck gleich nach dessen Rückkehr der Kanufahrt 1976 über die UFO-Begegnung gehört zu haben. Mehrere der Bekannten aus jüngerer Zeit, darunter auch Jims Arbeitgeber, hatten ebenfalls von der Sichtung des UFOs im Jahr 1976 erfahren. Ich telefonierte deswegen auch mit der Mutter und dem Bruder der Zwillinge. Die Mutter sagte mir, daß ihre Söhne von dem Ausflug sehr aufgeregt zurückgekehrt waren. Sie betonte jedoch, daß sie persönlich nicht an die Möglichkeit "von Raumschiffen, die uns besuchen", glaubte.

Andererseits war sie fest davon überzeugt, daß sie irgend etwas Außergewöhnliches gesehen haben mußten. Der ältere Bruder der Zwillinge erbrachte noch einen weiteren Nachweis, daß es tatsächlich einen solchen Bericht aus dem Jahr 1976 gab.

Auch die Tagebücher der Zeugen bekräftigten dies, sowie das Tagebuch eines State Rangers in Maine, der für das Gebiet zuständig war, auf dem das UFO gesichtet wurde. Es war nicht einfach, ihn ausfindig zu machen, weil er inzwischen an das Forstamt in Maine versetzt worden war. Die vier hatten den Vorfall zwar einem unbekannten Untergebenen berichtet, doch andere Camper waren von dem leuchtenden Luftobjekt in Aufregung versetzt worden und händigten direkt bei ihm im Büro Berichte ein. Im folgenden sind einschlägige Auszüge aus meinen Telefongesprächen mit ihm wiedergegeben.

> Das Komische ist, daß ich mich an keine Namen erinnere, aber an den Vorfall erinnere ich mich... Ich erinnere mich nicht an sie, aber ich erinnere mich an das Fiasko, das wir dort erlebten... Sie sind zu mir dort ins Büro gekommen, wo ich damals Ranger war, und berichteten es mir. Ich habe es nicht gesehen, aber, ja wir haben uns mit der Funkzentrale in Verbindung gesetzt, die Mitarbeiterin dort hat sich um dringende Angelegenheiten gekümmert, ja, ich erinnere mich daran, ich habe sie angerufen, daß sie bei der Loring Air Force Base nachfragen soll, die nicht besonders weit von uns entfernt war. Sie sollten nachsehen, ob eine Maschine fehlte oder herunterging oder so etwas. Aber damit war nichts. Das ist das einzige, was ich noch davon weiß. Ich weiß noch, daß ich das mit der Funkzentrale gemacht habe. Das war der einzige Vorfall während der ganzen Zeit, als ich da oben war. Ich glaube, wir waren zehn Sommer lang dort.

Die Ergebnisse der sorgfältigen Untersuchungen sowohl der Verhältnisse der Zeugen als auch der Umstände, die das bizarre UFO-Erlebnis umgaben, waren höchst positiv. Die vier Zeugen, die ich verstohlen "die Allagash-Vier" nenne, schienen ausgeglichene und glaubwürdige Leute, die ein unwahrscheinliches gemeinsames Erlebnis gehabt hatten. Jeder der Zeugen beschrieb die UFO-Begegnung schriftlich, so wie es auf den MUFON-Fragebögen vorgesehen war. Ich erhielt auch Landkarten, Fotos und Tagebücher von dem unglücklichen Kanuausflug. Mit diesen Informationen bewaffnet, konnte ich die Ereignisse, die der Begegnung mit dem Feuerball in der Wildnis vorangingen, ziemlich detailliert rekonstruieren.

Bild 1: Topographische Karte des Allagash-Wasserweges.

Bild 2: Die Allagash -Vier sehen das Licht am Himmel.

Kapitel 2

Der Feuerball in der Wildnis

Im August 1976 bauten die Allagash-Vier an ihren Karrieren und Fähigkeiten als Künstler. Jack und Jim Weiner hatten ihr College-Studium 1975 abgeschlossen. Jack arbeitete als Silkscreen-Künstler in einem Studio in Boston. Jim zog zu Jack nach Boston und belegte Keramikkurse. Charlie Foltz studierte immer noch am Massachusetts Kunst-College, und Chuck Rak, ein passionierter Liebhaber der freien Natur, war aus der Stadt in ein Dorf in Vermont gezogen. Zu seinen Eskapaden im Freien gehören das Wohnen in einem Baumhaus sowie eine Kajaktour auf dem Noatak, einem Fluß nördlich des Polarkreises in Alaska.

Im Lauf des vorausgegangenen Jahres waren Chuck und ein Freund nach Maine gefahren, um am Allagash Wasserweg zu campen und Kanu zu fahren. Die Schönheit und die Herausforderungen der Reise hatten ihn so beeindruckt, daß er sie unbedingt noch einmal machen wollte. Im August fuhr er nach Boston und besuchte Jack. Er schlug den Zwillingen vor, mit ihm nach Maine zu reisen und dort den Mount Katahdin zu besteigen und den Allagash mit dem Kanu hinaufzufahren. Jack erzählte mir im Laufe meiner Untersuchungen, daß es nach Spaß und Abenteuer klang und Chucks Vorschlag mit Begeisterung aufgenommen wurde. Sie brauchten noch einen weiteren Begleiter, und das war dann Jims Nachbar Charlie Foltz.

Es war Mitternacht, der 20. August 1976. Chuck Raks überladener Chevy Vega, ein Hecktürmodell, verließ die ruhigen, engen Straßen von Boston in Richtung Route 95. Diese mehrspurige Autobahn, die von Boston bis nach Kanada führt, sollte sie während der nächsten acht Stunden begleiten, auf ihrer Reise durch die frühen Morgenstunden zum Mount Katahdin im Baxter State Park. Der Katahdin, eine der höchsten Erhebungen östlich der Rocky Mountains, ist der nördliche Endpunkt des Appalachen-Wanderpfades, der sich von Florida bis Maine hinzieht. Vom Gipfel kann man weit ins Land mit seinen Seen, Bächen und Wäldern hinausblicken. Dieses Gebiet ist der Baxter State Park, der mit seinen mehr als 200.000 Morgen Land fast die halbe Fläche von Maine einnimmt. Die Landschaft lädt zur Zwiesprache mit der Natur ein, zur

Beobachtung der Tierwelt, zu Kanufahrten auf abgelegenen Bächen und zum Forellenangeln in den Waldseen. Es gibt nur wenige Autostraßen durch dieses Gebiet, und die Entfernungen zwischen ihnen sind groß. Die meisten Straßen sind in Privatbesitz und werden von der Pulpeindustrie instandgehalten. Es ist verständlich, daß Chuck Rak dieses Naturparadies zusammen mit seinen Freunden genießen wollte.

Vier sehr aufgeregte, aber müde Abenteurer erreichten am Samstag um 8,00h morgens die Tore des Baxter State Parks. Sie hatten nur vier Stunden geschlafen. Sie meldeten sich am Campingplatz an, packten aus und bauten ihr Zelt für eine Nacht auf. Sie hatten vor, tagsüber wach zu bleiben, um wieder in ihren normalen Tag- und Nachtrhythmus zu kommen. Chuck und Jim gingen Lebensmittel und Vorräte einkaufen; Jack und Charlie stiegen den Mount Katahdin bis zur Baumgrenze hinauf. Als die Nacht hereinbrach, schliefen sie schnell ein.

Am Sonntag bestiegen sie alle den Katahdin. Sie wanderten einen gefährlich schmalen Grat mit dem sinnigen Namen Messers Schneide entlang, bis zu dessen Gipfel in 1605 m Höhe. Insgesamt wanderten sie ohne Zwischenfall knapp achtzehn Kilometer durch äußerst holperiges Terrain. Obwohl sie sich die Füße wundgelaufen hatten, bis sie wieder zurückgekehrt waren, diente diese herrliche Bergwanderung ihrer Begeisterung als Sprungbrett für ihren elftägigen Aufenthalt am Allagash.

Am Montag Morgen brachen sie ihr Zeltlager ab und hielten sich in Richtung Norden zu Skottys Flugservice am Shin Lake. Skottys alteingesessener Betrieb war so bekannt, daß er auf der offiziellen Landkarte von Maine verzeichnet war. Ein Veteran der Kriegsmarine leitete ihn gemeinsam mit seiner Frau. Die beiden verkauften Vorräte, vermieteten Kanus und boten Flüge in den Allagash für Leute an, die den Mut hatten, seine Wasser zu befahren. Am besten schildern Jacks Notizen den Ausflug zum Shin Lake an diesem Tag:

> Aus den Fenstern von Chucks überladenem Vega sahen wir die hellgelbe Sonne. Der Himmel war so elektrisch blau, daß man Lust hatte zu schreien. Das Autoradio war aufgedreht, und wir waren in Hochstimmung, als wir zum Shin Pond fuhren, wo unser Abenteuer am Allagash Wilderness Waterway eigentliche erst beginnen sollte. Unterwegs hielten wir beim Zelt von Freunden an und liehen uns ein Kanu aus, denn wir brauchten zwei für unseren Ausflug. Kurz danach kamen wir an unserem Ziel an. Chuck bog in den Parkplatz ein. In Sekundenschnelle verließen wir alle den winzigen Wagen und vertraten uns die Beine auf

dem warmen Kies. Wir waren alle erleichtert, daß wir heil angekommen waren, ohne Unfall und zur geplanten Zeit.

Auf dem Dock neben dem Parkplatz waren mehrere Kinder. Sie benutzten das Dock als Sprungbrett ins kühle, klare Wasser des großen Gewässers. Als wir ihren Possen zusahen, wanderten meine Gedanken zurück in eine Zeit, als ich noch klein war und Jim und ich unten im Schwimmbad in der Stadt die gleichen Spiele spielten. Ich war drauf und dran, meine Turnschuhe auszuziehen und selbst ins Wasser zu springen, als Chucks Stimme - "Komm, Jack, reiß dich am Riemen!" - mich zurück in die Gegenwart brachte.

Ein paar schnelle Schritte, und ich hatte die anderen eingeholt. Sie stiegen schon die Stufen zum Büro hinauf. Die Glöckchen, die an der Tür festgebunden waren, klingelten, als wir das gemütliche Büro betraten, um das sich die Frau des Piloten kümmerte, der uns in den Allagash fliegen sollte. Sie war sehr organisiert und hielt alles Geschäftliche für uns bereit. In wenigen Minuten waren unser Flugplan und die gegenwärtigen Wasserbedingungen besprochen. Inzwischen waren wir alle vier zum Abflug bereit. Wir bedankten uns und gingen nach draußen, wo unsere Sachen schon ins Flugzeug verladen wurden.

Das Flugzeug war ein kleiner Piper Cub Type mit übergroßen Pontons. Unsere Sachen wurden ins Flugzeug verladen; sie füllten fast den gesamten Frachtraum aus, bis auf eine kleine freie Stelle direkt hinter dem Pilotensitz für den dritten Passagier. Es gab so viel Gepäck, daß nur drei Leute auf einmal ins Flugzeug paßten. Das bedeutete natürlich zwei Flüge für den Piloten, und wir mußten uns aufteilen. Wir warfen eine Münze und bekamen Zahl! Charlie und ich sollten als erste fliegen.

Ich kletterte auf den Platz hinter dem Piloten. Er war so klein wie ein Kindersitz. Aber als ich mich einmal in dem Berg von Campinggerät eingerichtet hatte, fühlte ich mich ganz sicher und bequem. Ich hatte einen sehr guten Blick aus dem Seitenfenster und war glücklich in dem Bewußtsein, daß mir nichts von der Aussicht entgehen würde.

Ein unvermittelter Knall und ein dumpfes Begleitgeräusch signalisiertem dem Piloten, daß alles verladen und bereit war. Als der Pilot den Fuß von der Kupplung nahm, brachten die Vibrationen des starken Motors das kleine Flugzeug zum Erzittern. Charlie und ich winkten Jim und Chuck zu, die auf dem Dock auf- und absprangen und wie wild ihre Hüte schwenkten. Es kam uns vor, als wären nur Sekunden vergangen, und wir waren schon am anderen Ende des Gewässers angekommen und bereit, abzuheben. Wir blickten beide zum Piloten, der entspannt in seinem Sitz saß, als wäre das alles gar nichts, und noch einmal die endgültige Checkliste durchging, bevor er die Maschine hochjagte. Charlie drehte sich zu mir um und grinste übers ganze Gesicht. Ich wußte, daß sein Herz genauso schnell klopfte wie meines, denn sein Gesicht war knallrot und seine Augen weit aufgerissen. Dann bebte das ganze Flugzeug. Wir waren in Fahrt und beschleunigten schnell. Hinter uns ließen wir einen hochaufragenden Wellenkamm. Meine Hand umklammerte die Lehne des Pilotensitzes so fest, daß die Knöchel weiß herausstachen und es mich wunderte, daß dies nicht zu einem festen Bestandteil meiner Anatomie geworden ist. Die Vibrationen ließen nach, und die sich von der Reibung des Wassers befreienden Pontons hinterließen ein Gefühl, wie man es in einem zügig nach oben fahrenden Aufzug bekommt. Wir gewannen schnell an Höhe, damit wir nicht mit den hohen Kiefern kollidierten, die das Gewässer umgaben. Hinter uns entschwand alles rasch in der Ferne, und der Pilot pendelte sich auf etwa 180 m ein. Ich schluckte hart, damit mein Herz nicht aus meiner Kehle sprang. Draußen war die Sicht unglaublich. Zu unserer Linken breitete sich die Bergkette des Katahdin majestätisch aus. Zerklüftete steinerne Gipfel stießen geradewegs in eine Schicht von Wolkenfetzen hinauf, die über dem gewundenen Gelände dahinzogen. Sie krönten die Gipfel mit flaumigen Kissen von hellem Orange, Gold und tiefem Violett. Direkt vor uns erstreckten sich unzählige Morgen Kiefernwald, die mit seichten Wasserlöchern gepunktet waren. In manchen wateten Elche zwischen dem niedrigen Gebüsch umher. Sie hoben nur kurz den Kopf, als wir über ihren Köpfen vorbeiflogen.

Plötzlich kam der Telos See in Sicht, und der Pilot funkte die Ranger-Station an, wo er landen wollte. Im Funkgerät knackte es, und eine klare Stimme verkündete mit starkem Maine Akzent: "Alles klar, bring sie rein!" Das Flugzeug tauchte steil ab in das silbrige Wasser, machte eine haarsträubende Landung und schlitterte über die holprige Oberfläche des Sees wie ein riesiges Wasserinsekt. Gegenüber der Stelle, wo wir zunächst zelten wollten, kam es zu einem Halt. Wir machten schnell das Kanu von den Pontons los, luden unsere Sachen hinein und paddelten an Land. Hinter uns startete das Flugzeug genauso spektakulär und flog zurück zum Shin Pond, um Jim, Chuck und das andere Kanu zu holen.

Später ruhte sich die wieder vereinte Gruppe aus und besprach die spektakulären Flüge. Chuck notierte: "Das Hochgefühl beim Fliegen und der Nervenkitzel bei dem Gedanken, daß wir nun den Punkt unserer zweiwöchigen Reise erreicht hatten, von dem an es kein Zurück mehr gab, ließ uns die Schwärme von Moskitos vergessen, die sich ständig vermehrten und den Zeltplatz einhüllten."

Plötzlich wurden ihre Träumereien durch das Geräusch eines Motorboots unterbrochen, das aus dem Nichts aufzutauchen schien. Der Hauptranger Everett Cram drosselte den Motor und setzte das Boot auf Strand, um ihren Aufenthalt am Allagash Wasserweg offiziell zu registrieren. Etwas später krönten sie diesen aufregenden Tag mit einem Steak und Bratkartoffeln. An dem Abend legten sie sich früh aufs Ohr. Am nächsten Tag würden sie wieder viel zu tun haben.

Am Dienstag paddelten sie zwischen Telos und Chamberlain See gegen den Nordwind an. Chuck und Jim waren den anderen weit voraus, die sich dann am Eingang zum Chamberlain See wieder mit ihnen trafen. Es war kurz nach Einbruch der Dunkelheit, als sie am Mud Strand und am Mud Brook Zeltplatz an Land gingen. (S. Abb. 1) Mehrere andere Camper zelteten in der Nähe. Bald erstrahlte der Himmel im Licht von Tausenden glitzernder Sterne.

Da geschah es. Plötzlich erschien am östlichen Himmel ein gleißendes Licht. Jim, der damals das Töpfern erlernte, notierte, daß "das Licht höchst eigenartig" war. Es glich dem Licht im Brennofen bei Kegel 10, das heißt über 1000 Grad Celsius." Verblüfft griff er nach seinem Fernglas. In seinen Notizen lesen wir:

> Es gab noch ein paar andere Camper am Strand; sie hielten ein großes Leuchtfeuer für ihre Söhne am Brennen, die noch draußen auf dem See waren. Einer der Männer am Feuer bemerkte plötzlich: "Was ist das denn da drüben für ein heller Stern?" Direkt gegenüber am See sahen wir etwas, was uns auf den ersten Blick wie ein überaus heller Stern erschien - drei- bis fünfmal heller als der ansonsten hellste sichtbare Stern. Ich holte mein Fernglas heraus und richtete es auf den "Stern". Sofort war mir klar, daß es gar keiner sein konnte. Das Objekt war nur wenige Meilen entfernt und ungefähr 60m oberhalb der Baumkronenlinie. Ein paar Sekunden lang verharrte es völlig bewegungslos und verlöschte dann, vom äußeren Rand des Lichts angefangen bis zur Mitte hin. Ich habe eigentlich nicht viel darüber nachgedacht, außer daß ich nie zuvor ein Licht so implodieren sah.

Der Zwischenfall war beim Aufbau der Zelte und bei der Planung der Aktivitäten für den nächsten Tag bald vergessen. Später erinnerten sie sich dann an diesen Vorboten eines anderen Besuchers am Himmel, der ihre Auffassung vom Leben für immer verändern sollte.

Starke Regenfälle begrüßten die Allagash-Vier am Mittwoch Morgen und ließen sie im Zelt bleiben. Wegen des schlechten Wetters genehmigten sie sich ein geruhsames Frühstück mit Schinken, Eiern und Melone. Kartenspiele vertrieben ihnen die Zeit, bis sich das Wetter am Nachmittag besserte. Sie brachen das Lager ab und machten sich in Richtung Allagash See auf, um dort Forellen zu angeln. Ein Drittel des Weges schafften sie flußaufwärts im Kanu, doch dann zwang die starke Strömung sie zur Umkehr. Diese Nacht zelteten sie an der Kreuzung des Flusses mit dem Chamberlain See. Nordlichter wölbten sich über den Sternenhimmel, als sie ihren Angelausflug neu planten. Sie beschlossen, am Morgen in Richtung Eagle See aufzubrechen.

Der Donnerstag war ein schöner Sonnentag. Die vier Kanufahrer überquerten den Chamberlain See. An der Schleuse, durch die der Chamberlain See vom Eagle See getrennt ist, trugen sie die Kanus vorbei und paddelten dann auf den Eagle See hinaus.

Als sie den Smith Brook Campingplatz erreichten, den abgelegensten Flekken am See, war es Nachmittag. Die Gegend war verlassen. Sie stellten das Zelt auf und paddelten zur Mündung des Smith Baches, um zu angeln. Sie waren voller Hoffnung, bald eine der schön gefärbten Forellen am Haken zu haben, von denen es so viele in diesen entlegenen Gewässern gibt. Doch ihre Hoffnungen zerschlugen sich. Während des ganzen Nachmittags fingen sie nichts bis auf den ungenießbaren Seedöbel, den sie ins Wasser zurückwarfen. Zum Abendessen verzehrten sie ihre letzten Vorräte an Frischfleisch. Sie hatten sich auf Fisch verlassen, um den Essensnachschub sicherzustellen, deshalb faßten sie den verzweifelten Entschluß, das Angeln nachts auszuprobieren. Nach dem Essen trugen sie einen großen Haufen Holz zusammen und machten ein riesiges Feuer. Jim kommentierte in seinen Notizen:

> Das Feuer war so groß, daß ich sehr besorgt war, es könnte einen Waldbrand verursachen. Die anderen sagten, ich solle aufhören herumzunörgeln, aber ich war trotzdem beunruhigt.

Ein solches Leuchtfeuer war unbedingt notwendig, wenn die Männer zum Lager zurückfinden wollten. Denn in der pechschwarzen, mondlosen Nacht in der Wildnis konnte man die eigene Hand nicht vor Augen sehen.

In dieser ereignisreichen Nacht glitt nur ein einziges Kanu auf den See hinaus. Seine Silhouette zeichnete sich gegen die tanzenden Schatten und die züngelnden Flammen ab. Charlie Foltz paddelte vorn im Bug. Chuck nahm die Stellung des Steuermanns hinten im Kanu ein. Die Zwillinge saßen in der Mitte nebeneinander und paddelten mit den Händen.

Sie hatten die Bucht zur Hälfte überquert und waren etwa einen halben Kilometer vom Ufer entfernt, als es begann. Chuck spürte es als erster:

Mir wurde bewußt, daß ich mich beobachtet fühlte. Ich wandte mich um und sah eine große, helle Kugel farbigen Lichts bewegungslos und geräuschlos etwa 60 bis 90 m über dem südöstlichen Rand der Bucht schweben. Da ich auf dem Rücksitz saß und das Objekt über meiner rechten Schulter war, saß ich einen Augenblick lang mit dem Paddel auf meinem Schoß da. Ich wußte, daß ich der einzige war, der es sehen konnte. Ohne meine Augen davon zu lassen, machte ich die anderen durch einen Ausruf auf das Objekt aufmerksam: "Das ist ja ein Riesenkoffer voll von Sumpfgas!" Charlie hörte zu paddeln auf. Das Kanu verlangsamte seine Fahrt, und aller Augen waren auf das Objekt geheftet. Eine Weile saßen wir wie angewurzelt da. Eine unbändige Neugier stieg in mir hoch, da sich dies eindeutig nicht erklären ließ. Ich ging völlig auf in der Beobachtung des Objekts und nahm ansonsten nichts mehr wahr.

Ich sah eine Flüssigkeit über der Fassade des Objekts pulsieren, während sich dieses erst rot, dann grün, dann gelblich weiß verfärbte. Als sich meine Augen an die blendende Helligkeit gewöhnten, entdeckte ich eine gyroskopische Bewegung, als gäbe es Energiepfade, die sowohl äquatorial als auch longitudinal von Pol zu Pol verliefen. Sie teilten die Kugel in vier oszillierende Quadranten hellen farbigen Lichts. Die Farbschwankungen waren sehr flüssig und einhüllend, als bewegte sich das gesamte Objekt wie Plasma oder wie eine dicke Sauce, wenn sie zu brodeln anfängt. Ich sah, wie sich Energiewölbungen auf den Gyro-Pfaden entlangbewegten; es schien, als gingen die Bewegung und der Farbwechsel von ihnen aus. Ich hörte, daß im Kanu darüber gesprochen wurde, was zu tun sei. Ich selbst hatte nur den Wunsch, dazubleiben und das Ding zu beobachten.

Jack Weiner schildert den aufwühlenden Anblick aus seiner eigenen Sicht:

Jim und ich saßen in der Mitte des Kanus. Wir drehten uns beide um und sahen, was Chuck gemeint hatte. Auf eine Entfernung von vielleicht 200 bis 250 m erhob sich ein sehr großes, helles, pulsierendes kugelförmiges Licht aus dem Wald. Es machte keinerlei Geräusch. Wir wendeten das Kanu, so daß es parallel zum Ufer stand, und hatten nun eine unverstellte Sicht auf das Licht. Als das Licht sich aus den Baumwipfeln erhob, stieg es nicht weiter, sondern schwebte bewegungslos über den Bäumen. Der Mond konnte es nicht sein, genauso wenig ein Stern oder sonst etwas Ähnliches. Es war auch kein Flugzeug, Hubschrauber oder irgendein identifizierbares Flugvehikel.

Es war sehr groß, so groß wie ein Haus, mindestens 25 m im Durchmesser, kugelförmig und bestand aus pulsierendem Licht. Es hatte sich verändernde Muster, die mich an das wissenschaftliche Experiment erinnerten, bei dem die Magnetfelder von Magneten mit Hilfe von Magneten und Metallspänen sichtbar gemacht werden. Wir hatten alle einen Schrekken bekommen und überlegten, was das Objekt sein konnte.

Jim Weiner schildert seine Eindrücke, als er sich umblickte, um zu sehen, warum Chuck so schrie:

> Ich drehte mich um und sah ein riesiges weißes/gelbes kugelförmiges Objekt, das dicht über der Linie der Baumgipfel am südlichen Seeufer schwebte. Es hatte ungefähr den Umfang eines zweistöckigen Hauses, aber keine sichtbaren Vorsprünge oder Fenster. Ich erinnere mich nicht daran, farbige Lichter gesehen zu haben. Das Objekt wirkte massiv und war vollkommen still. Ich erkannte in ihm sofort das gleiche Licht, das wir von dem Campingplatz aus am Chamberlain See gesehen hatten. Das Licht glich dem, das in einem Brennofen für Keramik zu sehen ist. Es war äußerst hell - wie eine Miniatursonne. Es war unmöglich, einen festen Rand an dem Objekt auszumachen. Es schwebte geräuschlos über den Baumwipfeln, ich glaube, es waren ungefähr fünf Minuten. Wir versuchten, das Objekt als Wetterballon zu erklären, aber die seltsame Qualität des Lichts ließ sich nicht einfach wegrationalisieren. Ich kam dann auf die Idee, ihm mit unserer Taschenlampe ein Signal zu senden.

An diesem Punkt der Augenzeugenberichte setzt Charlies Version ein:

> Ich glaubte zuerst, der Mond würde aus den Bäumen aufsteigen. Aber dann wurde mir klar, daß es nicht der Mond war, und ich betrachtete ehrfürchtig diese stille Lichtkugel. Sie erreichte den Rand der Baumlinie und verharrte dort kurz. Dann bewegte sie sich parallel zum Ufer, etwa fünf bis sechs Meter über den Bäumen. Ich hielt eine große Taschenlampe in der Hand, mit der ich nun Signale an die Kugel richtete - dreimal kurz, dreimal lang und wieder dreimal kurz.

Genau beim letzten Blinken von Charlies Taschenlampe hielt das riesige, gleißende Objekt mit einem Ruck an und begann sich dann langsam auf das stillstehende Kanu zuzubewegen. Was nun geschah, löste vollständiges Chaos im Boot aus. Jack berichtet weiter:

In dem Moment, als Charlie die Signale schickte, begann sich das Licht geräuschlos auf uns zuzubewegen. Wir einigten uns darauf, zu bleiben und zu warten, ob es sich im Wasser widerspiegelte oder sich irgendwie auf das Wasser auswirkte, wenn es über dem See stand. Zu dem Zeitpunkt war das Licht nur etwa zwölf bis fünfzehn Meter über der Wasseroberfläche und hielt immer noch geradewegs auf uns zu. Wir beschlossen, das Wasser zu verlassen und ans feste Land zu gelangen. Wir hatten Angst, aus dem Kanu in den Sumpf zu fallen und zu ertrinken. Wir begannen zu paddeln - alle außer Chuck, der nicht mitpaddelte und offenbar von dem Licht in Trance geraten war. Das Ding sandte einen sehr seltsamen Lichtstrahl aus, der aufs Wasser gerichtet war, und kam weiter auf uns zu. (S. Abb. 2) Als wir wie wild auf unser Lagerfeuer zupaddelten, schrie Charlie: "Sumpfgas hat keine Strahlen!"

Wie schon erwähnt, war Chuck plötzlich wie gelähmt. Er schildert seine Gefühle, als die riesige pulsierende Feuerkugel ihr winziges, zerbrechliches Kanu einholte:

Charlie, ein Veteran der Kriegsmarine, fing an, ihm mit einer Taschenlampe SOS zu signalisieren. Im Nu sandte das Objekt einen kegelförmigen Lichtstrahl von seiner rechten unteren Seite aus, der auf dem Wasser hinter uns leuchtete und sich langsam auf uns zubewegte. Ich spürte, wie die anderen im Kanu von Panik ergriffen wurden, und hörte ein hektisches Klatschen im Wasser. Ich spürte, wie das Kanu vorwärts schlingerte und sich von dem vorrückenden Licht entfernte. Ich ließ meine Augen nicht von dem Objekt und half den anderen nicht, das Ufer zu erreichen. Ich hatte keine Angst, nur Neugier. Ich ärgerte mich darüber, daß meine Kameraden fliehen wollten.

Von diesem Zeitpunkt an unterscheiden sich die bewußten Erinnerungen der vier, entsprechend dem jeweiligen Blickwinkel jedes einzelnen. Charlie Foltz erinnerte sich als nächstes daran, daß er zum Ufer gepaddelt war und mit den anderen am Lagerplatz stand und zusah, wie sich das Objekt entfernte.

Als wir am Ufer standen, blinkte ich noch einmal mit der Taschenlampe, doch von der Kugel kam keine weitere Reaktion. Es bewegte sich an der Baumlinie entlang, bis es den Rand des Sees erreichte, und begann dann, sich in einem etwa 45 Grad Winkel von uns zu entfernen. Als es sich erhob, näherte es sich zwei kleinen Wolken von ungefähr 100 Metern Länge und 20 Metern Höhe. Ein Lichtstrahl durchschnitt die Wolken, wie ein Autoscheinwerfer den Nebel durchschneidet. Daraufhin blinkte die Kugel einfach aus und verlor sich - ein Lichtpunkt unter den Sternen.

Chuck erinnert sich, daß er im Kanu blieb, nachdem die anderen in Panik ans Ufer gedrängt hatten. Wie angewurzelt, das Paddel noch immer untätig in der Hand, konnte er seine Augen nicht von dem Objekt nehmen:

> Das Objekt reagierte auf die Panik, indem es langsam den Lichtstrahl von uns wegbewegte. Als der Lichtstrahl abdrehte, sah ich, wie das Objekt selbst sich von einem Vollmond in eine dünne Sichel verwandelte, mit einer entsprechenden Achsenverschiebung im Lichtstrahl. Dies war das "Ausblink“-Phänomen, das wir zwei Tage vorher zusammen mit den anderen Campern von Mud Beach beobachtet hatten. Das Objekt bewegte sich dann in Richtung Süden auf den Mount Katahdin zu, und binnen Sekunden war es hinter einem Band mittelhoher Schichtwolken verschwunden.

Jack und Jim hatten ein paar mehr bewußte Erinnerungen an das Objekt und den anomalen Lichtstrahl, den es aussandte. Zuerst Jacks Perspektive der nächsten Serie von Ereignissen:

> Als wir weiterpaddelten, schaute ich über meine rechte Schulter zurück und sah, daß das Licht ein kugelförmiges Objekt war, das zu brodeln schien. Es war direkt hinter uns, und ich konnte sehen, daß wir es niemals schaffen würden, dem Strahl zu entfliehen. Er rückte viel zu schnell vor. Ich erinnere mich, daß ich dachte: "Ach du Scheiße, jetzt hat's uns erwischt! Da kommen wir nicht mehr raus." Das nächste, was ich wußte, war, daß wir am Ufer waren und aus dem Kanu stiegen. Wir waren nicht mehr in Eile. Wir suchten nicht mehr wie die Wilden nach Deckung oder so etwas. Wir stiegen einfach aus dem Kanu, gingen nach links und standen schweigend am Strand. Wir schauten direkt auf das Objekt, das jetzt ein paar Meter von uns entfernt war, etwa fünf bis zehn Meter über dem Wasser.
>
> Ich stand wie angewurzelt. Es war so nah. Und nun kam der Strahl aus der Unterseite, als säße das Objekt auf dem Strahl. Es schwebte genau vor uns, völlig geräuschlos, es könnten vier oder fünf Minuten gewesen sein. Ich erinnere mich, daß ich mich "außerhalb meiner selbst" fühlte, als ich dort stand und es betrachtete. Es fühlte sich an, als hätte mich eine große Hand am Bauch gepackt und versuchte, mich hochzuheben. Mir war übel. Plötzlich richtete sich der Strahl in den Himmel hinauf. Das Objekt begann, sich von uns fort und hinauf in den südwestlichen Himmel zu bewegen. Es schien auszublinken und dann weiter oben am Himmel wieder aufzutauchen. Dies geschah ein paarmal, dann schoß es hinauf zu den Sternen und war in Sekundenschnelle verschwunden.

Auch Jim hatte Erinnerungen an die furchterregende Jagd quer über die Bucht:

> Es bestand kein Zweifel daran, daß es direkt auf uns zusteuerte. Jack und ich erinnern uns beide an den Anblick des Objekts, das direkt über uns auf dem See schwebte. Dann erinnere ich mich daran, daß ich am Seeufer stand und das Objekt ungefähr fünfzehn bis dreißig Meter über dem See in einer Entfernung von 45 bis 70 Metern vor uns sah. Es projizierte wieder eine Art Suchlicht auf die Wasseroberfläche. Dann drehte sich der Suchstrahl aufwärts in den Himmel, und die Maschine entschwand genauso implosionsartig, wie ich es zwei Tage vorher beobachtet hatte. Eine Sekunde später sahen wir, wie sie sich mit ungeheurer Geschwindigkeit entfernte. Sie hielt ihren Lichtstrahl vor sich und stieg in einem stufenförmigen Muster in Richtung Südost hoch. In wenigen Sekunden war sie nur noch ein blasser Stern, der einen Bogen von Südost nach Nordwest beschrieb, während er über den Horizont verschwand. Sie machte beim Wegfliegen absolut kein Geräusch.

Alle Zeugen waren offensichtlich in einem Zustand vorübergehender Leblosigkeit, als sie beobachteten, wie das Objekt die Gegend verließ. Sie fühlten sich "seltsam" und "müde", um ihre eigene Worten zu benutzen. Jim stellte fest:

> Wir standen offenbar alle unter Schock, denn ein paar Minuten lang standen wir nur so herum, unfähig, uns zu rühren oder zu sprechen.

Als die merkwürdige betäubende Wirkung nachließ, kletterte Chuck aus dem Kanu und gesellte sich zu den anderen, die wie im Traum den Strand zu ihrem Lager hinauftrotteten. Doch sogar in diesem Zustand verschlug es ihnen die Sprache, als sie sahen, was aus dem riesigen Leuchtfeuer geworden war, dessen Flammen noch vor wenigen Minuten hoch loderten. Jim notierte:

> Auf einmal sahen wir, daß unser Lagerfeuer gänzlich heruntergebrannt war. Als wir zum Angeln aufgebrochen waren, hatten wir sehr große Holzscheite nachgelegt, die gut zwei bis drei Stunden brennen sollten. Das ganze Erlebnis schien höchstens 15 bis 20 Minuten gedauert zu haben. Doch das Feuer war völlig heruntergebrannt und war nur noch ein Haufen rotglühender Kohle.

Jack fügte hinzu:

> Unser Feuer war auf etwas warme Kohle zusammengeschrumpft, aber uns allen war so seltsam zumute, daß wir kein neues mehr schürten. Wir saßen nur an unserem Campingtisch, bis wir schließlich dort im Sitzen

einschliefen. Am nächsten Morgen wachten wir wie betäubt auf. Wir konnten nicht glauben, was in der vergangenen Nacht geschehen war. Wir brachen das Lager ab und machten uns auf den Weg zum nächsten Campingplatz, wo wir einen vorbeifahrenden Ranger anfunkten. Als er im Lager ankam, erzählten wir ihm die ganze Geschichte, aber er glaubte uns kein Wort. Den Rest unserer Reise müssen wir irgendwie unter Schock gestanden haben; von da an erinnere ich mich an nicht viel.

Sie erinnerten sich wirklich nicht. Die Reisenotizen und -tagebücher wurden getreulich aufbewahrt, bis sich nach mehreren Tagen die UFO-Begegnung allmählich in Nichts aufgelöst hatte. Damals hatten sie keine Erinnerung an das, was sich in der Zeit abgespielt hatte, in der ihr Leuchtfeuer heruntergebrannt war. (S. Abb. 3) Dies sollte noch jahrelang ein Rätsel bleiben, bis Jim und Jack von den seltsamen Träumen und paranormalen Erscheinungen heimgesucht wurden, die Jim schließlich dazu führte, bei mir Hilfe zu suchen. Wir werden gleich einen dieser Träume untersuchen.

Schauen wir uns zunächst die Begegnung im Licht unseres gegenwärtigen Wissens über UFO-Sichtungen an.

UFO-Sichtungen lassen sich in spezifische Kategorien einteilen, die im folgenden hier zusammengefaßt werden:

NL Nächtliches Licht - anomales Licht während der Nacht
DD "Daylight Disc" - alle UFOs, die tagsüber gesichtet werden
R/V - Radar/Visuell - gleichzeitige R/V UFO Sichtung
CE - "Close Encounter" - UFO im Bereich von 150 Metern
CEI (Typ 1) nur UFO gesichtet
CEII (Typ 2) UFO und physisches Beweismaterial
CEIII (Typ 3) UFO und Außerirdische
CEIV (Typ 4) UFO-Entführung durch Außerirdische

Die erste Sichtung eines hellen, sternähnlichen Objekts von Mud Beach aus läßt sich als nächtliches Licht einstufen. Rückblickend glaubten alle, daß es das gleiche Objekt war, das ihnen zwei Nächte später in unmittelbarer Entfernung begegnete. Beide Objekte leuchteten nämlich hell in der gleichen unverwechselbaren, unheimlichen Farbe, und bei beiden war der gleiche Implosionseffekt zu beobachten.

Andererseits könnte auch der helle Planet Jupiter der Übeltäter gewesen sein. Nach astronomischen Aufzeichnungen ging Jupiter am 24. August 1976 um etwa 23.00 Uhr Ortszeit in östlicher Richtung auf. Er mußtein dem Moment um ein Mehrfaches größer und heller als der hellste Stern gewesen und

Bild 3: Die Allagash -Vier plus einem Mann. Von links nach rechts in der hinteren Reihe: Charlie Foltz, Chuck Rak und die Weiner Zwillinge. Der sitzende Mann kam aus den Wäldern, schaute kurz vorbei und ging wieder, ohne seinen Namen zu nennen.

durch ein Fernglas wie eine Scheibe ausgesehen haben. Sein Verschwinden durch Implosion könnte durch eine vorüberziehende Wolke verursacht worden sein, und als in der Nacht ein Regensturm aufzog, bewölkte sich der Himmel tatsächlich. Allerdings glauben die Zeugen, daß sie das helle Objekt vor dem Aufgang des Jupiters gesichtet haben. In beiden Fällen waren zu der Zeit weder andere helle Sterne noch der Mond sichtbar.

Obwohl also die erste Sichtung etwas im ungewissen bleibt, gibt es keinen vernünftigen Grund, die zweite Sichtung anzuzweifeln. Die vier hatten ein echtes "Close Encounter" vom Typ 1 mitgemacht. Da dieser Begriff von dem verstorbenen Dr. J. Allen Hynek geprägt wurde, ist es hier angebracht, das Erlebnis der vier mit Kommentaren über diese Kategorie der UFO-Sichtung zu vergleichen. Hynek, Astronomieprofessor an der Northwestern University und ehemals außerordentlicher Professor am Smithsoniam Astrophysischen Observatorium, arbeitete als leitender wissenschaftlicher Berater am USAF UFO-Projekt. Als "Close Encounter" des ersten Typs definierte er:

Berichte über UFO-Sichtungen von Objekten oder sehr hellem Licht in der Nähe der Beobachter - im allgemeinen weniger als 150 Meter entfernt. Fälle, in denen das Objekt nahe genug war, daß die eckigen Konturen und beachtliche Einzelheiten zu sehen waren, in denen vermutlich stereoskopisches Sehvermögen angewandt wurde und in denen von Angst vor möglichem körperlichen Kontakt berichtet wurde.[7]

Es erübrigt sich zu sagen, daß der Allagash-Fall ein Bilderbuchbeispiel in dieser Kategorie von UFO-Sichtungen ist. Hynek betonte auch die Beweiskraft der CE1 beim Nachweis der physischen Realität von UFOs:

In den Fällen eines "Close Encounter" bekommen wir die Hypothese von der Sinnestäuschung bei UFO-Berichten in den Griff. Sie mag sich zwar im Falle von... Sichtungen auf die Entfernung vertreten lassen, doch im Fall eines Close Encounter ist sie praktisch unhaltbar. Die UFO-Berichte zweier oder mehrerer Beobachter, die in der Lage waren, zusammenhängende und offensichtlich den Tatsachen entsprechende Berichte vorzulegen, werfen die Frage auf, ob die berichtete Wahrnehmung tatsächlich in den Bereich fallen kann, in dem geistig gesunde, verantwortungsbewußte Menschen einer Sinnestäuschung unterliegen können.

Meine eigene Ansicht... ist, daß die anerkannten logischen Grenzen der Sinnestäuschung in diesen Fällen so sehr überschritten werden, daß man zu der Annahme kommen muß, daß die Beobachter entweder wahrhaftig erlebt haben müssen, was sie berichteten, oder ihrer Vernunft und ihrer Sinne beraubt waren. Für Letzteres gibt es jedoch im Hinblick auf die Berufe, die Ausbildung und das Verhalten der jeweiligen Beobachter in der Vergangenheit keine Anhaltspunkte.[8]

Wenn Dr. Hynek noch am Leben wäre und Zugang zu diesem Bericht hätte, wäre er ganz bestimmt zu dem Schluß gekommen, daß die Beobachter wirklich erlebt hatten, was sie berichteten. Doch einige verwirrende Fragen blieben: Was geschah mit den vier Kanufahrern während der fehlenden Zeit? Warum konnten sie sich nicht an das erinnern, was geschehen war? Warum hatten sie keine Angst, als sie das UFO aus nächster Nähe beobachteten, nachdem sie das Ufer erreicht hatten? Warum schliefen sie am Picknicktisch ein, nachdem sich das Objekt entfernt hatte? Jim fragte sich, ob ein immer wiederkehrender Traum seines Bruders die Antwort auf diese Fragen geben könnte. Das gleiche tat ich, als Jack mir im Juli 1988 den folgenden Alptraum geschildert hatte:

---

[7] Hynek, J..Allen, The UFO Experience (Chicago: Henry Regnery Co., 1972), S.86

[8] Hynek, The UFO Experience, S.87

Vor zwei Jahren fingen diese schrecklichen Alpträume an, die mehrere Male wiederkehrten. Ich wache immer in einem wirklich schlimmen Zustand von Panik und unkontrollierbarer Angst auf, und noch mehrere Tage danach bin ich nicht in Ordnung.

In diesem Alptraum stehe ich an einer Wand oder an einer Art senkrechter Tischplatte. Es ist an einem Ort, der von einem hellen, diesigen Licht erfüllt ist. In diesem Licht ist es unmöglich, die Konturen oder irgendwelche Merkmale des Raums zu erkennen. Ich stehe, aber ich kann mich überhaupt nicht bewegen. Ich kann nicht einmal sprechen, aber ich bin vollkommen wach und ich kann denken.

Ich bin mir dessen bewußt, daß Jim und Chuck und Charlie auf einer Art Bank oder einem niedrigen Tisch unmittelbar links von mir sitzen. Ich denke: "Warum macht ihr nichts? Um Gottes Willen, helft mir! Bitte helft mir!" Aber sie scheinen mich nicht einmal zu bemerken. Sie sitzen nur da wie in Trance.

Da bemerke ich eine Bewegung in dem Dunst direkt vor mir. Der folgende Anblick bringt mich völlig in Panik. Dieses Ding kommt auf mich zu und steht dann direkt vor mir und schaut mich an. Ich fürchte mich. Mein einziger Gedanke ist, wie ich wegkommen kann. Ich denke: "Ich muß hier raus! Tut mir nicht weh! Bitte tut mir nicht weh!" Dann entdekke ich, daß sich noch mehr aus dem Dunst herausbewegt, und ein zweites Ding steht direkt vor mir. Mittlerweile bin ich außer mir vor Angst. Ich habe nur noch einen einzigen Gedanken - den an Flucht.

Die beiden Dinger blicken abwechselnd mich und sich gegenseitig an. Ihre Köpfe zucken, als würden sie sich zunicken, aber sie machen keinerlei Geräusch. Dann greift der, der mir gegenüber steht - links von mir - mein Handgelenk und fängt an, es hochzuheben. Offenbar schauen sie meinen Arm an und dann hinauf zu meiner Achselhöhle. Ich kann sehen, wie der auf der rechten Seite eine Art metallisch wirkendes Instrument oder irgendeinen Apparat in der Hand hält. Es gefällt mir nicht. Ich denke, daß sie damit irgend etwas mit meiner Achselhöhle machen -, daß sie es in meine Achselhöhle stecken! Nun fühle ich mich, als sollte ich bei lebendigem Leibe gefressen werden, und ich werde vollends von absoluter hysterischer Angst übermannt. Dann wache ich auf. Ich bin in Schweiß gebadet und erwache mit der schlimmsten Angst, die man sich nur vorstellen kann.

Die Auswirkungen dieses Alptraums halten immer mehrere Tage an. Die ersten paar Male, als ich mich an den Traum erinnerte, konnte ich mich nicht daran erinnern, wie die Köpfe oder Gesichter dieser Dinger aussahen, sondern nur, wie diese vom Hals bis zu den Füßen aussahen. Dann hatte ich letztes Jahr wieder den Alptraum. Als ich dieses Mal aufwachte, erinnerte ich mich genau an alles. Fast verwünschte ich das gleich darauf wieder, denn nun wurde mir klar, warum ich diese schreckliche Hysterie in den Träumen verspürte. Sie haben große Köpfe auf einem dünnen Hals mit zwei großen, metallisch wirkenden Augen. Damit meine ich, daß ihre Augen die Farbe solcher phosphoreszierender Käfer haben, die sich in Bewegung ständig zu ändern scheint. Sie hatten keine Lider! Ich finde sie irgendwie insektenähnlich, aber sie haben keine Fühler oder sowas, und sie haben auch keine Teile, die ihnen das Aussehen von Fleischfressern geben. Ihre Hände befinden sich am unteren Ende ihrer Arme, haben aber nicht viel Ähnlichkeit mit Händen. Sie sind mehr länglich und haben nur vier Finger.

Das war's. Es geht mir jetzt besser, nachdem ich mich tatsächlich einmal hingesetzt und alles aufgeschrieben habe. Ich hoffe wirklich, daß Sie der sind, für den ich Sie halte, weil dieses Zeug nicht so sehr die Runde machen sollte. Die Leute glauben, ich bin nicht ganz bei Trost, wenn ich ihnen solches Zeug erzähle.

Ich versicherte Jack und den anderen, daß ich sie nicht für verrückt hielt, und dankte ihnen, daß sie bei der Untersuchung kooperiert hatten. Ich bemerkte, daß solche Alpträume sowohl durch die Phantasie als auch durch tatsächliche, verschüttete Erinnerungen ausgelöst werden können, die aus dem Unbewußten an die Oberfläche dringen. Ich erklärte, daß unterdrückte Erinnerungen schon oft durch Hypnose ins Bewußtsein gebracht worden sind.

Jims Arzt hatte Jim bereits ermutigt, es mit Hypnose zu versuchen. Jim war bereit, sich mit unserem MUFON-Berater am Ort unter Hypnose einer Rückführung zu unterziehen. Ich legte den anderen Allagash-Zeugen nahe, diese Möglichkeit für sich selbst ernsthaft zu erwägen. Sie zeigten sich interessiert und waren neugierig, wie Jim auf die Hypnose reagieren würde. Jims erste Sitzung war für den 21. Januar 1989 angesetzt. Die Ferien, mein voller Stundenplan und der Trubel um das Erntedankfest und die Weihnachtsfeiertage hatten einen früheren Termin unmöglich gemacht. Wir hofften alle, daß die bevorstehende neue Phase der Untersuchung zu einer Aufklärung des Geheimnisses um den Feuerball in der Wildnis führen würde.

Kapitel 3

"Sie sind wie Insekten!"

Als der Termin für Jims erste Sitzung näherrückte, wurde mir klar, daß ich für diesen faszinierenden Fall einen Assistenten brauchte. Ich bat David Webb um Hilfe, einen der wichtigsten Männer bei der Untersuchung des Andreasson Falls. Dave ist Solarphysiker und Fachmann für CEIII und CEIV-Fälle.

Der MUFON-Berater Tony Constantino sollte die Rückführungssitzungen unter Hypnose leiten. David und Tony hatten meine eigenen Erlebnisse mit UFO-Entführungen untersucht, die ich in meinem letzten Buch „Die Wächter“, aufzeichnete. Im Gegensatz zu David war Tony ein Nculing auf dem Gebiet der UFO-Forschung, doch war er ein qualifizierter Hypnotherapeut und wohlversiert in der Kunst der Rückführtechniken.

Jim Weiner - Hypnosesitzung #1 - 12.01.1989

Jim kam ungefähr um 14.00 Uhr bei Tony an. Er wirkte nervös und gab zu, daß ihm nicht ganz wohl war bei dem Gedanken, hypnotisiert zu werden. Tony nahm sich Zeit, um sich mit Jim bekanntzumachen. Er erklärte ihm, Hypnose sei lediglich eine Technik, mit der man jemanden in den Zustand tiefer Entspannung versetzen kann. Dann schaltete er eine sanfte Hintergrundmusik ein und bat Jim, sich vor ihn in einen großen Sessel zu setzen. Bald befand sich Jim im Zustand leichter Hypnose. (s. Abbildung 4) Wir fingen mit dem Interview an, wobei wir besonders darauf achteten, keine Suggestivfragen zu stellen.

Der folgende Auszug sowie die anderen Auszüge in diesem Buch sind den Abschriften der mitgeschnittenen Rückführungssitzungen durch Hypnose entnommen:

Tony: 1976... haben Sie mit drei Freunden eine Art Camping-Urlaub gemacht. Ist das richtig, Jim?

Jim: Ja, stimmt.

Tony: Erinnern Sie sich an die Reisevorbereitungen?

Jim: Für die Reise nach Maine?

Tony: Ja.

Jim: Ich erinnere mich, daß ich gefahren bin - hinaufgefahren.

Tony: Erinnern Sie sich an ein paar wichtige Einzelheiten?

Jim: Ja. Route 95.

Tony: Okay, wissen Sie noch, wie Sie am Campingplatz angekommen sind?

Jim: Ja, doch.

Tony: Erinnern Sie sich noch an ein paar Einzelheiten, als Sie und Ihre Freunde das Zelt aufgebaut haben?

Jim: Ja.

Tony: Können Sie eine oder zwei Sachen nennen, die Sie tun mußten?

Jim: Naja, ich weiß noch, daß wir in einem Schwimmer auf den See hinausgeflogen sind. Es war phantastisch. Und wir, wir konnten nur zu zweit fliegen. Als wir da waren, haben wir unser Lager aufgebaut. Wir hatten einen Picknicktisch. Wir haben unsere Zelte aufgestellt und ein Zelt aus einer Plane und einem Seil gemacht, das wir zwischen zwei Bäume gespannt haben. Und der, ach ja, ich erinnere mich, daß dieser Ranger gekommen ist, gleich nachdem wir angekommen sind - Everett Cram und Mac, sein Kumpel. Sie kamen, um unsere Personalien aufzunehmen.

Tony führte Jim langsam, aber sicher durch die Anfangsstadien der Reise, bis die Camper den Eagle See und den Campingplatz erreichten, der dem Smith Brook gegenüberlag.

Jim: Wir hatten kein Fleisch mehr und beschlossen, angeln zu gehen.

Tony: Sehen Sie sich, wie Sie die Vorbereitungen dazu treffen?

Jim: Ja. Wir machten ein... wir haben Holzscheite auf das Feuer gelegt, weil wir... Es wird dort oben nachts wirklich dunkel. Schwarz! Richtig schwarz. Wir haben gelacht. Wir haben uns die Hände vors Gesicht gehalten und gesagt: "Mein Gott, nicht mal die eigenen Hände kann man sehen!" Man kann wirklich die eigene Hand nicht vor den Augen sehen.

Tony: Und wie lange sollte das Lagerfeuer ungefähr brennen?

Jim: Ach, eine ganze Weile. Wir wußten, daß wir mindestens eine Stunde da draußen auf dem See sein würden. Es ist ein großer See. Und wir wußten, daß wir ohne großes Lagerfeuer das Ufer nicht mehr finden würden.

Bild 4: Jim Weiner unterzieht sich einer hypnotischen Rückführung

Tony: Nun ist also das Lagerfeuer gemacht. Sehen Sie sich und Ihre Gefährten jetzt ins Kanu einsteigen?

Jim: Hm, wir sind nicht weit gekommen. Ich erinnere mich, daß Chuck Rak am einen Ende des Kanus saß. Charlie Foltz war am anderen Ende, und Jack und ich in der Mitte. Und wir hatten... Wir hatten nicht viel dabei. Nur Taschenlampen und unsere Angeln. Und ich - ich erinnere mich deutlich daran, daß wir mit den Taschenlampen ins Wasser leuchteten. Es war so klar. Es war eine Art Sumpfgebiet mit Bäumen, die aus dem Wasser herausragten. Und, ach ja, ich erinnere mich, daß ich mit der Taschenlampe ins Wasser hineingeleuchtet habe und die Bäume da unten gesehen habe. Das Wasser war wirklich kalt. Aber jedenfalls kam es uns nicht vor, als wären wir lange draußen geblieben.

Tony: Was ist dann passiert?

Jim: Also, Charlies Gesicht wurde auf einmal angeleuchtet. Ich erinnere mich, daß ich sein Gesicht gesehen habe, und daß ich dachte: "Ach, Scheiße, da kommt der, der, naja, der Ranger!" - Wir sollten nämlich nachts nicht da draußen angeln. Und er sagte: "Was, was zum Teufel ist das denn?" Und, ja, ich habe ihn angesehen und mich dann umgedreht, um mir das anzuschauen. Ich erinnere mich, daß ich zum Seeufer geschaut habe. Genau über den Bäumen stand diese große weiße Kugel, und sie... mir war sofort klar, daß es die gleiche war, die wir zwei Tage vorher gesehen hatten. Es war das gleiche unheimliche Licht. Fast wie eine Sonne. Es war ein wirbelndes Licht und erinnerte mich an, ja, an das Innere eines Brennofens; man sieht da, wie die Hitze innen umherbrodelt. Ja, und es hat da einfach über den Bäumen geschwebt. Es hat sich nirgendwohin bewegt. Es war einfach da. Es war völlig geräuschlos. Völlig. Und da oben gibt es nachts sowieso keine Geräusche. Man hört nichts, höchstens ab und zu einen Seetaucher. Keine Grillen, keine Frösche, keine Autos, keinen Laut. Es herrscht absolute Stille.

Tony: Und was geschah dann?

Jim: Also, wir beobachteten es und überlegten, was es sein könnte. Als erstes dachten wir an einen großen Wetterballon. Aber es war zu ... Das Licht war anders. Wetterballons haben kein solches Licht. Ich habe gesagt: "Wir sollten es mit der Taschenlampe anleuchten." Charlie Foltz hat dann seine Taschenlampe darauf gerichtet. Ich bin mir ziemlich sicher, daß er kurz, kurz, kurz, lang, lang, lang - daß er SOS gefunkt hat. Er hat es nur einmal oder zweimal gemacht, da kam urplötzlich dieser Strahl aus dem Ding heraus! Fast wie ein Schlauch! Unser Kanu leuchtete wie eine Kerze auf. Dann kam es auf uns zu! Ich erinnere mich daran, wie es über den Waldrand herausgekommen ist. Wir sahen, wie es sich spiegelte im... im See. Der See verwandelt sich nachts nämlich in einen Spiegel. Es gibt dann keine Wellen. Es ist völlig windstill. Und es... Es kam direkt in unsere Richtung mit diesem Licht. Und, ja, ich erinnere mich, es war, als ob jemand einen Knopf an meiner Nase gedrückt hätte; ein heilloser Schrecken überkam mich! Jack auch.

Dave: Jim?

Jim: Hmm?

Dave: Ich bin Dave. Ich habe eine Frage. Haben Sie gesagt, der Strahl sah wie ein Schlauch aus? Wie groß war er etwa?

Jim: Er war wie ein... Er erinnerte mich an einen Gartenschlauch. Der Gummiteil des Schlauches war das helle Licht, und drinnen war es dunkel. Es war nicht schwarz, es sah noch dunkler aus. Und ich erinnere mich, ich hatte fast eine Art Geistesblitz oder eine Vision von diesem Ding direkt über uns. Es hat mich zu Tode erschreckt. Ich hatte diese, diese, ja, diese Angst, daß wir umkippen und ertrinken würden. Das Wasser war nämlich wirklich kalt, und die ganzen Bäume da unten... Jack hatte auch Angst. Ich erinnere mich, daß wir paddelten. Ich erinnere mich, daß der Bug des Kanus aus dem Wasser ragte und daß wir paddelten. Und als wir... als wir das Ufer erreichten, drehten wir uns um, und das Ding war genau vor unserer Nase. Ich erinnere mich, daß ich dachte, weißt du, wenn du jetzt einen Stein in der Hand hättest, könntest du es treffen... Es mußte also ganz nah sein. Und das Licht schien aufs Wasser herunter, es war ganz dicht am Wasser. Und dann, ja, dann stieg es hoch in den Himmel hinauf und blinkte. Es blinzelte. Es implodierte. Es sah aus, als würde das Licht von selbst implodieren. Fast wie eine Iris, wenn sie sich schließt. Zuerst dachte ich, es wäre verschwunden. Aber als ich dann schaute, sah ich, daß es sich ganz schnell entfernte. Das Ding flog! Es bewegte sich wie auf einer Treppe aufwärts, wie wenn man ein Frisbee wirft; es fliegt in einer bestimmten Höhe und dann, naja, dann stößt es auf eine, auf eine Luftschicht oder sowas, und plötzlich steigt es steil auf und fliegt dann weiter.

Es war offensichtlich, daß die fehlende Zeitspanne irgendwo in der Zeit zwischen der Sichtung des Objekts und der Landung am Ufer abhanden gekommen war. Der Lichtstrahl, der das Kanu getroffen hatte, schien die Trennungslinie zwischen Erinnern und Vergessen zu sein. Wir beschlossen, uns auf diesen Teil der beängstigenden Begegnung zu konzentrieren. Tony brachte Jim dorthin zurück, wo der Strahl das Kanu verschlang:

Jim: Ich erinnere mich, daß das Licht herunterkam. Es traf das Boot und machte so... (bewegt seine Hand hin und her). Aber es hat sich nicht entfernt, nicht vom Boot entfernt. Dann entsinne ich mich, daß wir paddelten. Ich kann mich an nichts dazwischen erinnern.

Dave: Erzähl mir mehr vom Inneren dieses Lichtschachts. Du sagst, es war dunkel.

Jim: Stimmt. Ich glaube, das ist alles, was ich noch weiß. Ich kann mich nur noch daran erinnern, daß es mich mächtig beeindruckt hat. Es war ein Rohr. Ich hatte nie vorher so etwas gesehen.

Tony: Warum sollte es innen dunkel gewesen sein?

Jim: Das weiß ich nicht, aber es war dunkel. Ich konnte es sehen. Es war dunkler.

Tony: Ist das Licht immer mit der großen Lichtkugel verbunden?

Jim: Ja.

Dave: Aha, hat euch das Licht umhüllt? Du hast gesagt, daß das Boot in das Licht eingetaucht war?

Jim: Es, es war nicht so groß wie das ganze Boot (ein fünf Meter langes Kanu). Es war ein, ja, ein, ein Strahl, und er ging hin und her wie ein Suchstrahl.

Tony: War er immer auf das Kanu und die Leute darin gerichtet?

Jim: Naja, er, er hat sich zuerst auf uns eingeschwenkt.

Tony: Wie?

Jim: Er schwenkte über das Kanu und ist dann genau auf uns stehengeblieben. Deswegen ist... Deswegen haben wir solche Angst bekommen.

Ray: Wie sah euer Leuchtfeuer aus, als ihr am Ufer angekommen seid?

Jim: Es war heruntergebrannt. Es war nur noch Glut.

Ray: Wie lang muß es gebrannt haben, bis es so weit heruntergebrannt war?

Jim: Ein ganzes Stück länger, als es wirklich gedauert hat. Ein paar von den Holzscheiten hatten einen Durchmesser von 20 bis 25 cm. Es müßte mindestens eine Stunde gebrannt haben.

Ray: Wenn es eine Zeitspanne gibt, von der noch nicht geklärt ist, was in ihr passierte, warum erinnerst du dich dann nicht daran?

Jim: Ich weiß nicht. Ich, ich könnte schwören, daß ich mich an alles erinnere, was passiert ist.

Während dieser ersten leichten hypnotischen Einführung schienen sich Jims Erinnerungen in nichts von seinen Erinnerungen im normalen Wachzustand zu unterscheiden. Er sprach in der Vergangenheit, was anzeigte, daß er sich zwar an den Vorfall erinnerte, ihn aber geistig nicht noch einmal durchlebte.

Sowohl Tony als auch ich fanden, daß es Zeit war, Jim in einen tieferen Zustand der Hypnose zu versetzen. Die bisherigen Erfahrungen hatten gezeigt, daß Jim normal auf Hypnose reagierte. Die meisten Entführten reagierten unter leichter Hypnose nicht anders. In einem tieferen Stadium erleben die Entführten jedoch normalerweise einen Durchbruch. Dann fluten verschüttete Erinnerungen plötzlich wie Wasser durch einen mentalen Damm ins Bewußtsein. Deshalb führte Tony Jim nun behutsam mit gesprochenen Anweisungen und Hintergrundmusik immer tiefer in die Hypnose. Kurz nachdem mit den Fragen begonnen worden war, vollzog sich bei Jim ein tiefgreifender Wandel. Sein Gesicht und sein Körper verrieten Erregung, und dementsprechend waren seine Kommentare:

Tony: Was kannst du uns über diese Nacht erzählen? Woran erinnerst du dich?

Jim: Ohhh! (Wird aufgeregt.)

Tony: Entspann dich.

Jim: Das ist schwer.

Tony: Laß es einfach geschehen. Laß es ganz einfach geschehen. Laß dich immer tiefer in den Sessel sinken, jedesmal wenn du ausatmest.

Tony fuhr fort, Jim behutsam in einen immer tieferen Zustand der Entspannung zu bringen. Jims Gesichtsmuskeln lockerten sich. Sein Kopf fiel nach vorn und sein Körper versank immer tiefer im Sessel. Tony fuhr nun mit seinen Fragen fort:

Tony: Hast du das Gefühl, daß es etwas gibt, woran du dich erinnern solltest?

Jim: Ja! (Wird wieder unruhig.)

Tony: Enspann dich! Entspann dich nur!

Jim: Ich habe das Gefühl, daß es etwas gibt, woran ich mich erinnern sollte, aber es ist fast wie... Blockade... Ein Gefühl kommt auf.

Tony: Welches Gefühl?

Jim: Angst! Ich spüre mein Herz klopfen (gerät in große Unruhe. Tony schreitet wieder ein und beruhigt Jim.)

Tony: Sag uns, warum dein Herz klopft.

Jim: Ich fürchte mich vor dem Licht (atmet schwer).

Tony: Entspann dich. Es ist ganz angenehm, ganz friedlich.
Warum fürchtest du dich vor dem Licht?

Jim: Es ist nicht normal. Es ist auf uns gerichtet. Gott, so ein großes Licht! Es ist um uns herum. Deshalb habe ich solche Angst. Ich kann Chuck nicht sehen (Jim ist nun sichtlich in Aufruhr und steht unter Hyperventilation.)

Tony: Wo ist er? Entspann dich. Was ist mit Chuck los? Entspann dich nur. Kannst du das Kanu sehen?

Jim: Nein, es ist drinnen (atmet heftig aus).

Tony: Wo drinnen? Entspann dich. Wo drinnen?

Jim: Im Schlauch!

Tony: Entspann dich. Du sieht Chuck nicht. Aber siehst du das Kanu, da, wo es sein sollte? Siehst du den Platz, wo er gesessen hat? Entspann dich.

Lange Pause, bevor Jim die Antwort förmlich aus sich herauspreßt.

Jim: Ich sehe das Innere des Schlauchs!

Tony: Und wo bist du, wenn du das Innere des Schlauchs siehst?

Jim: Ich glaube, ich bin noch im Boot, aber ich sehe die Bäume nicht mehr.

Tony: Wie sieht es im Schlauch aus?

Jim: Es funkelt - Nein, es ist kein Funkeln, es ist... (stößt einen langen, tiefen Atemzug aus). Es ist ein, eine Art... Es bewegt sich. Es, es, es bewegt sich.

Tony: Bewegt es sich von links nach rechts oder auf und ab?

Jim: Nein, die Wände, die Wände bewegen sich.

Tony: Auf dich zu oder von dir weg?

Jim: Nein, nur in, in sich selbst. Wie wenn, nicht ganz... genauso, aber wenn du Rauch durch einen, durch einen Lichtschacht bläst, verstehst du? Du kannst es sehen. Ach ja, ich weiß wie. Wie wenn Staub, wenn du Staub siehst, wenn du Staubpartikel in einem Lichtstrahl siehst.

Tony: Siehst du Jack?

Jim: Jack ist hinter mir.

Tony: Seid ihr alle vier im Kanu?

Jim: Ich glaube, nur wir beide.

Tony: Wo sind die anderen zwei?

Jim: Die sind nicht da.

Tony: Sie sind nicht im Kanu?

Jim: Nein. Ohhh. Ich mag dieses Gefühl nicht.

Tony: Wie fühlst du dich körperlich? Was geschieht mit deiner Haut, deinen Fingern? Was geschieht mit deinem Körper?

Jim: (Antwortet nicht, ringt nach Atem.)

Tony: Zwei Minuten, nachdem euch das Licht einhüllte - was ist da geschehen? Laß dich langsam zurücktreiben.

Jim: (Antwortet nicht. Stößt Luft aus.)

Tony: Was geschieht zwei Minuten, nachdem euch das Licht eingehüllt hat?

Jim: (Flüstert gequält:) Ich kann mich nicht daran erinnern.

Tony versuchte es wieder und wieder. Er wollte herausfinden, was passierte, nachdem Jim und die anderen von dem hohlen Lichtstrahl eingehüllt worden waren, doch ohne Erfolg. Schließlich fiel Jim ein, daß er in den Schacht hinaufgesehen hatte:

Dave: Wie sieht es darin aus?

Jim: Es ist dunkel da oben (lange Pause, stöhnt). Junge! Es ist ein beängstigendes Gefühl.

Ray: Es ist dunkel am anderen Ende des Schachts?

Jim: Ich glaube, so war es. Ich kann nicht... (Jim fängt an, am ganzen Körper zu zittern). Ich weiß, egal was am anderen Ende dort sein mag, ich mag es nicht.

Tony: Kannst du denn irgendwann sehen, was am anderen Ende ist?

Jim: Mensch, ich, ich kann mich nicht daran erinnern.

Ray: Warum kannst du dich nicht erinnern?

Jim: Ich will mich nicht daran erinnern.

Tony: Woran?

Jim: Ich will mich nicht daran erinnern, was am anderen Ende ist.

Tony: Warum sagt du, daß du dich nicht erinnern willst? Du kannst dich doch nicht erinnern.

Jim: (Mit bebender Stimme:) Ich kann mich nicht erinnern. Aber ich weiß, es gibt etwas dort. Ich wußte - ich weiß, daß es etwas am anderen Ende des Schachts gibt. Deswegen möchte ich nicht dorthin gehen. Deswegen, deswegen wollten wir nicht dorthin gehen.

Es wurde uns bald klar, daß wir mit Jim nicht weiterkamen. Wir konnten seine geistige Sperre nicht durchbrechen, die ihn daran hinderte, sich an das zu erinnern, was dann geschah. Da auf diesem Weg keine weiteren Antworten zu erwarten waren, beschloß Tony, eine Technik anzuwenden, die sich in der Vergangenheit als erfolgreich erwiesen hatte:

Tony: Entspann dich. Ich werde dich darum bitte, etwas zu visualisieren. Ich werde dich bitten zu visualisieren, daß du in deinem Zimmer bist - daß du einen riesigen Fernsehapparat hast. Siehst du ihn?

Jim: Mhm.

Tony: Kannst du in der Mitte eine senkrechte Linie ziehen?

Jim: Klar (zieht eine imaginäre Linie).

Tony: Kannst du sie sehen?

Jim: Mhm.

Tony: Siehst du, daß auf der linken Seite des Bildschirms ein großes "Nein" aufleuchtet?

Jim: Mhm.

Tony: Und jetzt leuchtet auf der rechten Seite des Bildschirms ein großes "Ja" auf?

Jim: Stimmt.

Tony: Wenn ich dich jetzt beim Vornamen nenne und einen falschen Namen sage, leuchtet das "Nein" auf.

Jim: Mhm.

Tony: Wenn ich dich beim richtigen Namen nenne, leuchtet natürlich die rechte Seite des Bildschirms auf.

Jim: Mhm.

Tony: Ist dein Vorname David?

Jim: Nein.

Tony: Hat die linke Seite aufgeleuchtet?

Jim: Die "Nein"-Seite.

Tony: Heißt du Jim?

Jim: Ja.

Tony: Hat die rechte Seite aufgeleuchtet?

Jim: Ja.

Tony: Wenn ich dich etwas frage, sag mir, ob die linke oder die rechte Seite aufleuchtet. Machst du das bitte?

Tony stellte Jim nun eine ganze Reihe von Fragen. Mit dieser Technik sollen nicht dem bewußten, sondern dem unbewußten Gedächtnis Antworten entlockt werden. Unter Hypnose wird auf einen unbewußten Reflex hin geantwortet, nicht aus bewußter Überlegung heraus. Es geht dabei darum, daß man viele allgemeine Fragen stellt, deren Antworten offensichtlich sind. Dann schiebt man plötzlich Fragen ein, die mit blockierten Erinnerungen verbunden sind.

Jim ließ sich durch diese Befragung mehrere interessante Antworten entlocken. Im folgenden seien einige Auszüge wiedergegeben:

Tony: Haben alle seltsamen Vorkommnisse in deinem Zimmer (zu Hause) etwas mit der Sichtung von 1976 zu tun?

Jim: Ja.

Tony: Weißt du, was am anderen Ende des Schachts geschah?

Jim: (Seufzt laut:) Ja.

Tony: Welche Seite vom Bildschirm?

Jim: Etwas ist dort passiert.

Tony: Welche Seite des Bildschirms hat aufgeleuchtet?

Jim: Die rechte.

Tony: Die "Ja"-Seite?

Jim: Ja. Stimmt. Die "Ja"-Seite hat aufgeleuchtet, aber es ist - ich kann dir nicht sagen, was auf der anderen Seite von dem Schacht passiert ist.

Allen diesen Fragen waren allgemeine Fragen vorangegangen, die in schneller Folge gestellt wurden. Die letzte Frage war der erste handfeste Hinweis auf ein typisches Element, das bei Erlebnissen mit UFO-Entführungen immer wieder anzutreffen ist. Während der Entführung bewirken die Außerirdischen einen starken posthypnotischen Befehl im Bewußtsein des Entführten. Dem Entführten wird gesagt, niemandem von dem Erlebnis zu erzählen. Er muß es vergessen. Tony wußte dies und ließ nicht nach, gegen diese potentielle, von den Außerirdischen herbeigeführte geistige Blockade anzurennen:

Tony: Weißt du, was auf der anderen Seite des Schachts passiert ist?

Jim: (Atmet schwer und will nicht antworten.)

Tony: Na gut, ist schon in Ordnung. Sag mir, welche Bildschirmseite aufgeleuchtet hat. Ist etwas am anderen Ende des Schachts passiert?

Jim: (Atmet schwer:) Ja.

Tony: Hat es mit dir zu tun?

Jim: (Keucht schwer, weigert sich zu antworten.)

Tony: Hat es mit deinen Gefährten zu tun?

Jim: Jack! Sie haben Jack weh getan.

Tony: Wiederhol das!

Jim: Sie haben ihm wehgetan.

Tony: Wie haben sie ihm wehgetan?

Jim: Sie haben etwas getan - ich weiß, daß sie mir wehgetan haben.

Tony:	Wiederhol das!
Jim:	Sie haben mir in meinem Schlafzimmer wehgetan (Jim meint ein anderes Erlebnis, von dem später die Rede sein wird.)
Tony:	Als sie Jack wehgetan haben - war das im Kanu? Ja oder nein?
Jim:	Nein.
Tony.	Geschah es am anderen Ende des Schachts?
Jim:	Wird sehr aufgeregt, weigert sich zu antworten.)
Tony:	Was meinst du - sie haben ihm etwas getan?
Jim:	Sie, sie haben ihm irgendwie wehgetan.
Ray:	Wo?
Jim	Am Körper.
Ray:	An welchem Teil des Körpers?
Jim:	Am Arm. Er hat seinen Arm bewegt.
Ray:	Wer hat Jacks Arm bewegt?
Jim:	Ohhh!
Ray:	Was hat Jacks Arm bewegt?
Jim:	So ein *Ding*. Da war... Es war nicht nur eins. Es waren...
Ray:	Wieviele?
Jim:	Drei, vier.
Ray:	Wie wußtest du, daß es drei oder vier waren?
Jim:	Ich konnte sie sehen.
Ray:	Was sehen?
Jim:	Ich sah... ihre... sah ihre Beine.
Ray:	Wie haben sie ausgesehen?
Jim:	Sie hatten Anzüge an.
Ray:	Mhm. Beschreib sie!
Jim:	Ohhh! (Seufzt und beginnt, Luft auszustoßen.)
Tony:	Entspann dich. Ist das in dem Lichtschacht?
Jim:	Woanders. In einem Zimmer.
Tony:	Wo war das Zimmer?
Jim:	Muß da drin gewesen sein (d.h. im UFO):
Tony:	Wie bist du da rein gekommen?
Jim:	Weiß nicht. Ich erinnere mich nicht daran, daß ich mich in dem Schacht bewegt habe. Ich erinnere mich nur, daß ich das Ende gese-

hen habe - daß ich das andere Ende gesehen habe, und ich... (kann nicht weitersprechen, sehr aufgewühlt).

Tony: Du hast gesagt, daß Chuck weg war. Warst in Wirklichkeit du weg?

Jim: Chuck war weg. Ich erinnere mich, daß ich den Schacht hinaufgeschaut habe.

Tony: Ist Chuck irgend etwas passiert?

Jim: Ich erinnere mich nicht an Chuck.

Ray: Was ist mit Jack passiert?

Jim: Sie haben sich seinen Arm angeschaut.

Ray: Wer sind sie?

Jim: Diese Dinger.

Wieder sah es aus, als kämen wir nicht weiter. Wir wollten uns nun darauf konzentrieren, eine bessere Beschreibung der Wesen zu erhalten, die Jim als die *Dinger* bezeichnete:

Ray: Welche Dinger?

Jim: Sie hatten Arme und Beine. Aber an ihre Gesichter kann ich mich nicht erinnern.

Ray: Möchtest du dich an ihre Gesichter erinnern?

Jim: Oh ja, aber ich kann nicht.

Ray: Wie sahen ihre Finger aus?

Jim: Sie hatten Handschuhe an.

Ray: Wie viele Finger an den Handschuhen?

Jim: (Keine Antwort.)

Ray: Zähl sie. Du siehst sie jetzt vor dir. Zähl sie. Wie viele Finger?

Jim: Sie hatten so etwas wie... also irgendwie miteinander verbundene Finger. Drei oder vier.

Ray: Welche Farbe hatten die Handschuhe?

Jim: Glänzend ... Blaugrau kommt mir in den Sinn.

Dave: Erinnerst du dich an den, äh, Körper? Haut?

Jim: Nein. Kleidung. Ich erinnere mich an die Anzüge (nimmt einen tiefen Atemzug und atmet dann aus.) Es waren drei, vier und eine Bank...

Als Jim unbeabsichtigt die Bank erwähnte, fiel mir wieder ein, daß sein Bruder Jack geträumt hatte, er habe Chuck und Charlie auf einer Bank sitzen sehen. Um herauszufinden, ob er dasselbe sah wie Jack, fragte ich ihn, ob jemand auf der Bank saß:

Ray: Wer ist auf der Bank?

Jim: (Atmet schwer.) Mein Gott! Ich glaube, Chuck und Charlie sind dort... sitzen auf der Bank.

Tony: Und wo warst du?

Jim: Ich weiß nicht. Ich war nicht in der Nähe von Jack. Ich war etwas von Jack entfernt. Ich habe zugeschaut.

Ray: Warum hast du Jack nicht geholfen?

Jim: Ich weiß nicht. Es war wie, äh, ich konnte nichts anderes machen als zuschauen. Ich erinnere mich, daß sie um Jack herum standen. Drei, vier - es kommt mir wie ein Traum vor - als ob alles in Zeitlupe passiert ist. Aber ich erinnere mich daran, daß sie das getan haben (macht eine Armbewegung)... Sie haben ihn bewegt und ich... Es kam mir vor, als ob sie ihm wehtun würden.

Ray: Was geschah mit den beiden auf der Bank?

Jim: (Seufzt). Die saßen nur da.

Dave: Wo stand die Bank?

Jim: Sie war an der Wand festgemacht.

Dave: Hatte sie Beine?

Jim: Nein. Sie sah... wie geformt... Sie war herausgeformt, nicht in die Wand, sondern aus der Wand herausgeformt.

Dave: Wie weit waren sie von dir entfernt - Chuck und Charlie?

Jim: Hhhm, 1,20 m, 1,50 m, 1,80 m. Irgendwo dazwischen.

Dave: Wie weit ist Jack von dir entfernt?

Jim: Nicht weit - 1,80 m, 2 m.

Dave: Ist noch jemand bei euch? Ein bißchen näher?

Jim: Jemand steht da drüben (zeigt die Richtung). Da war... (Pause) eine Öffnung. Da drüben (zeigt die Richtung) ist... eine Öffnung. Ah, (spricht unartikuliert) S-s-s-, dann war auf einmal eins von den Dingern in der Öffnung.

Tony: Wie sieht es aus?

Jim: Wie... Fast wie Menschen, aber es waren keine Menschen. Sie waren magerer. Dünner. Fast wie ein, wie ein... ein Hautskelett, aber es war nicht knochig. Es ist wie... Wenn ich versuche, mir ihre Köpfe vorzustellen, sehe ich überhaupt nichts.

Dave: Welche Farbe haben ihre Anzüge?

Jim: Blaugrau.

Dave: Aus welchem Material?

Jim: Glänzend. Wie.. Was die Skifahrer tragen.

Ray: Wie groß waren sie?

Jim: Ich würde sagen, ungefähr 1,50 m.

Ray: War es angenehm, ihnen in die Augen zu schauen (ein Trick, Jim durch einen Schock dazu zu bringen, sich an die Gesichter zu erinnern.)

Jim: Ich weiß nicht mehr, und das bringt mich am meisten durcheinander. Jack erinnert sich an die Gesichter (in seinen Träumen), und er hat mir auch davon erzählt, aber ich weiß nichts mehr. Ich glaube, ich habe es irgendwie ausgelöscht.

Ich glaube, ich bin völlig durchgedreht wegen dem ganzen Zeug; ich strengte mich an, mich nur auf das zu konzentrieren, was genau vor meiner Nase war. Ich muß mich an Jacks Arm festgehalten haben, damit ich den Verstand nicht verliere.

Es wurde spät, und Jim war bereits seit zwei Stunden unter Hypnose. Tony gab das Signal, daß wir die Sitzung beenden sollten. Doch bevor er das tat, machte er Jim den posthypnotischen Vorschlag, sich in allen Einzelheiten an das zu erinnern, was er soeben gesehen hatte, damit er es später für uns aufzeichnen konnte.

Jim öffnete die Augen. Eine Zeitlang saß er einfach da und starrte in die Ferne. Er sah aus, als hätte er ein Gespenst gesehen. Um das Eis zu brechen, fingen wir an zu lachen. Er schaute uns völlig nüchtern an und sagte: "Das war ein Brocken. Es war nicht einfach, dieses Gefühl noch einmal zu spüren." Ich wußte genau, was er meinte. Ich hatte einen ungeheuren Widerstand erfahren, als ich mich unter Hypnose an meine Erlebnisse erinnern sollte.

Jim fand die Erinnerungen, die sich nun wieder eingestellt hatten, äußerst beunruhigend. Er hatte eine Menge Fragen über UFOs. Wir versicherten ihm, daß wir mit ihm über dieses Thema sprechen würden, wenn die Untersuchung vorbei war. Es war wichtig, seinen Kopf nicht mit Informationen vollzustopfen, die künftige Aussagen beeinträchtigen könnten. Wir rieten ihm auch dringend davon ab, UFO-Literatur zu lesen und den anderen Zeugen etwas über die Sitzung zu erzählen. Jim war sich der Wichtigkeit dessen bewußt und versprach, vorerst Schweigen zu bewahren.

Als wir das Gefühl hatten, daß Jim ganz wach war, brachte ich ihn zum Bahnhof, damit er mit dem nächsten Zug nach Boston fahren konnte. Sein Bruder hatte ihn hergebracht, durfte aber aus naheliegenden Gründen nicht an der Sitzung teilnehmen. Ich ließ Jim auf dem Bahnsteig stehen; er sah aus, als wäre er in einer anderen Welt. Und im Grunde genommen war er das auch. Aus persönlicher Erfahrung wußte ich, daß solche aufgefrischten Erinnerungen eine mit nichts zu vergleichende Bürde sind, die Jim nun bis ans Ende seines Lebens tragen mußte.

Ein Monat verging, bevor wir mit Jim eine weitere Rückführungssitzung unter Hypnose machen konnten. In der Zwischenzeit konnten Dave, Tony und ich die Daten auswerten und das nächste Treffen vorbereiten. Tony hatte das Gefühl, daß seine erste Einführung bei Jim einfache Erinnerungen hervorgebracht hatte, daß Jim jedoch einen Zustand wirklicher Rückversetzung erlebte, als Tony die Trance vertieft hatte. Ich empfand dies genauso. Tony kommentierte in seiner Auswertung wie folgt:

> Jim sprach in der Gegenwart - "Ich mag es überhaupt nicht... Ich kann sehen..." Dies alles weist - im Gegensatz zu der vorangehenden Pseudo-Rückversetzung - auf eine wirkliche Rückversetzung hin... Das Treffen hat sich gelohnt, und ich freue mich auf weitere. Ich bin fasziniert, begeistert, wie gebannt von dem ganzen Erlebnis, und auch ein bißchen erschreckt. Auf jeden Fall möchte ich mit euch weiterarbeiten.

Mir fiel auf, daß Jim sehr emotional wurde, als er das Erlebnis noch einmal durchmachte. Er demonstrierte förmlich seine Angst, seine Besorgnis und sein Aufgewühltsein, die eine solche Erfahrung gewiß hervorrufen mußten. Ich empfand es auch als auffällig, daß Jim die Köpfe der Außerirdischen nicht sehen konnte oder wollte. Auch Jims Bruder konnte die Köpfe der Außerirdischen im ersten seiner ständig wiederkehrenden Träume nicht sehen. Erst in den paar letzten Träumen nahmen die erschreckenden Gesichter Gestalt an. Die Frage stellt sich, ob die Brüder von den Außerirdischen programmiert worden waren, die Gesichter nicht zu sehen, oder ob der Anblick ein selbst auferlegtes Vergessen ausgelöst hatte. Eines war sicher. Wir untersuchten nicht länger ein CEI. Die Ergebnisse der ersten Sitzung hatten diese unirdische Episode dramatisch aufgewertet. Es war ein CEIV - ein "Close Encounter" des vierten Typs. Wir hatten es nun mit der Entführung von Menschen durch Fremde in einem UFO zu tun!

Für die, die mit dem Inhalt und den Auswirkungen solcher Erfahrungen nicht vertraut sind, zitiere ich noch einmal eine der größten Autoritäten auf diesem Gebiet. Ich glaube, Dr. J. Allen Hyneks Erkenntnisse können dazu beitragen, die erstaunlichen Einzelheiten dieses Falls in die richtige Perspektive zu bringen:

Wir kommen jetzt zu dem bizarrsten und scheinbar unglaubwürdigsten Aspekt des ganzen UFO-Phänomens. Offen gesprochen würde ich diesen Teil gern auslassen, wenn ich es könnte, ohne die wissenschaftliche Integrität zu verletzen. Leider kann man Daten nicht weglassen, nur weil sie nicht dem eigenen Geschmack oder den eigenen Vorurteilen entsprechen. Wir schrecken vor Berichten über Insassen zurück, auch wenn wir ansonsten den Berichten von anderen UFO-Begegnungen gern und aufmerksam zuhören. Warum? Warum sollte ein Bericht über ein Auto, das auf der Autobahn durch eine unbekannte Kraft von einem blendenden Licht angehalten wird, weniger seltsam oder absurd sein als ein Bericht von einer Maschine, aus der zwei oder drei kleine Lebewesen steigen? Es gibt keinen logischen Grund, doch gestehe ich, daß ich selbst ein Vorurteil habe, das schwer zu erklären ist. Ist es die Konfrontation auf der Ebene des Lebendigen, die uns beunruhigt und abstößt? Solange es unsere eigene Intelligenz ist, die den Bericht über eine Maschine in Erwägung zieht, fühlen wir uns vielleicht, auch wenn es merkwürdig ist, irgendwie überlegen in dieser Erwägung. Begegnungen... mit einer Intelligenz anderer Ordnung als der unseren fügen unserer atavistischen Angst vor dem Unbekannten eine neue Dimension zu und beschwören unheilvolle Geister herauf: den Kampf ums Revier, den Verlust der planetaren Vormachtstellung - tiefverwurzelte Ängste. Unser gesunder Menschenverstand schaudert bei der Vorstellung von Humanoiden zurück, was sich in dem ganzen albernen Gerede und Spott und in den Witzen über die kleinen grünen Männchen niederschlägt. Dadurch wird leicht die ganze UFO-Diskussion in Verruf gebracht. Vielleicht ist es möglich, daß UFOs tatsächlich existieren, sagen wir, aber Humanoide? Wenn aber diese tatsächlich nur Hirngespinste sind, dann müssen es die normalen UFOs auch sein. Doch wird deren Existenz von so vielen seriösen Augenzeugen gestützt, daß wir sie nicht einfach als Sinnestäuschungen abtun können. Sind denn all diese Leute, die von UFOs berichten, nur arme Kranke? Wenn ja, welche Krankheit haben sie? Haben sich diese Leute alle mit einem seltsamen Virus angesteckt, der vernünftigen Leuten nichts anhaben kann? Um welche seltsame Krankheit könnte es sich denn handeln? Sie befällt alle möglichen Leute quer durch alle Gesellschaftsschichten, ohne Rücksicht auf Ausbildung oder Beruf, und führt dazu, daß sich diese für eine sehr begrenzte Zeitdauer - manchmal nur minutenlang - sonderbar benehmen und Dinge sehen, die durch die Zuverlässigkeit und Stabilität ihres Verhaltens und ihrer Handlungen im sonstigen Leben Lügen gestraft werden.[9]

Jim Weiner - Hypnosesitzung #2 - 25.02.1989

Jim war nicht mehr so ängstlich, als er zur zweiten Sitzung zu Tony kam. Seine Neugier wog die Angst, die er im Hinblick auf die Hypnose oder seine UFO-Erfahrung hatte, bei weitem auf. Tony brauchte deshalb diesmal weniger Zeit, Jim in eine leichte Trance zu versetzen.

Tony führte Jim in die Zeit zurück, als er an Bord des UFOs war und den Außerirdischen zusah, wie sie seinen Bruder Jack untersuchten. Wieder bemerkte Jim Chuck und Charlie, die auf der Bank saßen, beide mit "stupidem, ausdruckslosem" Gesicht. Jim konnte alles deutlich sehen, was sich direkt vor ihm befand, aber er konnte seinen Kopf nicht bewegen. Es war nur allzu offensichtlich, daß außer Jack alle Zeugen in den Zustand vorübergehender Leblosigkeit versetzt worden waren, ein kennzeichnendes Merkmal in Berichten über Entführungen.

Jim bemerkte andere Sachen, als er aufgefordert wurde, von seinem peripheren Sehvermögen Gebrauch zu machen. Er beschrieb ein diffuses Licht; es ging von einer Lichtquelle über ihm aus, die aus weißem Plexiglas zu bestehen schien und in die Mitte einer niedrigen, gerundeten, metallisch grauen Decke eingelassen war.

Trotz unserer neuen Erkenntnisse langten wir erneut bei einem toten Punkt an, als wir versuchten, Jim in der Zeit vorwärtszubewegen. Um die Gedächtnissperre zu durchbrechen, vertiefte Tony sanft und langsam Jims gegenwärtiges Stadium der hypnotischen Trance. Es funktionierte. Bis dahin war es Jim nicht möglich gewesen, sich in der Zeit fortzubewegen. Sein Geist war wie eine Nadel, die in den Rillen einer mentalen Schallplatte festgefahren war. Es spielte sich immer wieder aufs neue eine einzige Szene ab: die Außerirdischen untersuchten Jacks Arm. Auf einmal sprang die Nadel, wie von Zauberhand bewegt, aus der Rille, und die Zeit bewegte sich weiter:

Tony: Was geschah weiter mit dir, deinen zwei Freunden und Jack? Jetzt siehst du sie, oder?

Jim: Ja.

Tony: Bearbeiten sie Jacks Arm?

---

[9] Hynek, *The UFO Experience,* Seiten 138,139

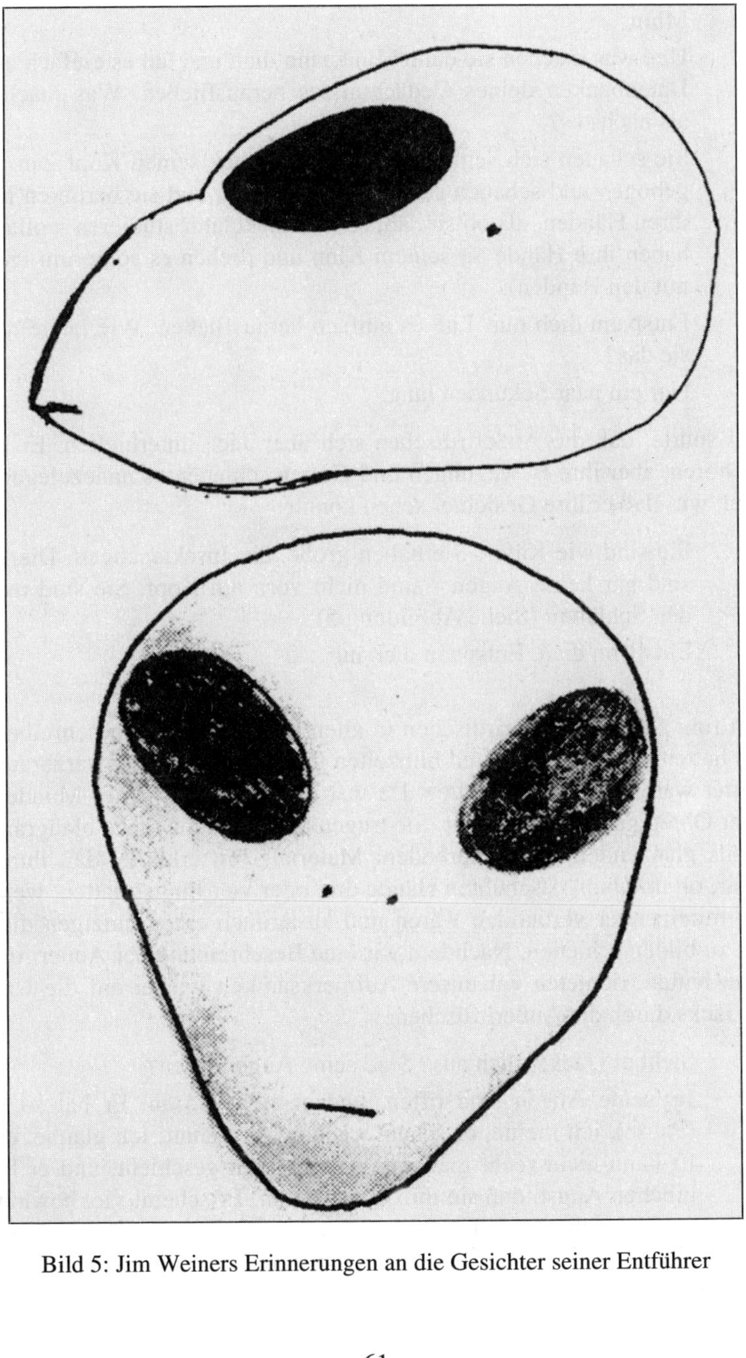

Bild 5: Jim Weiners Erinnerungen an die Gesichter seiner Entführer

Jim: Mhm.

Tony: Und was machen sie dann? Entspann dich und laß es einfach aus den Datenbänken deines Gedächtnisses herausfließen. Was machen sie als nächstes?

Jim: Sie schauen sich seinen Hals an. Sie haben seinen Kopf ganz hochgebogen und schauen sich seinen Hals an, und sie berühren ihn mit ihren Händen, als ob sie, äh, seine Muskulatur studieren wollten. Sie haben ihre Hände an seinem Kinn und drehen es so herum (zeigt es mit den Händen).

Tony: Entspann dich nur. Laß es einfach herausfließen. Wie lange machen sie das?

Jim: Nur ein paar Sekunden lang.

Jim spürte, daß die Außerirdischen sich über Jack unterhielten. Er konnte nichts hören, aber ihre Bewegungen und Gesten schienen es nahezulegen. Nun merkten wir, daß er ihre Gesichter sehen konnte:

Jim: Sie sind wie Käfer! Sie haben große, äh, Insektenaugen. Die Augen sind gar keine Augen - sind nicht vorn am Kopf. Sie sind mehr an den Schläfen. (Siehe Abbildung 5)

Tony: Entspann dich. Entspann dich nur.

Jim fuhr fort, die Außerirdischen in allen Einzelheiten zu beschreiben. Die Augen hatten keine Pupillen und blinzelten nicht. Sie waren schwarzbraun. Die Gesichter waren hell und nasenlos. Da war die Andeutung eines Mundes, und statt der Ohren gab es nur Löcher. Sie trugen alle eng anliegende blaugraue Anzüge aus glänzendem, reflektierendem Material. Jim erklärte, daß ihm nicht klar war, ob ihre behandschuhten Hände drei oder vier Finger hatten, weil zwei Finger miteinander verbunden waren und zusammen einen einzigen dickeren Finger zu bilden schienen. Nachdem wir eine Beschreibung der Außerirdischen erhalten hatten, richteten wir unsere Aufmerksamkeit wieder auf die Untersuchung Jacks durch die Außerirdischen:

Dave: Sieht er (Jack) wach aus? Sind seine Augen offen?

Jim: Ja, seine Augen sind offen, und er sieht sie an. Er hat so eine... (Pause), ich meine, er schaut irgendwie erstaunt. Ich glaube, er ist... Er kann nicht recht glauben, was mit ihm geschieht, und er hat ein bißchen Angst, daß sie ihm etwas antun. Er scheint viel bewußter zu sein, als ich es bin. Ich fühle mich, hm, betäubt... Alles ist sehr... (es ist) sehr schwer, das Bewußtsein zu behalten.

Tony: Entspann dich nur.

Tony versetzte Jim in einen noch tieferen Zustand der Hypnose und fuhr fort, ihn nach Jack zu befragen.

Tony: Was tun sie sonst noch?

Jim: (Wird unruhig.) Sie, sie haben sich seine Augen angeschaut. (Pause). Sie haben etwas... Sie schauen... Sie haben etwas in den Händen!

Tony: Mit einem Instrument oder mit den Händen?

Jim: Nein, sie haben... Sie haben Instrumente!

Dave: Kannst du sie beschreiben?

Jim: Eins ist eine Art Stock. Ja, dünn, lang, 20, 25 cm lang. Oh! Sie berühren seine Augen damit. (Pause). Aber es scheint ihm nicht wehzutun.

Ray: Ist es mit irgend etwas verbunden, oder ist es nur ein einzelnes Instrument?

Jim: Es ist... Es wird in der Hand gehalten. Sie halten es in der Hand.

Dave: Und das eine, das sie an seine Augen gehalten haben?

Jim: Das haben sie auch in der Hand gehalten. Es ist eine Art kleine Taschenlampe, oder so ein... etwas.

Dave: Hast du es leuchten sehen?

Jim: Ja, es blinkt. Ein kleines Blinklicht.

Dave: Welche Farbe hat das Blinklicht?

Jim: Weißlich.

Jim erwähnte dann, daß sein Bruder seine restliche Kleidung auszog. Von der Taille aufwärts war er bereits nackt.

Jim: Sie ziehen ihm die Hose aus, das heißt, er macht es selbst. Und (Pause)... Jetzt ist er ganz nackt. Er hat einen völlig verwunderten Ausdruck im Gesicht - er staunt darüber, was - was vorgeht.

Ray: Kannst du genau beschreiben, was sie machen?

Jim: Ja, sie schauen sich seine Genitalien an und tasten seine Hoden und seinen Penis ab und die Innenseiten seiner Schenkel.

Dave: Womit tasten sie ihn ab?

Jim: Mit den Händen. Sie schauen auf die Haare auf seinen Beinen, weil sie so machen... (Zeigt es mit dem eigenen Bein.) Sie schauen sich seine Knie an und lassen ihn mit den Füßen kreisen... Mit seinen, seinen Beinen und Füßen, und sie schauen sich seine Zehen an.

Dave: Wieviele untersuchen ihn diesmal?

Jim: Diese, das... Es sind drei oder vier da. Da ist, da ist, ach ja, einer links von ihm... Es sind vier. Einer steht links von ihm. Einer steht so etwas rechts von ihm, aber ein bißchen hinter ihm, und zwei andere sind vor ihm.

Tony: Entspann dich.

Jim: Sie schauen sich seine Rückseite an und, äh (Pause)... am meisten scheint sie der Genitalbereich zu interessieren.

Jim fuhr fort zu beschreiben, wie die Außerirdischen den nackten Körper seines Bruders untersuchten. Wir fragten ihn, ob er riechen oder spüren konnte, was sich abspielte. Er hörte einen sehr tiefen Summton, konnte aber nichts Außergewöhnliches riechen. Es war warm und schwül im Raum. Als Jim dann (im Geiste) den Außerirdischen dabei zusah, wie sie Jack aus dem Zimmer führten, veränderte sich sein Gesichtsausdruck auf einmal. Ein langer Seufzer entfuhrt ihm:

Jim: Sie bringen ihn hinüber ihn den anderen Raum. Es gefällt ihm nicht. Sie zeigen ihm irgendwie, wo er lang gehen muß. Sie haben ihre Hände auf ihm, deshalb...

Dave: Wie denn?

Jim: Sie halten seine Arme fest.

Dave: Wie viele? Wie viele sind es?

Jim: Die... Auf jeder Seite einer.

Dave: Geht er selbst?

Jim: Ja. Ja (beginnt zu keuchen). Sie haben ihn hinausgeführt!

Dave: Wo, wo ist seine Kleidung?

Jim: Die liegt immer noch am Boden.

Tony: Was macht ihr, du und deine Freunde, jetzt, wo er weg ist?

Jim: Ich glaube, wir warten. Ich schaue immer noch diese Dinger (die Außerirdischen) an, und (seufzt)... Ich kann es nicht glauben. Ich kann einfach nicht glauben, daß diese Dinger wirklich da sind. Sie sind wie große Käfer.

Dave: Was geschieht in der Zwischenzeit?

Jim: Er ist weg und äh, die anderen, die stehen immer noch bei mir.

Jim wurde augenblicklich wieder unruhig und begann zu keuchen. Offenbar hatte er panische Angst.

Dave: Was geschieht?

Jim: Ich, ich glaube, jetzt bin ich dran.

Tony: Womit bist du dran?

Jim: (Atmet schwer.) Ich glaube, sie wollen mich untersuchen.

Tony: Entspann dich, entspann dich einfach.

Jim hyperventilierte. Tony war augenblicklich bereit, ihm beizustehen. Er verbrachte eine Weile damit, Jim zu beruhigen, bevor er mit der Sitzung fortfuhr. Im weiteren Verlauf der Sitzung schilderte Jim, wie er auf die gleiche Weise von den Außerirdischen untersucht und mit Instrumenten geknufft wurde.

Dave: Haben sie mit dir gesprochen?

Jim: Nein, nein, aber sie machen das gleiche mit mir. Sie sind... Sie, sie wissen, daß Jack und ich gleich sind - daß wir gleich aussehen und die anderen nicht, und deshalb interessieren sie sich für uns. Sie, sie haben mich dazu gebracht, das Hemd auszuziehen. Ich mußte es ausziehen.

Dies war das erste Mal, daß die Außerirdischen Anstalten machten, mit Jim zu kommunizieren, wenn auch nicht verbal. Die Kommunikation schien eher ein starker telepathischer Eindruck zu sein. Und gerade diese Kommunikationsform ist wieder typisch für andere Berichte von Entführungen:

Dave: Wie haben sie dich dazu gebracht?

Jim: Ach, ich hatte nur das Gefühl, daß ich Ärger bekommen würde, wenn ich es nicht mache.

Dave: Haben sie etwas zu dir gesagt?

Jim: Nein, aber ich weiß, daß sie das wollen. Und deswegen habe ich mir gedacht, daß ich es besser gleich tue, dann werden sie... Dann tun sie mir vielleicht nicht weh. Sie haben Jack eigentlich nicht richtig wehgetan, warum sollten sie mir dann wehtun?

Die Wesen in den glänzenden Anzügen fuhren fort, Jim zu untersuchen. Sie stießen ihm mit einem stockähnlichen Instrument in die Rippen und kommunizierten erneut mit ihm.

Jim: Sie machen das gleiche mit meinem Arm, was sie mit Jack getan haben.

Dave: Was geschieht weiter?

Jim: Ah, ich habe den Eindruck, daß ich jetzt meine Hosen ausziehen soll. Ja, genau, sie sind... Ich ziehe jetzt besser meine Hosen aus.

Tony: Und was machen sie jetzt? Was geschieht weiter?

Jim: Sie schauen... Sie überprüfen meine Genitalien (aufgewühlt).

Tony: Entspann dich, entspann dich.

Jim: Es ist, es ist mir irgendwie peinlich, weil ich so... Es ist so unheimlich - äh, es fühlt sich an, als ob mein Penis in mich hineinschrumpfen möchte.

Tony: Entspann dich, entspann dich jetzt.

Jim: Aber, ach - (atmet tief aus). O Gott! (Schnappt nach Luft.)

Jim atmete so schwer, daß er nicht mehr mit uns sprechen konnte. Tony schritt wieder ein und beruhigte ihn.

Tony: Enspann dich mit jedem Atemzug, den du ausstößt. Spüre einfach, wie diese ganze Last von deinen Schultern genommen wird. Du bist bei Freunden; es ist warm hier; du bist in Sicherheit. Du fühlst dich wohl, du kannst dich entspannen... Laß einfach los. Was geschieht weiter? Entspann dich einfach, entspann dich.

Jim: (Beruhigt sich ein wenig, aber sein Atem geht weiter schwer.) Sie wollen, daß ich mit ihnen dort rüber gehe, aber ich will nicht.

Tony: Wo rüber, Jim?

Jim: Da rüber (seine Stimme bebt vor Angst), wo... Durch das Ding da, durch... diese Öffnung im Flur.

Dave: Sind Chuck und Charlie dort?

Jim: Ja, genau, die sind dort (zeigt auf die Bank).

Dave: Haben sie sich bewegt?

Jim: Nein, aber ich will nicht rübergehen. Ich will nicht.

Tony: Entspann dich jetzt, entspann dich.

Ray: Gehst du rüber?

Jim: Ja, es bleibt mir ja nichts anderes übrig.

Dave: Bist du nackt?

Jim: Ja, aber kalt ist mir nicht.

Ray: Beschreib genau, was weiter passiert.

Jim antwortete nicht. Er war in einem schrecklichen Zustand. Wieder einmal ging mir durch den Kopf, ob wir eigentlich das Recht hatten, Menschen so etwas zuzumuten, auch wenn sie als Teilnehmer ihr volles Einverständnis gegeben hatten.

Ray: Beschreibe deine Umgebung.

Jim: Sie haben solche... Es ist wie... Ich weiß, daß sie mich,... daß sie... Die wollen, daß ich da rüber gehen soll.

Dave: Wie viele? Wie viele sind es?

Jim: Es sind zwei. Zwei. Einer auf jeder Seite, und sie... halten mich fest. Sie halten mich aufrecht (seufzt). Ich spüre, ah, ich verliere das Bewußtsein.

Tony: Gehst du durch die Öffnung?

Jim: Ich, sie, ich stehe davor. Es ist, es ist, es ist dunkel da drin. Es ist, ah, es führt irgendwo anders hin. In einen anderen Raum. Es ist, ah, im Flur ist es dunkel.

Dave. Wie sieht der Flur aus?

Jim: Er ist, ah, er ist nicht lang, er ist kurz, aber er ist... (macht eine Pause und ruft dann) Ich gehe da nicht rein! Nein! Scheiße! Niemals! Nicht mit mir! Uh-h-h, laßt mich bloß in Ruhe!

Tony tat sein Bestes, damit Jims Gefühle nicht außer Rand und Band gerieten. Jim schrie wieder und wieder, daß er den dunklen Flur nicht betreten würde, der zu einem anderen beleuchteten Raum führte. Schließlich gelang es Tony, Jim so weit zu beruhigen, daß wir mit unserer Befragung fortfahren konnten.

Jim: (mit unterdrückter, aber entschlossener Stimme) Ich mag es einfach nicht, daß mich diese Dinger anfassen.

Dave: Wie fühlt es sich an, wenn sie dich anfassen?

Jim: Wie Insekten. Ich mag keine Insekten.

Dave: Ist der Flur gekrümmt oder gerade?

Jim: Er ist gerade, aber die Oberflächen sind... Die rechte Oberfläche ist gekrümmt und, ah, ich gehe nicht rüber. Ich will, ich... Nein! Ich will mich anziehen.

Tony beschloß, daß es Zeit war, ein Verfahren anzuwenden, mit dem man jemandem bei der Rückführung helfen kann, ein traumatisches Erlebnis zu verarbeiten. Jim sollte sich vorstellen, daß er zu Hause in seinem Lieblingssessel vor dem Fernseher saß. Der Trick dabei war, daß Jim sich vorstellen sollte, das ganze Geschehen nur auf dem Bildschirm mitzuverfolgen, anstatt das Erlebnis tatsächlich noch einmal zu durchleben.

Tony: Beschreibe uns einfach so ausführlich wie möglich, was weiter geschieht, so wie du es auf dem Bildschirm siehst.

Jim: Waaas? (überrascht) Sie haben mich geschubst... Sie... haben mich mit irgendwas geschubst, damit ich da rüber gehe. Arschlöcher!

Dave: Wo haben sie dich berührt?

Jim: Seitlich links. Ich habe einen harten Stoß in die Rippen bekommen. Ich mußte da rüber gehen! Diese - (seine Stimme senkt sich zu einem Flüstern) - diese verdammten Arschlöcher!

Dave: Womit haben sie dich gestoßen?

Jim: Mit diesem großen Ding, diesem spitzigen Ding (d.h. mit dem Stock, den sie bei der Untersuchung benutzt hatten).

Tony: Und was geschieht weiter, Jim?

Jim: Es gibt da noch ein anderes Zimmer (Pause). Es ist ziemlich klein, kleiner als das andere. So eine Art Vorraum, und es gibt da... ah-h-h!

Tony: Enspann dich nur.

Jim: Es ist ein Tisch da. Ein ebener Tisch.

Tony: Woraus ist er?

Jim: Eine Art, eine Art dickes, dickes Metall oder Plastik. Sie, sie, sie sind, sie wollen, sie wollen, daß ich mich drauflege! Wo ist Jack?

Tony: Entspann dich. Liegst du auf dem Tisch?

Jim: Ja (das Bildschirm-Verfahren hat Jim beruhigt).

Dave: Kannst du dich im Zimmer umsehen und es beschreiben?

Jim: Es gibt einen Raumteiler. Es gibt... Es ist nicht einfach nur ein Zimmer. Man kommt rechts rein, so (gestikuliert mit den Händen) und geht dann seitlich weg. Der Tisch ist da, und da drüben, da ist die Wand. Aber da drüben ist eine Öffnung, und sie geht herum, ich kann die Öffnung nämlich sehen, dann ist da die Wand, die verläuft so (gestikuliert mit den Händen).

Ray: Gibt es irgendwelche Geräte oder, ja, Möbel im Raum?

Jim: Nein. Nur den Tisch.

Dave: Welche Farbe?

Jim: Er ist... ja... Irgendwie hellgrau, und darüber gibt es ein Licht. Und, ja, ich liege auf dem Tisch, sie haben es geschafft. Diese Kerle haben mich in die Rippen gestoßen, ich kann es nicht glauben. Ich kann's nicht glauben.

Ray: Was geschieht weiter?

Jim: Sie... (beginnt wieder, heftig zu atmen) Sie fummeln, ah, sie fummeln an meinen Genitalien herum. Ich glaube, sie wollen, daß ich eine Erektion habe. Aber, hah! Diese Schweine. Dazu bringen sie mich nicht. Mein Penis fühlt sich an, als ob er in meinen Körper hineingeschrumpft wäre. Es ist, als ob sie versuchen wollten, sie, ah, du weißt schon, ich glaube, sie wollen eine Spermaprobe.

Ray: Wie versuchen sie, die zu bekommen?

Jim: Sie versuchen es. Sie fummeln an meinem Penis herum und versuchen es.

Ray: Wie wollen sie das Sperma auffangen?

Jim: Weiß ich nicht. Ich sehe nichts in ihren Händen, äh... nur diesen Stock da, oder was es ist. Ich, ich fühle mich wirklich bedroht. Ich habe den Eindruck, daß ich Ärger bekommen werde, wenn ich nicht bald eine Erektion habe.

Ray: Ach so, und was geschieht weiter?

Jim: Ich versuche jetzt, an etwas zu denken, was mich erregt, etwas - irgend etwas - nackte Frauen - Sex mit meiner Freundin, irgend etwas - wenn meine Freundin jemals davon erfährt! Vielleicht lassen sie mich gehen, wenn sie das kriegen, was sie von mir wollen. Ich sage ihnen, (ich) kann es nicht im Liegen machen - ich kann's nicht im Liegen machen. Ich muß mich dazu setzen. Wenn ich mich setzen kann, mach ich es (atmet hörbar aus). Also, jetzt, ich darf mich setzen (Pause). Sie haben da so eine Art Behälter, ah, silbriges Metall. Sie lassen mich also, sie lassen mich also dahinein ejakulieren (Pause). Und - (keucht) das mache ich jetzt. Sie werden ihre verdammte Probe bekommen!

Dave: Kannst du den Behälter beschreiben?

Jim: Groß ist er nicht. Nur eine kleine... (atmet heftig) Nur eine kleine Flasche. Aber es ist, es ist kein... Sie ist unten abgerundet. Sie hat keinen... Sie hat, man kann sie nicht hinstellen. Sie erinnert mich an ein, ein, ein Luft... eine Kartätsche für ein Luftgewehr. Eine Kartätsche, wie man sie in Luftgewehre tut, nur größer, und sie ist silbern. Silbrig.

Ray: Wie groß ist sie ungefähr?

Jim: Naja, 13 bis 15 cm lang, im Durchmesser ungefähr, naja, so 4 cm im Durchmesser. Aber der Hals ist enger. Der Hals ist enger, da wo er an meinem Penis anliegt.

Ray: Paßt er genau über deinen Penis?

Jim: Ja. Ich hab also, ich hab ihnen ihre Probe gegeben... Die verdammten Schweine. Ich wäre viel netter zu ihnen gewesen, wenn sie mich nicht in die Seite gestoßen hätten. Am liebsten würde ich sie umbringen...

Ray: Was machen sie mit der Probe?

Jim: Sie haben sie weggebracht. Der... Einer von ihnen geht, ist weggegangen damit. Sie haben sich ihre Probe genommen.

Dave: Wo geht er hin mit der Probe?

Jim: In den anderen Raum. Er ist da rumgegangen, ist um dieses Ding rumgegangen - den Raumteiler.

Ray: Was geschieht weiter?

Jim: Ich starr-starre sie an. Ich bin wirklich sauer. Ich könnte sie umbringen. Wie kann man sowas mit einem Menschen machen? Ich wette, die haben mit Jack das gleiche gemacht. Die verdammten Schweine. Sie haben keine Gefühle. Sie sind gefühllos.

Tony: Und was geschah dann? Was siehst du auf dem Bildschirm in deiner Vorstellung? Du sitzt jetzt schon seit ein paar Minuten auf dem Tisch. Und was geschah dann weiter? Helfen sie dir am Ende vom Tisch herunter?

Jim: Stimmt. Ich darf zurückgehen.

Tony: Zurück? Wohin?

Jim: In den anderen Raum zurück.

Tony: Wo deine Kleidung ist?

Jim: Genau. Ich darf, darf meine Sachen wieder anziehen. Ich möchte... Ich habe gesagt: "Ich möchte mich jetzt wieder anziehen. Laßt mich in Ruhe!"

Dave: Waren es wieder die beiden (Außerirdischen) von vorher?

Jim: Ja. Er ist zurückgekommen. Der andere (der mit der Spermaprobe hinausgegangen war) ist zurückgekommen.

Ray: Ist Jack da?

Jim: Nein, er ist noch nicht hier.

Dave: Sind Chuck und Charlie da?

Jim: Chuck und Charlie sind da.

Tony: Immer noch am gleichen Platz? (d.h. auf der Bank)

Jim: Genau.

Tony: Kommt Jack bald zurück oder ...

Jim: Ja, er ist zurückgekommen.

Ray: Ist er angezogen?

Jim: Nein, er ist nackt.

Tony: Zieht er sich an?

Jim: Er (ein Außerirdischer) ließ ihn (Jack) seine Sachen anziehen.

Ray: Was geschieht weiter?

Jim antwortete nicht. Wieder geriet er in einen Zustand höchster Unruhe. Tony erinnerte Jim noch einmal daran, im Geiste den Fernsehbildschirm zu beobachten, damit er das schlimme Trauma nicht noch einmal durchleben mußte. Zunächst erinnerte Jim sich nur daran, daß er selbst und Jack sich anzogen und dann wieder im Kanu saßen und auf den Strand zupaddelten.

Ray: Wie kommt ihr denn wieder heraus?

Jim: Eh-h-h, sie (die Außerirdischen) stehen um uns herum. Das einzige, woran ich mich erinnere, ist, daß ich wieder im Boot sitze.

Tony fuhr fort, Jim zu dem Zeitpunkt zurückzuführen, als er und Jack sich ihre Sachen anzogen, während sie von den Außerirdischen umringt waren. Jedesmal, wenn Jim danach gefragt wurde, was weiter geschah, fand er sich plötzlich im Kanu wieder und paddelte gemeinsam mit den anderen. Wir konnten die geistige Sperre nicht durchbrechen, deshalb ließen wir Jim noch einmal erleben, wie er zur Küste paddelte und zusah, wie die leuchtende Maschine am Himmel schwebte, bevor sie wegflitzte. Unter Hypnose erinnerte sich Jim allerdings an etwas, was er vorher nicht erwähnt hatte. Einen kurzen Augenblick lang wurde das pulsierende, plasmaähnliche Licht, das um das Objekt herumfloß, gedämpft. So konnte Jim die Form des UFOs gut erkennen. Wir baten ihn, noch während der Hypnose eine Zeichnung davon anzufertigen.

Ray: Paß auf, Jim. Bleib in dem Zustand der tiefen Entspannung, in dem du dich jetzt befindest, öffne deine Augen und zeichne das UFO für uns. Hier hast du Papier und Bleistift. Du kannst auch das Licht darum herum zeichnen und den Schacht.

Jim: Es hatte so eine Form (kommentiert während des Zeichnens). Aber es war mehr (macht eine Sprechpause während er weiterzeichnet)... wie eine Nuß. (Siehe Abbildung 6).

Jim zeichnete ein walnußförmiges Objekt mit zwei Halbkugeln, die aufeinander lagen, und einen leuchtenden Ring um die Mitte des Objekts.

Jim: Dieser ganze Bereich hier (der Ring) sah rosa aus, ein rosafarbenes Weiß.

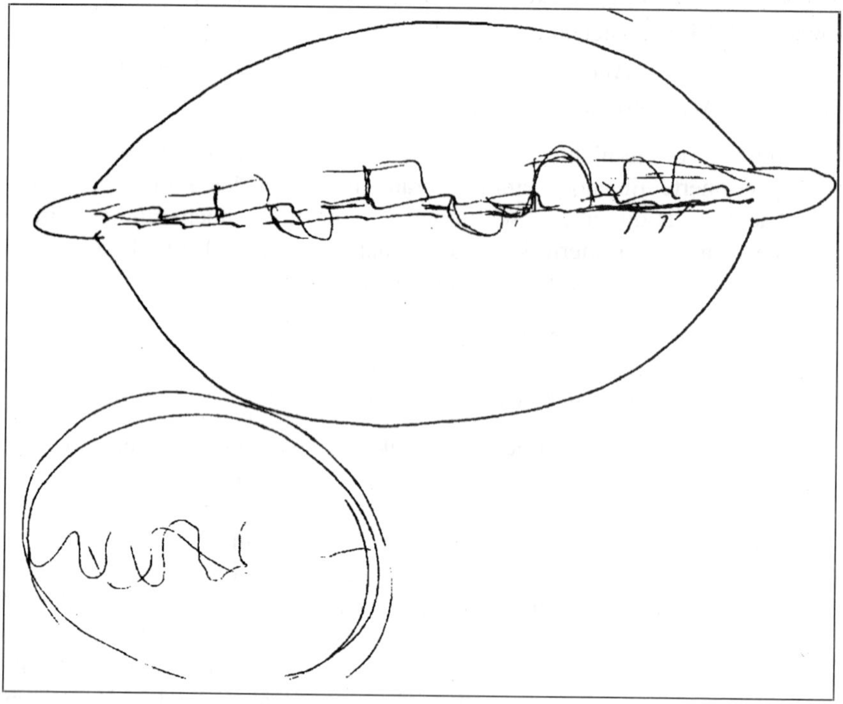

Bild 6: Jim Weiners Darstellung der Lichtkugel, unter Hypnose gezeichnet.

Ray: Stand das Objekt völlig still, oder hat es sich irgendwie bewegt (d. h. als es sich kurzzeitig verdunkelte und man seine Form erkennen konnte)?

Jim: Nein, es stand still und, ah, Ich erinnere mich genau daran, daß es hier ein bißchen runder war (nimmt eine Veränderung an der Zeichnung vor, um das Objekt ein bißchen runder zu machen). Es war schwierig, das zu erkennen, weil es so dunkel war. (Es reflektierte kaum den leuchtenden Ring um es herum.) Und dann wurde es wieder hell. Es leuchtete auf. Und dann ging es, ah, es implodierte. Fast so, wie wenn sich eine Iris (an einer Kamera) schließt.

Jim beschrieb noch einmal, wie das Objekt verschwand und wie seltsam es ihnen vorkam, daß sie es so ruhig beobachten konnten, nachdem sie noch vor wenigen Augenblicken in Angst vor ihm weggepaddelt waren. In diesem Moment erinnerten sich weder er noch seine Freunde daran, daß sie entführt worden waren. Das einzige, woran sie sich bewußt erinnern konnten, war der Lichtstrahl, der das Kanu traf, und daß sie an den Strand gepaddelt waren.

Die Zeit arbeitete nicht für uns, und Tony gab uns zu verstehen, daß er die Sitzung beenden mußte. Aus purer Neugier stellte ich Jim noch schnell eine letzte Frage:

Ray: Wann hast du diese Wesen wieder gesehen?

Jim: In Texas.

Ray: In welchem Jahr war das?

Jim: Ich glaube, es war 1980.

Ich erinnerte mich, daß mir Jim von einer Reihe von wirklichkeitsähnlichen Alpträumen erzählte, in denen sich außerirdische Geschöpfe Zutritt zu seinem Schlafzimmer verschafften und in denen sich paranormale Dinge ereigneten. Wir beschlossen, einen Termin anzusetzen, um Vorfälle solcher Art im Leben der Allagash-Vier zu untersuchen.

Tony nahm sich viel Zeit, um Jim in den Zustand normalen Bewußtseins zurückzuholen. Wir konnten uns alle gut in ihn hineinversetzen und seine Verlegenheit nachvollziehen, als er sich langsam in seinem Sessel bewegte, blinzelte und dann die Augen öffnete. Es fiel ihm schwer, mit den grotesken Erinnerungen klarzukommen, die sich nun für immer in seinem Bewußtsein einquartieren sollten. Und obendrein hatten wir noch von ihm verlangt, daß er nicht darüber reden sollte. Ich machte mir wirklich Gedanken um ihn, als ich ihn am Bahnhof absetzte. Er war blaß und sah verzweifelt aus. Vielleicht ist das einer der Gründe, weshalb Außerirdische das Gedächtnis der Entführten umnebeln. In gewissem Sinne bedeutet dies eigentlich einen gnädigen Akt.

Von unserem Mitgefühl mit Jim einmal abgesehen, waren wir mit den Ergebnissen der Rückführungssitzungen sehr zufrieden. Manchmal dauert es viele Sitzungen, bis man eine solche Gedächtnissperre durchbrochen hat, und gelegentlich gelingt der Durchbruch überhaupt nicht. Rückführungsversuche sind immer dann zum Scheitern verurteilt, wenn die Entführten während der Befragung nach verschütteten Erinnerungen unter Hypnose körperlichen Schmerz erfahren. Manchmal gelingt es auch einfach deshalb nicht, eine Gedächtnisblokkade zu durchbrechen, weil der Entführte nicht auf Hypnose reagiert. Bei Jim war dies jedoch nicht der Fall, und so notierte Tony bei seiner Auswertung der zweiten Sitzung:

> Ehrlich gesagt, ich bin begeistert, was unsere etwas langsame, aber sorgfältige und feinfühlige Befragung zutage gefördert hat. Jim hat wieder gute und zuverlässig Arbeit geleistet. Er ist freundlich, kooperativ, ge-

duldig und gutmütig. Ich finde unseren Ansatz gut - in einem eher leichten Stadium zu beginnen und dann später in die Tiefe zu gehen. Das hat das erste Mal, als wir mit Jim arbeiteten, schon gut funktioniert, und diesmal war es anscheinend auch richtig.

Wie man sich erinnern wird, habe ich Jims Handrücken betäubt und stimulierte diesen Bereich dann mit einer Nadel. Jim spürte keinen Schmerz, sondern nur den Druck. Dies bedeutete zumindest einen Zustand der Entspannung in Stadium 4 (von 6 möglichen Stadien), ein mittleres Stadium also. Die Tatsache, daß er in der Gegenwartsform redete, würde allerdings auf Stadium 5 der Entspannung hindeuten, und zwar nahe am Stadium der Tiefenentspannung. Die Einteilung in solche Stadien/Zustände/Ebenen ist selbstverständlich nicht in Granit gemeißelt; sie ist lediglich ein Hilfsmittel und läßt Spielraum für jeden Einzelfall.

Andere Anzeichen der Entspannung in einem mittleren bis tiefen Zustand finden sich, wenn er in die Richtung zeigt, in der andere stehen/sitzen, wenn er seinen Kopf in die Richtung von etwas/jemandem dreht, das/den er beschreibt, wenn er seine Finger benutzt, um die Größe von etwas zu beschreiben/anzuzeigen, sein heftiges Atmen und die unverkennbaren körperlichen Anzeichen des Aufgewühltseins, als sie ihn untersuchen wollen, "so wie sie es mit Jack gemacht haben".

Die Bandbreite der von Jim geäußerten Gefühle beeindrucken mich ebenfalls: von der Angst ("will nicht hier sein") über den Ärger ("Er hätte mich nicht schubsen sollen", etc.), einen Anflug von Humor ("Wenn meine Freundin das je erfahren würde...") bis hin zur Scheu.

Aus all dem Gesagten schließe ich, daß Jim eine echte Rückführung durchgemacht hat, während der er seine Erfahrung noch einmal durchlebte. Ich glaube nicht, daß es nur eine Pseudorückführung war und er seine Erfahrung nur erinnert hätte. Indem ich dies feststelle, stelle ich selbstverständlich in meiner Eigenschaft als (MUFON)-Laienberater in Sachen Hypnose - mit zugegebenermaßen limitierter Erfahrung auf dem Gebiet der Hypnose im Zusammenhang mit UFOs - auch fest, daß Jim Erfahrungen berichtet/noch einmal durchlebt, die er *tatsächlich erlebt* hat. (Kursive Anmerkung von mir.)

Aus meiner Perspektive als UFO-Forscher hatte Jim eine wiederum typische Komponente der UFO-Entführungen durchlebt: die Entnahme einer Spermaprobe. Ich fragte mich, ob die anderen drei die gleiche Prozedur über sich ergehen lassen mußten. Eines war sicher: Das war nur ein weiteres Beispiel für das Interesse Außerirdischer am Fortpflanzungssystem der Menschen. Vergangene

Studien weisen darauf hin, daß Außerirdische dabei sind, ein Unternehmen großen Maßstabs durchzuführen, das mit Genetik zu tun hat. Später werden wir uns ausführlich mit diesem Thema beschäftigen, aber nun wollen wir zur nächsten Hypnosesitzung übergehen. Wir beschlossen, daß Jims Bruder Jack uns als nächster unter Hypnose von seiner Erfahrung erzählen sollte.

Bild 7: Von links nach rechts: Tony Constantino,
Ray Fowler und Jack Weiner.

Kapitel 4

"Habt keine Angst"

Zwei Monate vergingen, bevor das Wetter und unsere Terminpläne mitspielten und wir die erste Hypnosesitzung mit Jims Bruder Jack durchführen konnten. Im Gegensatz zu Jim lebte Jack nicht in meiner Nähe. Er und seine Frau Mary lebten in einem behaglichen, aber abgelegenen Haus in den Bergen im Süden Vermonts. Die Anreise zu unserem Treffpunkt in Beverly, Massachusetts, konnte, je nach den Wetterbedingungen, drei bis vier Stunden in Anspruch nehmen. Wir würdigten den Aufwand an Zeit und Energie, den Jack anfangs und auch in den folgenden Monaten in Kauf nahm. Jeder der Allagash-Vier war entschlossen, das herauszufinden, was ihm während der verschwundenen Stunden am Eagle See widerfahren war. Sie konnten nicht ahnen, daß der Feuerball in der Wildnis nur eine Begegnung von mehreren dieser Art im Laufe ihres Lebens gewesen war. Unsere Untersuchung sollte sowohl vergangene als auch sich im Gang befindliche Berührungen mit fremden Wesen aus einer anderen Welt ans Tageslicht bringen.

Als Dave und ich bei Tony ankamen, waren Jack und seine Frau bereits da. Wir brauchten nicht lange, bis uns klar war, daß Jack ein ganz anderes Temperament als sein Bruder hatte. Jim war ruhiger und zurückhaltender. Jack war leicht erregbar und sehr gesprächig. Dies verstärkte sich noch angesichts der Aussicht, daß er hypnotisiert werden sollte. Jack wollte, daß seine Frau bei der Sitzung anwesend war, damit sie ihn moralisch unterstützen konnte. Er hatte keine Ahnung, was Jim unter Hypnose erlebt hatte. Daß die Erlebnisse für seinen Bruder traumatisch gewesen waren, wußte er allerdings. Es war offensichtlich, daß er sich ängstigte.

Ich beobachtete Jack und hörte ihm zu, während er nicht aufhören konnte, sich ruhelos in seinem Sessel hin- und herzubewegen. Dave und mir ging der Gedanke durch den Kopf, ob Tony einen so nervösen Menschen überhaupt hypnotisieren konnte. Tony wurde jedoch spielend mit der Situation fertig. Er nahm sich Zeit, um Jack ein wenig zu beruhigen und Selbstvertrauen aufzubauen. Als sich Jack in dem großen Sessel des Hypnotiseurs zurücklehnte, zweifelte er selbst daran, ob er hypnotisiert werden konnte. Er täuschte sich. Es gelang Tony mühelos, Jack in einen tiefen Hypnosezustand zu versetzen. (siehe Abbildung 7)

Jack Weiner - Hypnosesitzung #1 - 15.04.1989

Jack schilderte die allgemeinen Ereignisse im Zusammenhang mit dem nächtlichen Angelausflug der vier auf dem Eagle See übereinstimmend mit Jim. Tony führte ihn langsam auf den Zeitpunkt zu, als sie das UFO sichteten. Hier werden wir in das Gespräch einsteigen:

Tony: Wie spät ist es?

Jack: Es ist neun Uhr - es ist dunkel. Wir wollen angeln (seufzt und grinst). Es ist herrlich. Es ist herrlich da draußen. Da sagt Chuck: "He, schaut mal! Was ist das denn? Wir schauen und sehen ein helles Licht. Es ist ein helles Licht, es kommt aus den Bäumen heraus.

Tony: Durch die Bäume durch oder von oberhalb der Bäume?

Jack: Von oberhalb der Bäume. Es zieht herauf, und wir schauen es uns an, wir wissen nicht, was es ist. Aber wir wissen, daß es dasselbe Licht ist, das wir vor ein paar Tagen gesehen haben. Es funkelt nämlich und es bewegt sich. Wir wissen, daß es dasselbe ist, aber wir wissen nicht, was es ist.

Tony: Was geschah weiter?

Jack schilderte nun Tony, wie er und seine Gefährten den Prozeß durchliefen, den UFO-Forscher als Eskalation der Hypothesen bezeichnen. Der Prozeß ist kennzeichnend für Augenzeugen, die Schritt für Schritt von einer einfachen, auf der Hand liegenden Erklärung zu der Erkenntnis gelangen, daß keine konventionelle Erklärung dem Beobachteten gerecht werden kann.

Jack: Naja (macht eine Pause), wir unterhalten uns eben darüber. Wir, wir versuchen... Wir würden gerne wissen, ob es, ob es ein Flugzeug ist, aber es ist kein Flugzeug. Dann fragen wir uns, ob es ein Hubschrauber ist, aber es ist völlig geräuschlos. Wir haben keine Ahnung, was es ist, weil es nämlich schwebt. Dann (macht eine Pause) nimmt Charlie seine Taschenlampe und leuchtet es an, und jetzt bewegt es sich auf einmal. Es bewegt sich zu uns herüber! Wir sagen: "Jetzt haben wir es geschafft! Ist es Sumpfgas? Es ist Sumpfgas." Dann sagen wir: "Warten wir es ab." Es kommt immer noch auf uns zu. Es, es, kommt heraus über das Wasser, es spiegelt sich im Wasser wider, also wissen wir, daß es wirklich ist. Wir schauen, ob es das Wasser in Bewegung bringt. Aber das Wasser bewegt sich nicht. Wir haben

Angst, wir wollen nicht da sein, also fangen wir an zu paddeln! Wir paddeln, und es hält sich genau hinter uns. Es kommt immer noch auf uns zu, und wir sagen: "Sumpfgas hat keine *Strahlen*."

Tony: Was für Strahlen, Jack?

Jack: Es hat einen Strahl. Einen Lichtstrahl, der dort herauskommt.

Tony: Kannst du den Strahl beschreiben, Jack?

Jack: Er ist dünn. Wo er rauskommt, ist er dünn, aber dann wird er breit, auf dem Wasser wird er breit; er ist hell und hohl. Ein hohler Strahl.

Tony: Wie weißt du das, Jack?

Jack: Man sieht es doch. Man kann sehen, daß er hohl ist. Auf dem Wasser zeichnet er sich als Ring ab; er kommt auf uns zu (seufzt). (siehe Abbildung 8) Ich schaue über meine Schulter, er ist genau dort! Er ist genau hinter uns, und ich paddle mit meiner Hand. Der Strahl ist direkt hinter uns!

Jack befand sich nun in völliger Panikstimmung. Seine Gesichtsmuskeln hatten sich verzerrt. Sein Brustkasten senkte und hob sich, als er die Luft förmlich hinunterschluckte und dann tief ausatmete. Tony schritt augenblicklich ein, um ihn zu beruhigen.

Tony: Entspann dich, entspann dich einfach.

Jack: Dann... (macht eine Pause und entspannt sich in seinem Sessel), dann (Pause)... sind wir wieder am Strand.

Es war erstaunlich. Wie Jim hatte auch Jack keinerlei Erinnerungen an eine Entführung. Nachdem der Strahl das Kanu eingeholt hatte, war die nächste Erinnerung beider Zwillingsbrüder, daß sie am Ufer standen und das Objekt ruhig und furchtlos beobachteten. Wir beschlossen, daß Jack zuerst seine bewußten Erinnerungen vom Ufer schildern sollte. Dann wollten wir die Gedächtnissperre durchbrechen, die die Entführung aus dem Kanu aus seiner Erinnerung verdrängte.

Jack: Wir sind am Ufer. Wir sind im Kanu. Es ist ganz still... Das, das Ding, das Licht. Wir sind ausgestiegen, und wir gehen ein Stück, wir bleiben stehen, wir stehen da und schauen es an. Es ist einfach da, es ist genau vor uns.

Dave: Wie sah es aus?

Jack: Es ist eine große Lichtkugel. Es ist, es pulsiert. Es ist, es ist so groß wie ein Lastwagen. So groß wie ein... Wie ein Sattelschlepper. Es ist

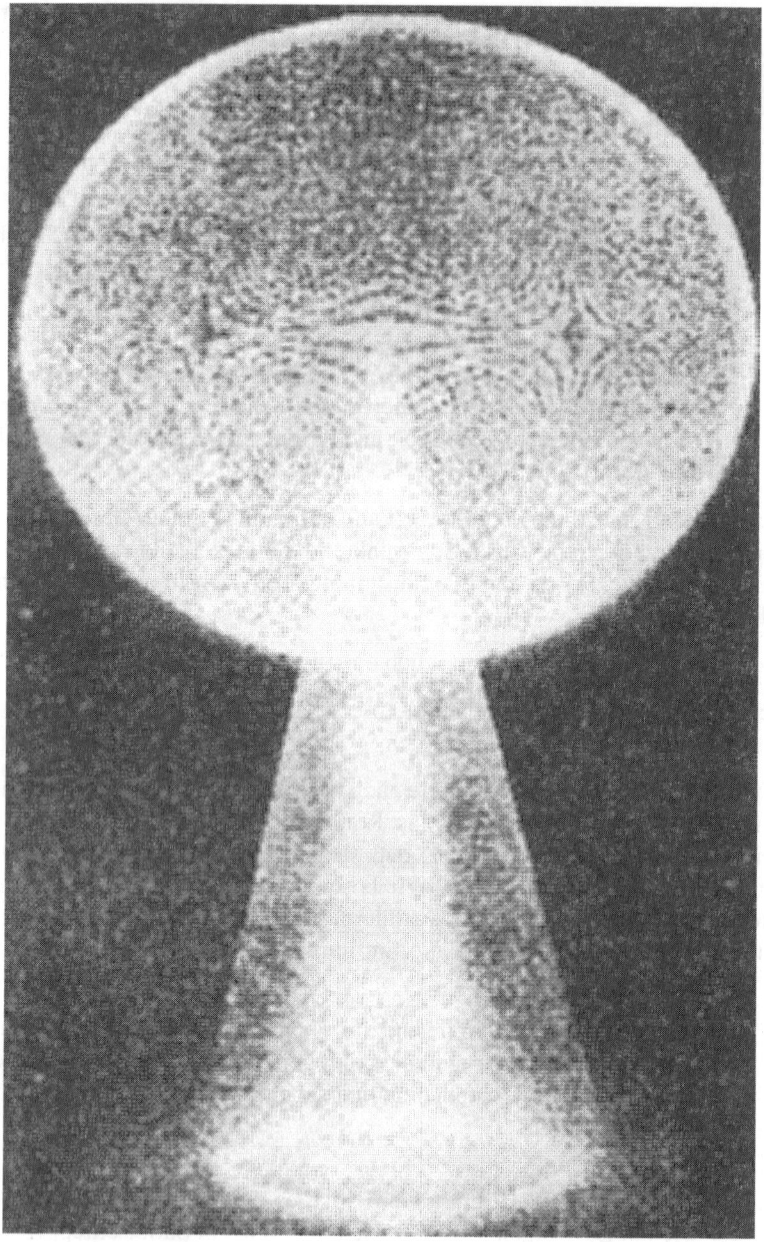

Bild 8: Der blaue Strahl über dem Wasser.

so nahe, ich könnte es mit einem Stein treffen. Das geht mir durch den Kopf. Es ist so nahe. (siehe Abbildung 9)

Ray: Was geschieht weiter?

Jack: Ich schaue es an, und ich sehe eine Linie, eine Linie darauf. Eine schnörkelige Linie, und ich schaue diese Linie an. Ich habe ein komisches Gefühl, wie ich diese Linie anschaue, als ob ich mich gleich übergeben müßte.

Wir stürzten uns alle auf dieses neue Stückchen Information. Jim hatte diesen Aspekt des leuchtenden Objekts nicht erwähnt. Und nicht nur deshalb - der körperliche Effekt, den das Anschauen hatte, war interessant. MUFON-Berater würden sich bei der Auswertung dieses faszinierenden Falls darüber Gedanken machen können.

Bild 9: Der große Lichtball.

Tony: Wo ist die schnörkelige Linie?

Jack: Sie ist in der Mitte, und sie ist wirklich seltsam. Sie sieht eigentlich nach nichts aus, und es gibt da... Es ist Energie da. Aus den Linien kommt Energie heraus, wenn ich sie anschaue, bekomme ich dieses merkwürdige Gefühl - als ob ich gleite. Mir wird übel davon, ich möchte nicht mehr länger dahin schauen.

Dave: Welche Farbe hat das Licht?

Ray: Ist das schnörkelige Licht heller als die große Lichtkugel?

Jack: Nein, es ist dunkler. Es ist orangefarben, wie eine Orange, es bewegt sich. Es sieht aus wie, hmm, Magneten und Metallspäne. Es sieht wie die Muster aus, die Metallspäne um Magneten herum bilden. Außer, daß es sich bewegt. Es kommt aus den Linien heraus.

Ray: Wie bewegt es sich? Von links nach rechts? Von rechts nach links?

Jack: Es bewegt sich aus der Linie heraus und um sie herum, um das Licht (d. h. um den Äquator des leuchtenden UFOs).

Tony unterbrach und beruhigte Jack, dem durch den psychosomatischen Effekt regelrecht übel geworden war. Es wurde beschlossen, ihn in der Zeit weiterzuführen, da er sich offensichtlich an der Licht ausstrahlenden Linie um das Objekt festgebissen hatte.

Jack beschrieb den Abflug des Objekts genauso wie sein Bruder - es verschwand in stufenförmiger Bewegung zwischen den Sternen.

Tony: Und weiter?

Jack: Wir gehen zu unserem Lager zurück und setzen uns. Charlie schaut nach dem Feuer und sagt: Ach du Scheiße, das Feuer ist ausgegangen. Was sollen wir mit dem Feuer machen?" Wir sagen: "Nichts." Wir wollen nur schlafen. Wir sind furchtbar müde, einfach furchtbar müde, und wir schlafen ein.

Überraschenderweise befand sich Jack bereits in einem ziemlich tiefen Stadium der Hypnose. Er war eine gute Testperson. Bevor Tony jedoch einen weiteren Versuch unternahm, Jacks Gedächtnis auf die Sprünge zu helfen, versetzte er ihn in eine noch tiefere Trance. Dann brachte er Jack in den Augenblick zurück, als der Strahl vom UFO das flüchtende Kanu einholte. Wie schon in so vielen anderen Fällen, schloß der Zustand der vertieften Hypnose die Türen zu Jacks unbewußtem Gedächtnis auf. Nun erzählte er uns nicht länger, was passiert war; er war vielmehr tatsächlich am Eagle See und durchlebte das mit so viel Schrecken verbundene Martyrium noch einmal.

Jack: Der Strahl - er erwischt uns! Er ist da, genau hinter uns. Ich weiß, es hat keinen Sinn. Es hat keinen Sinn, davonzupaddeln. Der Strahl! (Keucht schwer.) Er hat uns erwischt! Er ist da. Wir sind in ihm drin!

Tony: Wie weißt du, daß ihr drin seid?

Jack: Weil wir nicht mehr nach draußen sehen können.

Tony: Schau hinauf, Jack. Was siehst du?

Jack: Er hat (Pause) - irgend etwas bewegt sich drin. Wie Rauch. Wie Rauch in einem Zimmer, es ist hell drin.

Dave: Kannst du Charlie sehen?

Jack: Charlie ist vorn im Kanu. Ich kann ihn sehen. Er schaut hinauf.

Dave: Ist er auch ihm Strahl?

Jack: Ja, der Strahl ist um das ganze Kanu. Das ganze Kanu ist in ihm drin. Alles ist erleuchtet. Es ist so hell!

Dave: Wo ist Jim?

Jack: Wo ist Jim? Jim ist neben mir. Jim ist neben mir. Ich halte ihn fest.

Tony: Warum hältst du ihn fest?

Jack: Weil ich Angst habe, daß ich ihn verliere, wenn ich ihn loslasse, oder daß irgendwas passiert.

Ray: Was geschieht weiter?

Kaum hatte ich diese Frage gestellt, als Jack sein Gesicht verzog und heftig zu atmen begann. Das Sprechen fiel ihm schwer, als er hysterisch die Luft ausstieß.

Jack: Was geschieht weiter? (Macht eine Pause, atmet heftig.) Etwas geschieht. Etwas ist plötzlich anders. Ich spüre - etwas fühlt sich anders an. Etwas ist anders... Es ist... Etwas passiert. (macht eine Pause, stößt Luft aus). Ohhh - uuu-u-h - Charlie schreit!

Tony: Warum?

Jack: Chuck! Chuck! (Lange Pause, atmet heftig.) Chuck ist weg!

Tony: Wohin ist Chuck gegangen?

Jack: Weiß nicht. Er ist rausgefallen... Vielleicht ist er rausgefallen. Nein, nein, er ist nicht rausgefallen.

Ray: Ist sonst noch jemand verschwunden?

Jack: Nein. Ich sehe Charlies Gesicht.

Tony: Und wo siehst du sein Gesicht?

Jack: Vor mir. Er sieht schrecklich aus. Seine Augen sind offen. Sein Mund ist offen.

Ray: Was geschieht weiter?

Jack: Wir schauen, wir suchen Chuck, aber er ist nicht im Wasser. Wir wissen nicht, was passiert ist. Jetzt, wir - Oh-h-h!

Tony: Ist schon in Ordnung.

Tony schritt wieder ein und beruhigte Jack. Daß ihn das Erlebnis so extrem aufwühlte, war für uns alle entnervend. Es war furchtbar mitanzusehen, wie er litt. Tonys Versuche, Jack zu beruhigen, waren allerdings nur teilweise erfolgreich. Jack hatte begonnen zu erzählen, aber dann mußte er plötzlich das ganze Geschehen noch einmal durchleben.

Jack: Ich habe ein komisches Gefühl (Pause). Ich fühle mich seltsam. Ich habe nicht das Gefühl, daß ich hier bin (keucht). Ich habe nicht das Gefühl, daß ich spüren sollte (macht eine Pause), daß etwas passiert. Ich habe wirklich Angst (keucht schwer). Irgendwas passiert.

Tony: Schaust du immer noch hinauf, Jack?

Jack: Nein.

Tony: Wo bist du, Jack?

Jack: Ich weiß es nicht (in großer Unruhe).

Tony: Was siehst du, Jack?

Jack: Oh! Lichter vor mir, und da ist Jim (gerät plötzlich in höchste Aufregung). Ich kann mich nicht bewegen!

Tony: Sitzt er oder steht er?

Jack: Er sitzt.

Tony: Wo sitzt er?

Jack: Auf einer Bank.

Tony: Wo steht die Bank?

Jack: Ich weiß nicht. Sie kommt von hinter ihnen. Sie hat keine Beine.

Ray: Wer ist noch bei Jim?

Jack: Chuck und Charlie. Chuck und Charlie. Sie sitzen alle auf der Bank. Ich weiß nicht, warum sie mir nicht helfen.

Tony: Sitzt du oder stehst du?

Jack: Ich stehe.

Tony: Kannst du dich bewegen?

Jack: Nein.

Tony: Warum?

Jack: Weiß ich nicht.

Dave: Kannst du atmen?

Jack: Ja, und ich kann meine Augen bewegen, aber ich kann mich nicht bewegen.

Ray: Was siehst du sonst noch?

Jack: Jim, Charlie und Chuck.

Ray:	Was noch?
Jack:	(Keucht schwer.) Warum helfen die mir denn nicht?
Dave:	Wie weit sind sie von dir entfernt?
Jack:	Nicht weit. Nah genug - nah genug, daß sie mir helfen könnten, aber sie helfen mir nicht.
Tony:	Schau hinauf, so hoch du kannst. Was siehst du?
Jack:	Nur Licht.
Tony:	Schau hinunter, so weit du kannst. Was siehst du?
Jack:	Meine Füße (spricht in erstauntem Ton). Meine Zehen!
Tony:	Wo sind deine Schuhe oder Stiefel oder Socken geblieben?
Jack:	Weiß ich nicht.
Dave:	Bist du nackt?
Jack:	(Atmet heftig, macht eine Pause.) Ich bin nackt.
Tony:	Wo sind deine Kleider geblieben?
Jack:	Ich weiß es nicht.

Durch weitere Fragen stellte sich heraus, daß Jack ab einer gewissen Entfernung nur ein diesiges Licht wahrnehmen konnte. Seine Freunde schienen sich in einer Art Stupor zu befinden, der sie bewegungsunfähig machte. Jack selbst konnte zwar seine Augen bewegen, aber ansonsten keinen einzigen Muskel. Da bemerkte er, daß sich etwas durch den Dunst auf ihn zubewegte.

Jack:	Etwas bewegt sich.
Tony:	Was bewegt sich?
Jack:	Etwas.
Tony:	Wie weißt du das?
Jack:	Ohhh! Ich kann sie jetzt sehen!
Tony:	Was siehst du, Jack?
Jack:	(Stößt Luft aus.) Ich möchte keine Angst haben. Ohhh, (flüstert) ich möchte keine Angst haben.
Tony:	Entspann dich. Sag uns, was du siehst.
Jack:	Oh! Etwas kommt auf mich zu. Oh-h-h! Oh-h-h! (Atmet schwer.) Es ist etwas. Wird es mir wehtun? Oh-h-h!
Tony:	Was meinst du mit etwas?
Jack:	Es ist nicht wie ich.
Tony:	Wie sieht es aus?
Jack:	Es glänzt.

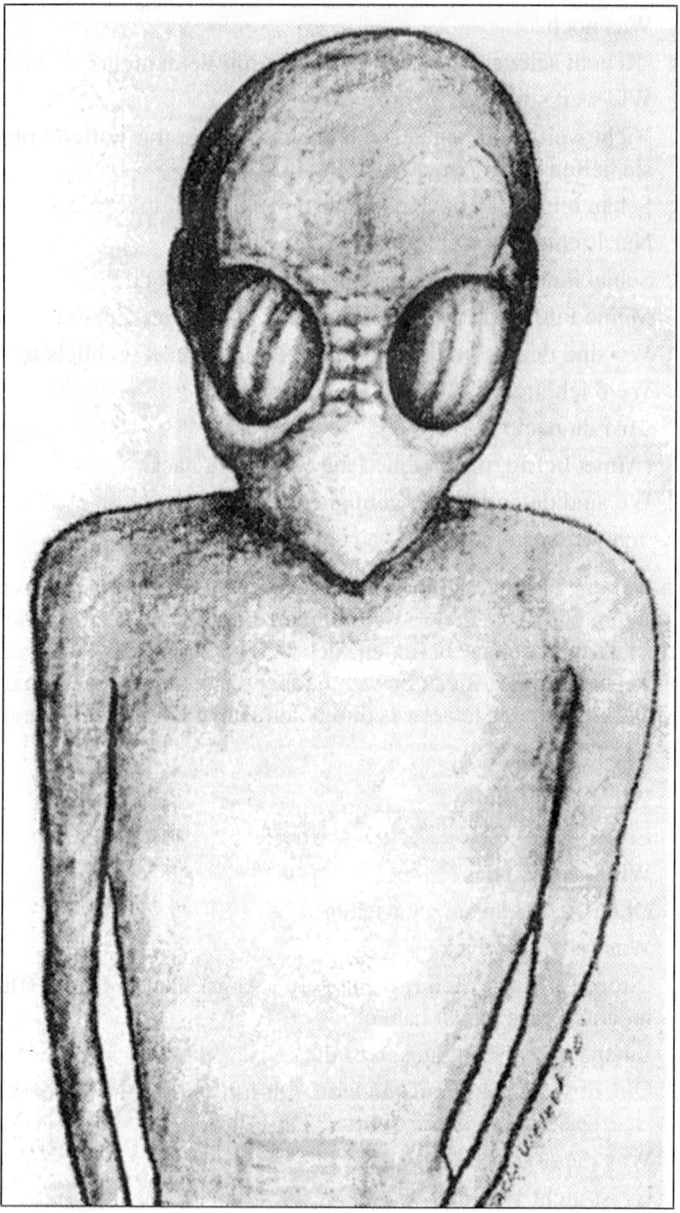

Bild 10: Jack Weiners Zeichnung von einem seiner Entführer. Vorderansicht.

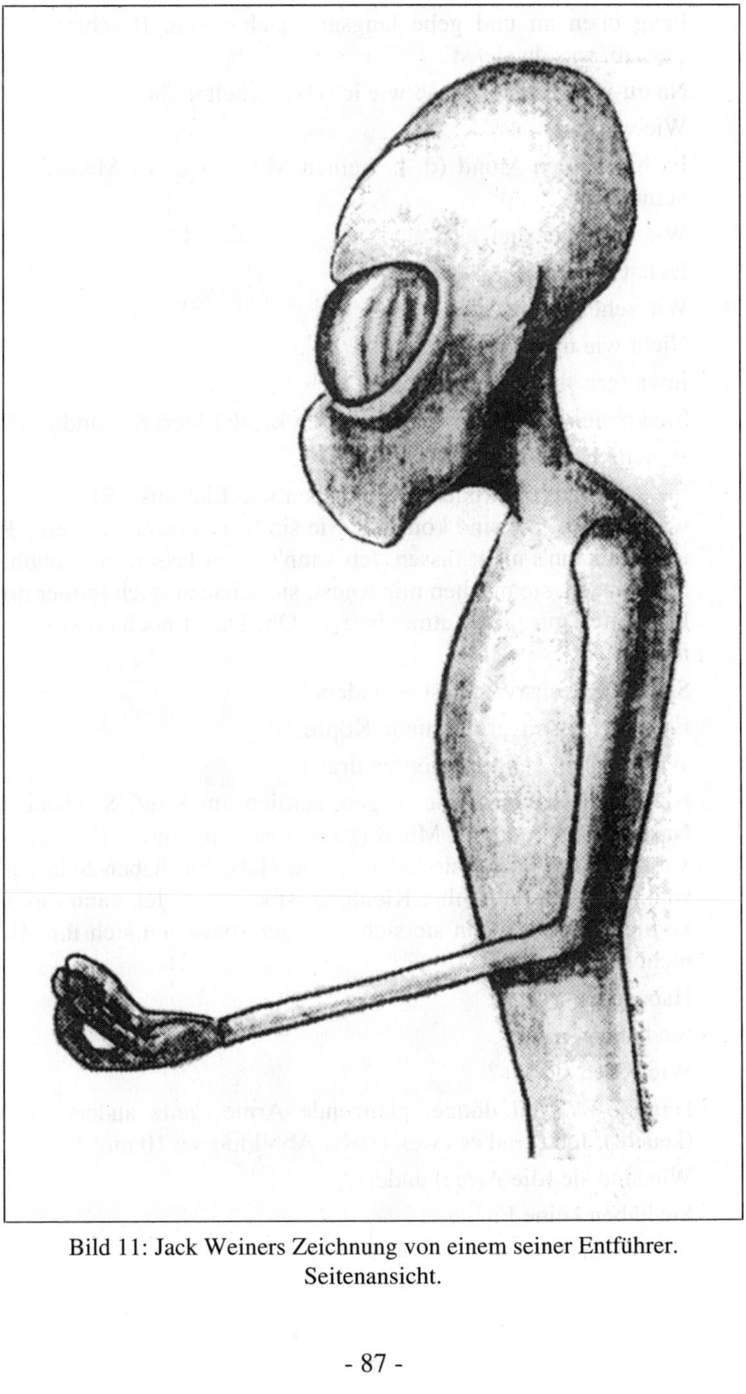

Bild 11: Jack Weiners Zeichnung von einem seiner Entführer.
Seitenansicht.

Tony: Fang oben an und gehe langsam nach unten. Beschreibe es. Beschreib, was du siehst.

Jack: Na gu-u-ut, es ist so groß wie ich. Es lächelt nicht.

Tony: Wie weißt du das?

Jack: Es hat keinen Mund (d. h. keinen Mund wie ein Mensch). Es hat keine Nase.

Ray: Wie schaut es dich an?

Jack: Es hat Augen.

Ray: Wie sehen sie aus?

Jack: Nicht wie unsere.

Ray: Inwiefern sind sie anders?

Jack: Sie können nicht blinzeln. Sie haben keine Lider. Sie sind groß!

Ray: Welche Form haben sie?

Jack: Sie sind lang und rund und sie sehen wie Eier aus - Eier... Sie sehen wie Eier aus. Sie sind komisch. Sie sind, sie sind (macht eine Pause), ich, ich kann's nicht fassen. Ich kann's nicht fassen. Sie, ohhh, Gott! Sie glänzen, sie machen mir Angst, sie schauen mich immer noch an. Die helfen mir nicht (atmet heftig). Oh! Da ist noch eins! Da kommt noch eins!

Tony: Sieht es genauso aus? Ist es anders?

Jack: Es ist genauso... große runde Köpfe.

Tony: Was ist oben an ihren Köpfen dran?

Jack: Nichts. Sie haben große Augen, seitlich am Kopf. Sie haben keine Nase (Pause), und der Mund (Pause) ist ganz unten, (Pause) wie bei Schildkröten. Ohhh, sie haben einen Hals. Sie haben Schultern. Sie sind klein und dünn, ihre Kleidung ist komisch. Ich kann ihre Gelenke nicht sehen. Wenn sie sich bewegen, bewegen sich ihre Gelenke nicht richtig (seufzt).

Ray: Haben sie Arme?

Jack: Sie haben Arme.

Ray: Wie sehen sie aus?

Jack: Dünn... Es sind dünne, glänzende Arme, ganz anders als meine (keucht). Jetzt sind es zwei. (siehe Abbildungen 10 und 11)

Tony: Wie sind sie (die Arme) anders?

Jack: Sie haben keine Finger.

Tony: Was haben sie dann?

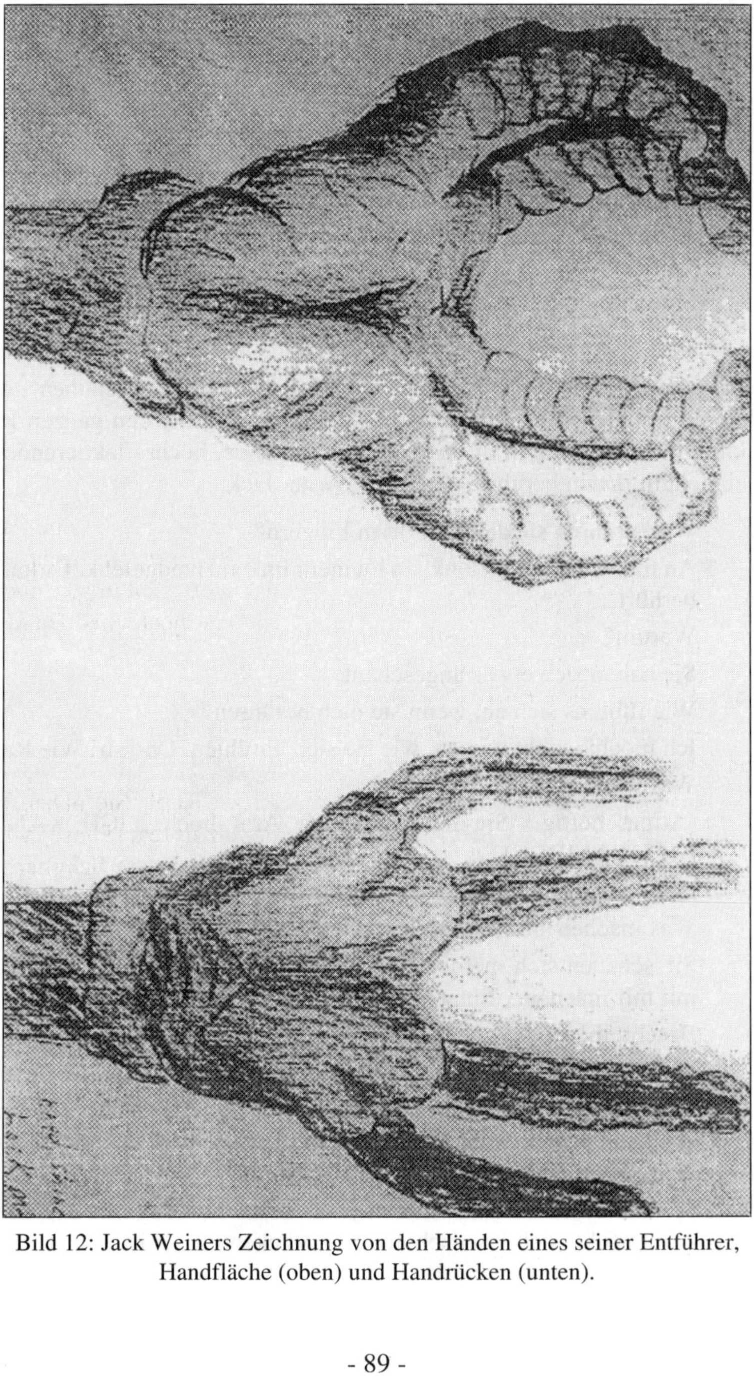

Bild 12: Jack Weiners Zeichnung von den Händen eines seiner Entführer, Handfläche (oben) und Handrücken (unten).

Jack: Sie haben (keucht) so etwas Ähnliches wie Finger.

Tony: Wie viele?

Jack: Vier. Vier. Vier Finger.

Ray: Und Daumen?

Jack: Keine Daumen. Ich kann's euch zeigen. Ich kann's machen. Ich kann's machen (zeigt es mit den eigenen Fingern). Ich kann es vormachen. So sehen sie aus. Genauso sehen sie aus. (siehe Abbildung 12)

Ray: Sind alle Finger gleich groß?

Jack: Alle gleich groß.

Jack bemerkte, daß die Hände der Außerirdischen in Handschuhen steckten und daß die fremden Wesen glänzende Anzüge trugen, die den ganzen Körper bedeckten. Ihre Füße waren in das gleiche glänzende, hochreflektierende Material eingehüllt. Dann berührte eines der Wesen Jack.

Ray: Wo berühren sie dich mit ihren Fingern?

Jack: An meinem Handgelenk, an meinem linken Handgelenk. Es hat mich berührt.

Tony: Warum?

Jack: Sie haben sich etwas angeschaut.

Tony: Wie fühlt es sich an, wenn sie dich berühren?

Jack: Ich möchte nicht wissen, wie sie sich anfühlen. Oh-h-h! Wie Raupen.

Ray: Was machen sie als nächstes?

Jack: (Atmet heftig.) Sie heben meinen Arm hoch... ICH KANN ES NICHT LEIDEN!

Tony: Entspann dich, entspann dich einfach.

Ray: Was machen sie weiter mit dir?

Jack: Sie schauen sich meinen Arm an (nervös). Sie werden irgend etwas mit mir machen... Einer von ihnen hat etwas.

Tony: Beschreibe es.

Jack: Es ist etwas in seiner Hand (atmet schwer). Es ist aus Metall. Er will irgendwas damit machen! Oh-h-h!

Tony: Du kannst uns das schon erzählen. Entspann dich jetzt. Entspann dich. Was macht er, Jack?

Jack: Sie fassen mich an (schnieft) mit diesem Ding... unter meinem Arm... fühlt sich komisch an...Sie drücken es. Es ist eigentlich nicht so schlimm (Pause). Fühlt sich an wie ein - als ob sie damit schaben. Wie ein Schaben.

Dave: Wie oft machen sie das?

Jack: Einmal (Pause). Dann hören sie auf.

Dave: Kannst du das Instrument beschreiben? Welche Form hat es?

Jack: Ja. Es ist aus Metall. Es paßt genau in ihre Hände. Es ist mehrere Zentimeter lang. Es glänzt. Es hat irgendwas am Ende. Es ist eigentlich nicht schlimm.

Tony: Welche Form hat das Ende?

Jack: Wie ein Löffel. Löffelförmig und flach.

Ray: Welchen Durchmesser hat es?

Jack: Ungefähr wie ein (macht eine Pause), wie ein Kugelschreiber.

Ray: Welche, welche Form hat der Griff - der Teil, an dem sie es halten?

Jack: Er ist geformt... Er paßt in ihre Hände. Er paßt genau in ihre Hand, und da ist irgendwas dran. Etwas, was - es drückt, drückt, ich fühle den Druck (fängt an zu keuchen). Ich will nicht, daß es in mich hineingeht! Oh-h-h! (Pause) Nein, es schabt. Es schabt. (siehe Abbildung 13)

Die fremden Wesen untersuchten Jack mit ihrem Instrument. Sie schabten damit an seinen Beinen, an den Innenseiten seiner Schenkel, in seinen Kniekehlen und an seinen Waden. Während der ganzen Zeit saßen Jim und die beiden anderen auf der Bank und starrten mit leerem Blick in die Ferne. Wenn wir davon ausgehen, daß sich Jim richtig erinnert, dann stand Jim eine Zeitlang und beobachtete, wie Jack untersucht wurde, bevor er sich auf die Bank setzen mußte. Man muß sich klar machen, daß dergleichen Erinnerungen tief im Unterbewußtsein verschüttet sind und immer nur Teile davon an die Oberfläche gelangen. Weder Jack noch Jim erinnerten sich daran, wie sie aus dem Kanu in das Innere des UFOs geraten waren. Beide erinnerten sich lediglich daran, daß sie sich plötzlich in einem fremden Raum mit diesigem Licht befanden. Nachdem die Außerirdischen Jack mit dem unbekannten Instrument untersucht hatten, erschienen jedenfalls weitere Wesen dieser Art am Schauplatz. Zwei davon nahmen Jack am Arm und begannen, ihn zu bewegen.

Jack: Sie bewegen mich.

Tony: Wie bewegen sie dich?

Jack: Sie nehmen nur (Pause) meine Arme (Pause) und bewegen mich.

Tony: Bewegen sich deine Beine auch, während sie dich bewegen?

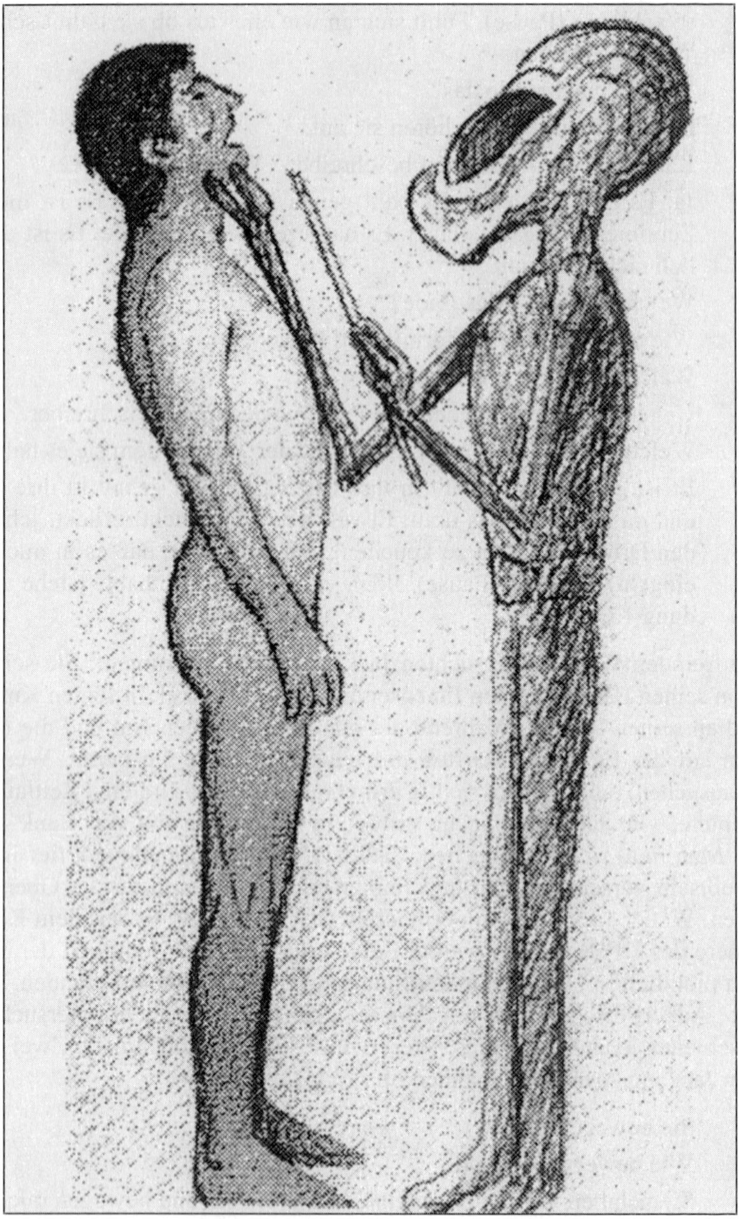

Bild 13: Jack Weiners Zeichnung, wie ihn einer seiner Entführer mit dem kugelschreiberförmigen Instrument untersucht.

Jack: Sie bewegen sich... Ich gehe, aber ich spüre nicht, daß ich mich bewege.

Tony: Warum nicht?

Jack: (Atmet heftig.) Ich bin (macht eine Pause) gelähmt. Ich kann mich nicht bewegen... Ich habe das Gefühl, als ob sie (seine Beine) weit weg sind. Meine Füße sind so weit weg. Ohhh! (keucht) Sie bringen mich hinaus (Pause), irgendwo anders hin.

Tony: Siehst du Jim, Chuck oder Charlie?

Jack: Nein.

Tony: Beschreibe, wo du bist. Was siehst du, wenn du dich umsiehst?

Jack: Ich sehe (Pause) Sachen... wie... Apparate... wie in einem Krankenhaus... Ohhh!

Tony: Warum wie in einem Krankenhaus?

Jack: Sie haben mich hineingetan!

Tony: Wo hinein?

Jack: In den Apparat (macht eine Pause) und - sie - legen etwas - sie legen etwas auf mich drauf.

Tony: Wo?

Jack: Auf meine Brust.

Tony: Sitzt du, stehst du oder liegst du?

Jack: Ich liege... und... ich weiß nicht, was sie machen.

Tony: Was liegt auf deiner Brust? Beschreibe es.

Jack: Es paßt genau um mich herum.

Tony: Um deinen Oberkörper?

Jack: Mhm. Es ist ein Apparat. Ich weiß, daß sie irgendwas mit mir machen werden.

Tony: Haben sie dich draufgelegt?

Jack: Richtig. Ich mußte mich drauflegen.

Tony: Ist es ein Tisch?

Jack: Nein, es ist ein Apparat.

Ray: Was macht der Apparat? Spürst du irgend etwas?

Jack: Nein. Er macht einen Summton. Er summt. Er summt.

Ray: Und weiter?

Jack: Sie nehmen ihn weg. Ich muß mich hinsetzen, sie sind einfach da und schauen mich an. Uhhh! Wie sie mich anschauen - ich kann es nicht leiden.

Tony: Sagen sie irgendwann einmal irgendwas zu dir? Sprechen sie miteinander?

Jack: Nein, sie können nicht sprechen. Sie machen Bewegungen - Handbewegungen, und sie nicken. Sie schauen mich an und nicken. Sie nicken, es gefällt mir nicht! (Macht eine Pause.) Es macht mir Angst, wie sie aussehen. Ich weiß nicht, was sie wollen.

Ray: Was geschieht weiter?

Jack: Ohhh! Sie (macht eine Pause und beginnt zu hyperventilieren), sie fassen mich an. Sie fassen meinen Penis an!

Ray: Was geschieht weiter?

Jack: Sie stülpen etwas drüber.

Ray: Wie sieht es aus? Beschreibe es.

Jack: Wie eine Glocke. Es hat einen Schlauch. Der Schlauch (keucht, während er seine Worte langsam und nachdrücklich abwägt)... ist... mit... etwas... verbunden... mit einer Flasche. Ich kann es nicht spüren. Es geht hinein. Ich kann es nicht leiden! (siehe Abbildung 14)

Tony: Wo geht es hinein, Jack?

Jack: Mein... (senkt die Stimme zu einem Flüstern). Es geht in meinen Schwanz. (Keucht, spricht lauter.) Ich kann es nicht leiden!

Tony: Wohin führt der Schlauch?

Jack: Zu einer Flasche.

Tony: Was geht in die Flasche hinein?

Jack: Ich pinkle... Ich pinkle hinein. Ich kann nicht aufhören (keucht). Ich kann es nicht leiden!

Tony: Ist in Ordnung, entspann dich einfach. Entspann dich. Was geschieht weiter?

Jack: Es ist immer noch da. Es tut weh. Es tut mir weh! Es tut weh! Oh-hh, ich will weg von hier!

Tony mußte nun einschreiten und Jack beruhigen. Der Schmerz war zwar psychosomatischer Natur, aber nichtsdestoweniger echt. Jacks Gesicht zuckte vor Qual. Jack durfte sich mehrere Minuten lang entspannen, bevor die Befragung weitergeführt wurde.

Tony: Erinnerst du dich, wie lange sie brauchten, bis sie fertig waren?

Jack: (Atmet noch immer schwer.) Zu lang!

Tony: Was geschah dann?

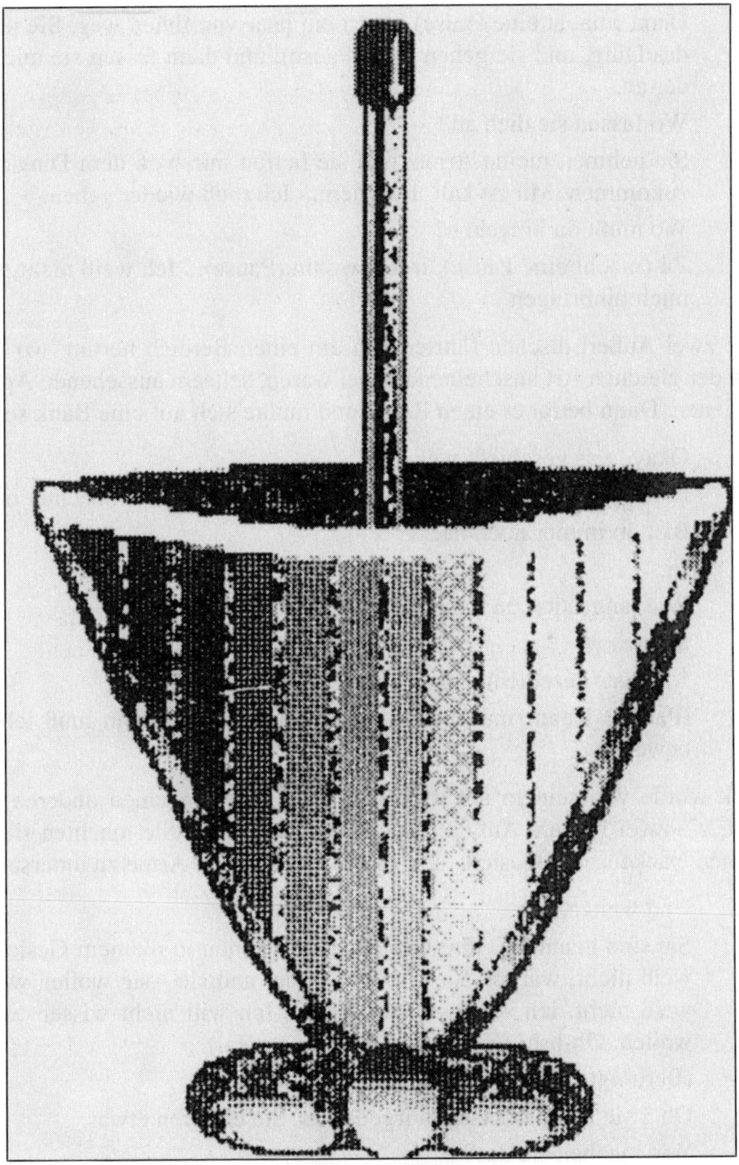

Bild 14: Jack Weiners Zeichnung von dem Instrument, daß in seinen Penis eingeführt wurde.

Jack: Dann (macht eine Pause) gehen ein paar von ihnen weg. Sie nehmen das Ding, und sie gehen weg (Pause), und dann fassen sie mich wieder an.

Tony: Wo fassen sie dich an?

Jack: Sie nehmen meine Arme, und sie helfen mir, von dem Ding runterzukommen. Mir ist kalt. Ich friere... Ich muß wieder gehen.

Tony: Wo mußt du hingehen?

Jack: Zu (macht eine Pause), irgendwohin.(Pause)... Ich weiß nicht, wo sie mich hinbringen.

Die zwei Außerirdischen führten Jim um einen Bereich herum, wo andere Wesen der gleichen Art anscheinend dabei waren, seltsam aussehende Apparate zu bedienen. Dann betrat er einen Raum und mußte sich auf eine Bank setzen.

Ray: Okay, was geschieht weiter?

Jack: Einer... geht weg und geht... Und einer bleibt und beobachtet mich.

Dave: Bist du immer noch nackt?

Jack: Ja.

Tony: Wie lange sitzt du auf der Bank?

Jack: Lange.

Tony: Und was geschieht dann?

Jack: (Pause.) Dann (macht eine Pause), dann... und dann muß ich mich bewegen.

Jack wurde von seinem außerirdischen Gefährten in einen anderen Raum geführt, wo zwei weitere Außerirdische schon warteten. Sie machten sich daran, seinen Nacken, sein Gesicht, seinen Mund und seine Arme zu untersuchen.

Tony: Und weiter?

Jack: Sie sind genau da. Ihre Gesichter sind genau in meinem Gesicht. Ich weiß nicht, warum. Sie sind genau da, und sie - sie wollen was. Ich weiß nicht, ich will es nicht wissen. Ich will nicht wissen, was sie wollen. Oh-h-h! (Fängt an, heftig zu atmen.)

Tony: (Beruhigt Jack.) Entspann dich.

Jack: Oh... sie sind... Sie sagen irgendwas. Sie erklären etwas.

Dave: Wie machen sie das?

Jack: Mit den Augen.

Tony: Hörst du sie?

Jack: In meinem Kopf.

Tony: Was sagen sie dir?

Jack: Sie sagen: "Hab keine Angst. Hab keine Angst. Wir tun dir nichts. Wir tun dir nichts." (Macht eine Pause.) Sie sagen: "Tu, was wir dir sagen. Tu einfach, was wir dir sagen."

Tony: Was wollen sie?

Jack: Sie sagen mir, daß ich die Beine breit machen soll. "Stell dich breitbeinig hin", sagen sie.

Tony: Tust du es?

Jack: Ich versuche es... Ich mache es. Aber - ich habe nicht das Gefühl, daß ich tue, was sie wollen. Sie sagen: "Tu es einfach. Hab keine Angst." Und dann (atmet hörbar aus), und dann schauen sie. Sie schauen mich an. Ohhh! (Verzieht das Gesicht.) Sie stecken etwas in mich rein!

Tony: Wie stecken sie es in dich rein? Wo?

Jack: In meinen Arsch. Ich habe Angst (unterbricht sich und stöhnt).

Tony: Was führen sie ein? Kannst du mir das sagen?

Jack: Ich weiß nicht, was es ist. Es ist - es ist - es brennt. Es ist wie ein Klistier (Pause). Es ist unangenehm - aber, nein - es ist eigentlich nicht so schlimm.

Jack benutzte den Ausdruck "Es ist eigentlich nicht so schlimm" ein paarmal, während ihn die Außerirdischen untersuchten. Wegen des traumatischen Charakters der Untersuchung ging mir immer wieder durch den Kopf, warum er diese Feststellung machte. Die Antwort darauf fand sich in dem nun folgenden Abschnitt. Er ist ein Beispiel für die Kontrolle, die die Außerirdischen auf das Denken ausüben.

Jack: Sie sind es. Sie sagen: "Es ist nicht so schlimm." Und ich sage: "Okay, es ist eigentlich nicht so schlimm."

Tony: Wie lange tun sie das?

Jack: Nicht lange.

Tony: Ziehen sie es heraus?

Jack: Ja.

Tony: Was geschieht weiter?

Jack: Einer geht weg. Ich muß mich setzen.

Tony: Worauf sitzt du?

Jack: Auf einer Bank.

Tony: Ist sie genauso wie die andere, auf der du gesessen hast?

Jack: Kleiner.

Tony: Was machen sie jetzt?

Jack: Es sagt zu mir: "Hab keine Angst."

Tony: Was sagst du zu ihm?

Jack: Ich habe Angst.

Wir wissen aus vielen Fällen in der Vergangenheit, daß die Kommunikation zwischen Außerirdischen und Menschen durch etwas hergestellt wurde, was wir als *mentale Telepathie* bezeichnen würden. Es war interessant festzustellen, daß Jack in seinem momentanen Zustand, der von den Außerirdischen herbeigeführt worden war, in der Lage war, sich mit den gleichen Mitteln wie die Außerirdischen mitzuteilen.

Tony: Wie hast du ihm gesagt, daß du Angst hast?

Jack: Mit den Augen.

Tony: Hast du deinen Mund dazu benutzt?

Jack: Nein, mein Mund bewegt sich nicht (ist vorübergehend gelähmt).

Tony: Hat er seinen Mund benutzt?

Jack: Nein, sie haben keinen Mund. *Sie schauen mich nur an, und ich weiß, was sie wollen.* Kein Mund - sie haben einen Mund, aber er ist nicht wie unserer.

Tony: Hast du ihm noch etwas gesagt?

Jack: Ich sage: "Wo ist Jim?"

Tony: Antwortet er?

Jack: Er sagt: "Jim geht es gut. Mach dir keine Sorgen um ihn." Dann sagt er noch: "Wir sind fast fertig. Es dauert nicht mehr lange." Ich bin froh (klingt erleichtert). Ich bin wirklich froh!

Tony: Was sagst du?

Jack: Ich sage: "Ich möchte gern meine Schuhe." Er sagt: "Wenn du fertig bist."

Tony: Und was geschieht dann?

Jack: Er beobachtet mich.

Tony: Wie lange bleibt er da?

Jack: Eine ganze Weile, glaube ich.

Jack saß mit dem Außerirdischen eine Weile auf dem Sitz und sah dann, wie seine Bruder Jim mit zwei Außerirdischen in den Raum kam.

Jack: Ich sehe Jim.

Tony: Wie siehst du Jim?

Jack: Er kommt auf mich zu.

Tony: Ist jemand bei ihm?

Jack: Nein. Zwei. Zwei sind bei ihm.

Tony: Beschreibe Jim.

Jack: Er hat Angst. Er schaut mich an und er hat, er hat Angst.

Dave: Ist er angezogen?

Jack: Er ist nackt. Wie ich.

Tony: Wohin haben sie ihn gebracht?

Jack: Sie bringen ihn dahin, wo ich war. Jetzt (macht eine Pause) ist er weg.

Tony: Hat Jim dich gesehen?

Jack: Ja.

Tony: Was geschah dann?

Jack: Dann warte ich, und ich frage mich, wann das alles vorbei sein wird. Wann sie fertig sein werden. Und...(macht eine Pause, atmet schwer).

Tony: Wie lange sitzt du noch da?

Jack: Ich weiß nicht. Es ist komisch. Die Zeit ist komisch. Kommt mir vor, als ob es lange ist (macht eine Pause). Und dann sehe ich Chuck... Sie haben Chuck.

Tony: Wie viele?

Jack: Zwei.

Tony: Beschreibe Chuck.

Jack: Er ist nackt.

Tony: Wohin gehen sie?

Jack: Wo sie Jim hatten.

Tony: Wo ist Jim?

Jack: Da, wo sie mich hatten.

Tony: Und was geschah dann?

Jack: Chuck schaut mich an.

Tony: Sagt er etwas zu dir?

Jack: Mit den Augen.

Tony: Was sagt er?

Jack: Hilf mir! Hilf mir! Und dann ist er weg - da, wo sie Jim hingebracht haben (macht eine Pause). Und ich warte... und warte... und dann kommt Jim.

Tony: Wohin bringen sie Jim?

Jack: Zu mir.

Tony: Setzt er sich?

Jack: Ja.

Tony: Sagst du etwas, oder sagt Jim etwas?

Jack: Mit den Augen.

Tony: Was sagt ihr?

Jack: Bring mich hier weg! Laß uns abhauen!

Tony: Und was geschieht dann?

Jack: Dann kommt Charlie - ich sehe Charlie.

Tony: Ist er allein?

Jack: Nein, er wird weggebracht.

Tony: Wohin?

Jack: Wo sie mich hatten.

Tony: Beschreibe Charlie.

Jack: Er ist nackt.

Dave: Wie weißt du, daß sie ihn dahin gebracht haben, wo du vorher warst?

Jack: Weil es aussieht, als ob es die gleiche Richtung ist, aus der ich gekommen bin. Sie bringen ihn dahin. Deswegen glaube ich, daß sie ihn dorthin bringen, wo ich war. Und dann warten wir. Wir sitzen da. Sie beobachten uns.

Dave: Und wer sitzt jetzt auf der Bank?

Jack: Jim und einer von ihnen und ich. (siehe Abbildung 15)

Dave: Erzähl weiter.

Jack: Dann bringen sie Chuck, sie bringen ihn zu uns.

Tony: Sitzt er bei dir auf der Bank?

Jack: Er... nein, nein, er sitzt nicht.

Tony: Was macht er?

Jack: Er steht... Er steht uns gegenüber.

Tony: Ist er allein?

Jack: Nein, nein, sie sind bei ihm.

Tony: Warum sitzt er nicht?

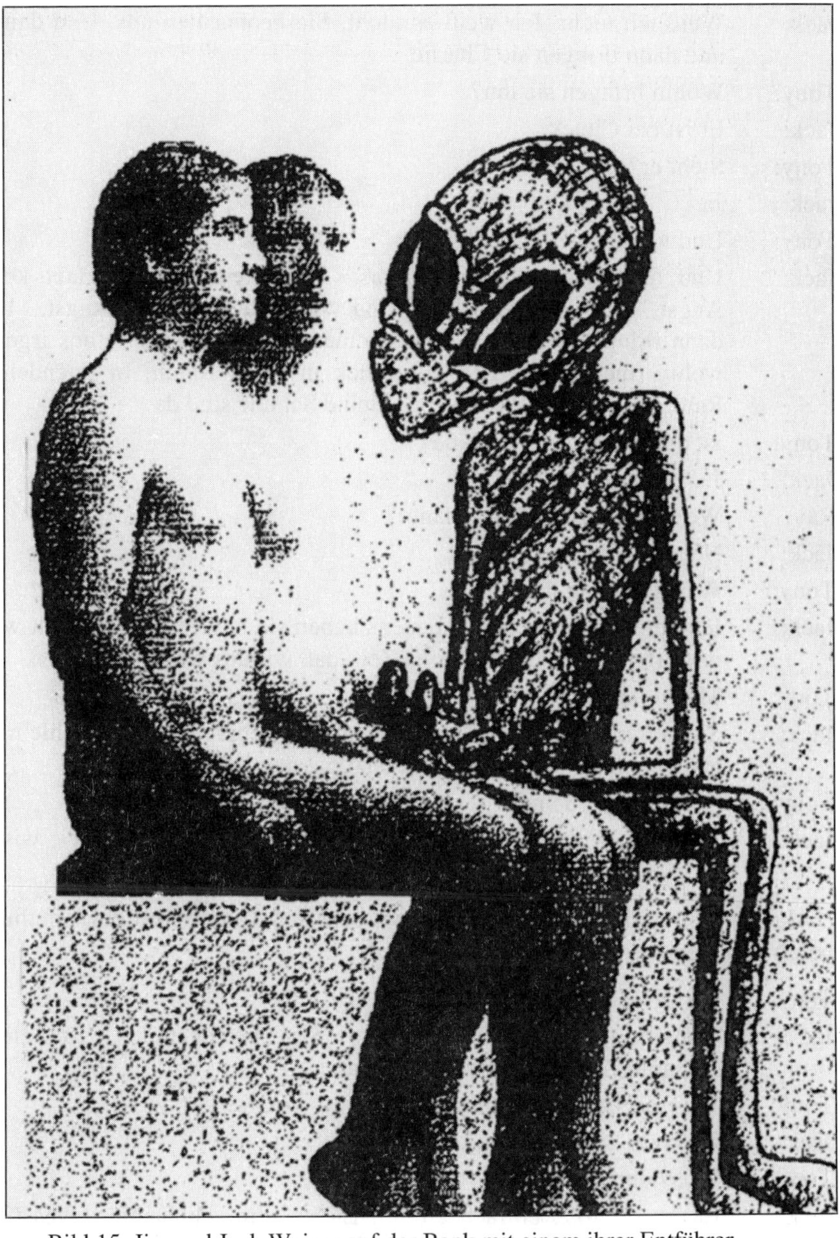

Bild 15: Jim und Jack Weiner auf der Bank mit einem ihrer Entführer.

Jack: Weiß ich nicht. Ich weiß es nicht. Sie beobachten uns. Und dann - und dann bringen sie Charlie.

Tony: Wohin bringen sie ihn?

Jack: Er ist bei Chuck.

Tony: Steht er?

Jack: Ja.

Tony: Und was dann?

Jack: Und dann, dann sagen sie uns: "Habt keine Angst. Habt keine Angst." Wir sind fast fertig. Und wir sind, wir haben Angst... Und dann bringen sie uns alle zusammen weg. Sie bringen uns irgendwohin (macht eine Pause), zurück in einen Raum. In irgendeinen Raum, meine Schuhe sind da. Meine Schuhe sind da.

Tony: Ist deine Kleidung auch da?

Jack: Ja.

Ray: Wo ist das? Ist sie aufgehängt?

Jack: Nein. Sie liegt am Boden.

Tony: Was geschieht dann?

Jack: Ich denke: "Oh - oh, wenigstens haben sie unsere Sachen nicht weggeworfen." Ich denke: "Es ist Zeit, daß wir uns wieder anziehen."

Tony: Macht ihr es?

Jack: Sie helfen uns... Sie helfen uns beim Anziehen. Und - ich fühle mich ganz merkwürdig! "Was wird jetzt passieren?"

Tony: Was passiert denn?

Jack: Sie bringen uns irgendwohin, wir wissen nicht - wir - wir wissen nicht, was passieren wird.

Jack war plötzlich sehr ängstlich geworden, und Tony schritt ein, um ihn zu beruhigen, bevor er mit dem Fragen fortfuhr.

Tony: Was geschieht danach?

Jack: Wir sind fertig (macht eine Pause). Sie... bewegen uns... zu... einem Apparat. Zu einem großen Apparat.

Tony: Was macht der Apparat?

Jack: Ich weiß nicht.

Tony: Wie sieht er aus?

Jack: Er ist... ganz... einfach... ein... Licht... ein schlauchförmiges Glas, aber kein Glas. Ein großer Schlauch und...

Tony: Wie groß ist er?

Jack:	Weiß ich nicht.
Tony:	Kannst du durchsehen? Wie Glas?
Jack:	Genau.
Ray:	Ist er so groß wie du? Wie rund ist er? Oder ist er viereckig?
Jack:	(Pause) Der Schlauch ist groß - so groß wie ein - groß wie ein Volkswagen.
Ray:	Was geschieht weiter?
Jack:	Sie sagen, daß wir uns dort hinstellen sollen.
Ray:	An den Schlauch?
Jack:	Ja.
Ray:	Ist der Schlauch im Apparat?
Jack:	Der Schlauch ist der Apparat, und wir bekommen Angst. Der Schlauch macht uns Angst.
Ray:	Warum?
Jack:	Weil er anfängt zu... Er fängt an... sich zu bewegen... Und er macht etwas. Er macht etwas. Er kommt auf uns zu, und ich weiß nicht, was er machen wird. Und - er ist - oh-h-h! Oh-h-h!" Oh-h-h! (Beginnt zu hyperventilieren, dann folgt eine lange Pause.)
Ray:	Stößt der Schlauch mit euch zusammen?
Jack:	Nein. Er reißt uns auseinander. Ich habe das Gefühl, daß ich auseinanderfliege. Ich kann es nicht leiden! Es fühlt sich an, als ob ich auseinandergerissen werde. Mir wird übel. Und es ist - es ist - es geht so schnell! Ich kann es nicht stoppen (stößt Luft aus). Ich fühle mich komisch. Ich fühle mich wirklich komisch. Ich fühle mich - ich habe - Angst (keucht).
Tony:	Hast du das Gefühl, daß es dich auseinanderreißt? Bekommst du das Gefühl, daß du wieder zusammengesetzt wirst?
Jack:	Ja.
Tony:	Wo bist du jetzt?
Jack:	Ich bin im Kanu.
Tony:	Wo ist es?
Jack:	Im Wasser.
Tony:	Ist jemand drin?
Jack:	Jim.
Tony:	Wer sitzt vor dir?
Jack:	Charlie.

Tony: Ist jemand hinter dir?

Jack: Chuck - und *er* ist auch da.

Tony: Wer?

Jack: Der Strahl. Wir paddeln vor ihm davon. Wir kommen an den Strand. Wir steigen aus dem Kanu, und es ist da.

Tony: Was ist da?

Jack: Das Ding. (das UFO).

Tony: Wie lange bleibt es da?

Jack: Ein paar Minuten.

Ray: Wie sieht es aus?

Jack: Es ist groß und rund. Es ist kugelförmig und sehr hell.

Ray: Blendet es irgendwann einmal die Lichter ab?

Jack: Der Strahl geht aus - und jetzt schwebt es - es schwebt vor uns.

Jack durchlebte noch einmal alles, was geschah, als die vier das Ufer erreichten. Ich wollte unbedingt mehr über den schlauchähnlichen Apparat erfahren, den Jack beschrieben hatte, und beschloß, mehr Information darüber zu bekommen. Offenbar benutzten die Außerirdischen diese geheimnisvolle Maschine, um die vier ins Kanu zurückzubefördern. Höchstwahrscheinlich was sie das Instrument, mit dem der Lichtschacht kontrolliert wurde, durch den sie ursprünglich in das UFO gelangt waren. Für die folgenden Fragen zu diesem Thema wurde Jack daher hypnotisch noch einmal an Bord des UFOs zurückgebracht, und zwar in den Augenblick, als die vier vor dem schlauchähnlichen Apparat standen.

Ray: Als du neben dem Apparat gestanden hast... neben dem Schlauch - als du dich gefühlt hast, als ob es dich auseinanderreißt - konntest du da sehen, was mit Jim und Chuck und Charlie passiert ist?

Jack: Ich sehe ihre Gesichter, sie schreien alle, und ich schreie auch. Der Schlauch kommt näher, es ist hell, er macht irgend etwas.

Ray: Okay. Wenn er jetzt also etwas macht, sag mir, was mit den anderen drei passiert. Du beobachtest sie! Du beobachtest sie!

Jack: Ich sehe, daß sie den Schlauch beobachten und sie - sie werden irgendwie komisch.

Ray: Was meinst du... ändert sich ihr Aussehen irgendwie?

Jack: Ja.

Ray: Wie?

Jack: Sie *verschwinden da hinein.*

Dave: Wo hinein?

Jack: In ein Licht hinein - in das Licht, das aus dem Schlauch kommt.

Ray: Hat es eine Form, oder ist es einfach nur ein Licht?

Jack: Nein, es ist wie (seufzt), es ist, als ob man durch etwas Dickes durchläuft, es bleibt an einem kleben, und es zerlegt einen, und das kann man spüren. Man kann es spüren! Ich kann es spüren! Ich kann es spüren! Ich kann es spüren!

Ray: Kannst du es sehen, während du es spürst?

Jack: Ja.

Ray: Du kannst es sehen? Was siehst du, während du das alles spürst?

Jack: Ich sehe helles, helles, blendendes Licht und Bilder in meinem Kopf. Ich sehe Bilder in meinem Kopf, die sind komisch.

Ray: Was für Bilder?

Jack: Wie kleine Teilchen von Sachen. Wie kleine Teilchen von Sachen... Fäden - Fäden und kleine Teilchen von Sachen kommen auf mich zu...

Ray: Kannst du dich selbst sehen?

Jack: Ich sehe mich, wie ich auf mich selbst zukomme.

Ray: Heißt das, daß du dich zweimal siehst?

Jack: Nein, nein, ich sehe - wie ein Spiegel.

Ray: Siehst du dich dir gegenüber?

Jack: Ich kann mein Gesicht und ich - ich schreie. Meine Augen sind ganz weit aufgerissen, und mein Mund ist ganz weit offen, und meine Zunge hängt heraus, und meine Ohren *fallen ab* (keucht schwer). Und, und diese Dinger kommen auf mich zu, und ich spüre, daß es mir übel wird! Ich spüre, mir wird übel!

Ray: Siehst du dich immer noch?

Jack: Nein, nein. Es ist jetzt vorbei. Das war merkwürdig.

Ray: Und wo bist du?

Jack: Im Kanu - ich paddle im Kanu. Oh-h-h! (Keucht.) Wir paddeln ans Ufer.

Der bekannte Satz "Beam mich hoch, Scotty!" kam mir in den Sinn, als ich mir bildlich vorstellte, was draußen am Eagle See geschehen war. Die Vorrichtung, mittels derer die Allagash-Vier in die Maschine und wieder heraus befördert wurden, glich auffallend dem, was sich die Science Fiction-Autoren von *Star Trek* vorgestellt hatten.

Jack schilderte noch einmal, wie er das leuchtende UFO vom Ufer aus betrachtete.

Mir ging nun meinerseits die Frage durch den Kopf, ob auf dem Allagash schon andere Begegnungen stattgefunden haben könnten, und deshalb schoß ich schnell noch eine Frage auf Jack ab. Glücklicherweise ergab Jacks Antwort ein weiteres überraschendes Stückchen neuer Information zu diesem ohnehin schon äußerst spektakulären Fall.

Ray: Wann hast du diese seltsamen Geschöpfe wiedergesehen?

Seine Antwort kam unerwartet für mich, bestätigte jedoch, was ich schon vermutet hatte. Dies war weder die erste, noch die letzte Begegnung mit den außerirdischen Geschöpfen gewesen.

Jack: (Pause) Nächstes Mal, wenn ich sie wiedersehe - sind sie - ist es - im Traum. Sie sind in meinem Traum. Wie sind sie da hinein gekommen? (Klingt verwirrt.)

Ray: In welchem Traum? Kannst du den Traum schildern?

Jack: (Pause) Sie... waren in unserem Haus.

Ray: In Vermont?

Jack: Ja.

Ray: Wie sind sie dahin gekommen?

Jack: Sie sind zur Tür hereingekommen.

Ray: Was ist dem vorausgegangen?

Jack: Es war ein Licht da.

Ray: Wo?

Jack: Im Fenster.

Ray: Welche Farbe?

Jack: Blau.

Ray: Was geschah weiter?

Jack: Sie haben mich beobachtet.

Ray: Wo war Mary?

Jack: Im Bett.

Ray: Hat Mary sie gesehen?

Jack: Mary wacht auf, schaut aber nicht hin...
Sie sehen unseren Hund.

Wir waren so gefesselt von der neuen Wendung der Ereignisse, daß wir einen Augenblick lang vergaßen, daß Jacks Frau Mary bei uns war. Dave winkte mir zu und machte Zeichen, daß es besser wäre, Jacks Schilderung zu stoppen. Mary hatte die Augen aufgerissen und sah ungläubig aus, als sie ihren Mann anstarrte. Falls es in Zukunft erforderlich werden könnte, auch Mary zu interviewen, wollten wir sie mit Jacks Schilderung des gemeinsamen Erlebnisses nicht beeinflussen. Für den Augenblick verharrten wir einfach und wußten nicht, was wir nun machen sollten. Tony fuhr fort.

Tony: Macht euer Hund irgend etwas?

Jack: Nichts. Und ich denke: "Dummer Hund! Was ist los mit ihm? Warum tut er nichts?" Sie beachten ihn gar nicht. Sie kommen herüber und holen uns.

Ray: Sie holen euch? Wohin?

Jack: Nach draußen.

Ray: Wohin?

Jack: Zum Licht.

Ray: Was geschieht weiter?

Mittlerweile winkte Dave hektisch zu mir herüber. Ich sollte Tony signalisieren, daß er Jack unterbrechen sollte. Ich war einverstanden. Tony verstand, was ich von ihm wollte, als Jack gerade dabei war, meine letzte Frage zu beantworten.

Jack: Sie sagen: "Habt keine Angst. Habt keine Angst. Und ich sage: "Ich weiß, ich weiß. Ihr werdet uns nicht wehtun." Und dann sagen sie, ja, sie sagen: "Erinnere dich, das letzte Mal haben wir euch auch nicht wehgetan." Und, und Mary hat Angst. Sie hat wirklich Angst. Und ich mache mir Sorgen deswegen. Und... dann... das blaue Licht... das blaue Licht kommt... und... und... ich denke: "Ach du Scheiße! Ich kann's nicht fassen! Nicht schon wieder!" Und - (keucht schwer) - ich will nicht, daß es passiert!

Tony: Entspann dich, Jack, entspann dich jetzt. Du hast das wirklich gut gemacht, Jack, wirklich sehr, sehr gut...

Auf unsere Anweisung hin brachte Tony Jack langsam aber sicher aus der Hypnose zurück. Während dessen wies er Jack an, sich alles zu merken, was passiert war, damit er alles zeichnen konnte, was er gesehen hatte. Jack begann, seine Finger und Arme zu bewegen, blinzelte und öffnete seine Augen. Ich ließ das Band weiterlaufen, um seine Reaktion auf das aufzunehmen, was er soeben unter Hypnose erlebt hatte. Zuerst starrte er nur in die Ferne, dann schaute er uns völlig erstaunt an.

Jack: Mensch, das war eben wirklich bizarr.

Ray: Kannst du dich an alles erinnern, was geschehen ist?

Jack: Ich erinnere mich noch an eine Menge anderer Sachen. Ich meine, ich fühle mich wirklich, weißt du, als ob ich gleich ausflippen würde. Ach du Schande! So eine Scheiße! (atemlos) Nicht zu glauben! Was hat das alles zu bedeuten?

Ray: Wir möchten im Augenblick lieber nichts dazu sagen, bis wir durch sind mit dem ganzen - dem ganzen Zeug (d. h. mit unserer Untersuchung).

Jack: Ist das jetzt ein Traum gewesen oder ist es wirklich passiert? Bin ich verrückt oder was?

Ray: Du bist nicht verrückt.

Jack: Das war ziemlich bizarr. Was mir da alles wieder einfällt, ist wirklich merkwürdig. Wie kann, äh, warum konnten wir uns nur vorher nicht daran erinnern?

Ray: Es sieht so aus, als ob, äh, was immer es auch war (d. h. die Außerirdischen), muß etwas wie Hypnose angewendet und euch gesagt haben, daß ihr euch nicht erinnern dürft.

Dave: Wir können dir versichern, daß ihr nicht die einzigen in eurer, äh, in dieser Situation seid. Wir haben schon einmal so etwas gehört.

Aller Augen waren auf Jack geheftet. In unserem Eifer hatten wir Mary vergessen, die auf einem Sofa daneben saß und schweigend alles mitangehört hatte. Wir wurden jäh aus unserer Faszination mit Jack gerissen, als sich eine sanfte, zitternde und ungläubige weibliche Stimme hören ließ und die Sitzung, die uns allen so aufs Gemüt geschlagen war, mit einer unbeabsichtigten Portion Leichtfertigkeit zu Ende brachte: "Seid ihr eigentlich echt?"

Kapitel 5

"Wie bei einer Musterung"

Mary fragte voller Ernst: "Seid ihr eigentlich echt?" Obwohl Jack ihr MUFON kurz beschrieben hatte, stellte sie noch viele Fragen über diese Organisation und unsere Absichten. Dave und ich gaben ihr daraufhin eine ausführliche Beschreibung von MUFON und erklärten ihr, daß wir einen Bericht schreiben, und alle Namen auf Wunsch des Augenzeugen vertraulich behandeln würden. Wir versprachen jedem einen Durchschlag der endgültigen Fassung des Berichts, der für MUFON bestimmt war. Ich schlug vor, daß alle Augenzeugen das Copyright auf die schriftlichen Übertragungen ihrer Hypnosesitzungen bekommen sollten, um sie vor ungewollter öffentlicher Aufmerksamkeit zu schützen. Damals lag es mir fern, ein Buch über diesen Fall zu schreiben. Ich beabsichtigte, ihn Dave Webb zu übergeben. Ich war völlig in Anspruch genommen von meinem Planetarium, gab Unterricht, hielt Vorlesungen und überarbeitete mein neues Buch "Die Wächter". Dazu kamen meine privaten Aktivitäten im Haus, in der Kirche und Gartenarbeiten.

Mary war natürlich sehr bestürzt über Jacks Traum, in dem sie beide aus ihrem Haus entführt wurden. Seit diesem verwirrenden Alptraum war nicht einmal ein Jahr vergangen. Aber auch sie hatte eigenartige Träume, die sie uns schilderte. In einem beobachtete sie, wie Jack, um ihren Hund hinauszulassen, durch die geschlossene Tür ging. In einem anderen kamen Hirsche in ihr Haus, wobei ein fremdartiger Hirsch sie mit riesigen Augen anstarrte. Ein anderer Traum hatte ein Objekt zum Inhalt, das über ihrem Haus schwebte. Sie war sichtbar von den Auswirkungen solcher Träume erschüttert. Ich versprach ihr, Jacks Traum später unter Hypnose zu untersuchen. Wir schlugen ihr ebenfalls vor, sich mit der Aussicht, selbst hypnotisiert zu werden, vertraut zu machen. Beide wurden gebeten, nicht weiter über Jacks Träume zu reden. Sie waren ebenfalls damit einverstanden, den Inhalt der restlichen Sitzung für sich zu behalten, und zwar bis zum Abschluß der Untersuchung. An diesem Abend fuhren zwei sehr verängstigte Menschen nach Vermont zurück. Ich beneidete sie nicht. Der folgende Brief, den ich von Jack und Mary einige Tage nach der Sitzung erhielt, spiegelt ihre Verfassung wider :

18. April, 1989

Lieber Ray, Tony und Dave,

herzliche Grüße, meine Freunde... Welch ein Nachmittag! Mary und ich befinden uns seitdem im halben Schockzustand. Wir beide müssen zugeben, daß unsere Erwartungen und Vorstellungen gering waren im Vergleich zu dem, was an die Oberfläche trat. Zu sagen, daß die Folgen gleichzeitig ungeheuer unvorstellbar und unerhört beängstigend sind, ist pures Understatement. Der Hauptgrund, warum wir uns für die Hypnose entschieden, war die Aussicht, einige Antworten auf das Allagash-Ereignis zu erhalten. Wir wollten verstehen und akzeptieren, was in jener schicksalhaften Nacht geschah. Statt dessen gruben wir Würmer aus und fanden uns mit weiteren Fragen konfrontiert, die noch schwieriger, wenn nicht gar unmöglich, zu beantworten sind.

Unser Eindruck von Euch allen war äußerst positiv, aber gleichzeitig ein wenig verwirrend. Wir haben Euch als aufrichtig, freundlich, verständnisvoll und sehr professionell empfunden. Ohne Frage vertrauen wir Euch ebenfalls. Es besteht kein Zweifel, daß Ihr viel mehr über diese "außerirdischen Entführungen" wißt, als Ihr es öffentlich wagt, bekanntzugeben. Das ist eine immense Verantwortung, die auf Euch allen lastet. Wir sind uns der ungeheuren Wichtigkeit bewußt, die das Sammeln von Daten und Beweisen mit sich bringt... Es ist bestimmt eine überwältigende und ermüdende Aufgabe. Ihr alle habt unseren tiefsten Respekt und Dankbarkeit.

Ich war wirklich erstaunt, daß die Hypnose wirkte. Das hätte ich nie wegen meiner Nervosität gedacht. Es gibt bei mir überhaupt keinen Zweifel, nicht in einem "anderen Bewußtseinszustand" gewesen zu sein, etwas, was ich noch nie erfahren habe. Es herrschte eine ausgesprochen entspannte, fließende Atmosphäre, und in "meinem Geist" spulte sich ein "Film" der Ereignisse ab, die stattgefunden hatten. Ich bin überzeugt, daß die Hypnose wirkte, und daß ich sie nicht "vortäuschte". Es sind die Ergebnisse, die wir so ärgerlich und beängstigend finden.

Hier sind unsere aufrichtigen Gedanken. Wir haben Angst vor weiteren Untersuchungen auf diesem Gebiet... Wir müssen fertig werden mit dem, was auch immer dabei herauskommt. Es ist zu spät, davon abzulassen... Mary fürchtet sich ein bißchen vor der bevorstehenden Hypnose. Im Grunde möchte sie alles wissen, aber gleichzeitig möchte sie sich nicht "zu Tode ängstigen"... Was, wenn sie sich an nichts entsinnt?... Und, wenn sie sich an die Außerirdischen erinnert? Was ist, wenn sie hier nicht mehr leben möchte? Wird sie sich jemals wieder sicher und geschützt fühlen? Ich bin überzeugt, daß Ihr Euch alle über diese Gefühle und Zweifel im klaren seid und auch darüber, wie schwer es für die meisten Leute ist, damit umzugehen.

Auf jeden Fall haben wir Euch geschrieben, was uns am Herzen liegt. Ich könnte noch fortfahren, muß aber aufhören. Bitte laßt von Euch hören, wenn Ihr einen Termin für die nächste Sitzung festlegen wollt.

Mit freundlichen Grüßen
Jack Weiner

Es war ganz offensichtlich, daß Pandora ihr Füllhorn geöffnet hatte. Wir alle müssen auf die eine oder andere Art die Zeche bezahlen, wenn der Inhalt ihres Horns verschüttet wird.

In den Wochen, die Jacks Sitzung folgten, beschlossen wir, die Untersuchung seines Traums aufzuschieben. Alle wollten den Allagash-Zwischenfalls weiter erforschen. Tony schrieb für die Akten wie immer eine Bewertung über Jacks Sitzung.

15. April, 1989

Lieber Ray!

Es war nett, dich und Dave wiederzusehen und auch Jack Weiner und seine Frau Mary endlich kennenzulernen. Ich möchte umgehend meine Eindrücke schildern.

Ich war mit unserer heutigen Sitzung einigermaßen zufrieden. Wieder fingen wir gemächlich an, damit Jacks Vertrauen langsam wachsen und er sich so weit wie möglich entspannen konnte. Dies machte sich durch eine Fülle von Informationen bezahlt.

Ich war beeindruckt von der Leichtigkeit, mit der Jack einen tiefen Entspannungszustand erreichte und auch davon, daß er beim Sprechen die Gegenwart benutzte - ein Hinweis, daß er das Ereignis "durchlebte" und nicht bloß erinnerte.

Ich war überrascht, wie viele Details seiner Geschichte mit Jims Version übereinstimmten - das Kanu, das "hohle Licht", nackt zu sein, "fortgeführt" zu werden. Gefühlsmäßig scheinen die Geschichten übereinzustimmen, ebenso die Tatsachen... Ein genialer Streich von dir war, ihn in den Lichtschacht zurückzuschicken und ihm diese außergewöhnliche

Information zu entlocken. Ich bin wirklich recht zufrieden und entzückt (Ja, und aus den Angeln gehoben) mit der heutigen faszinierenden Sitzung.

- Tony

Während der folgenden Wochen fiel mir die mühsame Aufgabe zu, die Hypnosesitzungen, die als Bericht an MUFON gehen sollten, zu übertragen. Sie waren auch für uns wichtig, damit wir die nächsten Sitzungen vorbereiten und sie mit ihnen vergleichen konnten. Wir beschlossen, daß Charlie Foltz, der Bugmann auf dem Allagash-Ausflug, als nächstes im Sessel des Hypnotiseurs sitzen sollte.

Charlie Foltz - Hypnosesitzung #1 - 20.05.1989

Als ich Tonys Haus so gegen zwei Uhr erreichte, machten sich Tony und Charlie gerade bekannt. Dave konnte nicht kommen. Er hatte angerufen, um mich wissen zu lassen, daß das Soccer-Spiel seines Sohnes Vorrang vor diesem Treffen habe. Deshalb waren wir nur zu Dritt.

Charlie stammt aus dem mittleren Westen und drückt sich bedächtig und direkt aus. Er war der Meinung, daß es seine Pflicht sei, zu kooperieren und schien die Aussicht, hypnotisiert zu werden, gelassen zu akzeptieren. Bevor Tony mit der Hypnose begann, warnte uns Charlie und sagte, daß er, wenn er nervös wird, immer lächle. Als Tony Charlie bat, seine Augen zu schließen und sich im Lehnstuhl zu entspannen, überzog ein breites Lächeln sein Gesicht. Wir sollten dieses Lächeln in den nächsten Stunden noch ziemlich oft sehen. Charlie war nervös!

Tony hatte Charlie bald in einen sehr leichten hypnotischen Zustand versetzt. Wenn Fragen gestellt wurden, antwortete er direkt und ohne Emotionen. Wir sahen, daß er den Vorfall aus seiner bewußten Erinnerung wiedererzählte. Als wir ihn zuerst befragten, war er sich nicht sicher, wo die Zwillinge im Kanu gesessen hatten. Als er jedoch fortfuhr, das UFO-Erlebnis zu schildern, erinnerte er sich richtig an das Sitzarrangement. In diesem leichten hypnotischen Zustand ließen wir ihn erzählen, woran er sich erinnerte. Schließlich vertiefte Tony, wie bei den anderen, die Hypnose. Wir greifen seinen Bericht an dem Punkt auf, als die Vier das UFO zuerst bemerkten:

Charlie: Ich erinnere mich daran, die Taschenlampe zu halten... Ich richtete sie aufs Wasser und beobachtete, wie das Licht über dem Wasser tanzte und äh, die Vegetation im Wasser. Es war still. Das Wasser war ungetrübt wie ein Spiegel. All die Sterne im Himmel spiegelten sich darin. Ich erinnere mich, die Tölpel gehört zu haben und andere Geräusche im nächtlichen Wald. Ich hörte, wie Chuck plötzlich etwas rief wie: "Was zum Teufel ist das?" Daraufhin wandte ich mich um, schaute über die Schulter und sah, ah, etwas, von dem ich zuerst dachte, es sei der Mond, der über den Bäumen aufging. Und dann - kaum war mir dieser Gedanke durch den Sinn gegangen - erkannte ich, daß es nicht der Mond war, sondern eine Lichtkugel. Es sah aus, als wenn man eine weißglühende Lampe oder eine weißglühende Glühbirne angeknipst hätte, - wenn man das Leuchten des Weiß sieht, aber zur gleichen Zeit auch das Gelb der Drähte... Es leuchtete, aber die Augen schmerzten beim Betrachten nicht. Äh, ich erinnere mich, daß wir einfach dasaßen und die leuchtende Kugel einige Minuten lang anstarrten... Dann bewegte sie sich entlang der Baumlinie am Wasserrand, etwa 3 bis 5 Meter über den Baumwipfeln.

Tony: Von dir weg? Auf dich zu? Oder..?

Charlies Stimme dröhnte mit der Präzision eines Automaten. Das Lächeln auf seinem Gesicht war längst verschwunden. Er zeigte keinerlei Emotionen und beschrieb das Erlebnis so reserviert wie ein Beobachter die Vergangenheit:

Charlie: Zu unserer Rechten. Als wir es beobachten, bewegte es sich parallel zum Ufer. Und ich erinnere mich daran, eine Taschenlampe gegriffen zu haben. Eine große Taschenlampe mit einem Drücker vorne am Griff. Ich zielte damit auf die Lichtkugel und signalisierte ein S.O.S. - drei kurze Signale, drei lange und drei schnelle, worauf es stillstand. Obwohl es unbeweglich da hing, so erinnere ich mich, schien es sich zu nähern. Ein fester Körper, den man durch ein transparentes Objekt sah. Und ein Schacht, oder ein Lichtstrahl mit blauer Färbung... Aber er sah fest aus. Er fiel geradewegs herunter, traf das Schilf im Wasser und glitt auf uns zu. An diesem Punkt dachten wir alle das gleiche - es war wie eine völlige Übereinstimmung -, daß wir es ebenso gut von unserem Campingplatz aus beobachten könnten. Wir hatten keine Schwimmwesten oder ähnliches, und ich hörte Jack sagen: "Laßt uns nicht ertrinken. Laßt uns von hier verschwinden! " - oder so ähnlich. Und sofort begannen wir hektisch auf unser Camp zuzurudern, und dann, als wir wegruderten, erlosch das Licht, aber die Kugel blieb. Ja, und dann erinnere ich mich, am Kanu gestanden zu haben, äh, im Wasser, direkt am Ufer. Meine Füße waren naß. Ich schaute auf meine Uhr. Ich hatte eine, eine Uhr, die ich gekauft hatte, als ich beim Militär war, eine Seiko Taucheruhr, ja, eine große rostfreie Uhr mit einem orangefarbenen Zifferblatt. Ich entsinne mich, daß es etwa 10.10 Uhr nachts war. Ich schaute auf den Zeiger und zurück zur Kugel, welche schon auf ihrem ursprünglichen Kurs, auf dem Weg zur Halbinsel oder dem uns gegenüberliegenden Land, war. Sie stieg auf und entschwand, äh, ich weiß nicht in welchem Winkel. Ich schätze im 45 Grad Winkel oder so. Da waren zwei kleine Wolken im Himmel - lang und schmal. Noch einmal wurde der Lichtstrahl sichtbar, wie die Scheinwerfer eines Autos, und es flitzte an den beiden Wolken vorbei. Ich schaute auf den Uhrzeiger, als es begann, sich fortzubewegen, und ich schaute darauf, als es zum hellen Stecknadelpunkt wurde. Es hat kein Geräusch gemacht. Es stieg auf und entschwand, es wurde kleiner und kleiner, bis wir es aus den Augen verloren. Ein stecknadelgroßer Lichtpunkt zwischen den Sternen. Wieder schaute ich auf den Zeiger meiner Uhr, und es schienen nur acht oder zehn Sekunden vergangen zu sein. Und dann erinnere ich mich, mit Jim und Jack und Chuck gesprochen zu haben. Wir rätselten, was wir gerade gesehen hatten. Äh, ich wußte, daß es kein mir bekanntes Flugobjekt gewesen sein konnte. Es war, äh, auch kein Ballon. Und, ja, wir erzählten dem Aufseher an unserem nächsten Campingplatz davon.

Charlie konnte sich nicht erinnern, am Tisch eingeschlafen zu sein. Er glaubte, daß sie noch einige Stunden vor dem Schlafengehen über das Objekt geredet hätten. Er entsann sich an das fast erloschene Feuer, und sie rätselten, wieso es so schnell hatte niederbrennen können. Charlie wußte auch nicht, daß der Lichtstrahl das Kanu erfaßte. Er erinnerte sich, gepaddelt, plötzlich an Land gewesen zu sein und das Objekt beim Aufsteigen in den Himmel beobachtet zu haben. Jetzt war es Zeit, Charlie in einen tieferen Hypnosezustand zu führen. Tony übernahm diese Aufgabe, und es ging eine dramatische Veränderung mit ihm vor. Charlie saß nicht mehr aufrecht im Lehnstuhl. Er sank tiefer und tiefer, wie im Schlaf, in den Sessel hinein. Seine normale, nüchterne Stimme veränderte sich, sie klang schläfrig, wurde langsam und eintönig. Tony führte ihn dahin zurück, als der Lichtstrahl des UFOs zum Kanu glitt. Und plötzlich lächelte Charlie wieder!

Tony: Siehst du den Lichtstrahl?

Charlie: Hm, hm.

Tony: Beschreibe uns das Licht.

Charlie: Es sieht aus...Wie ein Lichtschacht.

Tony: Woher weißt du, daß er wie ein Lichtschacht aussieht?

Charlie: Weil er wie ein Lichtschacht aussieht.

Tony: Was macht er jetzt?

Charlie: (Stimme klingt besorgt.) Er kriecht auf mich zu.

Tony: Erreicht er dich?

Charlie antwortete nicht. Sein Gesicht verzerrte sich wie in großer Bedrängnis. Als Tony ihn endlich beruhigt hatte, beantwortete Charlie die Frage:

Charlie: Ich weiß nicht.

Tony: Wann merkst du, daß es ein Lichtschacht und kein fester Strahl ist?

Charlie: Das sieht man. Es sieht aus... ja, wie Glas... Wie eine blaue Glasröhre. Fest.

Tony: Wie dicht kommt diese Glasröhre ans Kanu?

Charlie: Ich weiß nicht.

Bald wurde deutlich, daß Charlies Erinnerungssperre, noch bevor der Lichtstrahl das Kanu traf, einsetzte. Alles, woran er sich erinnerte, war, daß der Lichtstrahl erlosch, und er plötzlich am Ufer stand. Tony versetzte Charlie deshalb in eine noch tiefere Hypnose, um Charlies Bewußtsein dann nach diesem Punkt zu befragen:

Tony: Du paddelst zum Ufer und... Wann erlischt das blaue Licht?

Charlie: Ich weiß nicht (spricht mit zittriger Stimme.) Es ist aus. Wir paddeln. Es ist aus.

Tony: Wann - nachdem das Licht erlischt - erreicht ihr das Ufer? Nach Sekunden? Nach Minuten?

Charlie: Ich weiß nicht. Es scheint... Äh, die Zeit... Sie scheint stillzustehen.

Tony: Entspanne dich einfach. Du machst es sehr gut. Gehe zurück zu dem Zeitpunkt, als das Licht noch scheint. Schaust du nach oben?

Charlie: Ich schaue auf die Lichtkugel.

Die nächste Frage durchbrach die Erinnerungsblockade. Sie ließ Charlies Erinnerung unbeabsichtigt zu einem Ereignis an Bord des Schiffes springen:

Tony: Bist du außerhalb (des blauen Lichttunnels) oder innerhalb, als du ihn anschaust?

Charlie: Ohhhh!! (Wird sehr aufgeregt.)

Tony: Entspanne dich. Du machst es sehr gut. Verwirrt dich etwas, während du dasitzt und darüber nachdenkst?

Charlie: Ja! (Atemlos.)

Tony: Das ist in Ordnung. Es ist okay. Du machst es sehr gut. Was ist es?

Charlie: Das Kanu.

Tony: Das Kanu? Was ist mit ihm?

Charlies Stimme zitterte, als er endlich herauswürgte, was ihn verwirrte:

Charlie: Es ist im Wasser... Es ist unter uns!

Es kroch mir eiskalt den Rücken hoch, als Charlie dies sagte. Ich blinzelte und schaute voller Erwartung auf Tony. Tony nahm, wie immer, die Dinge gelassen hin und befragte Charlie ruhig weiter:

Tony: Wie, es liegt unter dir?

Charlie: Ich schaue darauf herunter.

Tony: Aus welcher Entfernung?

Charlie: Ich bin über ihm. (Tiefer Seufzer.)

Tony: Wie viele Meter? Entspanne dich. Du machst es gut. Entspanne dich einfach.

Charlie antwortete nicht. Er atmete so heftig, daß er kaum Luft bekam. Er wußte jetzt, wo er sich befand. Auf jeden Fall nicht im Kanu!

Tony: Entspanne dich. Alles ist gut. Wo ist das Kanu jetzt?

Charlie: (Ringt noch um Atem.) Es ist... unter mir. Es scheint... Es liegt einfach da auf dem Wasser. Oh, Gott. (Siehe Bild 16.)

Tony: Wie hoch bist du?

Charlie: Ich weiß nicht. Vielleicht 35 bis 25 Meter.

Tony: Was ist über dir?

Charlie: Ich weiß nicht. Ich schaue nicht hoch. Ich blicke auf das Kanu.

Tony: Wie lange schaust du drauf? Eine Minute?

Charlie: Ich kann meine Augen nicht lösen.

Tony: Was geschieht jetzt, als du eine Minute über dem Kanu bist?

Charlie: (Antwortet nicht.)

Tony: Es ist alles in Ordnung. Du bemerkst das Kanu unter dir. Was geschieht zwei Minuten danach?

Charlie: (Aufgeregt/Lange Pause.) Ich weiß nicht. Ich möchte umherschauen und möchte es doch nicht.

Tony: Hast du dich umgeschaut?

Charlie: (Antwortet nicht.)

Tony: Wo sich umschauen? Wonach sich umsehen?

Bild 16: Charlie Foltzs Zeichnung, wie er auf das Kanu aus der Luft in einer Höhe von 30 - 40 Meter hinunterschaut.

Charlie: Hinter mir. Neben mir. Ich möchte geradeaus schauen. Ich möchte einfach sehen... Die Bäume, das Wasser sehen, den See.

Tony: Wie lange siehst du sie? Entspanne dich. Wie lange erblickst du sie? Es ist alles in Ordnung.

Charlie: (Atmet heftig. Versucht zu antworten, schluckt stark und tut es nicht.)

Tony: Kommt irgendwann der Zeitpunkt, wenn du die Bäume nicht mehr siehst? Oder den See? Oder das Kanu?

Charlie: Ja. Es ist wie ein Decke. Sie ist grau, weiß... Weiß. Perlweiß.

Tony: Was hat eine Decke?

Charlie: Das, auf was immer ich schaue.

Tony: Und was... Beschreibe es noch einmal bitte. Welche Farbe hat es?

Charlie: Wie eine Perle. Grauweiß (Hält inne).

Tony: Was siehst du vor dir? Entspanne dich einfach. Entspanne dich. Es ist alles in Ordnung. Du bist sicher. Entspanne dich einfach.

Es schien, als vermittelte der Anblick des Kanu, des Sees und der Bäume Charlie Sicherheit. Er wollte nicht sehen, was ihn umgab:

Charlie: Ich möchte das Kanu sehen.

Tony: Was siehst du anstelle des Kanus?

Charlie: (Seufzt tief.) Ich weiß nicht.

Tony: Entspanne dich. Entspanne dich einfach. Schau auf deine Füße. (Pause) Was siehst du?

Charlie: Meine Zehen.

Tony: Deine Zehen? Warum siehst du nicht deine Schuhe?

Charlie: (Mit Panik in seiner Stimme.) Ich weiß es nicht! Ich sehe meine Zehen!

Tony: Worauf stehst du?

Tonys Frage über das Stehen führte Charlies Bewußtsein dazu, zu einem anderen traumatischen Teilerlebnis an Bord des UFOs zu springen. Als Charlie seine Zehen sah, stand er nicht und beobachtete auch nicht das Kanu:

Charlie: Nein, ich stehe nicht. Ich liege.

Tony: Worauf liegst du?

Charlie: Auf meinem Rücken. (Siehe Bild 17.)

Tony: Liegst du auf dem Boden? Auf einem Tisch. Liegst du auf...

Charlies heftige Reaktion auf diese Frage unterbrach Tony in der Mitte des Satzes. Er kam ihm zu Hilfe und versuchte, ihn zu beruhigen:

Tony: Entspanne dich. Halte deine Augen geschlossen und entspanne dich einfach. Entspanne dich. Warum liegst du?

Charlie: Ich weiß nicht.

Tony: Sind deine Augen beim Liegen geöffnet?

Charlie: Ich möchte sie nicht öffnen. Ich halte sie geschlossen.

Tony: Warum fürchtest du dich? Wovor fürchtest du dich?

Charlie: (Hält inne.) Ich bin nervös.

Tony: Warum bist du nervös?

Charlie: Weil ich nicht im Kanu sitze.

Tony: Wer ist bei dir?

Charlie: (Antwortet nicht.)

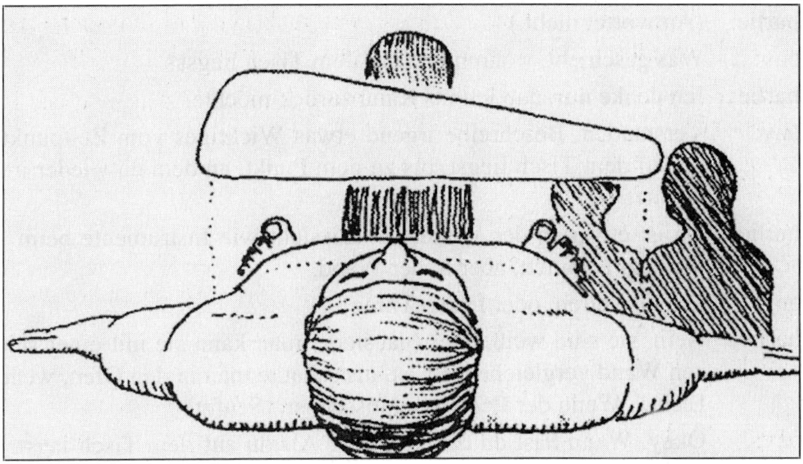

Bild 17: Charlie Foltzs Eindruck, wie er seine Zehen sieht und bemerkt, daß er nackt ist. Die Paneele ist auf seiner Brust.

Tony: Kannst du etwas hören?

Charlie: Mein Herz. Ich höre mein Herz.

Tony: Warum kannst du deine Füßen sehen?

Charlie: Weil ich meinen Kopf hob und nach meinen Füßen schaute.

Tony: Fehlen noch weitere Kleidungsstücke?

Charlie: Ja, ich habe nichts an.

Tony: Wie ist das beschaffen, auf dem du liegst?

Charlie: Es ist.... Es ist wie kaltes Leder.

Tony: Wie lange liegst du da schon?

Charlie: Ich weiß nicht.

Ray: Wo sind Jim, Jack und Chuck?

Charlie: (Mit ängstlicher Stimme.) Ich weiß nicht! Ich weiß nicht!

Tony: Entspanne dich einfach. Entspanne dich einfach. Du machst es fein. Jedesmal, wenn du ausatmest, entspannst du dich. Jedesmal, wenn du ausatmest. (Mit fordernder Stimme.) Warum liegst du auf dem Tisch?

Charlie: (Antwortet nicht.)

Tony: Weißt du es?

Charlie: Ich fürchte mich. Es ist wie beim Arzt. Nur kälter.

Tony: Was siehst du, daß dich das vermuten läßt?

Charlie: (Antwortet nicht.)

Tony: Was geschieht, während du auf dem Tisch liegst?

Charlie: Ich denke nur, daß ich ins Kanu zurück möchte.

Tony: Verstanden. Beschreibe irgend etwas Wichtiges vom Zeitpunkt, wo du auf dem Tisch liegst, bis zu dem Punkt, an dem du wieder im Kanu sitzt.

Charlie: Da ist etwas in der Wand, das aussieht wie Instrumente beim Arzt. Wie ein Kabinett, aber in der Wand.

Tony: Mit Glastüren, oder festen Türen?

Charlie: Nein, sie sind weiß, aber (pausiert.) man kann sie mit einer schwarzen Wand vergleichen. Es ist, als schaute man in den Ofen, wenn das Licht... Wenn der Ofen geschlossen ist. (Seufzt)

Tony: Okay. Wann hast du das gesehen? Als du auf dem Tisch lagst, oder zuvor?

Charlie: Als ich auf dem Tisch lag und meine Augen schloß.

Tony: Was hast du noch gesehen, bevor du deine Augen zumachtest?

Charlie: (Antwortet nicht. Ringt plötzlich nach Atem.)

Tony: Es ist alles in Ordnung. Du machst es sehr gut. Du kannst es uns ruhig sagen. Was siehst du?

Charlie: Ich sehe (schnappt nach Luft während er spricht)... Ich sehe Jim und Chuck und Jack!

Tony: Wo sind sie?

Charlie: Sie sitzen auf der Bank.

Tony: Welche Bank?

Charlie: Außerhalb... äh, des Raums.

Tony: Was machen sie da?

Charlie: (Stimme zittert.) Sie sitzen einfach da und tun nichts. Sie beobachten nur. Sie schauen einfach gerade aus.

Ray: Sind sie allein?

Charlie: (Atmet heftig.) Da steht jemand vor ihnen mit dem Rücken zu mir (schnauft).

Ray: Wie sieht er oder sie aus?

Charlie: Ich sehe nur den Rücken...Wie ein Kind.

Ray: Wieso?

Bild 18: Charlie Foltz - mit der Paneele auf der Brust - sieht seine Kameraden auf einer Bank sitzen. Gezeichnet von Charlie Foltz.

Charlie: Es sieht aus (Pause), als stünden sie mit ihrem Rücken mir zugewandt da.

Ray: Kannst du ihren Hinterkopf erkennen?

Charlie: Ja.

Ray: Wie sieht er aus?

Charlie: Glatt.

Ray: Viel Haar?

Charlie: Keins.

Tony: Sagtest du: "Sie"?

Charlie: Weil da noch jemand an meiner rechten Schulter steht und noch wer an meiner linken Seite.

Tony: Du sagtest: "Wie ein Kind"...Warum sagtest du das?

Charlie: Weil sie so groß wie ein Kind sind.

Tony: Du sagtest, sie hätten keine Haare?

Charlie: Ja.

Tony: Senke deinen Blick vom Kopf... zum Gesicht und beschreibe, was du siehst.

Charlie: (Antwortet nicht. Wird sehr aufgeregt.)

Tony: (Beruhigt Charlie und fährt dann fort.) Was siehst du? Entspanne dich. Wenn du eine Zeichnung anfertigen würdest - was würde eine realistische Skizze zeigen?

Charlie: Der Kopf ist mandelförmig - eiförmig mit einem langen, dünnen Hals wie ein Mädchen... Klein, wie ein asiatisches Mädchen.

Tony: Und ihre Gesichtszüge?

Charlie: (Hält lange inne, bevor er antwortet.) Sie sind wie Asiaten (Pause). Wie große asiatische Augen.

Ray: Haben sie Wimpern?

Charlie: (Hält inne.) Weiß nicht.

Ray: Haben sie Augenlider?

Charlie: Sie halten ihre Augen geschlossen.

Ray: Wirklich? Wie schließen sie sie? Von oben nach unten? Seitwärts?

Charlie: (Pausiert) Wie Vögel. Da ist eine Blende oder ähnliches, die quer über das Auge geht, wenn es sich schließt (Pause). Wie ein Vogel.

Ray: Haben sie Pupillen?

Charlie: Ich weiß nicht.

Ray: Beschreibe den Rest des Gesichts.

Charlie: (Hält lange Zeit inne, bevor er antwortet.) Sie haben keinen... Sie haben keinen Mund... Es ist, als ob ihre Lippen versiegelt sind. Aber sie... Derjenige, der mit dem Rücken zu mir stand, hatte etwas unterm Kinn.

Ray: Du hast die Nase ausgelassen.

Charlie: Wie eine asiatische Nase.

Tony: Wie das?

Charlie: Lang, ragt nicht hervor (pausiert), kommt so herunter.

Ray: Große oder kleine Nasenlöcher?

Charlie: Klein verglichen mit meinen.

Ray: Wie sahen die Ohren aus, verglichen mit deinen?

Charlie: Kleiner.

Ray: Stehen sie ab, wie unsere Ohren?

Charlie: Sie sind wie die Nase und der Mund. Aber es sind Ohren.

Ray: Woher weißt du da?

Charlie: Sie gehören dort hin.

Ray: Wie sieht das Ohr aus? Steht es ab?

Charlie: Von hinten gesehen, liegt es an. (Siehe Bild 19.)

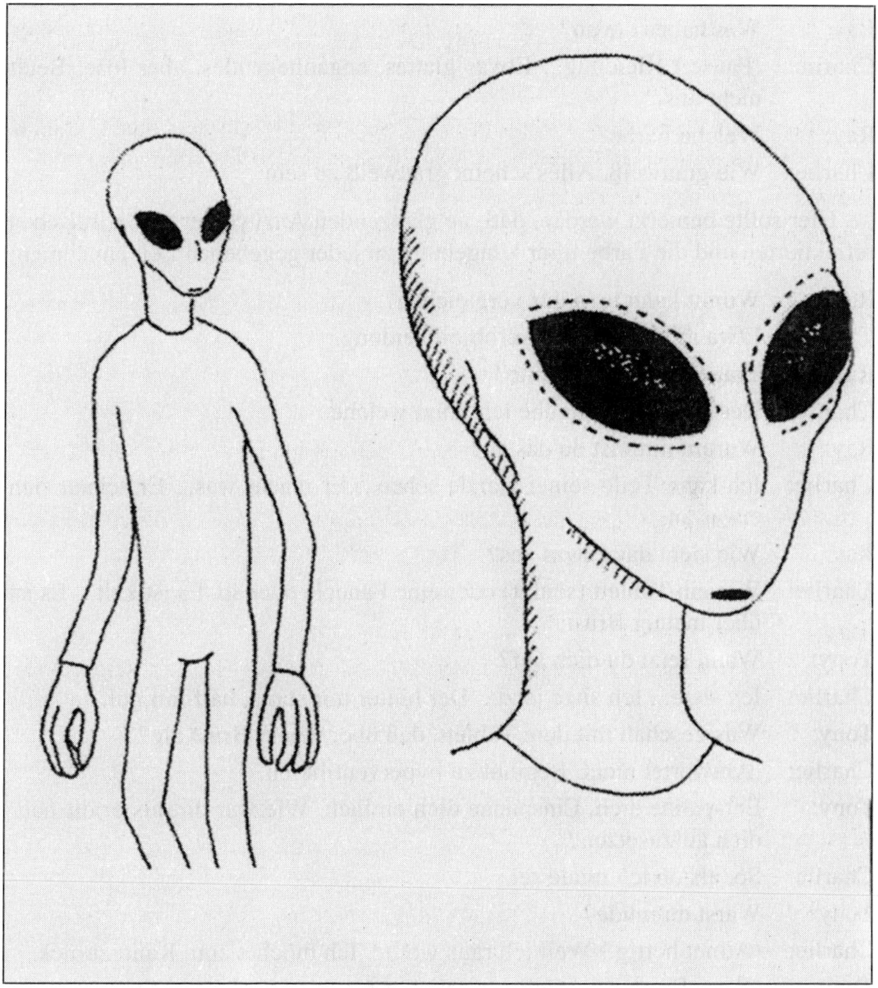

Bild 19: Charlie Foltzs Eindruck von der physischen Erscheinung eines Außerirdischen.

Tony: Was sagtest du, wieviele bei dir stehen? Am Tisch?

Charlie: Zwei.

Tony: Und wo sind sie?

Charlie: Einer an meiner rechten Schulter und der andere an meiner linken Seite.

Ray: Was haben sie an?

Charlie: (Pause.) Kleidung... Etwas glattes, enganliegendes, aber lose. Beult nicht aus.

Ray: Welche Farbe?

Charlie: Wie grauweiß. Alles scheint grauweiß zu sein.

Hier sollte bemerkt werden, daß die glänzenden Anzüge der Außerirdischen reflektierten und die Farbe ihrer Umgebung zu jeder gegebenen Zeit annahmen:

Ray: Womit kann man das vergleichen?

Charlie: Etwa mit dieser, äh, Aerobic-Kleidung.

Ray: Tragen sie Handschuhe?

Charlie: Der neben mir, glaube ich, trägt welche.

Ray: Warum nimmst du das an?

Charlie: Ich kann Teile seiner Hände sehen... Er macht was... Er schaut sich etwas an.

Ray: Wie sieht das Etwas aus?

Charlie: Wie ein Tablett (seufzt) oder eine Paneele oder so. Es ist kalt... Es ist über meiner Brust.

Tony: Wann setzt du dich auf?

Charlie: Ich sitze... Ich sitze jetzt... Der hinter mir stand, half mir auf.

Tony: Was geschah mit dem Tablett, daß über deiner Brust lag?

Charlie: (Antwortet nicht. Beginnt zu hyperventilieren.)

Tony: Entspanne dich. Einspanne dich einfach. Wie war dir, als er dir half, dich aufzusetzen?

Charlie: So, als ob ich müde sei.

Tony: Warst du müde?

Charlie: (Atmet heftig.) Weil ich raus wollte. Ich möchte zum Kanu zurück.

Tony: Okay. Entspanne dich einfach. Du machst es sehr gut. Du machst es sehr gut. Entspanne dich einfach. Entspanne dich einfach. Erzähle uns, warum du raus wolltest?

Charlie: (Stößt Luft aus und hustet.) Wir sollten nicht hier sein!

Tony: Woher weißt du das? Warum nicht?

Charlie: (Erregt sich sehr.) Wir sollten im Kanu sein!

Tony: Was passiert, nachdem du dich aufgesetzt hast?

Charlie: Ich sitze auf der Bank.

Tony: Welcher Bank?

Charlie: Zusammen mit den anderen.

Tony: Mit allen?

Charlie: (Schüttelt seinen Kopf.) Nein

Ray: Warum nicht alle?

Charlie: Weil, weil (hält inne) nur drei von uns da sind.

Ray: Wer fehlt?

Charlie: Jim.

Ray: Siehst du Jim?

Charlie: Er ist dort, wo ich gerade war.

Ray: Wo ist das?

Charlie: Im Raum. Nur auf der anderen Seite. Nur ein paar Meter von mir entfernt.

Ray: Was macht er?

Charlie: Er legt sich hin.

Tony: Was hat er an?

Charlie: (Hält lange Zeit inne, bevor er antwortet.) Nichts. Ich sehe seine Füße. Sie sind auch nackt.

Tony: Kannst du den Rest von ihm sehen?

Charlie: (Pausiert.) Bis zu seinen Knien. (Pause) Und sein linkes Bein.

Ray: Was geschieht, nachdem er sich hinlegt?

Charlie: (Beginnt wieder heftig zu atmen.) Ein Kerl steht neben seinem Kopf, genau wie bei mir, und der andere an seiner Seite.

Ray: Was tun sie?

Charlie: Sie haben eine Paneele oder ein Tablett... Paneele über seiner Brust.

Ray: Was hält es da fest?

Charlie: Kann ich nicht sehen.

Ray: Was machen sie mit dem Tablett?

Charlie: Sie tun was. Sie nehmen Dinge herunter und legen sie wieder darauf.

Tony: Was machen sie mit den Dingen, die sie herunternehmen?

Charlie: Sie berühren Jim.

Ray: Wo?

Charlie: Am Arm und an seiner Brust, und, äh...

Charlie hörte mitten im Satz auf und zögerte bei seiner Beschreibung, was die Außerirdischen mit Jim machten.

Charlie: (Seufzt). Ich möchte nicht hinschauen.

Ray: Schaust du hin?

Charlie: Hmm. Sie nehmen (hält inne)... Sie schaben die Haut. Schaben.

Ray: Wo?

Charlie: An seinem Arm und seiner Schulter. An seinem Bein (pausiert).

Ray: Ja. Und dann?

Charlie: Ich möchte nicht zuschauen.

Ray: Guckst du hin?

Charlie: (Antwortet nicht.)

Ray: (Im Befehlston) Schaust du zu?

Charlie: Ich schaue einfach... schaue hin. Schaue in den Himmel.

Ray: Du schaust in den Himmel? Wie kannst du in den Himmel schauen, wenn du in einem Raum bist?

Charlie: Hmm, wo wir das Kanu beobachteten. Da drüben zur Linken, wo wir sind.

Später in der Sitzung beschrieb Charlie eine große Luke oder ein Fenster in der Wand, links von der Bank. Früher hatte er dadurch das Kanu unten im See erblickt. Von seiner jetzigen Position konnte er nur den Nachthimmel erkennen:

Ray: Was geschieht mit Jim?

Charlie: Er ist zurück.

Ray: Zurück, wo?

Charlie: Auf der Bank neben mir.

Ray: Wer sitzt noch auf der Bank?

Charlie: Nur Chuck, Jim und ich.

Ray: Wo ist Jack?

Charlie: Er kommt als nächster dran.

Ray: Als nächster? Was meinst du damit?

Charlie: (Mit zittriger Stimme.) E-E-Er ist da drinnen.

Ray: Er ist da drinnen? Was erinnerst du, gesehen zu haben?

Charlie: (Wiederholt das Teilerlebnis.) Eine Person bringt Jim, und er setzt sich. Und Jack steht auf... Und sie führen ihn hinein.

Ray: Was hat Jack an?

Charlie: Seine Kleidung.

Ray: Behält er sie an?

Charlie: (Schüttelt den Kopf.) Nein.

Ray:	Und dann?
Charlie:	Setzt sich hin... Legt sich auf den Rücken. Sie stehen wie zuvor und tun dasselbe.
Ray:	Was machen sie?
Charlie:	Sie legen die Paneele über die Brust. Sie schaben die Arme... Die Brust... Die Beine... Die Oberschenkel. Wie bei einer Musterung.
Ray:	Was tun sie noch?
Charlie:	(Ist länger still, bevor er antwortet.) Sie betrachten Jim.
Ray:	Ich dachte, Jim sitzt neben dir auf der Bank.
Charlie:	Hmm, hmm, sie schauten ihn gerade an, und sie schauen auf Jack.
Ray:	Wer sah auf Jim? Die gleichen Leute, die Jack betrachten?
Charlie:	Derjenige, der an seiner Schulter steht.
Ray:	Wessen Schulter?
Charlie:	Jacks Schulter. Er schaut zu Jim hin (hält lange Zeit inne). Es ist, als seien sie daran interessiert, warum beide gleich aussehen.
Ray:	Woher weißt du das?
Charlie:	(Antwortet nicht.)
Ray:	Was machen sie dann mit Jack?
Charlie:	Sie bringen ihn zurück.
Ray:	Und weiter?
Charlie:	(Pause.) Sie setzten uns ins Kanu.
Ray:	Wie?
Charlie:	Ich weiß nicht.
Ray:	Ihr sitzt alle auf der Bank. Was geschieht dann?
Charlie:	Ich schaue wieder auf das Kanu.
Ray:	Davor. Wie gelangtest du wieder in die Kleider?
Charlie:	Ich muß sie vorher angezogen haben.
Ray:	Erinnerst du dich daran? Wie haben Jim, Jack und Chuck ihre Kleider wiederbekommen?
Charlie:	Sie hatten sie an.
Ray:	Sie hatten sie an? Wie zogen sie sie an?
Charlie:	Ich vermute, sie haben sie sich angezogen.
Ray:	Hast du gesehen, wie sie sich angekleidet haben?
Charlie:	Hmm, hmm, aber ich kann das Kanu wieder sehen.
Ray:	Wie kannst du es sehen?

Charlie: Vom Fenster aus.

Ray: Wie sieht das Fenster aus? Welche Form hat es?

Charlie: Es ist wie ein Bilderfenster, gebogen.

Ray: Was passiert, nachdem du aus dem Fenster schaust?

Charlie: (Antwortet lange nicht.) Ich möchte ins Kanu zurück.

Es war klar, daß Charlie zeitweilig bestimmte Teilabschnitte seines On-Board-Erlebnisses durchlebte. Sein Verstand schien wahllos hin und her zu besonderen Erlebnissen zu springen. Manchmal wurde das durch ein Wort oder einen Satz während unserer Befragung ausgelöst. Wir beschlossen, ihn weiter schildern zu lassen, wie die Vier ins Kanu gelangten. Er wollte so verzweifelt dahin zurück. Dieser Wunsch stand an oberster Stelle, seit er die On-Board-Erinnerungen schilderte, und er behinderte unser Ziel, eine chronologische Abfolge des Geschehens zu erhalten.

Ray: Was geschieht, nachdem du aus dem Fenster schaust?

Charlie: (Hält lange Zeit inne.) Ich möchte nur ins Kanu zurück.

Ray: Hmm, hmm, aber was geschieht, nachdem du zum Fenster hinausschaust?

Charlie: Sie führen uns vom Fenster fort.

Ray: Wohin führen sie euch?

Charlie: In einen anderen Raum. Er scheint ein paar Stufen hinunter zu führen.

Ray: Hmm, hmm. Was ist in dem anderen Raum?

Charlie: Da sind Lichtpaneelen.

Ray: Okay. Du bist in dem anderen Raum. Du bist ein paar Stufen hinabgestiegen. Du siehst Paneelen mit Licht. Was dann?

Charlie: (Ist längere Zeit still, bevor er antwortet.) Wir gehen ins Kanu zurück.

Ray: Wie kommt ihr dahin?

Charlie: Wir treten ins Kanu.

Ray: Was passierte davor? Du stehst in dem Raum mit den Lichtpaneelen. Was geschah, kurz nachdem du in den Raum mit den Lichtpaneelen getreten bist?

Charlie: Nun, wir stehen da alle zusammen.

Ray: Zusammen? Und was siehst du?

Charlie: Wir folgten der Person, die uns herbrachte und zwei weiteren.

Ray: Okay. Was machen sie?

Charlie: Sie stehen in einer Ecke.
Ray: Wo stehst du? Was befindet sich rechts vor dir?
Charlie: Die Person, die uns in den Raum führte.
Ray: Was befindet sich zu seiner linken?
Charlie: Nichts. Hinter ihr ist eine Wand.
Ray: Was ist zu ihrer rechten?
Charlie: (Pausiert.) Wie eine Wand.
Ray: Wie eine Wand? Ist es eine Wand?
Charlie: Da gehen wir hinaus.
Ray: Ihr geht auf die Wand zu. Was geschieht dann?
Charlie: Wir kehren ins Kanu zurück.
Ray: Wer ist bei euch?
Charlie: Der Typ (Außerirdische) hilft uns ins Kanu.
Tony: Was geschieht dann?
Charlie: Wir sitzen eine Sekunde da.
Tony: Und dann?
Charlie: Und dieses Ding geht zu den Bäumen zurück.
Ray: Was geht zurück zu den Bäumen?
Charlie: Die Kugel (UFO).

Charlie beschrieb die Maschine nicht in der gleichen Art wie Jack. Wir konnten annehmen, daß Jacks rundes Licht und Charlies Lichtpaneelen in der Wand ein und dasselbe Gerät, nur anders beschrieben, war. Charlie schilderte ebenfalls seine Passage durch die Wand als das Durchschreiten einer Tür. Ich machte mir eine Notiz, um das später zu überprüfen. Es war geplant, eine gemeinsame Sitzung nach allen erfolgten Hypnosesitzungen abzuhalten. Dann wollten wir jede Frage, die während der Sitzungen aufgetaucht war, durchsprechen. Ich hatte gehofft, daß Charlie den Strahl erwähnte. Ich war mir sicher, daß er etwas mit dem Transport von und zum Objekt zu tun hatte. Ich wollte ihn nicht direkt darüber befragen. Wir taten unser Bestes, keine richtungsweisenden Fragen zu stellen. Aber ich fragte, wo sich der mysteriöse Strahl befand:

Ray: Wo ist der Strahl?
Charlie: Er ist draußen.
Ray: Wann hast du den Strahl zuletzt gesehen?
Charlie: Als er angeschaltet wurde. Als er durch die beiden kleinen Wolken (während des UFO-Abflugs) ging.

Ray: Hast du den Strahl gesehen, als du in dem Raum warst, bevor du ins Kanu gelangtest?

Charlie: Ja.

Ray: Wo war er?

Charlie: (Nüchtern) Er hat das Kanu festgemacht.

Ray: Er hat was?

Charlie: (laut) Er hat das Kanu festgemacht.

Ray: Er hat das Kanu berührt?

Charlie: Ja.

Ray: Wo war das andere Ende?

Charlie: Irgendwo unter unseren Füßen... Als wir zum Kanu schauten. Wir schienen oben drüber zu sein.

Ray: Ist der Strahl hohl?

Charlie: Sieht so aus. Es ist ein Schacht.

Dies war ausgesprochen interessant. Es sieht so aus, als hätte sich der Strahl von da, wo Charlie durch die Wand zum Kanu ging, ausgedehnt. Charlie schaute stehend durch den Schacht hinunter auf das unterhalb liegende Kanu. Sein nächster Eindruck war, auf etwas, das er als Landesteg bezeichnete, zu treten. Danach wurde er von einem außerirdischen Wesen ins Kanu geführt. Er erinnerte sich nicht an das extreme physische Unbehagen, das Jack , als er durch die Maschine in der Wand trat, spürte:

Ray: Betratet ihr alle gemeinsam den Landesteg?

Charlie: Alle gleichzeitig.

Ray: Was geschah dann?

Charlie: Wir sind im Kanu.

Tony und ich fragten uns, ob Charlie sich an diesem Punkt der Entführung erinnern konnte. Er erinnerte sich nicht. Wie die Zwillinge erinnerte er sich nur an die unmittelbare Begegnung mit dem UFO und daran, weggepaddelt zu sein. Wir beschlossen, den Grund dafür herauszufinden, bevor wir mit der Befragung fortfuhren:

Tony: Warum habt ihr diesen Vorfall nicht miteinander diskutiert?

Charlie: Ich glaubte nicht, daß etwas geschehen war.

Tony: Warum glaubst du, daß nichts passiert war?

Charlie: Ich dachte, es sei nichts passiert, außer der Sichtung der Kugel. Sie näherte sich uns mit dem Lichtstrahl, und dann erlöschte er.

Tony: Warum erinnerst du dich nicht an mehr?

Charlie: Weil ich mich nicht erinnere, etwas anderes gesehen zu haben.

Tony nahm sich Zeit, Charlies Hypnosezustand zu vertiefen und feuerte dann die 64-Million-Dollar-Frage ab:

Tony: Ich werde dir jetzt eine Frage stellen. Du hast es sehr gut gemacht... ausgesprochen gut. Ich werde dir jetzt eine Frage stellen, und möchte das hören, was dir als allererstes in den Sinn kommt. Ich möchte nicht, daß du stutzt, um zu überlegen und meine Frage zu analysieren. Gib mir die erste Antwort, so schnell du kannst, die dir in den Sinn kommt. Hat dir jemand gesagt, du sollst dich nicht an das erinnern, was geschah?

Charlie: Ja.

Tony: Wer hat dir das gesagt?

Charlie: Derjenige, der mir ins Kanu half.

Ray: Wie sagte er dir das?

Charlie: (Hält inne.) Es scheint, als sagte er es mit seinen Augen.

Ray: Sagte er dir noch etwas mit seinen Augen?

Charlie: Hab keine Angst. Entspanne dich.

Da Charlie im Geiste wieder an Bord des UFOs war, versuchten wir, während der restlichen Zeit der Sitzung herauszufinden, was die Außerirdischen noch mit ihm gemacht hatten. Bis hierher hatte er gezögert, seine physische Untersuchung zu beschreiben:

Ray: Haben sie dir je weh getan?

Charlie: Ich erinnere mich nicht daran, verletzt worden zu sein.... geschabt.

Ray: Haben sie dir etwas abgenommen?

Charlie: (Pausiert) H-Haut.

Ray: Was noch?

Charlie: E-Etwas Flüssigkeit.

Ray: Welche Flüssigkeit?

Charlie: Aus dem Mund. Etwas Blut.

Ray: Wie haben sie das Blut abgenommen?

Charlie: (Hält inne.) Die Paneele. Da ist etwas in der Paneele. (Das Gerät, das über seiner Brust schwebte.)

Ray: Hat die Paneele das getan, oder waren sie es?

Charlie: Etwas, was sie mit der Paneele machten.

Ray: Hast du je das Blut gesehen?

Charlie: (Pausiert.) Etwas, was sie in die Paneele setzten. Sieht aus wie ein kleine Pipette. (Ein enges Glasröhrchen, durch das die Flüssigkeit angesaugt wird.)

Ray: Wo nahmen sie das Blut ab?

Charlie: (Pause.) Schien am Hals zu sein.

Ray: Was haben sie dir außerdem abgenommen?

Charlie: Hautfetzen.

Ray: Was noch?

Charlie: (Pause.) N-N-Nahmen Speichel aus meinem Mund.

Ray: Ja. Was noch?

Charlie: (Hält inne. Spricht wie betäubt.) Urin und Stuhl. Schnipsel von den Finger- und Zehnägeln. Hmm, wenn ich meine Augen schließe, dann weiß ich nicht, was sie tun.

Ray: Was spürtest du, das sie tun?

Charlie: Sie nehmen Hautschnipsel von der Innenseite meiner Oberschenkel.

Ray: Was fühltest du noch (als er seine Augen geschlossen hielt)?

Charlie: Drücken und stoßen. Sie untersuchen meine Leiste, äh, mit anderen Geräten, ja, meine Leiste.

Ray: Was machten sie an deiner Leistengegend?

Charlie: Sie nahmen eine Urinprobe. Sie untersuchten meine Hoden.

Ray: Wie haben sie deine Hoden untersucht?

Charlie: Mit etwas in ihrer Hand.

Ray: Wie sah es aus?

Charlie: (Pause) Es geht mir durch den Kopf... Wie ein mit der Hand zu haltendes Mikroskop... Ein mikroskopartiges Gerät.

Ray: Berührte es dich? Oder ist es eingeführt worden? Hat es gerieben? Was tat es?

Charlie: Es griff.... Hatte so was wie Finger. Sie legten es an und klemmten es fest. Dann beobachten sie es und schalteten es ab.

Ray: Berührten sie deinen Penis?

Charlie: Nur um ihn zu untersuchen. Befestigten den Harnleiter... Nahmen Tupfer... Prüften den Hodensack.

Ray. Was machten sie mit diesen Proben?

Charlie: Sie stellten sie in das Kabinett in der Wand. Aber da entließen sie mich... Sie halfen mir auf und setzten mich auf die Bank.

Ray: Wo waren deine Kleider?

Charlie: Ich zog sie an. Sie halfen mir.

Ray: Was geschah als nächstes?

Charlie: (Entläßt einen Seufzer der Erleichterung.) Sie setzten uns ins Kanu und sagten, wir seien Okay. Es gebe nichts zu befürchten, und wir sollten an unsere Plätze zurückkehren... Uns nicht erinnern... Nicht besorgt zu sein.

Tony: Was hast du daraus entnommen?

Charlie: Entferne es aus deinen Gedanken. Mach dir darüber keine Sorgen.

Ich blickte auf meine Uhr. Es war spät und die Zeit der Hypnosesitzung überschritten. Tony sah, wie ich das Signal zum Beenden der Sitzung gab. Er unternahm Schritte, um Charlie aus der Hypnose zu holen. Ich beobachtete, wie Charlies Körper sich langsam aber sicher versteifte, als er aus dem, was ein tiefer Entspannungszustand zu sein schien, wieder zu Leben kam. Wie die anderen öffnete er die Augen und starrte mit einem eigenartigen Ausdruck auf dem Gesicht ins Leere. Das Tonband lief noch einige Minuten weiter, um seine posthypnotische Reaktion aufzuzeichnen. Tony unterbrach die eisige Stille, die das Zimmer füllte:

Tony: Wie fühlst du dich?

Charlie: So, als ob ich geschlafen hätte.

Tony: Was glaubst du, wieviel Zeit verstrichen ist?

Charlie: Vielleicht 15, 20 Minuten.

Tony: Beinahe zwei Stunden.

Charlie: Wirklich?

Tony: Ja.

Charlie: (Schaut bestürzt.) Weißt du? Ich hatte zuvor keine Erinnerung an dieses Zeugs.

Ray: (Lacht.) Das hört sich nach einer Aufzeichnung an. Die anderen auch nicht... Was sagst du zu deinen Erinnerungen?

Charlie: Besorgniserregend. Weil ich... Ich glaube, ich würde niemanden irgend etwas von dem erzählen, was ich hier gesagt habe.

Ray: Ängstigt dich dieses Erlebnis überhaupt?

Charlie: (Seufzt.) Bin besorgt. Äh, es fühlt sich an, als sei ich gerade aus einem zu schnellen Fahrstuhl gestiegen... Das Loch im Magen. Das spüre ich gerade jetzt.

Ray: Wir wären sehr dankbar, wenn du weder mit Jim, Jack oder Chuck über deine Erinnerungen sprechen würdest. Wenn alles vorüber ist... Wenn wir die ganze Sache durchgezogen haben, dann werden wir uns zusammensetzen und darüber sprechen... Aber nicht, bevor alles vorüber ist. Wir möchten die Gedanken der anderen nicht mit deinen Erinnerungen beeinflussen und anders herum auch nicht. Es ist daher sehr wichtig, darüber Stillschweigen zu bewahren.

Charlie: (In seiner nüchternen Art.) Etwas erscheint mir komisch, fällt mir auf... Nun verstehe ich es... Es war Jacks Reaktion, als er von seiner Sitzung zurückkehrte. Er kam zur Tür hinein und sagte: "Ich brauche einen Drink!" Nun, auch ich brauche einen Drink!

Tony: (Lacht.) Warte, bis du zu Hause bist.

Wir gaben Charlie noch etwas Zeit, um sich vor seiner Fahrt nach Boston zu beruhigen. Der bestürzte Ausdruck auf seinem Gesicht zeigte die Nachwirkungen dieser ärgerlichen Erinnerungen, die ihm durch den Sinn gingen. Für Charlie, ebenso wie für die Zwillinge, würde das Leben nie mehr so wie früher sein.

Kapitel 6

Das Portal

In den nächsten Wochen brütete ich über der getippten Übertragung der hypnotischen Rückführungen. Mir kam es vor, als arbeite ich an einem gigantischen Puzzle bei dem Versuch, einen zusammenhängenden, chronologischen Bericht über die Allagash-Entführungen zusammenzustellen. Die meisten Stükke paßten leicht ineinander, andere wiederum nicht. Diese Bruchstücke enthielten Erinnerungen, die individuell auf die besondere Lage eines jeden Entführten zugeschnitten waren. Charlie hatte sich außerdem gesträubt, sich an bestimmte traumatische Ereignisse an Bord des Schiffes zu erinnern. Von den Dreien war er derjenige, dem wir am schwersten seine Zeugenaussage entlokken konnten. Tony unterstrich diese Schwierigkeit in seiner Bewertung, die er am Tage nach der Sitzung verfaßte.

21. Mai, 1989

Lieber Ray!

Gestern kam es zu einem weiteren Höhepunkt... Als Hypnotiseur stellte Charlie Foltz für mich die größte Herausforderung der Drei dar, mit denen wir bis jetzt gearbeitet haben.

Während des Vorgesprächs gaben seine nüchternen Antworten auf übliche metaphorische Kommentare und Fragen den Anlaß zu vermuten, daß es sich um eine schwer hypnotisierbare Persönlichkeit handele... Noch beunruhigender war vielleicht sein ständiges Lächeln während der Einleitung und nachfolgenden Vertiefung - ein weiterer Beweis seiner Unfähigkeit, sich entspannen zu können. Als Charlie über das Erlebnis befragt wurde, lächelte er öfters und schilderte die Ereignisse in der Vergangenheit, während er im Kanu saß... ("wir paddelten... wir setzten uns hin und diskutierten"). Etwa nach einer Stunde fand eine Veränderung bei Charlie statt. Seine Erzählung wurde weniger und weniger durch Lächeln unterbrochen, sein Kopf sackte herunter und sein Körper und seine Haltung entsprachen dem, was man von einem Hypnotisierten erwartet. Seine Stimme verlangsamte sich, seine Atmung wurde flach und er fing an, in der Gegenwart zu sprechen ("Einer steht bei mir... die anderen sitzen auf der Bank..."). Auch verkrampfte er seine Hände, mal stark, mal leicht und mittelmäßig, was andeutete, daß er erregt war über das, was er erinnerte/wiedererlebte.

Charlies anfängliche Nervosität überzeugte mich mehr als alles, daß er das, woran er sich erinnerte, auch erlebt hat. Obwohl ich nicht abschätzen kann, wie hoch die Übereinstimmung der Information dieser drei Individuen ist, so scheint sie mir sehr konsistent zu sein. Zukünftige Treffen, bei denen alle zu Wort kommen - Geben und Nehmen -, werden besonders zur Aufklärung beitragen, so daß wir eine genauere Chronologie erstellen können, was wem wann passierte etc.

Es war schön, Dich zu sehen und mit Dir zusammenzuarbeiten, Ray. Laß von Dir hören.

- Tony

Ich freute mich ebenfalls auf die gemeinsame Zusammenkunft, auf die Tony sich in seinem Bericht bezog. Ich hoffte, viele Anworten auf die Fragen zu erhalten, die während der ersten Sitzungen aufgetaucht waren. Ein solches Treffen sollte so bald nicht zustande kommen, eine Reihe völlig unerwarteter Enthüllungen verhinderte dies. In der Zwischenzeit hatten wir noch Chuck Rak, den letzten der Allagash-Vier, mit dem wir uns beschäftigen wollten.

Chuck Rak, Hypnosesitzung #1, #2 - 10. 6. / 3.10.1989

Davids Zeitplan hinderte ihn wieder daran, an der Hypnosesitzung teilzunehmen, und Tony hatte über Nacht eine schlimme Erkältung bekommen, war jedoch zur Sitzung mit Chuck Rak, Mary Weiner und mir gekommen. Mary hatte Chuck auf der langen Fahrt von Vermont begleitet, da Chucks Frau, Kim, an diesem Tag verhindert war.

Es dauerte nicht lange, bis wir entdeckten, daß Chuck sich wie Tag und Nacht von seinen Freunden unterschied. Er machte einen robusten, selbstsicheren und unerschrockenen Eindruck. Als ich ihn betrachtete und ihm zuhörte, konnte ich mir lebhaft vorstellen, wie er in den vergangenen Jahren in dem Blockhaus lebte. Chuck hatte den Allagash-Camping-Ausflug angestiftet und seine Begleiter wie ein Feldwebel dirigiert. Er war ein Mann - jedem Unfug abgeneigt -, der bei der Hypnose sofort zur Sache kommen wollte. Er wollte unmißverständlich erfahren, was während der fehlenden Stunden auf dem

Allagash geschehen war. Tony und ich spürten jedoch bei Chuck hinter dieser draufgängerischen Fassade ein klein wenig Besorgnis wegen der Hypnose.

Tony versetzte Chuck zwischen Schneuzen und Naseputzen in eine leichte Hypnose. Wie die anderen wiederholte er die Ereignisse, die zur Begegnung führten. Als er das Aufschichten des Lagerfeuers erwähnte, befragte ihn Tony nach der Größe. Bis jetzt war das Feuer der einzige physische Hinweis auf eine Zeitlücke!

Tony: War das Feuer groß?

Chuck: Äh, es war ein großes Feuer... so groß, wie wir es uns zutrauten. Wir entfernten alles Brennbare drum herum. Jack war besorgt, daß es außer Kontrolle geraten könne. Aber wir sagten zu ihm: "Mach dir keine Gedanken, es wird okay sein."

Dann fuhr Chuck fort, die bekannten Ereignisse bis zum Auftauchen des UFOs am Himmel zu schildern:

Chuck: Wir gingen fischen und erreichten die Stelle (hält inne.) Wir fingen einen weiteren Döbel... Das entmutigte uns, und wir paddelten zurück zum Feuer. Ich saß hinten... paddelte und steuerte. Und ich hatte das Gefühl, als ob (pausiert) mich etwas beobachtete. Ich schaute über meine rechte Schulter, und da hing dieser Lichtball am Himmel. Lautlos... Ziemlich abgehoben vom nächtlichen Himmel. Und ich sagte zu allen im Kanu: "Das ist ja ein Riesenkoffer voll von Sumpfgas!" Es wechselte die Farbe von rot zu grün zu weiß. Und sie (die Farben) bewegten sich um die polaren und äquatorialen... wie Energie-Impulse, die eine fließende Farbveränderung hervorbrachten. Es war eine schwere, dichte Flüssigkeit wie Plasma.

Chuck berichtete dann, wie Charlie mit seiner Taschenlampe ein S.O.S. blinkte, auf welches das Objekt reagierte:

Chuck: An diesem Punkt schickte das Ding einen Lichtkegel herunter. Er war nicht so hell wie das eigentliche Objekt, sondern ein trübes Blaugrau. Er bildete eine Ellipse auf der Wasseroberfläche und kam auf uns zu.

Chuck zeigte absolut keine Gefühlsregung als er beschrieb, was die meisten Leute in Todesangst versetzt hätte. Die kühle, analytische Art, mit der er das Ereignis schilderte, spiegelte sich auch in seiner persönlichen Reaktion auf das Objekt wider:

Chuck: Ich erinnere mich, sehr interessiert gewesen zu sein. Meine Neugier übertraf alles bisherige in meinem Leben. Ich spürte, daß wir mit etwas sehr Ungewöhnlichem in Berührung kommen würden. Und dann erwähnte einer der Zwillinge, daß wir aus dem Wasser heraus müßten. Und ich dachte: "Warum? Uns passiert doch nichts, wenn wir hier bleiben." Dann kam Panik auf. Sie tauchten ihre Hände (die Zwillinge) ins Wasser (um zu paddeln - nur Chuck und Charlie hatten Paddel). Ich starrte unverwandt auf das Objekt, ließ es nicht aus den Augen und dachte..."Schade um ihre (der Zwillinge) provinzlerische Erziehung und ihren Hexen- und Dämonenglauben. Es ist ganz in Ordnung, da wo wir sind. Wir brauchen nicht an Land zu gehen." Und ich war enttäuscht.

Ray: Was geschah dann?

Chuck: (Mit erstauntem Ausdruck.) Dann gingen wir ans Ufer. Wir sind am Ufer! Ich kann mich nicht erinnern, wie wir dorthin gelangten. Wir schienen schläfrig und bettreif zu sein. Wir saßen eine Weile am Tisch herum...Und gingen dann alle zu Bett. Das Feuer war erloschen.

Es war offensichtlich, daß Chuck das Allagash-Erlebnis mit wenig oder gar keiner Emotion erzählte und nicht durchlebte. Tony entschloß sich daher, die Hypnose zu vertiefen und Chuck an den Punkt zurückzubringen, wo der Lichtstrahl sich dem Kanu näherte. Bis jetzt konnte er sich nicht erinnern, daß der Strahl jemals das Boot getroffen hatte. Er entsann sich nur, plötzlich am Ufer zu stehen und das UFO zu beobachten, wie es in der Nacht davonflitzte.

So sehr Tony auch versuchte, er konnte Chuck nicht dazu bringen, sich zu erinnern, wie der Strahl das Kanu einhüllte. Wieder und wieder, wie das unendliche Abspulen einer Botschaft auf Band, wiederholte er immer das gleiche. Tony vertiefte Chucks Hypnose und versuchte es noch einmal. Endlich gelang ein Durchbruch. Chuck zeigte sogar einige Gefühlregungen, aber nicht allzu viele:

Tony: Wie dicht ist er jetzt?

Chuck: Er scheint nahe zu sein.

Tony: Was geschieht jetzt?

Chuck: Er ist... (hält inne) direkt (hält inne)... oberhalb...

Tony: Oberhalb von was?

Chuck: Über uns.

Tony: Schau nach oben und erzähle, was du siehst.

Chuck: Es ist wie ein Tunnel.

Tony: Was passiert dann? Entspanne dich einfach. Es tut gut, sich zu entspannen. Ich weiß es. Was geschieht dann?

Chuck: (Antwortet nicht und beginnt, heftig zu atmen.)

Tony: Entspanne dich. Stell dir vor, du würdest einen Film in Zeitlupe sehen. Was passiert?

Chuck: (Klingt frustriert.) Ich versuche, mich zu erinnern.

Tony: Ich weiß. Du machst es prima. Entspanne dich einfach. Entspanne dich. Der Lichtstrahl steht direkt über dem Kanu und du sagst, er ähnelt einem Tunnel. Was passiert danach?

Während der darauf folgenden Hypnosesitzung, Sitzung # 2, berichtete Chuck, daß er sich an diesem Punkt von seinen Kameraden "abgeschnitten" fühlte, und daß ihre Stimmen leiser wurden, bis er sie nicht mehr hörte. Daraus war zu entnehmen, daß er vom Kanu durch den Lichtschacht in das leuchtende Schiff gezogen wurde. Als er mit seinem Augenzeugenbericht fortfuhr, wurde das ganz klar:

Chuck: Da ist etwas am Ende des Tunnels.

Tony: Was siehst du am Ende des Tunnels?

Chuck: Es ist fast wie eine Sperre... etwas Festes.

Tony: In Ordnung. Was dann?

Chuck: Werde dorthin gezogen.

Tony: Und dann?

Chuck: (Schluckt heftig, räuspert sich, antwortet aber nicht.)

Tony: Was passiert dann?

Hier schwieg Chuck lange, bevor er antwortete. Als er es endlich tat, klang er erstaunt:

Chuck: Hmm, ich... passiere die Sperre.

Tony: Nun gut, du passierst die Sperre... Erzähle uns, was du siehst.

Chuck: (Stöhnt, antwortet nicht.)

Tony: Entspanne dich. Entspanne dich einfach.

Chuck: Einen Raum.

Tony: Welche Art von Raum?

Chuck: Rund.

Tony: Welche Farben sind da?

Chuck: Hmm, gelblich silber-blau.

Tony:	Schau auf deine Füße und sage uns, was du siehst.
Chuck:	Es ist hell, hell, aber nicht grell.
Tony:	Und du stehst darauf?
Chuck:	Ja.
Tony:	Blicke nun nach links und sage, was du siehst.
Chuck:	(Beginnt wieder heftig zu atmen; antwortet nicht.)
Tony:	Du machst es sehr gut. Es ist so angenehm, still zu sitzen. Entspanne dich.
Chuck:	Es scheint eine Art Rippenstruktur zu sein.
Tony:	In Ordnung. Blicke nach rechts und beschreibe, was du siehst.
Chuck:	(Atmet heftig.) Es ist die Kontinuation einer Ellipse.
Tony:	Blicke nach oben. Was siehst du, wenn du deinen Kopf hebst?
Chuck:	Eine hellere Umgebung. Scheint von (pausiert) Dunklem umrandet zu sein... Ein dunkler Kreis.
Tony:	Kannst du es uns später aufzeichnen?
Chuck:	Ja.

Minutenlang hatte Chuck das Erlebnis wieder durchlebt und zeigte tatsächlich einige Emotionen. Sie tauchten auf, als Chuck sich plötzlich in einer fremden Umgebung wiederfand und nicht im Kanu. Als er sich an seine neue Umgebung gewöhnt hatte, wurde sein Verhalten wieder ruhig, kühl und gesammelt. Auf eine Art war Chucks furchtloses Temperament genau so verwirrend für uns, wie Charlies vernunftwidriges Lächeln:

Tony:	Gut, kannst du dich bewegen, wie du so dastehst?
Chuck:	(Hält inne.) Nicht wirklich (pausiert). Ich... Bewegen, ist nicht die Frage.
Tony:	Was ist denn die Frage?
Chuck:	Ich möchte wissen.
Tony:	Was wissen?
Chuck:	Ich möchte einfach wissen, wo ich bin.
Tony:	Ist noch jemand bei dir?
Chuck:	(Pause) Ah, ich habe keine klare Erinnerung.
Tony:	Kannst du hinter dich sehen?
Chuck:	Nein.
Tony:	Warum nicht?

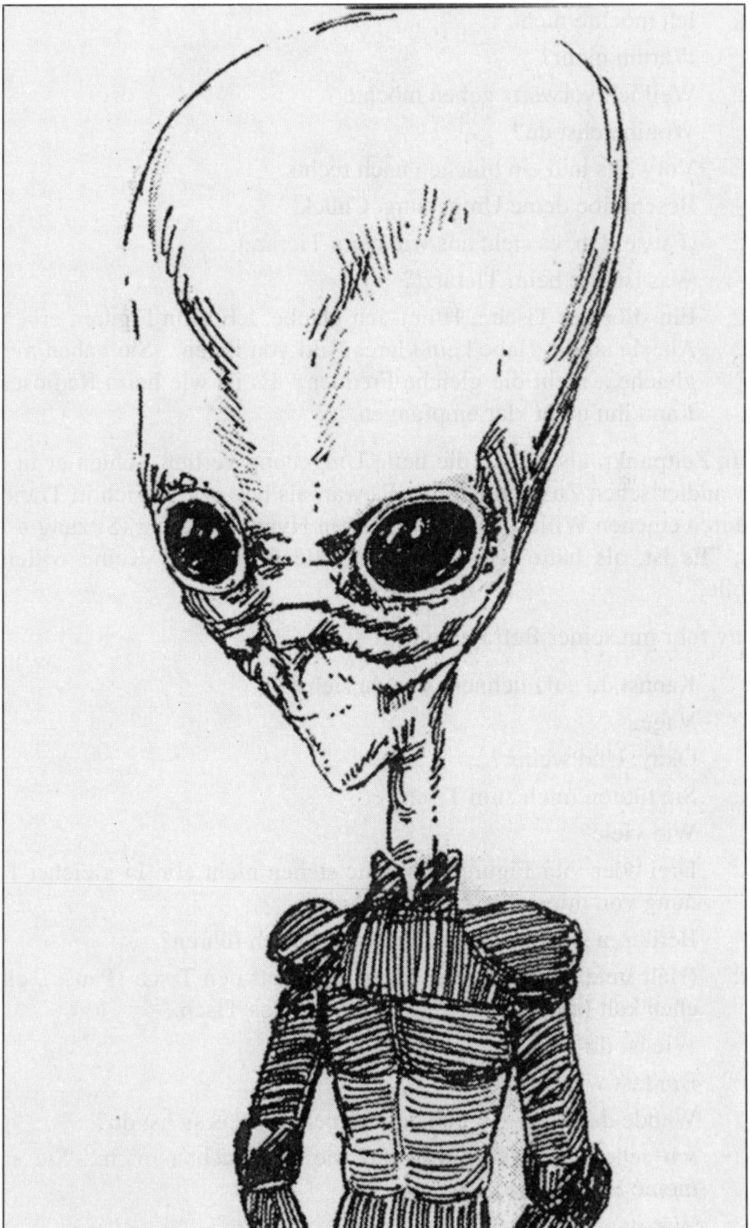

Bild 20: Chuck Raks Zeichnung von einem seiner Entführer.

Chuck: Ich möchte nicht.

Tony: Warum nicht?

Chuck: Weil ich vorwärts gehen möchte.

Tony: Wohin gehst du?

Chuck: Vorwärts und ein bißchen nach rechts.

Tony: Beschreibe deine Umgebung, Chuck.

Chuck: (Pause) Oh, es sieht aus wie beim Tierarzt.

Tony: Was ist wie beim Tierarzt?

Chuck: Ein silbriger Tisch... Hmm, ich glaube, ich kann Figuren erkennen... Ah, sie sind... Habe kein klares Bild von ihnen... Sie haben nicht die gleiche... nicht die gleiche Frequenz. Es ist wie beim Radiosender... Kann ihn nicht klar empfangen.

Vom Zeitpunkt, als Chuck die helle Umgebung verließ, schien er in einem schlafwandlerischen Zustand zu sein. Es war, als bewegte er sich in Trance und nicht durch eigenen Willen. In einer späteren Hypnosesitzung (Sitzung # 2) rief er aus: "Es ist, als hätte ich keine Kontrolle über mich. Keine willentliche Kontrolle."

Tony fuhr mit seiner Befragung fort:

Tony: Kannst du aufzeichnen, was du siehst?

Chuck: Vage.

Tony: Okay. Und weiter?

Chuck: Sie führen mich zum Tisch.

Tony: Wie viele?

Chuck: Drei oder vier Figuren, aber sie stehen nicht alle in gleicher Entfernung von mir.

Tony: Berühren sie dich, als sie dich zum Tisch führen?

Chuck: (Hält inne.) Leicht... Sie legen mich auf den Tisch (Pause), ein bißchen kalt (stöhnt), sie legen mich auf den Tisch.

Tony: Wie ist dir?

Chuck: Bin fast wie betäubt.

Tony: Wende deine Augen deinem Körper zu. Was siehst du?

Chuck: Ich sehe den mittleren Teil... Sie untersuchen mich... Sie streifen meine Hose runter.

Tony: Was dann?

Chuck:	(Seufzt.) Sie scheinen sehr viel Interesse an diesem Körperteil zu haben... Sie schauen ihn sich sehr intensiv an... Sie richten mehr Licht darauf... Sie (schluckt stark)... Etwas... flattert... wie ein Schmetterling... Es kommt, es kommt auf mich runter.
Tony:	Auf welchen Körperteil?
Chuck:	Auf meinen Penis.
Tony:	Und was geschieht?
Chuck:	(Atmet heftig; scheint in großer Bedrängnis zu sein.)
Tony:	Entspanne dich. Entspanne dich einfach.
Chuck:	Etwas sickert heraus.
Tony:	Wo heraus?
Chuck:	Ah, aus meinem Penis.
Tony:	Haben sie das veranlaßt?
Chuck:	Ja.
Tony:	Was geschieht weiter?
Chuck:	Sie (Pause)... tragen es (die Spermaprobe) weg.
Tony:	In was?
Chuck:	Schwarz.... dieses Ding... Die tragen es weg... Es scheint Gelenke zu haben.
Ray:	Wie groß ist es?
Chuck:	Größer als meine zusammenklappbare Lampe... Wie sie der Zahnarzt benutzt... Etwas mit einem langen Ende... Es hat Gelenke und kann zusammengeklappt und bewegt werden.
Tony:	Was dann?
Chuck:	(Holt Luft und stößt sie laut aus.) Ich bewege mich.
Tony:	Wohin?
Chuck:	Nach rechts, wie es scheint.
Tony:	Was ist da?
Chuck:	Ein paar andere Figuren.
Tony:	Sind sie deutlicher zu sehen, als die anderen Figuren?
Chuck:	Etwas.
Tony:	Kannst du sie später aufzeichnen?
Chuck:	Ja. (Siehe Bild 20)
Tony:	Gut. Was geschieht dann?
Chuck:	Sie führen mich zu einer Bank.

Tony:	Und weiter?
Chuck:	Ich warte.
Tony:	Worauf?
Chuck:	Auf meine Freunde.
Tony:	Wo sind sie?
Chuck:	Sie kommen.
Tony:	Beschreibe genau, was du siehst.
Chuck:	Ein paar Details werden sichtbar. Sie... Sie kommen in... den Raum. Sie werden hereingeführt.
Tony:	Wie viele?
Chuck:	Drei
Tony:	Wie heißen sie?
Chuck:	Jack, Jim und Charlie.
Tony:	Was geschieht dann?
Chuck:	Da ist... Beide setzen sich zu mir auf die Bank.
Tony:	Wer?
Chuck:	Jim und Charlie.
Tony:	Wo ist Jack?
Chuck:	Er steckt in einer Art Harnisch. So sieht es aus.
Tony:	Was steckt in Harnisch?
Chuck:	Seine Schultern. Sein oberer Brustkorb.
Tony:	Was geschieht dann?
Chuck:	Sie führen ihn hinüber... In den Raum dort... Sagen ihm, er soll die Arme heben.
Tony:	Kannst du hören, wie sie es sagen?
Chuck:	Nein
Tony:	Woher weißt du, was sie sagen?
Chuck:	Weil er es tut... Er hebt seine Arme (Pause). Sie scheinen ihn abzusuchen.
Tony:	Wie denn?
Chuck:	Sie berühren seinen Brustkorb.
Tony:	Womit?
Chuck:	Mit ihren Händen.
Tony:	Wie viele Finger haben sie?
Chuck:	Wenigstens drei.

Tony: Wie geht es weiter?

An diesem Punkt wurde Chuck wieder sehr erregt, er seufzte, holte tief Luft, antwortete aber nicht. Tony mußte ihn beruhigen.

Tony: Entspanne dich. Entspanne dich einfach... Was geschieht dann?

Chuck: Sie lassen ihn seinen Arm hochheben. Sie scheinen ihn zu untersuchen.

Tony: Womit?

Chuck: (Macht eine lange Pause.) Hm, sieht wie etwas Röhrenartiges aus... Sieht aus, als sei sein rechter Arm... Sie scheinen seinen oberen Brustkorb in Nähe der Achselhöhlen zu untersuchen.

Tony: Was macht Jack?

Chuck: Er schaut uns an.

Tony: Sagt er was?

Chuck: Nur mit seinen Augen: "Holt mich hier raus!"

Tony: Entspanne dich. Entspanne dich einfach. Was geschieht danach? Was geschieht mit Jack?

Chuck: Nimmt seinen Arm runter. Sie führen ihn... hinüber... auf unsere rechte Seite... Sie legen ihn auf einen Tisch. Da scheint sich etwas zu bewegen... Bewegung... wie von einer hydraulischen Maschine. Fast wie ein Teleskop, das sich zusammenschieben läßt. Etwas, ah, Widerspiegelndes, Glänzendes. Es scheint, als bewegten sie ihn auf diesem Ding.

Tony: Bewegen ihn wohin?

Chuck: Rücken seinen Körper zurecht.

Tony: Steht oder liegt er darauf?

Chuck: Er liegt darauf.

Tony: Was geschieht dann?

Chuck: Sie untersuchen ihn um den Bauchnabel herum.

Tony: Und dann?

Chuck: Es sieht aus, als machten sie das gleiche mit ihm, wie mit mir.

Tony: An seinem Penis? Meinst du das?

Chuck: Ja.

Tony: Gibt es zwischen dieser und deiner Untersuchung Unterschiede, oder Ähnlichkeiten?

Chuck: Hmm, alles ist fast gleich, außer, daß ich den Tisch sehen kann, auf dem er liegt. Unten drunter scheint eine Maschine zu sein.

Tony: Kannst du den Apparat beschreiben, den sie für seine Untersuchung benutzen?

Chuck: Röhrenähnlich.

Tony: Ähnelte er dem Gerät, mit dem du untersucht wurdest, oder hat es eine andere Form?

Chuck: Scheint dicker zu sein. (Pausiert.) Es scheint eine feste Röhre zu sein... ein Rohr zu sein. Das Gerät, das sie bei mir benutzten, schien Gelenke zu haben. Es könnte sich zusammenschieben lassen.

Tony: Was geschieht danach?

Chuck: Sie nehmen es fort.

Tony: Wie viele sind da?

Chuck: Da sind mindestens vier oder fünf Figuren im Raum... an verschiedenen Stellen. Ein paar stehen um Jack herum.

Tony: Kannst du sie jetzt deutlicher erkennen als zuvor?

Chuck: Nun, sie sind weißlich. Sie... sehen fast aus wie embryonale Hühnerköpfe.

Tony: Beschreibe sie von oben angefangen.

Chuck: Der Schädel sieht fast so aus wie eine Ente... Länglich von vorn bis hinten.

Tony: Gehe ein bißchen tiefer. Was siehst du?

Chuck: (Hält inne.) Oh, dunkle Augen... Fehlen jeglicher Farbe. Sie sind schwarz.

Tony: Welche Form haben sie?

Chuck: Elliptisch.

Tony: Beschreibe die Augenlider.

Chuck: (Pause.) Hmm, wie bei einem Frosch. Wie eine Membrane.

Tony: Gehe ein bißchen tiefer. Was siehst du?

Chuck: (Hält inne.) Sie scheinen von oben bis unten ein längliches Gesicht zu haben.

Tony: Was ist unter ihren Augen? Siehst du da was?

Chuck: Ah, wie embryonale Falten.

Tony: Wie groß ist der Mund?

Chuck: Wie Hühnerlippen (Chucks Zeichnung zeigt kleine Schlitze als Mund).

Chuck fuhr fort, die Außerirdischen, so gut er konnte zu beschreiben. Alles war wie vernebelt, er fühlte sich betäubt. Er beschrieb, daß ihre Köpfe kahl waren und bedeckt mit glatter, Haut, fast durchsichtig. Ihre Hälse ähnelten dem "Muskelmagen von Truthähnen." Er hatte den Eindruck, als nehmen ihre Anzüge die Farbe ihrer Umgebung an. Entgegen der anderen sah er sie als dunkle Erscheinungen. Es fiel ihm schwer, die Finger der Außerirdischen zu zählen. Er schätzte sie auf "wenigstens drei" und vielleicht einen zusätzlichen, den er „verkümmertes Glied" nannte. Nachdem wir ihn dazu gebracht hatten, seine Entführer zu beschreiben, richteten wir seine Aufmerksamkeit wieder auf die Bank, um zu sehen, was als nächstes geschah:

Chuck: Ich glaube, Jack steht vor mir. Da scheint sich etwas zu bewegen.

Tony: Wie gelangte er zur dir?

Chuck: Sie haben ihn bewegt und setzten ihn neben mich. Müssen Jim hinausgeführt haben.

Ray: Wo ist Charlie?

Chuck: Am anderen Ende der Bank. Da ist eine Bewegung.

Tony: Was passiert dann?

Chuck: (Pause) Sie führen ihn hinüber. Sie führen ihn zum... Tisch.

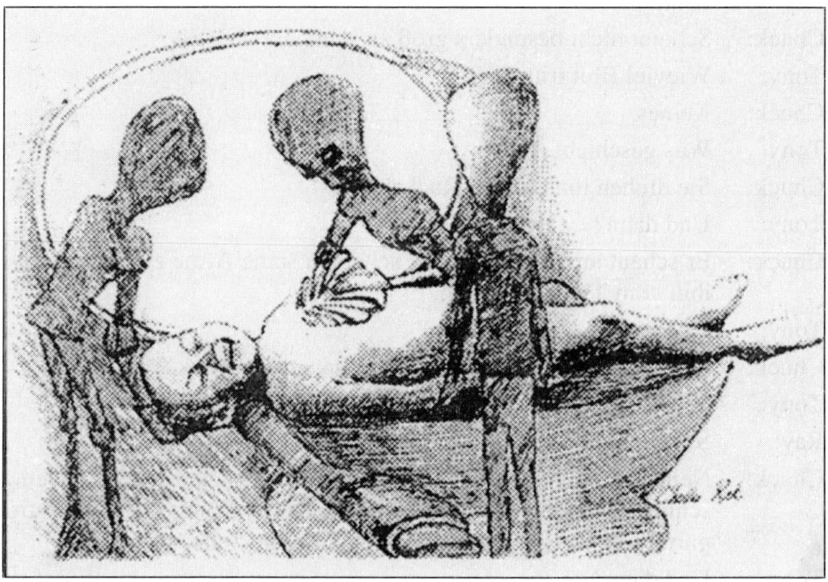

Bild 21: Chuck Raks Zeichnung, wie ein Entführer mit einem rohrähnlichen Instrument in Charlie Foltz Brustkorb eindringt.

Tony: Und weiter?

Chuck: (Hält inne.) Sie scheinen seine Seite zu untersuchen.

Tony: Womit?

Chuck: Mit einem rohrähnlichen Instrument... Sie höhlen ihn aus.

Tony: Was meinst du mit "Höhlen ihn aus?"

Chuck: Sie dringen in ihn ein. Sie dringen damit in seinen Brustkorb ein. Vielleicht ist es sein Brustkorb. Vielleicht etwas, das ein wenig weiter weg liegt.

Ray: Liegt oder steht er?

Chuck: Er liegt auf der Seite.

Ray: Wo drauf?

Chuck: Tisch.

Tony: Was dann?

Chuck: (Holt tief Atem.) Sie nehmen es raus. Schleifen es am Rücken entlang. Fast wie beim Schälen einer Kartoffel.

Tony: Während es noch in ihm steckt?

Chuck: Scheint so.

Ray: Hinterläßt es eine Wunde?

Chuck: Scheint nicht besonders groß zu sein.

Tony: Wieviel Blut tritt aus?

Chuck: Keines.

Tony: Was geschieht dann?

Chuck: Sie drehen ihn auf den Rücken.

Tony: Und dann?

Chuck: Er schaut an die Decke. Sie scheinen seine Arme zu ergreifen... Und ihm vom Tisch zu helfen.

Tony: Und was machen sie dann?

Chuck: Sie gehen auf uns zu. Sie setzen ihn auf die Bank.

Tony: Wo ist Charlie?

Ray: Sitzt ihr alle vier auf der Bank?

Chuck: Nein, sie... Es scheint... Ich weiß nicht, was sie tun. Sie haben... Sie schlingen jetzt etwas Dünnes um Charlie.. Könnte fast ein Patronengürtel sein... Um seine Schulter und seine Seite.

Tony: Und dann?

Chuck: (Holt tief Atem und seufzt. Macht eine lange Pause.) Sie (hält inne)... Ich sehe ein Gerät auf ihm... Silbrig... Ähnelt diesem Ding in

	Sydney, Australien, diesem Opernhaus (Pause). Es hat Windungen... Es saugt etwas.
Tony:	Wo sitzt es?
Chuck:	Direkt unter seinen Brustkreuz... Auf seiner Körpermitte.
Ray:	Sitzt er noch auf der Bank?
Chuck:	Ich kann nicht sagen, wo er ist... Dicht bei uns... Er liegt auf dem Bauch. (Schluckt stark.) Sein Kopf ist nach hinten gebeugt... (Seufzt) Er könnte Schmerzen haben.
Tony:	Woher weißt du das?
Chuck:	Sieht nach einer Schmerzreaktion aus. Dieses Ding auf seiner Brust - was immer sie auch tun.
Ray:	Warum hilfst du ihm nicht?
Chuck:	Das kommt uns nicht in den Sinn. Wir können nicht... Wir... Wir können ihm nicht helfen. Wir sind nur... Alles, was wir tun können, ist, ihm zuzuschauen.
Ray:	Kannst du dich bewegen?
Chuck:	Nein.
Tony:	Was geschieht weiter?
Chuck:	(Nimmt einen tiefen Atemzug und stößt ihn aus. Scheint erregt.) Ich kann mich nicht erinnern.
Tony:	(Beruhigt Chuck und fährt dann fort.) Wann entfernen sie den Apparat von Charlie?
Chuck:	Er bleibt da lange.
Tony:	Was dann?
Chuck:	Sie nehmen ihn fort... Charlie setzt sich auf... Er ist ziemlich weit unten. Wir schauen fast auf ihn hinunter.
Tony:	Und weiter?
Chuck:	Sie helfen ihm hinunter... Von diesem Ding. Es ist fast wie... Es ist...fast eine Körperform annehmende Bank... Sie führen ihn hinaus.
Tony:	Wohin?
Chuck:	An meine rechte Seite.
Tony:	Was gibt's zu deiner Rechten?
Chuck:	Charlie (Hält inne). Da sind etliche gerade, sehr dünne, röhrenähnliche Formen. Parallel. Vier oder fünf gehen direkt hoch und runter.
Tony:	Wie breit?
Chuck:	Circa 15 cm, vielleicht.

Tony: Und dann?

Chuck: Sie lassen Charlie davor stehen... Sie schauen seine Handgelenke an, drehen seine Hände, so daß seine Hände nach außen weisen, schauen seine Handgelenke an.

Tony: Und dann?

Wieder einmal antwortete Chuck Rak nicht, sondern stieß Luft aus und schien erregt zu sein. Tony nahm sich Zeit, ihn zu beruhigen und befragte ihn weiter über Charlie. Chuck berichtete, daß die Außerirdischen Charlies Ellenbogen krümmten, seinen linken Arm hoben und den oberen Teil seiner Brust untersuchten. Schließlich wurde Charlie zurück zur Bank geführt:

Tony: Sitzt du noch auf der Bank?

Chuck: Ja.

Tony: Was geschieht weiter?

Chuck: Charlie wird herübergeschubst, um sich zu setzen... Zu unserer Linken steht eine Figur.

Ray: Sprechen sie jemals mit euch?

Chuck: (Hält inne.) Hm, nicht wirklich.

Ray: Woher wißt ihr, was sie wollen?

Chuck: Es scheint irgendwie klar zu sein... So, als ob sie uns anleiteten... Wir haben keine Kontrolle.

Ray: Und weiter?

Chuck: Die Figur zu unserer Linken dreht sich weg und wendet sich... der inneren Wand zu. Sie scheint sich von uns fortzubewegen, während sie zur Wand schaut.

Tony: Okay. Was passiert dann?

Chuck: Wir folgen ihr.

Tony: Hat euch jemand befohlen, ihr zu folgen oder wußtet ihr einfach, daß ihr aufstehen solltet?

Chuck: Wir wissen es einfach. Wir wissen, daß wir all diese Dinge tun müssen. Wir wissen es einfach.

Tony: Was geschieht danach?

Chuck: (Pause) Es sieht aus, als ob er seine Hand über etwas, das über ihm ist, spreizt... Als ob er seine Hand oben an der Wand bewegt. Es ist eines dieser, äh, sieht aus wie die Rippenstrukturen.

Tony: In Ordnung. Und dann?

Chuck: Dann sind wir draußen!

Tony: Was meinst du damit, ihr seid draußen? Wo siehst du dich?

Chuck: Wir gehen ins... Wir gehen ins Portal. Es ist wie ein Portal.

Tony: Und weiter?

Chuck: (Hält inne.) Es ist, als ob wir nach unten gehen.

Tony: Wohin nach unten?

Chuck: Zum Kanu.

Tony: Beschreibe das Schritt für Schritt. Benutze die Technik einer Einbildkamera. Wie kommt ihr hinunter zum Kanu?

Chuck: (Wird sehr aufgeregt. Antwortet nicht.)

Tony: Entspanne dich. Entspanne dich einfach. Dein Unterbewußtsein wird es dir sagen. Wie gelangst du ins Kanu? Stehst du im Portal, wenn das passiert?

Chuck: (Hält inne.) Ich weiß wirklich nicht, wie sie das machen.

Tony: Was?

Chuck: Wie wir wieder im Kanu sitzen. Es scheint nicht sehr wichtig zu sein. Wir sind einfach da.

Ray: Was meinst du mit Portal?

Chuck: Eine Stelle in der Wand, wo etwas geschieht. Und es ist, als ob wir eine Membrane durchstoßen.

Tony: Hörst du etwas, wenn du in der Membrane bist, oder siehst du etwas, bevor du sie durchdringst?

Tony hatte einen guten Grund, diese Frage zu stellen. Bis jetzt hatte nur Jack das qualvolle Erlebnis an diesem Punkt geschildert. Er hatte sich daran erinnert, mittels einer Maschine durch die Wand gegangen zu sein, die wie das leuchtende Ende eines runden Schlauches ausgesehen hatte. Es hatte sich angefühlt, als würde sein Körper in Stücke gerissen. Wir rätselten, warum die anderen sich nicht an diesen Aspekt der Portaldurchquerung erinnern konnten:

Chuck: Kann eigentlich kaum was sehen. Nur Dunkelheit.

Tony: Was erkennst du als erstes nach der Dunkelheit?

Chuck: Den See.

Tony: Den See? Wo befindest du dich in Beziehung zum See?

Chuck: (Pause) Vielleicht 20 Meter... Da ist er. Direkt unter uns.

Tony: Wie gelangt ihr von 20 Metern Höhe in euer Kanu?

Chuck: Es scheint eine fließende Bewegung zu sein... fließend... sehr sacht.

Ray: Schwebst du in der Luft?

Chuck: Scheint so. Es ist dunkel.

Ray: Bevor du ins Portal eingetreten bist, hast du da noch etwas in dem Raum mit dem Portal gesehen?

Chuck: Diese langen, röhrenähnlichen Dinger.

Ray: Welche Farbe hatten sie?

Chuck: Ich glaube blaugrau.

Ich versuchte, Chucks Geist wegen dieser Röhren zu erforschen, weil Jack eine ähnliche Sprache benutzt hatte, um die Maschine zu beschreiben. Charlie fügte dem Rätsel ein Stück hinzu, als er "Lichtpaneelen" an diesem Teil des UFOs beschrieb. Da Jim jedoch eine völlige Erinnerungsblockade hatte und nicht erzählen konnte, wie sie ins Kanu kamen, hofften wir, daß Chuck sich an diesen Teil des Transportsystems der Außerirdischen erinnern würde:

Ray: Entferntest du dich von diesen blaugrauen Röhren, oder gingest du auf sie zu?

Chuck: Das Portal schien sich in ihnen zu befinden.

Ray: Was passiert mit deinen Freunden, während du dich diesen blauen Röhren näherst?

Chuck: Sie sind vor mir draußen.

Ray: Gut. Beschreibe Schritt für Schritt, was geschieht. Was passiert, als du da hineintrittst?

Genau wie zuvor, geriet Chuck sehr aus der Fassung, als er zu diesem Punkt kam. Er stöhnte, als hätte er Schmerzen, machte einen tiefen Atemzug und antwortete nicht. Seine extreme (seinem Charakter so unähnliche) Erregung und rätselhafte Bemerkung, daß "etwas geschieht", waren aufregend. Offenbar geschah etwas Außergewöhnliches mit ihm. Aber er wollte nicht oder konnte es nicht beschreiben. Wir fragten uns, ob er an diesem Punkt das gleiche wie Jack sah und fühlte. Vielleicht war dieses Ereignis zu traumatisch für sein Bewußtsein, um es zu akzeptieren. Die Sitzung nahm ihren Lauf:

Ray: Geschieht etwas, bevor du das Portal erreichst? Beschreibe genau, was passiert. Wer ist vor dir?

Chuck: Jack und Jim.

Ray: Okay. Was geschah mit Jack und Jim?

Chuck: Sie sind auf dem Wege hinunter zum Kanu.

Ray: Was geschah davor?

Chuck: Sie gehen aufs Portal zu.

Ray: Ist das Portal Teil der blauen Röhre?

Chuck: Die blauen... die, die Röhren... sind sehr klein im Durchmesser.. Sie scheinen sich horizontal auszudehnen und im ganzen Raum... Etwa auf Augenhöhe... Vielleicht ein bißchen höher... Es ist eine Serie von vier oder fünf... Vielleicht fünf Röhren... Parallel... Eine über der anderen... Rund... Sie folgen dem Raum... Auf etwa Augenhöhe.

Ray: Und wo befindet sich das Portal in Beziehung zu den blauen Röhren?

Chuck: Gerade unterhalb von ihnen.

Ray: Was geschieht dann?

Chuck: Die Figur (der Außerirdische) macht etwas mit seiner Hand.

Ray: An was?

Chuck: Er hebt den Arm. Seine, seine, seine Finger... Er scheint irgendwelche Instrumente zu manipulieren.

Ray: Eine Tür?

Chuck: Nicht wie eine Tür... Wie eine Membrane.

Ray: Und weiter?

Chuck: Wir sind (hält inne)... Wir gehen hinaus. Wir gehen durchs Portal.

Ray: Lauft ihr?

Chuck: Zuerst.

Ray: Und danach? Was meinst du mit "zuerst"?

Chuck: Wir laufen zum Rand. Wir laufen, so weit wir können.

Ray: Und weiter?

Chuck: Es ist fast so, als hätten wir eine... eine Sitzhaltung eingenommen... Fast, als würden wir hinuntergehoben werden.

Ray: Von wem?

Chuck: Von dieser Figur (Außerirdischer)... Fast wie ein Skiliftbetreiber.

Ray: Hebt er dich wirklich physisch an?

Chuck: Nein, wie beim Skilift, und wir fahren den Berg hinunter anstatt hinauf.

Ray: Wo drauf sitzt du?

Chuck: Kann ich nicht sagen (Charlie sagte uns, es fühle sich an wie eine Bank oder ein "Landesteg").

Tony: Was passiert dann?

Chuck: Wir scheinen nahe am Ufer zu sein... Direkt am Ufer.

Tony: Wurdet ihr ins Kanu gesetzt...Wo war das Kanu?

Chuck: Dicht beim Ufer.

Tony: Und wie seid ihr ans Ufer gelangt?

Bild 22: Chuck Raks Zeichnung. Einer der zwei Außerirdischen setzt ihn nach der Entführung ins Kanu.

Chuck: Durch Trägheit.

Tony: In welcher Beziehung? Hast du Trägheit angewendet?

Chuck: Ich nicht.

Chuck schilderte, daß sie bei der Entführung aus dem Kanu etwa 300 Meter vom Ufer entfernt waren. Als sie zurückgebracht wurden, waren es nur 20 Meter. Das Kanu bewegte sich schneller, als sie paddeln konnten. Der Bug ragte tatsächlich aus dem Wasser! Chuck paddelte nicht. Charlie hatte das andere zusätzliche Paddel. Doch irgendwie wurde das Kanu zu ihrem Lagerplatz gebracht!

Wieder führten wir Chuck an den Punkt zurück, wo die Vier zum Kanu hinabgelassen wurden. Wir wollten wissen, wie sie ins Kanu gelangten:

Ray: Wie seid ihr ins Kanu gekommen?

Chuck: Wir wurden hineingesetzt... Einer von ihnen (Außerirdischer) arrangierte unsere Sitzhaltung. (Siehe Bild 22.)

Chuck beschrieb, wie die beiden Außerirdischen bis zur Taille im Wasser neben dem Kanu standen. Einer arrangierte die Sitzhaltung im Schein der leuchtenden Kugel, welche lautlos hinter ihnen schwebte. Nachdem sie ordentlich hingesetzt worden waren, verließen sie die Außerirdischen. Chuck nimmt an, daß sie zum wartenden Schiff wateten oder schwammen, sah dies aber nicht. Er beschrieb dann wie die anderen den Abflug des Objektes.

Die Sitzungszeit war bereits abgelaufen. Auf eine Eingebung hin stellte ich Chuck noch schnell eine wichtige Frage, - angeregt durch meine Studien mit anderen Entführten:

Ray: Diese Figuren, hmm, diese Wesenheiten.

Chuck: Ja.

Ray: Hast du sie zuvor schon mal gesehen?

Chuck: (Hält inne.) Hmm. Ja.

Ray: Wo.

Chuck: In meinem Schlafzimmer, als ich klein war.

Tony und ich wechselten bedeutungsvolle Blicke, als Chuck fortfuhr, das typische Schlafzimmer-Szenario, charakteristisch für so viele andere Entführungen, zu beschreiben. (Auf dieses Thema wird später eingegangen werden.) Tony beendete dann die Sitzung. Wieder ließ ich das Band laufen, um Chucks ersten Eindruck festzuhalten, sobald er aus der Hypnose erwachte. Chucks Augen öffneten sich langsam, und er blinzelte mehrmals, als er zu Tony schaute und dann zu Mary und mir. Ein ungläubiger Ausdruck glitt über sein Gesicht. Er sagte nichts. Ich war der erste, der die bleierne Stille unterbrach.

Ray: Hast du Erinnerungen?

Chuck: (Schaute finster drein.) Ja.

Ray: Was denkst du über alles?

Chuck: Nun (hält inne), ich weiß nicht. Ich weiß nicht, was ich darüber denken soll. Ja, ich bin ziemlich offen. Aber, äh, ich weiß nicht wirklich, was ich darüber denken soll. Ich glaube, ich brauche etwas Zeit zum Nachdenken.

Ray: Bereitet es dir Angst oder Kummer...?

Chuck: Nein. Überhaupt nicht. Ich hatte, äh, ein traumatisches Erlebnis. Ich bin ein bißchen besorgt... Ich las, äh, Budd Hopkins "Eindringlinge" und ja... Striebers Buch. Deshalb weiß ich nicht so recht, was ich denken soll. Ist dies wirklich geschehen, oder ist das nur eine Ansammlung von Ideen?

Ray: Hattest du das Gefühl, daß sich dies in Wirklichkeit zugetragen hat?

Chuck: Nun, ich weiß, daß, ja, ich weiß, daß wir das Ding in Maine gesehen haben. Das weiß ich gewiß.

Ray: Aber der andere Teil, das On-Board-Erlebnis. Woher sollten diese Erinnerungen stammen, wenn nicht von einem wirklichen Ereignis?

Chuck: Ich weiß nicht. Mir war, als würde ich durch eine Reihe von Ereignissen geführt. Ich weiß nicht, wie das in meinen Kopf kam.

Es wurde spät. Wir sprachen noch miteinander, während ich meine Sachen zusammenpackte und das Tonband loshakte. Mary, die bisher still gewesen war, belebte sich plötzlich. Chucks Beschreibung seiner nächtlichen Bettbesuche hatte in ihrer Erinnerung etwas ausgelöst, was dazu führte, daß sie unaufgefordert einige provokative Informationen über die Zwillinge preisgab. Sie hatten sie einstmals mit Geschichten über einen Poltergeist, der in ihrem Elternhaus herumspukte, geängstigt. Ich schaltete schnell das Tonband wieder ein und bat sie, mehr darüber zu sagen:

Ray: Ich nehme alles auf Band auf. Fahr fort.

Mary: Es ist jetzt 19 Jahre her. Da erzählten sie mir all dies und ängstigten mich damit. Hmm, sie hatten etwas, das sie Poltergeister nannten... In ihrem Haus...

Ray: Als Kinder?

Mary: Ja. Als sie... Von Kindheit an... Bis wir (Jack und sie) uns trafen, als wir 18 waren. Ich habe es niemals in ihrem Haus bemerkt... Sie sagten, sie sehen Dinge in ihren Zimmern und hörten Rufe. Ihre Mutter sah ebenfalls Dinge.

Ray: Lebt ihre Mutter noch?

Mary: Ja.

Ray: Wo lebt sie jetzt?

Mary: In Allentown, Pennsylvania.

Ray: Und wie heißt der Vater?

Mary: Der Vater ist verstorben. Er starb 1980, glaube ich.

Ray: Die Telefonnummer steht dann unter ihrem Namen?

Mary: Ich weiß nicht... Wirst du mit ihr Kontakt aufnehmen? Hast du etwas dagegen, wenn ich das Jack erzähle?

Ich versicherte Mary, daß ich ohne Jacks Einwilligung seine Mutter nicht anrufen würde. Ich hoffte jedoch, daß er nichts dagegen hätte. Die Folgen, die sich aus diesem neuen Informationsbruchstück ergaben, waren verblüffend. Sollten die Zwillinge ebenfalls Besuche von Außerirdischen zur nächtlichen Zeit erhalten haben? Die Zeit würde es uns verraten. - Und jetzt schickte die Zeit ebenfalls jeden von uns auf den Nachhauseweg.

Chuck hatte anders reagiert, als die anderen Beteiligten der Allagash-Entführung. Allgemein gesprochen, zeigte er fast keine Emotionen oder Angstgefühle beim Schildern des offensichtlich beängstigenden Erlebnisses. Auch schien er nicht den gleichen tiefen Hypnosezustand erreicht zu haben, der die anderen veranlaßte, ihre Begegnung tatsächlich noch einmal zu durchleben, außer in wenigen Augenblicken.

Diese Tatsachen entgingen weder Tony noch Chuck. Ich erhielt bald danach Briefe von beiden. Tony war bestürzt wegen Chucks Reaktionen. Er schrieb:

> Wie du dich erinnerst, begannen wir damit, Chuck in eine leichte Hypnose zu versetzten. Er sprach da in der Vergangenheit. Nach etwa einer halben Stunde vertiefte ich seine Entspannung, und er sprach in der Gegenwart, er kam sogar bis zu dem Punkt, daß er eine Frage mit "Jetzt..." beantwortete. Ich bin mir nicht sicher, was ich von Chucks Erzählung über den Allagash-Vorfall halten soll... Ich versuche, Chuck zu "charakterisieren", dennoch kann ich zu keinem Ergebnis kommen. Er wurde niemals böse... sagte oder zeigte niemals, daß er sich verletzt fühlte, - war niemals entrüstet, "gekidnappt" worden zu sein - niemals empört über die Untersuchung seiner Genitalien,... während die anderen Drei (während der anfänglichen Sichtung) Besorgnis ausdrückten und den Wunsch, "verschwinden zu wollen". Chuck betrachtete den Vorfall als

eine Gelegenheit, etwas zu lernen... Er bezog sich auf die Angst seiner Kameraden als "provinzlerische Erziehung."

Mir fiel es weniger schwer, Chuck zu charakterisieren. Mit oder ohne Hypnose schien er eine einzigartige Persönlichkeit zu besitzen. Ich nannte ihn insgeheim den "Macho-Mann". Nichts schien ihm etwas auszumachen, und es kümmerte ihn nicht, es anderen zu zeigen!

Dann erreichte mich Chucks Brief. Er war bitter enttäuscht, daß er nicht völlig das Ereignis durchlebt hatte. Er hatte gehofft, das Geschehen mit lebhafter Imagination wiederzuerleben: "Ich glaubte, daß ich das Allagash-Erlebnis mit allen fünf Sinnen noch einmal durchleben würde."

Chuck war in seinem Brief ebenfalls sehr introspektiv und analytisch. Er fragte sich, ob er durch die UFO-Literatur oder die Träume der Zwillinge beeinflußt worden war. Er befürchtete, daß sie auf seine Zeugenaussage Einfluß genommen hätten. Ich erkannte seine Besorgnis und seinen Versuch an, so objektiv wie möglich zu sein. Dennoch fragte ich mich, ob einige seiner Reaktionen nicht von dem tief sitzenden Wunsch herrührten, die Realität dieses Erlebnisses zu verneinen.

Leider verhinderten unsere Vorschriften, Chuck zum Vergleich Einsicht in unsere Aufzeichnungen von Hypnosesitzungen zu geben. Wären sie ihm zugänglich gewesen, hätte er bestimmt zugestimmt, daß seine Sitzung weit davon entfernt war, ein Mißerfolg zu sein.

Einige Monate später hypnotisierte Tony Chuck erneut. Seine Reaktion auf die Hypnose hatte sich nicht verändert. Nichts Neues konnte dem bereits Gesagten hinzugefügt werden.

Unabhängig von den unerfüllten Erwartungen rief Chuck durch die Hypnose Erinnerungen wach, die ein wichtiges Glied in der Kette der Überprüfungen darstellten. Die vier sich ergänzenden Berichte ergeben zwingende Indizienbeweise, daß das unglaubliche Erlebnis tatsächlich in der Physis stattgefunden hat. Die Allagash-Entführungen legen gerade erst die Spitze des sprichwörtlichen Eisbergs frei. Pandoras Füllhorn war noch lange nicht geleert.

Kapitel 7

Nicht schon wieder!

Jack und Mary leben in einer kleiner Stadt in Vermont. Sie schmiegt sich in ein Tal und ist von den bewaldeten Hügeln der Vermont Green Mountain Gebirgskette umgeben. Bevor ich Jack und Mary traf, hatte dieses Städtchen bereits eine besondere Bedeutung für mich, da sich hier im Dezember 1974 etwas Geheimnisvolles zugetragen hatte. Die seltsamen Details dieses Geschehens kamen mir in den Sinn, als ich die Wahrscheinlichkeit einer Entführung von Jack und Mary aus ihrem Landhaus untersuchte. Wie konnte ich ahnen, daß zwei äußerst unglaubliche Ereignisse gleichzeitig stattfinden würden.

Solche Synchronismen haben mich während meiner 30jährigen UFO-Forschung immer wieder heimgesucht. Dieser hier ist es wert, erwähnt zu werden. Er wird auch das Thema dieses erstaunlichen Kapitels sein. Das Ereignis, das 1974 stattfand, ist in meinem Buch "Casebook of a UFO Investigation"[10] beschrieben. Am 14. Dezember 1974, etwa gegen 7.30 Uhr früh, entdeckten Herr und Frau Herbert Lower, die in dieser gleichen Stadt leben, auf ihrem Anwesen einen eigenartigen, runden Abdruck im Schnee. Während der Nacht war ihre 14jährige Tochter Colleen durch ein rosafarbenes Glühen erwacht, das durch ihr Fenster schien. Sie stand aber nicht auf, um nachzuforschen. Um 4 Uhr in der Früh wurde Frau Lower wach. Die Hunde bellten, und sie bemerkte ebenfalls ein rosafarbenes Leuchten, das durch ihr Fenster drang. Zu müde, um sich zu erheben, schob sie das Glühen dem Sonnenaufgang zu und nahm an, die Hunde würden Rehe anbellen.

Am Morgen entdeckte Familie Lower einen geschmolzenen Kreis in dem Feld neben ihrem Haus. Sie begriffen, daß letzte Nacht etwas Ungewöhnliches passiert sein mußte. Gegen acht Uhr in der Früh riefen sie deswegen die Lokalzeitung, den *Brattleboro Reformer*, an. Der Lokalreporter interviewte die Fa-

---

[10] Fowler, Raymond E., Casebook of a UFO Investigator (Englewood Cliffs, N. J.: Prentice-Hall, Inc., 1981)

milie, fotografierte den runden Abdruck und legte den Bericht für die nächste wöchentliche Ausgabe ab.

Ein Bekannter von Frau Lower, der an UFOs interessiert war, meinte, der Kreis im Feld sei weiterer Untersuchungen wert. Er schlug vor, sich an den UFO-Forscher Bob Jackson zu wenden. Bob rief mich wegen dieses Vorfalls an. Ich telefonierte daraufhin mit den Lowers, um Informationen aus erster Hand zu erhalten, und gab den Fall an MUFON-Forscher John Meloney weiter.

John erreichte die Lowers gegen 2.30 Uhr nachmittags. Er fotografierte das Gebiet, sicherte sich Bodenproben und maß die Temperatur an verschiedenen Bodenvertiefungen. Später wurde eine radiologische Untersuchung durchgeführt, sie fiel aber negativ aus. Zu diesem Zeitpunkt ließ Herr Lower die Bombe hochgehen.

Herr Lower erwähnte John gegenüber beiläufig, daß er ganz nach Anweisung des Mannes am Telefon ein "Betreten verboten"-Schild aufgestellt hatte. John fragte: "Welcher Mann?" Herr Lower erklärte, daß wenige Minuten nach meinem Gespräch mit ihm das Telefon erneut geklingelt hätte. Eine männliche autoritäre Stimme hatte sich als Regierungsvertreter aus Washington vorgestellt. Er behauptete, der Vorfall sei ihnen mitgeteilt worden und befragte Herrn Lower darüber. Der Mann wollte wissen, ob ein kleiner Hubschrauber auf seinem Besitz landen könne und dürfe. Herr Lower hatte, ohne weitere Fragen zu stellen, zugesagt. Da es jedoch noch schneite, kamen sie überein, den Hubschrauber erst am folgenden Morgen zu schicken.

Am nächsten Tag gegen Mittag leerten Herr Lower und sein Sohn Müll in der Nähe des Hauses aus. Ein plötzliches Schwirren ließ sie nach oben schauen. Ein nicht gekennzeichneter Hubschrauber überflog in niedriger Höhe das Feld mit dem runden Abdruck. Er schwebte ein Weilchen hin und her und flog dann fort.

Zahlreiche Fragen gingen durch unsere Köpfe. Wer war dieser Mann? Woher wußte er von diesem Vorfall? Wie ist er an Herrn Lowers nicht im Telefonbuch verzeichnete Telefonnummer gekommen? Welche Organisation benutzte den unmarkierten Hubschrauber am folgenden Tag, um die Stelle zu überprüfen? Viele Zeugen sahen ihn. Auch nach gründlicher Überprüfung militärischer und kommerzieller Einrichtungen konnte ich die Herkunft des Hubschraubers nicht feststellen. Niemand, dem der Lower-Vorfall bekannt war, hatte ihn einer Regierungsstelle gemeldet oder irgend jemandem, der damit zu tun hatte. Die Antworten zu unseren Fragen sollten ungelöst und mysteriös bleiben. Der Synchronismus, der zwischen den Lowers und den Allagash-Vier herrschte, wurde weniger geheimnisvoll, als dieser Dezembertag sich seinem Ende näherte.

Es war etwa vier Uhr nachmittags, als John Meloney sich von der Familie Lower verabschiedete. Graupelregen und Schnee verwandelten die Feldwege in Rutschbahnen und hinderten ihn daran, vorwärtszukommen. Als John vorsichtig einen Hügel hinunterfuhr, geriet sein Wagen außer Kontrolle und prallte gegen einen Baum. Das Auto hatte einen Totalschaden.

Blutend und in Schock, stolperte John den Ackerweg entlang und suchte nach Hilfe. Es schien eine Ewigkeit zu dauern, bevor ein Pick-Up-Laster neben ihm hielt. Der Fahrer half John auf den Beifahrersitz und fuhr ihn ins lokale Krankenhaus, wo John wochenlang behandelt wurde. Er hatte zahlreiche Brüche. Während dieser Zeit besuchte ihn sein Retter, der ihn aufgelesen hatte.

Sechzehn Jahre später, als ich den Allagash-Fall untersuchte, unterhielt ich mich mit Jim, Jack, Chuck und Charlie. Chuck erwähnte beiläufig, daß ich der zweite UFO-Forscher sei, dem er in seinem Leben begegnete. Neugierig geworden, fragte ich ihn nach dem ersten. Chuck berichtete mir, daß er Mitte der Siebziger Jahre, als er im Schneesturm auf einem Feldweg mit dem Auto unterwegs war, einen blutenden, stolpernden Mann mitgenommen hatte. Chuck lebte in einer Nachbarstadt und war damals auf dem Weg nach Hause. Der gute Samariter, der meinen Forscher rettete, war Chuck Rak gewesen, einer der Allagash-Vier. Dieser unglaubliche Zufall wird noch übertroffen durch die darauffolgenden Enthüllungen, die sich zu einem klassischen Fall dieser Art entwickeln sollten.

Um weiter in diesen Fall eindringen zu können, ist es wichtig, mehr über Jack und Mary Weiner zu erfahren. 1974 war Jack Weiner noch am Mansfield State College in Pensylvania als Psychologie-Student eingeschrieben. Nach seinem Abschluß zog er mit seinem Bruder nach Boston. Dort verliebte er sich in Mary Donlan. Sie heirateten 1976. Jack erzählt:

> 1979 hatten Mary und ich genug von Boston. Wir beschlossen, Land in Vermont zu kaufen und unser Haus hoch auf einem Berg, umgeben von Wäldern, zu bauen, wo uns niemand sehen und stören konnte. Das wünschten wir uns: ein wenig Isolation, weit weg von der Kriminalität der Stadt, einen Ort, an dem man in einer sternklaren Nacht das Sternenmeer betrachten konnte.

Jack und Mary machten ihren Traum wahr und bauten ein abgelegenes Haus im Süden von Vermont. Es liegt an einer steilen Bergdurchfahrt. Erst nach vier

Kilometern auf der nur teilweise gepflasterten Straße erhascht man durch die Bäume einen Blick auf das rote Wellblechdach ihres Hauses.

Die Feldwegeinfahrt liegt zur Rechten, dann schlängelt sie sich etwa 150 Meter aufwärts, bevor sie in eine Lichtung, seitlich des Berges, mündet. Das einfache Haus der Weiners im Cape Cod-Stil steht auf einer Höhe von fast 600 Metern, wobei die angrenzenden, nicht zu sehenden Häuser viele Meter weiter weg liegen. Die Seiten des Hauses sind nach den vier magnetischen Polen des Kompasses ausgerichtet: Die Fronttür liegt südwärts in Richtung der Gebirgskette der Green Mountains, der nördliche Hausrücken zeigt auf einen dichten Tannenwald, die Westseite liegt zur Einfahrt hin und die Ostseite grenzt an ein großes Feld von etwa 150 mal 300 Metern. Hier auf dieser großen, offenen Grasfläche würden die unerwarteten Besucher des Nachts landen. Jack und Mary hatten wirklich ein Haus gebaut, wo "niemand uns sehen und stören kann" - bis auf die Außerirdischen!

Jack Weiner - Hypnosesitzung #2 - 22.07.1989

Mit großer Erwartung fuhr ich zu Tony, um mit ihm und Jack Weiner zusammenzutreffen. Dave konnte wegen familiärer Verpflichtungen nicht dabei sein. Unsere letzte Sitzung hatte Erwartungen in uns geweckt. Wie Sie sich erinnern, hatte ich Jack am Schluß der Sitzung eine provokative Frage gestellt:

Ray: Wann hast du die seltsamen Geschöpfe wiedergesehen?

Jack: (Pause) Nächstes Mal, wenn ich sie wiedersehe, sind sie in meinem Traum. Sie sind in meinem Traum! Wie sind sie da hinein gekommen?

Die Frage, wie sie dorthin gelangten, war das Thema von Jacks zweiter Hypnosesitzung. Jack hatte dann ein scheinbar echtes Entführungserlebnis beschrieben.

Jack: Und Mary hat Angst. Sie hat wirklich Angst. Und ich mache mir Sorgen deswegen. Und... dann... das blaue Licht... Das blaue Licht kommt... und... und... ich denke, " Ach du Scheiße!" Ich kanns nicht fassen... Nicht schon wieder!"

Wie Sie sich erinnern, war ich hier schnell eingeschritten, um Jack an diesem Punkt zu unterbrechen, da Mary der Sitzung beiwohnte. Wir wollten ihre eventuelle Zeugenaussage nicht beeinflussen.

Jack und Tony warteten auf mich, als ich ankam. Wie üblich war Jack aufgeregt und redete von einem blauen Strahl. Ich fragte mich, wie ein solcher

Mensch so gut auf Hypnose ansprechen konnte. Jack und Jim waren beide ausgezeichnete Hypnoseobjekte und konnten in einen sehr tiefen hypnotischen Zustand geführt werden.

Wir redeten noch ein Weilchen miteinander, um Jack zu beruhigen. Dann versetzte Tony ihn in einen hypnotischen Trance. Die Befragung begann:

Tony: Laß uns zur Nacht zurückgehen, von der du hier das letzte Mal gesprochen hast. Ich glaube, du schliefst... in Vermont... Mary lag neben dir... Du sagtest etwas wie: "Der Hund möchte raus."Du bist vom Bett aufgestanden und hast den Hund hinausgelassen. Du darfst mich korrigieren... falls ich ungenau bin... Du kannst jetzt erzählen, was geschah, als du erwachtest, um den Hund hinauszulassen. Also fahre bitte fort.

Jack: Der Hund springt vom Bett. Das tut er auch sonst. Er steht auf und springt vom Bett, läuft zur Tür und kratzt daran. Ich bin im Bett und denke: "Mist! Ich muß aufstehen und den Hund hinauslassen." Ich stehe also auf, es macht mir gar nichts aus. Ich suche meine Hosen, finde sie und ziehe sie über. Er ist an der Tür und kratzt. Ich gehe zur Tür und sehe, daß Licht durch die Fenster scheint. Das Küchenfenster ist zu meiner Linken.

Tony: Welche Farbe hat es?

Jack: Es ist blau. Ein blaues Licht. Und ich denke: "Das ist komisch. Nicht wie der Mond." Ich gehe zum Fenster und schaue hinaus. Was ich sehe, überrascht mich. Es ist ein helles Licht. Ein großes, helles Licht. Direkt beim Lastwagen. Und ich denke: "Oh, mein Gott! Ich kann es nicht glauben!" Und ich sage zu mir: "Mary, steh auf. Steh auf und schau!" Ich renne zur Tür, gehe hinaus und laufe auf das Licht im Feld zu. Ich kann es nicht glauben! Es ist unfaßbar. Ich rufe nach Mary und dann... Dann sehe ich den Hund dort im Feld. Und er rennt neben mir. Ich denke: "Oh, er wird sich verlaufen." Ich bücke mich und hebe ihn hoch. Dabei denke ich: "Ich muß ihn hineinbringen. Ich muß ihn hineinbringen." Ich weiß, daß das Licht da ist und denke: "Ich muß den Hund retten." So nehme ich ihn auf und renne zum Haus zurück. Ich weiß, daß das Licht immer noch da ist. Es bewegt sich. Es bewegt sich nach hinten hin. Dann lege ich den Hund ins Bett zurück und denke: "Ich möchte dies nicht tun. Ich möchte dies jetzt nicht tun."

Tony: Was möchtest du nicht tun, Jack?

Jack: Ich möchte das Licht nicht sehen. Ich möchte nicht wissen, was das Licht ist. Ich fühle mich nicht sicher. Deshalb schlüpfe ich ins Bett zurück. Ich gehe also ins Bett und denke: "Ich möchte damit jetzt nichts zu tun haben. Warum sind sie hier?" Ich fürchte mich. Ich möchte sie nicht sehen. Deshalb ziehe ich die Bettdecke über den Kopf. Und ich liege mit dem Hund unter der Decke im Bett. Mary ist neben mir. Und dann weiß ich, ich weiß, daß etwas im Haus ist. Mir ist bewußt, daß sie hier sind. Ich liege unter der Decke und denke: "Mensch! Warum sind sie jetzt hier? Ich möchte nicht, daß das passiert. Ich möchte sie nicht sehen." Ich fürchte mich. Dann weiß ich, daß sie da sind. "Oh, Gott, Oh, Gott, warum sind sie jetzt hier? (Ringt nach Luft.) Schließlich bewegen sich die Decken, und ich fühle etwas auf der Decke und denke: "Oh, nein! Oh, nein!... Ich möchte nicht, daß das passiert!" Aber das spielt keine Rolle. Es spielt überhaupt keine Rolle. Und plötzlich... liegen die Decken unten. Ich schaue hin und hatte recht. Sie sind da! Oh, Gott! Sie sind da!

Tony: Wie viele?

Jack: Ich sehe einen, und er steht da! Direkt neben meinem Bett!

Tony: Daneben?

Jack: Direkt neben meinem Bett.

Tony: Beschreibe, was du siehst.

Jack: (Antwortet mit zittriger Stimme.) Ich sehe eine dunkle Gestalt mit einem seltsamen Gesicht. Nicht wie unser Gesicht.

Tony: Was ist anders?

Jack: Er hat große Augen. Große Augen. Zwei große Augen und einen großen Kopf, und er ist dunkel, und da ist ein Licht hinter ihm, das durch die Tür fällt. Und er nimmt einfach die Decken weg, und ich möchte ihn nicht sehen. Ich schaue ihn an und denke: "Herr Gott noch mal... Ich möchte das nicht tun! Und ich schaue zu Mary hinüber, weil ich schreien möchte oder ähnliches... Schreien oder Mary warnen, aber dann wird es noch schlimmer. Schlimmer ist (pausiert), daß da noch einer neben Mary steht. Und ich denke: "Oh, mein Gott! Oh, mein Gott! Ich kann es nicht glauben!" Und er zieht die Decken weg! Ich wünschte, ich könnte etwas tun. Ich wünschte, ich könnte etwas tun, kann aber nicht. Ich muß tun, was sie wünschen. Und das Licht ist da draußen, und sie möchten, daß ich dort hinausgehe. Und sie (hält inne) berühren meinen Arm. Sie heben mich hoch. Sie möchten, daß ich vom Bett aufstehe... ha!

Tony: Bewegst du dich?

Jack: Ich stehe... Und ich schaue... Und Mary steht auch... Sie lassen uns zum Licht gehen. Ich weiß nicht warum, aber der Hund... Der Hund schaut zu. Und der Hund tut nichts. Sie bringen uns dazu, uns zu bewegen, und ich möchte nicht gehen. Da, die Tür... Wir sind durch die Tür... Und es ist da hinten.

Tony: Was?

Jack: Das Licht. Ich kann es nicht glauben. Es ist wieder da. Und sie möchten, daß wir uns zum Licht hin bewegen.

Tony: Tust du es?

Jack: Ja.

Tony: Ihr beide?

Jack: Ja. Wir gehen zum Rasen und mir ist, als ob ich dorthin schwebe. Ich gehe einfach mit ihnen... Sie halten mich... Und sie halten Mary.

Tony: Sie halten dich?

Jack: An unseren Armen. Sie haben unsere Arme ergriffen.

Tony: Berühren deine Füße den Boden?

Jack? Unsere Füße sind am Boden, aber es ist seltsam, weil meine Füße nicht das tun, was sie sollen. Ich möchte nicht, daß meine Füße laufen, aber sie tun es dennoch, und es ist komisch, weil ich nicht tue, was ich möchte, sondern das mache, was sie wollen.

Ray: Was geschieht dann?

Jack: Wir gehen auf ein Licht zu.

Ray: Wie groß ist das Licht?

Jack: Groß.

Ray: Im Vergleich zu einem Haus.

Jack: Es ist größer als unser Haus.

Ray: Welche Form hat es?

Jack: Rund, aber es verändert sich... Es verändert sich im Aussehen.

Tony: Wie verändert es sich? In Farbe oder Form?

Jack: In Form und Farbe. Es ist seltsam, wie es sich bewegt, und es gleicht nicht...

Tony: Wie verändert sich seine Form?

Jack: Es wird von einem Ball zu einer anderen Form... Wie ein Ding mit Ecken. Ähnliches habe ich noch nie gesehen. Komisch. Es verändert sich auf diese Weise. Und dann wird es wieder rund, und es pulsiert.

Ray: Welche Farbe?

Jack: Es verändert sich von hell, hellem Weiß, gelb und dann, dann ändert es die Farbe zu einem dunkleren Orange und Purpur und Weiß, und das ist unheimlich.

Ray: Was geschah mit dem blauen Licht?

Jack: Das blaue Licht ist unten drunter... Und es sitzt... auf dem blauen Licht. Das ist gespenstisch. Es flackert und bewegt sich und...

Ray: Macht es Geräusche?

Jack: Kein Geräusch.

Ray; Riechst du etwas Ungewöhnliches?

Jack: (Schnuppert.) Ich rieche Gras, und ich rieche (schnuppert)... etwas Unheimliches.

Ray: Kannst du es mit etwas Bekanntem vergleichen?

Jack: Es riecht wie (hält inne) eine Gefriertruhe. Vielleicht wie eine Gefriertruhe.

Ray: Wie riecht eine Gefriertruhe?

Jack: So, als wenn du eine Gefriertruhe mit Deckel öffnest. Es riecht (pausiert) scharf... sauer (hält inne)... hmm, hmm wie Kälte oder nach Chemikalien. Ein unheimlicher Geruch. Ein unheimlicher Geruch.

Ray: Und weiter?

Jack: Wir gehen auf das blaue Licht zu, und sie möchten, daß wir zum Licht gehen.

Ray: Macht ihr das?

Tony: Was geschieht dann?

Jack: Wir halten neben dem Licht, und ich blicke zu Mary hin... Und es sieht aus, als sei sie abwesend... Als ob sie sich fürchtet, aber irgendwie abwesend.

Tony: Sind ihre Augen geöffnet?

Jack: Ja. Sie schaut umher, und... Ich fühle, daß sie abwesend ist... Ich wünschte, es wäre nicht da. Und ich glaube, daß wir tun müssen, was sie wollen.

Ray: Was möchten sie?

Jack: Daß wir mit ihnen gehen.

Ray: Macht ihr das?

Jack: Ja.

Ray: Beschreibe es.

Jack: Sie wenden sich um und lassen uns mit sich in das blaue Licht treten. Das Licht ist über uns, und ich merke, daß ich am Ende bin... Ich kann mich nicht mehr sträuben.

Ray: Beschreibe, was geschieht.

Jack: Wir stehen im Licht, und alles scheint sich zu verändern. Ich blicke auf Mary und schaue ihr ins Gesicht und denke: "Es verändert sich." Und: "Es geschieht etwas... Jetzt wird etwas geschehen." Ich weiß nicht, was als nächstes kommt, aber ich fühle, daß etwas passieren wird.

Ray: Wie verändert sich Mary?

Jack: Es wird neblig um sie, es scheint, als ginge sie fort... Als ob wir fortgingen... Und ich denke: "Sie wird weggenommen (schreit fast), und ich möchte nicht... Ich möchte nicht, daß sie sie wegnehmen."

Tony: Entspanne dich, entspanne dich einfach.

Jack war sichtlich erregt und den Tränen nahe. Tony griff ein und beruhigte ihn. Er beschloß, Jack durch dieses Erlebnis zu helfen, indem er ihm suggerierte, das Geschehen auf einem imaginären Fernsehschirm zu betrachten.

Tony: Was geschieht als nächstes?

Jack: Irgendwie befinden wir uns jetzt in einem Raum, und alles ist jetzt ganz anders (spricht mit erstaunter Stimme). Wir sind nicht im Haus, und ich weiß, daß (klingt alarmiert) ich hier bin und mich auf diesem Ding befinde!

Tony: Welchem Ding?

Jack: In diesem Licht, und ich weiß, daß jetzt etwas geschehen wird.

Tony: Beschreibe, was du siehst, während du dich umschaust. Was siehst du?

Jack: Ich sehe einen großen Raum. Es ist verwirrend, weil er bis ins Unendliche zu reichen scheint. Ich blicke hin und kann nicht erkennen, wo er aufhört.

Tony: Blicke nach links, was siehst du da?

Jack: Ich schaue... Da ist das gleiche helle Licht und ein nebliges Licht.

Tony: Sieh nach rechts. Was gibt es da?

Jack: Ich gucke überall hin, und ich sehe ein Ding... Ich weiß, es ist eines von ihnen, weil es dicht bei mir steht. Es scheint mich zu beobachten, und ich denke: "Was will es?... Was will es? Dann schaue ich umher und erinnere mich an Mary. Aber ich sehe Mary nicht. Ich sehe nur das Ding und blicke nach oben.

Tony: Was ist da?

Jack: Ich sehe da nichts, und ich weiß nicht, was passiert... Ich kann mich nicht bewegen! Ich kann nicht laufen!

Tony: Kannst du deine Füße sehen?

Jack. Ich kann Teile von mir sehen. Meine Hände... Und ich schaue darauf und denke: "Ist mein ganzer Körper hier?" Und ich sage: "Ja, ich bin vollständig hier." Ich blicke umher, es schaut mir zu... Aber Mary sehe ich nicht.

Ray: Und dann?

Jack: Ich bin (hält inne)... Jetzt weiß ich, daß es auf mich zukommt. Und ich denke: "Ich weiß, es wird mir nicht wehtun, wenn ich ihm nichts antue." (Hat Jack eine telepathische Warnung von dem Außerirdischen erhalten?) Es kommt auf mich zu, und ich blicke es an... (flüstert) Oh, Gott.

Tony: Hast du es schon mal gesehen?

Jack: Ich habe es schon irgendwo einmal gesehen. Es kommt mir vertraut vor... Ich glaube, es kommt mir vertraut vor (Stimme hebt sich in Alarm.)... Und ich denke: "Oh, Gott, sie müssen... Sie sind es!"

Tony: Wer sind sie?

Jack: Die, die wir in Maine gesehen haben.

Ray: Sehen sie genauso aus?

Jack: Sie haben Augen... Ihre Augen ähneln ihnen. Und ihre Köpfe... Ihre Köpfe sind gleich, und sie haben Hände.

Ray: Wie viele Finger?

Jack: (Hält inne, als ob er zählt.) Vier.

Ray: Daumen?

Jack: Nein.

Ray: Was geschieht dann?

Jack: Es kommt auf mich zu, jetzt kommt es direkt auf mich zu!

Ich dachte bei mir: "Hier kommt deine Chance." Wir hatten in den letzten Sitzungen eine ungefähre Beschreibung der Außerirdischen, die in der Allagash-Entführung verwickelt waren, erhalten. Dies war eine gute Gelegenheit, eine detaillierte Beschreibung dieser fremdartigen Nachtlebewesen zu bekommen:

Ray: Steht er jetzt neben dir? Was trägt er oder sie von Kopf bis Fuß?

Jack: Der Kopf sieht aus wie... Es trägt nichts auf dem Kopf.

Ray: Hat es Haare?

Jack: Nein.

Ray: Gut, fahre fort, angefangen vom Kopf.

Jack: Es hat große Augen...

Ray: Hmm, hm.

Jack: ....die scheinen wie das Licht... Das Licht, das uns umgibt (i.e. reflektiert). Sie sehen naß aus, so als hätten sie feuchte Augen. Und sein Gesicht? Es ist nicht wie unseres.

Ray: Warum?

Jack: Weil es keine Nase hat, auch keinen Mund, aber es ist glatt (i.e. nicht wie unserer).

Ray: Ohren?

Ray: Keine Ohren (i.e. nicht wie unsere).

Ray: Was trägt es vom Hals abwärts? Hat es einen Hals?

Jack: Es hat einen Hals. Es hat etwas Glattes an, nichts Glänzendes, sondern glatt.

Ray: Womit kann man es vergleichen?

Jack: Mit einem Skifahrer... Rennfahrer... in einem Anzug.

Ray: Welche Farbe?

Jack: Es hat die gleiche Farbe wie der Kopf... braun (schweigt), es knittert nicht. Ich weiß nicht, wie das zustande kommt.

Ray: Hat er einen Gürtel oder Knöpfe? Träger?

Jack: Keine Knöpfe. Keine Falten. Keine Nähte. Etwas in der Mitte, aber (pausiert), was ist das?

Ray: Wie sieht es aus?

Jack: Es ist (Pause)... etwas (Pause) Ovales, Ovalgeformtes, äh... wie... Ich weiß nicht.

Ray: Wo sitzt es?

Jack: Vorne. Unterhalb der Brust.

Ray: Ist es befestigt?

Jack: (Pause.) Es (hält inne)... Es ist nur ein Stück vom Anzug.

Ray: Gleiche Farbe?

Jack: Eine andere Farbe. Heller, heller als braun und (hält inne)... leuchtender... Als ob Licht darauf wäre.

Ray: Bedeckt dieser Anzug den ganzen Körper?

Jack: Ja.

Ray: Einschließlich der Hände?

Jack (Pause.) Nein.

Ray: Sind ihre Hände unbekleidet?

Jack: Ihre Hände sind anders. Sie sehen nicht wie unsere aus.

Ray: Sind sie bedeckt?

Jack: Nein, ich glaube nicht.

Ray: Haben sie Fingernägel?

Jack: Nein, nein.

Ray: Wie viele Finger?

Jack: Vier.

Ray: Was tragen sie an den Füßen?

Jack: Ihre Füße... Sie haben keine Schuhe... Ihre Füße werden vom gleichen Material des Anzugs bedeckt.

Ray: Kannst du Zehen an den Füßen erkennen?

Jack: Ich sehe Teile davon.

Ray: Teile?

Jack: Zwei Teile mit einem Spalt dazwischen.

Ray: Was passiert dann?

Jack: Das Ding steht nun vor mir. Und es macht seitlich etwas... Als ob es etwas holt. Und nun hält es etwas (hält inne), das etwas tun wird. Was ist es?

Ray: Wie sieht es aus?

Jack: Es nähert sich damit meinem Gesicht, und es scheint, als wolle es damit mein Gesicht berühren. Und es schaut mich an... Schaut in mein Gesicht.

Ray: Was schaut in dein Gesicht?

Jack: Das Ding schaut mich an... Das Instrument wird benutzt, um mich anzuschauen. Das tut es.

Ray: Welcher Körperteil wird betrachtet?

Jack: Es schaut sich meine Augen gründlich an.

Ray: Wie sieht das Instrument aus, mit dem es in deine Augen schaut?

Jack: Es hat eine einfache glänzende Oberfläche, ähnelt aber keinem Metall. Und es hat einen Teil, der etwas zu tun scheint... Ich weiß nicht, was es macht!

Ray: Fühlst du etwas?

Jack. (Hält inne.) Ich habe das Gefühl, daß es mich durch dieses Ding anschaut... Es wird benutzt, um mich auf eine bestimmte Weise zu betrachten.

Ray: Was geschieht dann?

Jack: Als nächstes senkt es das Ding, und ich erblicke sein Gesicht über dem Rand des Dings, so, als schaute es mich erneut an. Und nun wird das Ding an meine Kehle geführt, und es scheint etwas zu sein, das mich betrachtet. Es fühlt sich an, als ob es etwas tut.

Ray: Berührt es dich?

Jack: Nein.

Ray: Wie fühlt es sich an?

Jack: So als trommelte etwas... summt... trommelt.

Ray: Wo?

Jack: In meiner Brust, in meiner Kehle und in meinen Schultern. Und ich spüre ein Trommeln, aber es berührt mich nicht.

Ray: Und dann?

Jack: Das Ding ist immer noch da... Und es hält immer noch das Instrument. Es senkt das Gerät tiefer. Und es scheint daran interessiert zu sein, meinen Körper damit zu betrachten.

Ray: Welchen Körperteil?

Jack: Meine Brust, meinen Bauch und meine Leiste. Und da, wo es gerade ist, spüre ich ein Trommeln. Wo immer es ist, da ist auch das Trommeln.

Ray: Hört es an deiner Leiste auf? Geht es tiefer?

Jack: Es hört auf.

Ray: Was geschieht dann?

Jack: Es hebt das Ding an sein Gesicht, schaut es an und läßt seine Finger darauf gleiten... und dann... Jetzt ist es vorbei.

Ray: Was macht er jetzt mit dem Instrument?

Jack: Irgend etwas mit seinen Händen.

Ray: Mit was? Seine (außerirdischen) Hände machen etwas mit dem Ding (Instrument), und dann reicht es das Instrument an jemand weiter.

Ray: Ist er ihm ähnlich?

Jack: Genauso.

Ray: Und dann?

Jack: Er nimmt es und sieht durch das Ding (Instrument) und macht etwas mit seinem Kopf... So als ob er ihn auf ulkige Art schüttelt... Dann wendet er sich ab und geht weg.

Ray: Woraus ist der Raum, in dem du dich befindest, gemacht? Nach was sieht er aus?

Jack: Der Raum sieht aus, als sei er ganz und gar aus einem dichten, fasrigen Licht.

Ray: Welche Form hat der Raum?

Jack: Ich weiß nicht, welche Form der Raum hat.

Ray: Okay. Was passiert, nachdem das Instrument fortgenommen wurde?

Jack: Das Ding steht einfach da und langt nach mir. Es berührt mein Gesicht und mein Auge... Es berührt meine Augen und öffnet sie.

Ray: Mit seinen Fingern?

Jack: Ja.

Ray: Wie fühlt sich das an?

Jack: Oh, schrecklich. Es fühlt sich an, als hätte es wabblige Finger.

Ray: Wie konnte er deine Augen, wenn sie bereits offen waren, öffnen?

Jack: Sie ließen sie weiter aufgehen... So, als ob es nach meinen Augen griff und mehr davon betrachten wollte. Nun hört es auf und schaut sich meine Nase von innen an. Es bog meinen Kopf zurück, und seine Finger weiten meine Nase (Nasenlöcher), und es scheint da hineinzuschauen... Als ob es etwas sucht... Aber ich kann mir nicht vorstellen, was das sein sollte.

Ray: Und weiter?

Jack: Jetzt öffnet es meinen Mund und schaut hinein. Jetzt hat es etwas in der Hand.

Ray: Beschreibe es... Größe... Form... Woraus es besteht.

Jack: Es ist wie ein Stab... Irgendein Stab.

Ray: Wie sieht er aus?

Jack: Sieht aus, als sei er aus etwas Glitzerndem wie Kristall, oder wie Wasser, aber festes Wasser.

Ray: Wie lang?

Jack: Nicht zu kurz.... Wahrscheinlich länger als 30 Zentimeter... mehr fünfzig Zentimeter, vielleicht fünfzig Zentimeter lang.

Ray: Von welchem Durchmesser?

Jack: Nicht sehr groß. Sehr dünn.

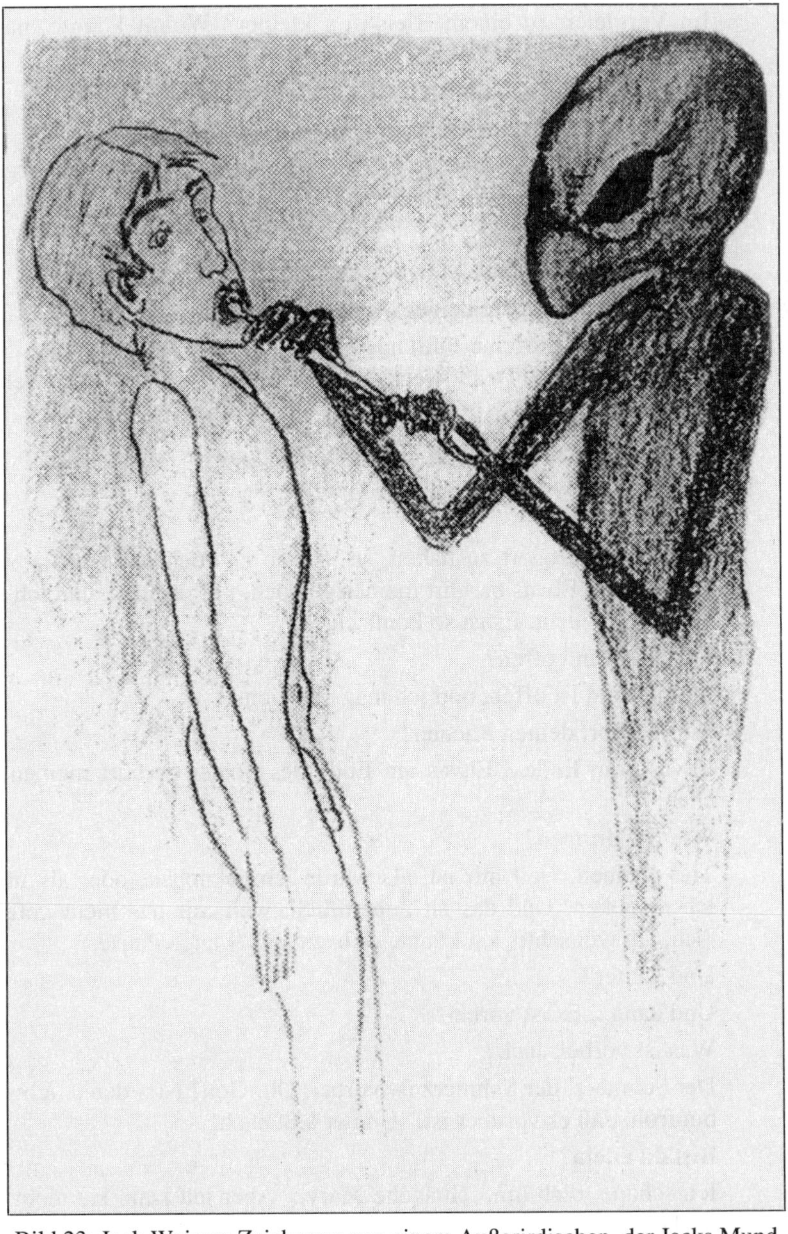

Bild 23: Jack Weiners Zeichnung von einem Außerirdischen, der Jacks Mund mit einem leuchtenden, stabähnlichen Instrument untersucht.

Ray: Im Vergleich zu einem Bleistift... kleiner? Womit könnte man es vergleichen?

Jack: Dünner, dünner als ein Bleistift.

Ray: Leuchtet es von selbst, oder reflektiert es das Licht?

Jack: Es hat ein Licht. Es befindet sich ein Licht unten am Ende... Irgendeine glühbirnenartige, helle Substanz.

Ray: Was macht er damit?

Jack: Er steckt es in meinen Mund (Siehe Bild 23.)

Ray: Berührt es das Innere deines Mundes? Wie fühlt sich das an?

Jack: (Pausiert.) Oh! Meine Füllungen fühlen sich so an, als ob ich Stanniolpapier kaue... Denn, wenn es meine Zähne berührt, tut es weh.

Ray: Und weiter?

Jack: Es berührt meinen Mund, ist sehr nah, und es schaut hinein, und dann ist Schluß... Ich glaube es zumindest.

Ray: Warum?

Jack: Es schien gezögert zu haben, so, als ob es noch nicht fertig wäre. Und dann... Etwas berührt meinen Rachen, tief drinnen, und ich mag das Gefühl nicht. Es ist so komisch.

Ray: Ist dein Mund offen?

Jack: Mein Mund ist offen, und ich mag das nicht!

Ray: Was berührt deinen Rachen?

Jack Etwas vom Ende... Etwas am Ende des Stabes berührt meinen Rachen.

Ray: Wie tief drinnen?

Jack Tief drinnen, weil mir ist, als würde ich geknebelt, oder als müßte ich ersticken. Und das ist unheimlich, weil mir das nicht gefällt... Ach, ich wünschte, ich könnte es beenden! (Lange Pause.)

Ray: Und weiter?

Jack: Und dann... Es ist vorbei!

Ray: Was ist vorbei, Jack?

Jack: Der Schmerz, der Schmerz ist vorbei. Oh, Gott! Nun denke ich: "Ich bin froh, daß es vorüber ist." Und er läßt nach.

Ray: Bist du allein?

Jack: Ich schaue mich um, ich suche Mary... Aber ich kann sie nicht entdecken.

Ray: Bist du allein?

Jack: (Hält inne.) Nein.

Ray: Wer ist bei dir?

Jack: Da sind mehr... Da ist noch einer von ihnen, weiter weg (Außerirdischer).

Ray: Was geschieht als nächstes?

Jack: Ich beobachte das Ding, das weiter weg steht.

Ray: Was passiert, nachdem du es beobachtest hast?

Jack: Sein Gesicht beobachtet.... Und es bewegt sich... Dann fühle ich, wie ich mich zu ihm hin bewege, und es wird größer. Aber ich weiß nicht, wie ich das bewerkstellige.

Ray: Läufst du?

Jack: Nein, ich laufe nicht.

Ray: Berührst du den Boden?

Jack: Nein.

Ray: Bist du über dem Boden?

Jack: Ich bin auf etwas, das sich bewegt... Ich bewege mich nicht.

Ray: Und dann?

Jack: Das Ding, das da hinten stand, kommt näher, und ich sehe einen anderen Raum oder ähnliches vor mir. Ich werde bewegt, irgendwohin bewegt. Ja.

Ray: Was befindet sich in dem Raum?

Jack: Da ist ein andersfarbiges Licht, sehr kraftvolle... Farbe... Sehr kräftiges Orange... Eine andere orangene Farbe.

Ray: Kannst du die Dimensionen dieses Raumes erkennen... Die Seiten, den Boden, die Decke?

Jack: Ich sehe eine nicht allzu hohe Decke.

Ray: Wie hoch?

Jack. Größer als ich, aber nicht doppelt so groß.

Ray: Kannst du die Seitenwände des Raumes erkennen?

Jack: Ja.

Ray: Wie ist der Raum geformt?

Jack: Wie ein U. Und an den Enden... Er hat zwei Enden. Und in der Mitte ist eine glatt aussehende Wand oder etwas, das herausragt. Da sind andere, andere Dinger (Außerirdische). Sie schauen auf etwas, das komisch aussieht... Und mit der Wand verbunden ist. Und nun gehe ich in diesen Raum und schaue in die eine Richtung, und ich sehe das Ende. Und dann blicke ich in die andere Richtung und sehe das andere Ende. Und nun bewegen sie mich hin zu diesem komischen Teil (Hält inne.) Und es (das komische Teil) bewegt sich auf mich zu... hu, hu, sie wollen, daß ich mich da hineinsetze, und ich muß mich bücken, so, als ob ich mich auf den Boden setze.

Ray: Wie würdest du dieses komisch aussehende Ding beschreiben?

Jack: Es sieht aus wie... Es sieht aus wie ein Kabinett aus einem Stück, aber es ist kein Kabinett. Es bewegt sich und verändert die Form. Es teilt sich und verändert sich in etwas, auf dem ich Platz nehmen soll. Es ist glatt, und macht irgend etwas - ich weiß nicht, wie es das tut.

Ray: Was macht es?

Jack: Es verändert sich. Es verändert seine Form und sein Aussehen, es scheint zu leben oder ist etwas, das lebt, weil es das tun kann!

Ray: Es verändert sich von was zu was?

Jack: Es verändert sich von einem glatten, runden Kabinett... Und kommt mir entgegen, und es ist niedrig... Und, als es sich mir nähert, flacht es zu runden Dingern an den Seiten ab... Und es ist, als ob es lebt.

Tony: Und weiter?

Jack: Dann schiebt es sich unter mich, und ich habe das Gefühl, auf dem Boden oder ähnlichem zu sein. Und der Stuhl verändert sich unter mir... so, als ob er sich um mich wickelt. Und er bewegt sich mit mir, während ich darin sitze. Und ich fühle mich wie ein Ei.

Ray: Umhüllt es dich völlig, wie eine Eierschale?

Jack: (Pausiert.) Sieht so aus... Es ragt über meine Schultern hinaus... Komisch, ich kann oben hinausschauen.

Ray: Und dann?

Jack: (Hält inne.)Mir ist komisch, so als sei ich taub. (Pause.) Und alles geschieht... sehr langsam. Mir wird schlecht. Ich fühle mich wie ein Ei und möchte, daß es aufhört, und tun, was sie wollen.

Ray: Was wollen sie?

Jack: Sie möchten nur, daß ich still bin und mich nicht bewege.

Ray: Was geschieht dann?

Jack: (Hält inne.) Das Ding (das einschließende Gerät) fühlt sich seltsam an, so, als ob es etwas machen will... Und mein Körper fühlt sich an, als ob etwas mit ihm geschieht, aber ich weiß nicht, was.

Tony: Was ist das für ein Gefühl?

Jack: Als ob ich dicker und dicker und dicker würde... Als ob ich fest und dick würde... Und ich kann kaum nach oben hinausschauen.

Tony: Und weiter?

Jack: Die Dinger (Außerirdischen) beobachten mich. Ich kann sehen, wie sie mich beobachten... Sie schauen zu mir hinunter. Und ich denke: "Was werden sie machen? Sie brüten etwas aus". Aber ich kann nichts fühlen... Ich kann nicht fühlen, was sie tun. Es scheint, als würde ich mich oben mehr öffnen, und ich denke: "Jetzt passiert etwas," weil es sich oben öffnet und ich mehr sehen kann. Und nun merke ich, daß ich liege... Und sie umrunden mich... Und ich fühle mich besser (jetzt) und bin von diesem Gerät befreit.

Ray: Und dann?

Jack: Dann blicke ich mich um und bewege den Kopf. Ich schaue und denke: "Gott sei Dank, wie bin ich froh, daß alles vorüber ist! Oh, oh, wie froh bin ich, daß es vorüber ist."

Ray: Was geschieht dann?

Jack: Ich liege und spüre eine Bewegung, als würde sich das Ding (Gerät) noch unter mir bewegen... Als befände ich mich wieder auf etwas, das sich bewegt... Und mir fällt auf, daß sich alles verändert... Ich scheine mich im Kreis zu bewegen, anders zu rotieren... Alles scheint seinen Platz gewechselt zu haben... Es ist anders... Und sie (die Außerirdischen) sind noch da... Und sie berühren etwas an der Oberfläche der Wand... Zu meiner linken (zeigt nach links) ist eine Wand, die wie (pausiert)... runde, durchsichtige Glastanks aussieht... Aber ich weiß nicht, was es ist... Es könnte Wasser drinnen sein, oder ähnliches.

Ray: Wie sind die Tanks geformt?

Jack: Rund wie Kugeln.

Ray: Haben sie Öffnungen?

Jack: Da sind Öffnungen in der Wand.

Ray: Sind sie ganz mit Wasser gefüllt? Halbvoll? Dreiviertelvoll? Mit Wasser oder Flüssigkeit?

Jack: Da sind ein, zwei, drei, vier oben... vier... das gleiche unten... Sie sind mit irgend etwas gefüllt.

Ray: Einer klaren Flüssigkeit?

Jack: Ich weiß nicht. Es sieht aus, als wäre ein Licht dahinter. Und ich weiß nicht, welche Farbe das Zeugs hat... Oder kommt es vom Licht, daß es so aussieht?

Ray: Was geschieht dann?

Jack: Die Dinger greifen mit ihren Fingern an der Wand hoch und machen da etwas... Es sieht aus, aus hielten sie etwas mit einer Hand hoch... (Pause). Sie berühren... etwas... mit einer Hand, und in ihrer anderen Hand halten sie eine runde Röhre, die oben (Pause)... Farben und Streifen verändert. Sie beobachten dieses Gerät. Zur gleichen Zeit berühren sie die Wand. Sie scheinen sie vertieft zu beobachten und darauf zu warten, daß etwas geschieht.... (Pause) Das ist komisch. Ich denke: "Sie überlegen! Es sind Dinger, die denken." Ich bin belustigt über ihren Gesichtsausdruck und denke: "Sie sind neugierig, und sie denken nach." Danach geht es mir besser, denn in dieser Hinsicht haben wir etwas gemeinsam, und sie mögen ihre Arbeit.

Ray: Und dann?

Jack: Dann liege ich hier und habe diese Gedanken und Gefühle... Das ist wirklich eigenartig... Ich kann nicht glauben, daß dies alles wahr ist!

Ray: Fasse noch einmal die Ereignisse ab diesem Zeitpunkt zusammen bis du ins Haus zurückkehrst, aber gestrafft.

Jack: In Ordnung. Ich beobachte sie und mir ist, als ob ich sie irgendwie kenne. Und als nächstes wird mir bewußt, daß sie noch mehr tun. Das Ding (Gerät), auf dem ich bin, verändert sich und bewegt mich hin und her. Jetzt wächst es an einer Seite, so daß ich auf einer Seite liege... Sie machen etwas an meinem Rücken, an meiner Rückseite. Ich kann nicht sehen, was sie tun, aber ich spüre es. Es ist ein eigenartiges Gefühl. Wie ein Schwamm... Als ob ein großer Schwamm auf mir wäre... Auf meiner ganzen Rückseite. Ich fühle mich wie ein großer Schwamm. Und sie scheinen ihrer Arbeit nachzugehen... Und ich denke, es ist wie im Krankenhaus... Sie tun nur ihre Arbeit.

Ray: Und dann?

Jack: Dann ist da dieses schwammige, dieses schwammige Gefühl auf meinem Rücken. Und oh, komisch, es ist fast wie an mir angeklebt. Dann hört es auf, und ich denke: "Was war das?" Dann verändert sich ihr Ding (Gerät) und bewegt sich um mich herum... Es ist unheimlich... - die Art, wie es sich bewegt.

Ray: Woraus besteht es?

Jack: Aus etwas ähnlichem wie Ton... Aber nicht naß oder glitschig... Dennoch bewegt es sich wie Ton.

Ray: Von selbst?

Jack. Von ganz allein.

Ray. Was passiert dann?

Jack: Ich sitze halbwegs aufrecht.

Ray: Was hast du an?

Jack: Nichts, keinen Faden.

Ray: Wann haben sie dich ausgezogen?

Jack: Wann sie meine Kleider abgenommen haben? (Hört sich erstaunt an.) Kann mich nicht entsinnen.

Ray: Okay. Was weiter?

Jack: Dann beobachte ich etwas vor mir an der Wand und denke: "Was ist das?" Und ich blicke umher. Die Wesen sind da, und sie scheinen beschäftigt zu sein. Ihre Hände bewegen sich an der Wand hoch und runter... Sie beobachten mich... Und ich weiß, daß etwas geschehen soll... Weil sie sich bewegen und mich beobachten.

Ray: Was geschieht dann?

Jack: Ich lehne mich zurück und mir wird gesagt, ich soll mich entspannen und ruhig bleiben und nicht ängstlich sein.

Ray: Wie sagen sie dir das?

Jack: Ich sehe die Worte in meinem Kopf. Es ist ungeheuerlich! Es ist, als sehe und hörte ich die Worte in meinem Kopf.

Ray: Ach so. Und dann?

Jack: Sie sagen mir, ich soll mich nicht rühren. Überall um mich herum verändert es sich... Und dann scheinen sie weiter weg zu sein, immer weiter weg, und noch weiter weg... Jetzt bin ich wieder außerhalb des Raums, da, wo ich zuerst war.

Ray: Außerhalb von wo, Jack?

Jack: Außerhalb des Raums mit dem komischen Stuhl. Ich werde zu irgendeinem Ort gebracht, an einen anderen Ort und weiß nicht, wohin. Es ist ein großer, leerer Raum.

Ray: Und weiter?

Jack: Ich kann mich noch immer nicht bewegen und weiß nicht, wo ich bin. Es ist, als ob ich hier bin, aber ich weiß nicht, wie ich herkam.

Irgend etwas hat Jack bewegt, und zwar auf die gleiche Art, wie er den Raum betrat, - etwa ein sich bewegender Boden oder ein Fließband. Vielleicht schwebte er über dem Boden, falls kein Fließband da war. Unsere Befragung ging weiter:

Ray: Hast du deine Kleidung noch an?

Jack: Oh, ich bin noch ausgezogen.

Ray: Was geschieht weiter?

Jack: Die Wesen laufen jetzt - jedes an einer Seite... Und ich bewege mich irgendwohin, aber weiß nicht, wie ich es anstelle.

Ray: Wohin führen sie dich?

Jack: In einen Raum, der so ähnlich aussieht wie der vorherige... Die Wesen betasten meinen Körper mit einem anderen Ding...Ich weiß nicht, was es ist, aber sie gehen bis zu meinen Füßen hinunter, sie sind am ganzen Körper.

Ray: Hält ein Wesen dieses Instrument, oder sind es mehrere?

Jack: Mehr als einer.

Ray: Sehen die Instrumente alle gleich oder verschieden aus?

Jack: Einer hält etwas in der Hand, es ist nicht sonderlich groß, und er scheint mich mit etwas Seifenähnlichem einzureiben. Aber es ist keine Seife... Er reibt mich damit ein. Beide tun das.

Ray: Und dann?

Jack: Sie reiben mich ein damit (seifenähnlichen Substanz), und ich weiß nicht, warum.

Ray: Was geschieht, nachdem sie dich eingerieben haben?

Jack: Sie richten mich auf und schauen mich direkt an. Direkt ins Gesicht... Und sie sagen: "Okay. Er ist bereit. Er ist bereit. Er ist bereit. Mach ihn bereit." Ich glaube sie sagen: "Mach ihn bereit."

Ray: Was geschieht dann?

Jack: Ich denke; "Verflixt, ich weiß nicht, wozu sie mich bereit machen, aber ich möchte hier verschwinden. Und dann bewegen sie mich rückwärts... Ich gehe rückwärts... und rückwärts... Und sie stoßen mich fast. Und ich scheine zu stolpern... Ich habe keine Kontrolle... Und fühle mich... - es ist unheimlich - genau so, als ich klein war, und mich ein Raufbold stieß. Das gefiel mir nicht, und ich weiß nicht, warum. Sie scheinen mich zu stoßen.

Ray: Wohin stoßen sie dich?

Jack: Ich stehe still, weil etwas meinen Rücken berührt, aber ich kann nicht sagen, was es ist.

Ray: Was macht es?

Jack: Es hindert mich am Bewegen und dann fühlt es sich... Es fühlt sich irgendwie gut an... (seufzt). Es ist eigenartig, so, als ob mich jemand gefangen hält und meinen Körper sehr sanft und zart umfaßt... Und es paßt sich meinem Körper an. Jetzt fühle ich mich besser, und ich spüre, daß sie etwas mit mir machen. Sie berühren mich... Es verwirrt mich. Ich werde von meinen Füßen aufwärts bis zu den Armen berührt, und sie lassen mich vorwärts zu gehen. Ich kenne dieses Gefühl, es ist so, als wenn mich meine Mutter anzog - als ich klein war und hinaus in den Schnee ging.

Ray: Und weiter?

Jack: Als nächstes (Pause)... fühle ich, daß es von vorn anfängt mit dem Ding, als ich spürte... Oh, da ist ein Licht, ich schaue auf und entsinne mich, es schon einmal erblickt zu haben (als er das UFO betrat). Ich sehe hinüber und erblicke Mary... und... Es ist genau so, als wir (zum UFO) gingen. Ich sehe das Gras, das Haus und denke: "Ist der Hund noch da?" Und ich denke: "Oh je, ich kann es kaum glauben!" Und dann spüre ich, daß ich tun muß, was mir gesagt wird, daß ich einfach zurück gehen soll und ins Bett. Ich soll tun, was mir gesagt wird, und so...

Tony: Sagten sie dir noch etwas, außer "Geh nach Hause und ins Bett"?

Jack: Sie sagten mir, ich solle jetzt nach Hause und ins Bett gehen und niemanden etwas erzählen, weil es mir schaden würde.

Ray: Wie würde es dir schaden?

Jack: Sie gaben keine Erklärung ab.

Ray: Wie bist du ins Haus gelangt?

Jack: Sie... hmm, es war wie im Märchen... Es endete glücklich. Sie öffneten einfach ihre Arme und sagten: "Geh jetzt zurück ins Bett!" Und wir schwebten einfach hinein.

Ray: Schwebten hinein?

Jack: Schwebten.

Ray: Von wo? Wohin?

Jack: Vom Licht ins Bett.

Ray: Gingst du durch die Tür?

Jack: Direkt durch die Tür.

Ray: Stand die Tür offen?

Jack: Ich weiß nicht, wie das möglich sein konnte, aber sie schien nicht offen zu sein. Wir schwebten einfach ins Bett.

Ich fragte mich, ob Jack das, was OBE, eine außerkörperliche Erfahrung genannt wird, beschrieb. Einige UFO-Entführte haben OBEs während ihrer

Begegnungen erlebt. Wie aus Jacks Antwort auf die nächste Frage zu ersehen ist, schien dies jedoch nicht bei Jack und Mary der Fall gewesen zu sein.

Ray: Was lag im Bett, als du dich dem Bett nähertest?
(Ich fragte mich, ob die physischen Körper noch im Bett lagen.)

Jack: Der Hund.

Ray: Nichts weiter?

Jack: Nichts.

Ray: Was geschah dann?

Jack: Ich erinnere mich, daß ich die Decke über den Kopf zog und dachte: "Ich möchte nicht, daß dies jetzt geschieht. Ich möchte, daß sie fortgehen und mich allein lassen." Und dann fühlte ich mich sicher und friedlich und schläfrig und konnte einschlafen.

Ray: Bist du eingeschlafen?

Jack: Ja.

Es ist unglaublich, daß Jack nach der Lage der Dinge wieder mit sich im Einklang stand. Er hatte keine Erinnerung an die Entführung. In seiner bewußten Erinnerung existierte die Zeitlücke nicht mehr. Er glaubte, geträumt zu haben.

Ray: An wieviel erinnertest du dich am folgenden Morgen?

Jack: (Hält inne.) Ich entsinne mich an einen Traum, in dem ich zur Tür ging, nach draußen schaute und ein Licht erblickte.

Ray: Fragtest du Mary, ob sie auch einen Traum hatte, oder erzähltest du Mary von dem Traum?

Jack: Ja. Sie sagte, ich sei komisch. Sie sagte, es muß ein Traum gewesen sein.

Ray: Befahlen dir die Wesen, dich nicht zu erinnern? Oder warnten sie dich einfach, daß es besser wäre, niemanden etwas zu erzählen?

Jack: (Spricht langsam und bedächtig.) Sie sagten: "Sage... nichts". Sie sagten einfach: "Sage... nichts."

Ray: Was würde geschehen, wenn du es tätest?

Jack: Sie sagen: "Es würde schaden."

Ray: Auf welche Weise?

Jack: Das sagten sie nicht. Sie sagten nur: "Es würde schaden, wenn du es erzählst."

Tony gab mir zu verstehen aufzuhören, da es spät wurde. Als er anfangen wollte, Jack aus der Hypnose zu holen, fiel mir etwas ein, das ich noch nicht gefragt hatte.

Ray: Darf ich ihm noch eine Frage stellen?

Tony: Sicher. Was denn?

Ray: (Zu Jack) Hast du diese Wesen oder das Schiff seit diesem Vorfall wiedergesehen?

Jack: (Hält lange Zeit inne.) Nein.

Als Jack aus der Hypnose erwachte, nahm ich seine ersten Eindrücke von dem, was er gerade in tiefer Hypnose durchlebt hatte, auf Band auf.

Tony: Wie fühlst du dich?

Jack: Hu, sehr seltsam (lacht nervös). Sehr seltsam.

Ray: Kannst du dich an das erinnern, was geschah?

Jack: Ich, ich entsinne mich... an vieles... Ich hoffe, ich entsinne mich. Wie lange dauerte es (die Hypnose)?

Ray: Lange.

Tony: Zweieinhalb Stunden.

Jack: Hu, zweieinhalb Stunden? Es erschien mir nicht so lang. Mir kam es wie 15 oder 20 Minuten vor.

Tony: Das komische an deiner Stimme war... Sie hat mich fast hypnotisiert (lacht)!

Ray: Ja, ich bin fast eingeschlafen (lacht).

Jack war in einer sehr tiefen Hypnose gewesen und hatte in einer sehr langsamen, bedächtigen Art gesprochen - fast mechanisch. Es war, als ob jemand seine normale Stimme aufgenommen und sie bei langsamer Geschwindigkeit abgespielt hätte. Außerdem schien er sein Erlebnis in realer Zeit durchlebt zu haben:

Tony: Verschiedene Menschen reagieren unterschiedlich... Einige sehen gar nichts... Sie hören. Andere hören nichts, spüren aber, daß sie fühlen. Du warst sehr gut, denn du hast die Tendenz, deine Hände zu benutzen, während du hier sitzt (um auf Dinge zu zeigen, die er sah).

Jack Nun, ich glaubte, dort gewesen zu sein.

Ray: Du warst wirklich dort anwesend.

Tony: Deshalb warst du ein so gutes Objekt.

Ray: Du hast in den zweieinhalb Stunden eine sehr logische Zeitfolge durchlaufen. Es scheint kein Traum zu sein.

Jack: Nun, Ray, es lief nicht wie ein Traum ab... Es geschah... So, als ob ich wach sei... Ich erinnere mich, wie der Hund aufstand... zur Tür lief... Das geschieht tagtäglich. Da ist nichts Seltsames dabei, aufzustehen und den Hund zu beschimpfen, nicht wahr? Durch das Fenster zu blicken und hinauszugehen. Alles schien in logischer Reihenfolge abzulaufen. Ich erinnere mich, zu Mary gesagt zu haben: "Weißt du, es hat mir zugesetzt, weil es kein Traum zu sein schien."

Ray: Als du Mary von dem Traum erzähltest...- hast du dich da aller Details erinnert?

Jack: Nein, ich konnte mich am nächsten Tag nur daran erinnern, aufgestanden zu sein, das Licht gesehen zu haben und hinausgerannt zu sein, den Hund vom Boden gehoben und ihn ins Haus zurückgetragen zu haben. Dabei dachte ich, daß... ich von einer Minute zur anderen zu diesem Ding gelaufen sei, plötzlich nichts mehr damit zu tun haben wollte und ins Bett gegangen bin. Das war verrückt. Ich kann es nicht erklären, aber ich rannte da draußen herum. Ich schrie: "Mary, Mary, schau dir dieses Ding an! Schau dir dieses Ding an!" Und als nächstes krieche ich ins Bett zurück und sage: "Zum Teufel damit. Ich möchte nichts damit zu tun haben." Dann ziehe ich die Decke über. Aber die Decken waren von meinem Kopf geglitten, und ich war gezwungen aufzuschauen, und da erblickte ich dieses Ding an meinem Bett... Es stand da und guckte mich an... Das ist alles, was ich vom Traum weiß. An den Rest kann ich mich nicht erinnern.

Ray: Wenn du über diese Dinger in deinem Traum nachdenkst, dann erscheinen sie im Traum äußerst logisch zu sein. Aber, sobald du erwachst... überdenkst du alles noch einmal, dann es klingt sehr unlogisch... Letztes Mal sprachen wir über das Datum und die Zeit, und vielleicht könntest du dir deswegen noch einmal Gedanken machen.

Jack: Ich erinnere mich, daß der Traum im Mai stattfand. Es war in einer Freitagnacht im Mai. Aus irgendeinem Grunde geht mir der 22. nicht aus dem Sinn. Ich weiß, es war Ende Mai, und daß es Freitagnacht war... Letztes Jahr... 1988. Ich entsinne mich, daß ich damals an der Leland-Gray-Schule lehrte.

Ray: Hast du dir die Uhrzeit gemerkt, als es passierte?

Jack: Nein.

Ray: War es wolkig? Hast du Sterne gesehen?

Jack: Es war klar und warm, weil ich ein paar Shorts trug, als ich den Hund hinausließ. Es war warm, und das Gras stand grün und hoch.

Ray: Du erwähntest den Mond. Du glaubtest (zuerst), das blaue Licht sei der Mond. Schien der Mond in jener Nacht?

Jack: Nein... Ich glaubte, es sei der Mond, darum ging ich hinüber, um hinauszuschauen... Ich dachte, es sei sonderbar, wie das Licht ins Fenster fiel. Ich dachte. "Es ist der Mond." Und dieser Gedanke brachte mich dazu, hinauszublicken. Als ich dieses Ding da draußen sah, fing ich an zu rufen und rannte hinaus, um es besser sehen zu können.

Das Band war an dieser Stelle zu Ende. Es war gut so. Wir hatten die Zeit überzogen und es war spät geworden. Bevor wir auseinandergingen, wurden Vereinbarungen getroffen, um Mary unter Hypnose zu befragen.

Einige Tage nach dieser Sitzung, erreichte mich Tonys Auswertung per Post. Er war beeindruckt von Jacks Zeugenaussage und von seinen Reaktionen in der Hypnose.

23. Juli, 1989

Hallo Ray!

Es war nett, dich und Jack Weiner gestern bei unserer Überprüfung der Allagash-Vier zu sehen.

Ich war wieder einmal beeindruckt von Jacks Sitzung und seiner Offenheit, Integrität und Spontaneität. Wie aus seinem physischen Verhalten und seinem Gesicht zu entnehmen war, befand er sich in einem tiefen Entspannungszustand. Er sprach in der Gegenwart; seine Stimme modulierte, seine Emotionen, sein Gesichtsausdruck, seine Augen und sein Mund entsprachen dem, was er erzählte. Oftmals schaute er in die Richtung, dem Ort seiner Beschreibung, und/oder hob eine Hand als Antwort auf eine Erinnerung. Seine Seufzer der Erleichterung und die Widerspiegelung seiner Abneigung waren Indikatoren einer wahren Regression und nicht die einer bloßen Erinnerung. Ich bin beeindruckt von seiner - in Ermangelung eines besseren Ausdrucks - "kindlichen Unschuld" bezüglich seines mit uns geteilten Erlebnisses. Erinnere dich nur an seine Ausrufe wie "Oh je!" Wieder zeigte sich Jack als aufrichtiger, ehrlicher, erstaunter, aber neugieriger Mensch, der etwas Außergewöhnliches erlebt hat und so viel wie möglich davon verstehen möchte...

- Tony

Zwischen den Sitzungen fand ich das Datum von Jacks "Traum" heraus und verglich das, was er beschrieben hatte, mit dem Wissen, das ich aus anderen UFO-Fallstudien gewonnen hatte. Jack hatte seinen Traum im Mai 1988, in einer Freitagnacht. Der 22. Mai war in seiner Erinnerung verankert. Aber Freitag fiel auf den 20. Mai. Er sagte ebenfalls, daß er keinen Mond am Himmel gesehen hatte. Eine Überprüfung der astronomischen Aufzeichnungen ergab, daß der Mond am 20. Mai 1988 fünf Tage zugenommen hatte. Er war kurz nach Mitternacht aufgegangen. Folglich muß Jacks Traum in die Nacht vom 20. gelegt werden, aber nach Mitternacht. Das Ereignis muß in den frühen Morgenstunden des 21. Mai 1988 stattgefunden haben.

Meiner Meinung nach war das, was Jack unter Hypnose berichtet hatte, zu komplex, um ein Traum zu sein. Er schien das Erlebnis in der ersten Person und mit der richtigen Zeitlänge und den dazugehörigen Emotionen nochmals zu durchleben. Solch ein "Traum" ist ein typischer Bestandteil einer Entführung. Die Erinnerung an eine Entführung ist normalerweise durch außerirdische Einwirkung im Unterbewußtsein vergraben. Dennoch tritt sie öfters durch sporadische Erinnerungsblitze und lebhafte Träume an die Oberfläche. Erinnern sich die Entführten bewußt an das ganze oder teilweise an das Entführungserlebnis, dann tun sie die Erinnerung ab als einen außergewöhnlichen Alptraum. Viele würden an ihrer Zurechnungsfähigkeit zweifeln, wenn sie diese unerklärlichen Erinnerungen als Realität anerkennen würden.

Interessant war Jacks Beschreibung von den Außerirdischen. Er schien sie wiederzuerkennen als die gleichen Wesen, denen er auf dem Allagash begegnet war, allerdings mit einem anderen Gewand bekleidet.

Ich war besonders berührt von Jack Beschreibung des Objektes und von dem Geruch, den es ausströmte. Das blaue Glühen unterhalb des Objektes erinnerte an den kegelförmigen, blauen Strahl, der beim Allagash-Erlebnis beschrieben wurde. In beiden Fällen bedeutete das Betreten des Lichtschachts oder des Glühens den Transport an Bord des UFOs.

Das pulsierende Glühen, das das UFO umgibt, findet sich auch in anderen close Encounters wieder. Manchmal verdunkelt es sich und zeigt dabei die Struktur eines Objektes. Jack hatte dieses Phänomen bemerkt, als er das leuchtende UFO auf dem Allagash anstarrte. Es hatte sich momentan verdunkelt, und dabei wurde der Umriß eines festen Schiffes sichtbar. Er hatte es beschrieben als das Aussehen zweier Hemisphären, eine auf der anderen sitzend, und umgeben von einem rosa glühenden Ring. UFO-Forscher bezeichnen diese typische Konfiguration als saturnförmig.

Das UFO im südlichen Vermont war ebenfalls momentan verdunkelt und zeigte feste Umrisse. Dieses vielfarbige Glühen, das das UFO umgibt, wird als Plasma oder ionisiertes Gas, hervorgerufen durch elektromagnetische Felder, die vom Objekt ausgehen, angesehen. Seine Reaktion auf die unmittelbare Luft, die das Objekt umgibt, würde den beißenden Geruch erklären, den Jack wahrgenommen hatte. Er könnte Ozon gerochen haben, eine blaue, gasartige Form von Oxygen, hervorgerufen durch die leise Entladung von Elektrizität an die Luft. Es hat einen besonderen, scharfen Geruch und wird oft von den Zeugen wahrgenommen, die engen Kontakt zu UFOs haben.

Jacks lebhafte Beschreibungen deuteten auf die Realität hin - nicht auf einen Traum. Dennoch stellte sich die 64-Million-Dollar-Frage: Würde sich Mary unter Hypnose an ihren Teil erinnern, den sie während der Entführung spielte? Wir mußten noch einen Monat warten, um es herauszufinden.

Bild 24: Von links nach recht: Jack und Mary Weiner, Jim Weiner.

Kapitel 8

"Du, Mary"

Wir hatten uns alle Gedanken gemacht, wie Mary auf die Hypnose reagieren würde. Nur zögernd war sie unserer Einladung gefolgt. Sie war zwiegespalten, ein Teil wollte wissen, ob Jacks Traum wirklich die Erinnerung an eine zweifache Entführung war, aber der andere Teil hatte Angst vor einer Erinnerung, die ihr für den Rest des Lebens Schrecken einjagen würde.

Tony war ebenfalls beunruhigt, weil Mary ganz allein mit uns in der Hypnosesitzung sein würde. Vor dem Treffen hatte er mir schriftlich seine Befürchtungen dargelegt. Ich zitiere daraus:

> Hier ein Vorschlag zu unserer Sitzung mit Mary. Der 12. August paßt mir gut. Wie Du weißt, werden in diesen Sitzungen manchmal sehr persönliche/intime Einzelheiten offenbart ("Er zog eine Kappe über meinen Penis", etc.). Wäre es da nicht besser, wenn Mary zur Beruhigung eine Freundin, Schwester, Tante etc. mitbrächte, falls ähnliche, sehr persönliche Erlebnisse auftauchen? Mir ist ein wenig unwohl bei der Vorstellung, daß sie vielleicht ähnliches berichten könnte, und das noch vor zwei oder drei Männern. Vielleicht solltest Du dies Jack sagen und seine Meinung einholen.

Ich folgte Tonys Vorschlag. Mary war mit ganzem Herzen einverstanden und verabredete sich mit Chuck Rak´s Frau, Kim.

Mary Weiner - Hypnosesitzung #1 - 12.08.1989

Als ich bei Tony ankam, saßen Mary und Kim auf dem Sofa und unterhielten sich mit ihm über Hypnose. Jack schlenderte, als ich mich Kim vorstellte, vom Bad ins Wohnzimmer herein. Er hatte Mary und Kim von Vermont abgeholt und war auf dem Weg zu Jim nach Boston. Als er sich von Mary verabschiedete, riet er ihr, nicht nervös zu sein. Es schien jedoch, als sei er es, der vor Nervosität überkochte.

Ich fühlte Sympathie für die zarte Frau, die zaghaft in dem großen Sessel saß, den Tony für die Hypnose benutzte. Sie war nicht nur aufgeregt wegen der Hypnose, sondern ängstigte sich vor dem, was dabei herauskommen könnte. Sie wußte auch, daß Jack sich vor ihren Enthüllungen fürchtete, sollten sie seinen Erfahrungen widersprechen. Niemand wollte ihn unglaubwürdig erscheinen lassen. Sie machte sich ebenfalls Gedanken, ob sie ihren spärlichen Erinnerungen, die durch die Hypnose an die Oberfläche treten könnten, gewachsen sein würde. Tony versuchte, Mary zu beruhigen. Er würde ihr helfen, die Erinnerung an die Dinge während der Sitzung wachzurufen, an die sie sich zu erinnern wünschte. Aber Mary war nicht davon überzeugt. (Siehe Bild 24.)

Schließlich wandte Tony eine ähnliche Methode wie bei den anderen an. Zuerst versuchte er, Mary in eine leichte Hypnose zu versetzen. Mary reagierte darauf allerdings anders. Sie rutschte unruhig auf ihrem Sessel hin und her und ihre Augen flatterten, öffneten und schlossen sich. Es war offensichtlich, daß sie fortwährend aus dem hypnotischen Zustand erwachte und wieder darin versank. Die folgenden Auszüge sind repräsentativ für Marys Reaktion auf die Hypnose:

Tony: Berichte, was du von der Nacht des 20. Mai 1988 weißt. An was du dich erinnerst, als Jack aufstand, um den Hund hinauszulassen. Du kannst sprechen, sobald du möchtest.

Mary: (Lange Pause.) Ich erinnere mich an gar nichts.

Tony: Erinnerst du dich, daß Jack etwas zu dir sagte?

Mary: (Stille.) Ich, ich möchte meine Augen öffnen.

Tony: Behalte sie noch ein wenig geschlossen.

Tony redete weiterhin sachte und feinfühlig auf Mary ein. Er wollte Marys Widerstand durch einen tieferen Entspannungszustand besiegen.

Tony: Laß´ deine Augen noch geschlossen. Warum erzählst du uns nicht, warum du deine Augen öffnen möchtest?

Mary: Ich, ich bin nicht wirklich entspannt.

Mary reagierte nicht. Tony bemühte sich dann herauszufinden, was Mary Entspannung verschaffen würde:

Tony: Was würde dich entspannen?

Mary: Ich weiß nicht. Ich weiß es (lacht) einfach nicht.

Unverzagt schlug Tony dann Mary vor, Situationen zu visualisieren, die sie entspannen würden. Aber Marys Augen flackerten nach wie vor:

Tony: Versuche nicht krampfhaft, deine Augen geschlossen zu halten. Laß´ sie einfach zu.

Wieder und wieder versuchte Tony, Mary in einen hypnotischen Zustand zu versetzen. Kim und ich schauten zu, bezaubert von dem mentalen Duell, das vor unseren Augen stattfand:

Tony: Erinnerst du dich daran, in dieser Nacht zu Bett gegangen zu sein?

Mary: (Pause.) Nein.

Tony: Erinnerst du dich, aufgestanden zu sein?

Mary: (Hält lange Zeit inne.) Ich glaube, ich könnte meine Augen gerade jetzt öffnen (lacht). Ich weiß nicht, ob ich - ob ich nicht versuche, gegen dich anzukämpfen, oder dich nur...

Tony: Entspanne dich, entspanne dich einfach.

Um die lange Geschichte abzukürzen: Tony bemühte sich auf unterschiedlichste Art, Mary in Hypnose zu versetzen. Marys folgender Kommentar faßt die Resultate seiner ersten Sitzung mit Mary Weiner zusammen:

Mary: Mir ist, als....Dies ist einfach schrecklich. Es passiert nichts, Tony.

Schließlich gab ich Tony ein Zeichen, die Sitzung zu beenden. Es war offensichtlich, daß sie nicht hypnotisiert werden konnte oder wollte. Wie üblich ließ ich das Tonband laufen, um Marys erste Worte nach der Sitzung aufzuzeichnen:

Tony: Öffne deine Augen, sobald du dazu bereit bist.

Unbekümmert öffnete Mary ihre Augen und schaute scheu im Raum umher.

Mary: (Lachte leise.) Es klappte nicht... Ich fühlte mich nie...- (Pause).

Tony: Hypnotisiert?

Mary: Hmm (lacht).

Tony: Wenn du hypnotisiert worden wärest, was hättest du erwartet... Wie hättest du dich gefühlt?

Mary: Entspannt. Ich war niemals... Ich war verspannt. Und dann dachte ich über deine Frage nach: "Was geschah am 20. Mai?" Schließlich holtest du mich zurück. In meinem Kopf drehte sich alles um den: 20. Mai, 20. Mai... Und ich konnte mich nicht konzentrieren. Ich wußte, daß du mich wieder über den 20. Mai befragen würdest.

Tony Und das beunruhigte dich?

Mary: Ja.

Tony: So beunruhigte dich das Datum von Anfang an?

Mary: (Antwortete leise.) Ja.

Tony: Du sträubst dich. Ich entnehme es deinen Worten und der Art, wie du dasitzt. Du hast Angst, dich zu erinnern und sagst auch noch: "Ich möchte mich nicht fürchten müssen." Wenn du zu Hause bist, und obendrein allein und dich plötzlich an etwas erinnerst, das geschah, dann bekommst du Angst. Das willst du verhindern.

Mary: Hmm.

Nach der Sitzung fuhr ich Mary und Kim zum Bahnhof zum Zug nach Boston, wo sie von Jack abgeholt werden würden. Auf dem Wege versuchte ich ihr klarzumachen, daß sie weder uns noch Jack enttäuscht hatte, daß sie nichts für ihre Nervosität konnte. Es sei eine normale Reaktion auf die Umstände, besonders für jemanden, der sich vor furchterregenden Erinnerungen ängstigte. Tony hatte einen zweiten Hypnoseversuch vorgeschlagen, falls sie dazu bereit wäre. Sie versprach, darüber nachzudenken. Wenige Tagen nach unserem Zusammentreffen, erhielt ich Tonys Rückmeldung.

12. August 1989

Hallo Ray!

Es tut mir leid, daß diese Sitzung nicht so erfolgreich verlief wie die anderen... Es war ganz natürlich, daß Mary sich fürchtete... Ich war besorgt, als Mary erwähnte, sie sei ängstlich, und daß sie sich vor einer möglichen Erinnerung fürchtete, wenn sie wieder zu Hause sei. Ich nahm mir Zeit, ihre Befürchtungen zu zerstreuen. Ich denke, daß sie auf einer Ebene meine Erklärungen intellektuell akzeptierte, auf der anderen aber emotional fürchtete.

...eine zunehmende Selbstsicherheit würde eine erfolgreichere hypnotische Auslösung mit sich bringen, falls sie es nochmals zu versuchen wünschte. Alles, was wir tun können, ist abzuwarten.

- Tony

Wir warteten ab. Mary war dann mit einer weiteren Sitzung einverstanden. Sie glaubte, sie hätte Jack und unser Team enttäuscht. Ich hatte versucht, sie von diesem Gedanken abzubringen, aber es gelang mir nicht. Andererseits war dies die Motivation zu einem weiteren Versuch, zu Tony, nach Vermont, zu reisen.

Mary Weiner - Hypnosesitzung #2 - 16.09.1989

Bei meiner Ankunft war ich überrascht, Mary allein bei Tony vorzufinden. Kim hatte sie nicht begleiten können, und Mary wollte sich in dieser Situation vor keinem anderen eine Blöße geben. Ich mußte sie für ihren Mut bewundern. Dave traf bald ein und die Sitzung begann.

Tony versuchte sein Bestes, die nervöse Mary Weiner zu hypnotisieren. Er benutzte eine Reihe bewährter Methoden. Manchmal schien es, als gelänge es ihm, sie in eine leichte Hypnose zu versetzen. In diesem Zustand konnte Mary sich jedoch nicht an die Nacht des 20. Mai 1988 erinnern, geschweige denn an ein UFO-Erlebnis.

Unser Vorstoß in Marys Gedankenwelt war mißlungen. Niedergeschlagen schaute mich Tony an und machte mit der Hand eine Bewegung, als wolle er mit den Fingern seinen Hals aufschlitzen. Dies war sein Zeichen, Sitzungen zu beenden. Ich nickte zustimmend und ließ ihm einen Zettel zukommen mit dem Vorschlag, Mary den posthypnotischen Befehl zu geben, seinen Namen zu vergessen. Wir benutzten diesen Trick, um den Grad des Hypnosezustandes zu testen. Mary fiel durch den Test, was uns zeigte, daß sie nur leicht hypnotisiert worden war. Sie sprach "Tony Constantino" perfekt aus. Dann, nachdem sie sich gesammelt hatte, sagte sie:

Mary: Ich war besser entspannt, aber doch nicht völlig weggetreten.

Tony: Ja, hmm, selbst Personen, die in tiefster Hypnose sind, behaupten: "Ich glaube nicht, daß ich hypnotisiert war, weil ich alles hörte, und mir alles bewußt war."

Tony erklärte dann, wie unterschiedlich Menschen auf Hypnose reagieren. Er sagte, daß 20 Prozent einer gegebenen Bevölkerung das, was man als "leichten Zustand" bezeichnet, erreichen. Er war der Meinung, daß Mary in diesen Zustand gefallen war. Etwas jedoch hatte Mary daran gehindert, tiefer zu gehen. Wir wollten den Grund dafür herausfinden und befragten sie. Ihre Antwort war bezeichnend:

Mary: Ich war, als du mir Fragen stelltest, sehr entspannt, zumindest bis zu dem Zeitpunkt, als du mich über die Nacht mit den UFOs befragtest. Da wurde ich... Ich verkrampfte mich, meine Augen begannen zu flackern, und ich wurde nervös.

Es scheint, daß Mary kein Problem mit der Hypnose hatte, so lange nicht die entscheidenden Fragen gestellt wurden. Etwas in ihr rebellierte, sobald sie angeschnitten wurden. Weigerte sich ihr Bewußtsein zu akzeptieren, daß etwas geschehen war? Hatten die Außerirdischen sie programmiert, zu vergessen? War ihr in dieser Nacht nichts geschehen? Diese Fragen beschäftigten uns, als die Sitzung zu einem für uns enttäuschenden Ende kam.

In den nachfolgenden Wochen überprüfte ich, was uns über Mary Weiner bekannt war. Anscheinend wußte sie nur das, was Jack als einen Traum in der ersten Hynosesitzung zu beschreiben begonnen hatte. Damals hatten wir ihn sofort unterbrochen, um ihr Gedächtnis nicht zu beeinflussen. Darüberhinaus hatte Mary keine bewußte Erinnerung daran, was der kleine Jack über die Entführung in ihrer Gegenwart erzählt hatte. Aufgrund meiner Erfahrung mit Erinnerungsblockaden, hervorgerufen durch Außerirdische, suchte ich nach anderen Anzeichen, daß Mary zusammen mit Jack möglicherweise entführt wurde. Solche Anzeichen waren gewöhnlich Gedankenblitze oder Träume.

Ein erster Anhaltspunkt tauchte bei der ersten Hypnosesitzung mit dem Bruder ihres Mannes, Jim, auf, der uns erzählte, daß sein Bruder Jack seit kurzem unter Alpträumen litt, in denen sich seltsame, fremde Gesichter zeigten. Aber er bezog sich ebenfalls auf einige Träume von Mary:

Ray: Wann hat dir Jack davon berichtet?

Jim: Letztes Jahr (1988), als seine Träume begannen.

Ray: Erinnert er sich daran, von den Gesichtern geträumt zu haben, oder erinnert er sich, Gesichter gesehen zu haben - wirkliche Gesichter - in realer Zeit?

Jim: Er erzählte, daß er sich ihrer in Träumen erinnerte. Sie haben ähnliche Träume, er und seine Frau.

Ray: Seine Frau auch?

Jim: Ja.

Ray: Hat sie jemals ein UFO gesehen?

Jim: Nicht, daß ich wüßte. Aber sie erzählt fortlaufend, daß sie von Hirschen mit großen Augen träumt, die nachts in ihr Haus kommen.

Jims Bericht war faszinierend. Ich hakte nach und befragte Jack und Mary nach weiteren Details ihrer Träume. Unsere Unterhaltung wurde aufgezeichnet.

Ray: (An Mary) Hast du Erinnerungen, Träume oder spontane Gedankenblitze, die dich an UFO-Erlebnisse erinnern?

Mary: Der einzige Traum, an den ich mich erinnere, ist, daß Jack aufstand, um den Hund herauszulasssen...und, hmm, als er durch unsere Tür ging. Nicht, daß er die Tür öffnete... Er ging einfach durch die Tür hindurch. Und ich lief zur Tür, öffnete sie und schrie: "Jack! Jack! Wo bist du? (Hält inne.) Ich hatte einmal einen Traum von Hirschen.

Ray: Mit großen Augen?

Mary: Ja, und wir haben... Ich dachte gerade, weil wir so viele Hirsche im Hinterhof haben, daß... Ich erinnere mich nicht richtig an den Traum.

Ray: Waren die Hirsche im Haus oder draußen?

Mary: Ich kann mich nicht entsinnen, daß sie im Haus waren.

Jack: Du sagtest mir, sie seien im Haus gewesen.

Mary: Jack erzählte es mir.

Ray: Jack, erinnerst du dich an noch etwas in dem Traum?

Jack: Nein, nichts, außer an das, was sie mir am nächsten Morgen sagte. Sie war sichtlich bestürzt über den Traum. Sie erzählte mir, daß Hirsche ins Haus gekommen seien, nahe an ihrem Bett standen und sie mit ihren großen Augen anstarrten. Ich fragte: "Hirsche?" Sie antwortete, "Ja, es waren Hirsche, aber sie hatten riesige Augen"... Das erzählte sie mir.

Als ich Jack und Mary zuhörte, gingen mir sofort verschiedene Dinge durch den Kopf. Erstens wußte Mary nicht, daß Jack beschrieben hatte, wie er und sie durch die geschlossene Tür hindurchgegangen waren, als sie von dem leuchtenden Schiff zurück in ihr Haus schwebten. Zweitens war Marys Traum über die Hirsche traumatisch verlaufen. Sie war außergewöhnlich erregt, als sie Jack davon am folgenden Morgen erzählte. Warum konnte sie sich nicht an den Hirsch mit den großen Augen in ihrem Traum erinnern, der an ihrem Bett stand? Alles, woran sie sich entsann, war ein Hirsch mit großen Augen. UFO-Forscher wie Budd Hopkins haben Fälle aufgezeichnet, wo Außerirdische Tierbilder als posthypnotische Befehle benutzten, um ihr Vorgehen zu verschleiern.

Besonders ein Fall hatte mit einem Hirsch zu tun! Die Entführte hieß Virginia. Ihr Erlebnis ist in Budds Buch "Fehlende Zeit"[11] aufgezeichnet. Virginia hatte Budd über einen Psychiater kontaktiert, der die Anwendung von Hypnose bei Entführten als Teil einer UFO-Sendung im NBC-Fernsehsen vorführte. Sie erzählte Budd von zwei unerklärlichen Zeitlücken in ihrem Leben. Beide fielen in ihre Kindheit, und sie glaubte, daß es zwischen beiden eine Verbindung gab. Das erste Ereignis geschah im Alter von sechs Jahren. Seitdem hatte sie immer gedacht: "Hier hier ist etwas Merkwürdiges geschehen, aber das wird sich klä-

[11] Endzeit Verlag

ren, sobald ich groß bin." In der Hypnose erlebte Virginia eine Entführung im Sommer 1950, die typisch ist für das Alter von sechs Jahren.

Virginia verbrachte ihre Kindheit auf einem Bauernhof. Eines Tages schlenderte sie zum Hühnerstall hinüber, um Eier zu holen. Da geschah etwas Unerklärliches:

> Plötzlich befand ich mich draußen im Hof, aber ich konnte mich nicht daran erinnern, den Stall verlassen und den Hof in Richtung Haus überquert zu haben. Es juckte mich am Bein, deshalb bückte ich mich, um mich zu kratzen. Ich zog ein Hosenbein meiner Bluejeans hoch, und als ich mich gerade kratzen wollte, fiel mir auf, daß die Stelle naß war. Sie war ganz blutig. Das Blut sickerte aus einem Einschnitt hinten an der Wade... Der Schnitt war sicherlich einen Zentimeter tief und drei Zentimeter lang. Obwohl er blutete, empfand ich keinen Schmerz.[12]

Unter Hypnose erlebte Virgina, wie sie in einen Raum gehoben wurde, der mit perlweißem Licht und einem Geruch von "Ozon" erfüllt war. Dort wurde sie von menschenähnlichen Wesen auf einen weichen sofa-ähnlichen Tisch gelegt. Sie waren kahlköpfig, hatten große, dunkle Augen und wenig ausgeprägte Gesichtszüge. Sie hatten wahrscheinlich vier Finger und trugen enganliegende, allesbedeckende Anzüge. Während sie auf der Couch lag, schnitt ein Instrument automatisch eine Gewebeprobe aus ihrem Bein.

Das zweite Erlebnis mit einer Zeitlücke folgte 1960, zehn Jahre später in Frankreich, als Virginia 16 Jahre alt war. Sie und ihre Familie machten ein Picknick. Irgendwann beschloß Virginia, den Wald zu erkunden. Als sie wieder aus dem Wald heraustrat, klebte Blut an ihrer Bluse. Ihre Familie hatte sie ungefähr eine Stunde lang gesucht. Sie erinnerte sich nur an ihr Zusammensein mit einem Hirsch, getraute sich aber nicht, ihren Eltern zu erzählen, daß der Hirsch und sie miteinander kommuniziert hatten. Unter leichter Hypnose berichtete sie Budd:

> Der Hirsch. Der hübsche Hirsch, den ich so gerne hatte... Er war eine Person. Er war ein Freund... Wie ich ihn fand und wie wir miteinander kommunizierten, weiß ich nicht. Da ist eine Blockade.

Unter tiefer Hypnose brach die Wahrheit über den Hirsch aus den versteckten Tiefen ihres Unterbewußtseins hervor:

---

[12] Budd Hopkins „Fehlende Zeit“, Seite 178 (Endzeit Verlag)

Ich schlendere durch den Wald. Da ist ein helles Licht. Es ist ein Schiff, genau wie im Film. Es ist rund, kugelförmig, aber ich kann es nicht richtig beschreiben... Da ist zu viel Licht, man kann nicht deutlich sehen... Rosa und blau war darin. Grelles Licht. Und dann höre ich fast wie ein Flüstern: "Virginia, Virginia", und es schien, als riefen sie mich in meinem Kopf.

Virginia lief wie hypnotisiert zum schwebenden, strahlendem Schiff. Sie trat in einen Lichtschacht, der bis zum Boden reichte. Dann geschah es:

Es war wie ein Förderband. Ich stellte mich darauf, und es hob ab.

An Bord wurde sie von Außerirdischen untersucht. Das Blut, das später an ihrer Bluse klebte, stammte von einer Sonde, die sie in ihr linkes Nasenloch geschoben hatten. Virginia konnte sich nur noch an den Hirsch mit den hypnotischen Augen erinnern, als sie in den Wald zurückgebracht wurde. In Wirklichkeit hatten die Außerirdischen ihr barmherzigerweise den Gedächtnisverlust und das Hirschbild eingegeben.

Das glänzende Objekt, das helle, blaue Licht, der Lichtschacht oder der Lichtstrahl, der sie ins Schiff hob, die typischen Außerirdischen, die sie automatisch untersuchende Couch und die Zeitlücke erinnern alle an den Allagash-Vorfall. In Jacks Traum wurden die Außerirdischen mit großen Augen geschildert, die ihn und Mary aus ihren Betten holten. Mary träumte von Hirschen, die an ihr Bett kamen und sie mit großen Augen anstarrten. Konnten diese Augen zu den Außerirdischen gehören, die Jack in seinem Traum beschrieb? Ist es möglich, daß dieselben Augen eine hypnotische Abschirmung bei Mary hervorriefen?

Ein anderer Hinweis zeigt, daß dies sehr wohl der Fall sein könnte. Er kam zutage, als sich unsere erste Sitzung mit Mary dem Ende näherte. Kurz bevor wir sie abbrachen, führte Tony Mary in einen Vorgang ein, der manchmal von der Justiz angewendet wird: der Gebrauch eines Pendels, um ihr Unterbewußtsein zu erforschen. Bei dieser Technik wird das Pendel ganz still in einer Hand gehalten. Nun erklärt man der Person, daß das Pendel auf Ja- und Nein-Fragen in einer bestimmten Weise reagieren wird. Auf eine "Ja"-Antwort wird das Pendel auf und ab schwingen, auf eine "Nein-Antwort" seitwärts nach rechts oder links. Ein "Vielleicht" wird das Pendel im Uhrzeigersinn schwingen lassen, ein "Ich-weiß-nicht" entgegengesetzt. Bei Anwendung dieser Technik scheint sich das Pendel von selbst in Bewegung zu setzen, wenn auf Fragen geantwortet wird. In der Realität bewegt es die Person, die es hält, durch mikro-muskulare Reaktionen, die vom Unterbewußtsein gesteuert werden. Mary war eine ausgezeichnete Versuchsperson. Sie sprach ihr Unterbewußtsein mit: Du, Mary an:

Mary: Du, Mary, ich möchte dich fragen, ob etwas in der Nacht am 20. Mai geschah, nachdem Jack und ich zu Bett gegangen waren und das ich wissen sollte?

Mary starrte mit Verwunderung auf das Pendel, als es begann, erst langsam, dann schneller auf und ab zu schwingen.

Mary: (Lacht nervös.) Das ist ein Ja.

Tony: Halte es mit deiner anderen Hand an.

Mary: Du, Mary, gibt es hier etwas, das mich ängstigen würde? Wird es mich ängstigen, Du, Mary?

Angestrengt schauten wir alle zu, als sich das Pendel wiederum von oben nach unten in Bewegung setzte und so ein "Ja" anzeigte. Mary murmelte ein nachdenkliches "Danke" und machte weiter. Hier sind ihre Fragen und Antworten:

Mary: Du, Mary, sollte ich darüber Bescheid wissen?... (Ja)

Du, Mary, hat mir jemand suggeriert, ich solle vergessen, was mit mir am 20. Mai geschah?... (Ja)

Du, Mary, wurde mir gesagt, ich solle vergessen?... (Ja)

Du, Mary, werde ich mich an das erinnern können, was in dieser Nacht geschah?... (Ja)

Das ist unheimlich!

Du, Mary, habe ich jemals etwas gesehen, das ein UFO sein könnte? (Ja)

Du, Mary, sah ich in dieser Nacht jemanden aus dem UFO?... (Ja)

Du, Mary, haben sie mir und Jack etwas angetan?... (Ja)

Mary war sichtlich erregt über die Antworten ihres Unterbewußtseins (als Du, Mary) durch das Pendel. Sie beschloß, weitere Fragen, die nicht von UFOs handelten, zu stellen:

Mary: Ist mein Mädchenname Dugan?... (Nein)

Ist mein Mädchenname Donlan?... (Ja)

Tony erklärte Mary, daß die Antworten, die sie erhielt, nicht unbedingt wahr sein müßten, aber daß diese Methode ein Hinweis auf die Wahrheit sei. Andere gestellte Fragen lauteten:

Mary: Du, Mary, wurde ich am 20. Mai in der Nacht von jemandem aus dem UFO, das ich erblickte, untersucht? (Ja)

Tony: Frag doch - ich bin sehr gespannt-, ob die Untersuchung lange dauerte.

Mary: Dauerte sie länger als eine Stunde? (Ja)

Tony: Eine gute Frage wäre, ob sie länger als zwei Stunden andauerte.

Mary: Du, Mary, hat die Untersuchung länger als zwei Stunden gedauert? (Ja)

Mary: Du, Mary, hat die Untersuchung länger als drei Stunden gedauert? (Ja)

Mary: Du, Mary, hat die Untersuchung länger als vier Stunden gedauert? (Nein)

Die Sitzung endete mit Marys schmerzlichem Pendelversuch. Stimmten die Antworten, dann ließ uns Marys Unterbewußtsein wissen, daß sie tatsächlich zusammen mit Jack das Erlebnis teilte und von den Außerirdischen programmiert worden war, es zu vergessen.

War die Entführung ein Katalysator für Marys Träume? Waren die großäugigen Hirsche, die Mary am Fuße ihres Bettes anstarrten, in Wirklichkeit eine verzerrte Erinnerung an Außerirdische? War die Beobachtung, daß Jack durch ihre geschlossene Vordertür ging, in Wirklichkeit eine Erinnerung an eine Entführung? Ich vermute es stark. Aber nur "Du, Mary" weißt es mit Bestimmtheit.

Kapitel 9

Harry, das Gespenst

Unsere bisherigen Untersuchungen ließen vermuten, daß sich die Allagash-Entführungen zu einem Klassiker in der Geschichte der UFO-Entführungen entwickeln würden. Die vier sich ergänzenden Augenzeugen, der Zwillingsfaktor und die offensichtlich anhaltenden Entführungen zur Zeit unserer Untersuchungen stellten eine Einzigartigkeit dar. Es gab jedoch Hinweise, daß wir nur die Spitze des Eisbergs erreicht hatten. Einer dieser Hinweise war "Harry, das Gespenst". UFO-Forscher, die sich mit CEIV-Erlebnissen beschäftigen, wissen, daß Erwachsene eine potentielle Geschichte von mehrfachen Entführungen aufweisen, die bis in die Kindheit zurückreichen. Der führende UFO-Forscher, Budd Hopkins, und andere haben herausgefunden, daß Entführungen in der Kindheit oftmals im frühen Alter von drei oder vier Jahren beginnen. Von da ab ist der Entführte gebranntmarkt und wird als Teil eines laufenden genetischen Experimentes wieder und wieder, sein gesamtes Leben hindurch, abgeholt. Die Erinnerung an diese Erlebnisse wird im Unterbewußtsein vergraben. Beweismaterial deutet daraufhin, daß dieser Erinnerungsverlust des Entführten künstlich von den außerirdischen Wesenheiten hervorgerufen wird.

Ein Erwachsener erinnert sich meistens durch schreckliche Alpträume von Monstern oder Geistern an solche Begegnungen in der Kindheit. Persönlich erinnere ich mich an ein bleiches, asiatisch aussehendes Wesen mit Schlitzaugen, das mich zeitweise des nachts aus dem Bett holte. Mary Weiners beiläufige Erwähnung des Kindheitsgespenstes der Zwillinge erregte natürlich meine Neugier. Er paßte in das Muster und mußte überprüft werden.

Der erste Schritt war, herauszufinden, was noch bewußt von Harry erinnert wurde. Ich rief zu allererst die Mutter der Zwillinge, Jeanne Weiner, an. Sie bestätigte nicht nur die Berichte der Zwillinge, sondern berichtete, wie sie und ihr Mann ebenfalls mit diesem Geist konfrontiert wurden. Es folgt eine Wiedergabe meiner Unterhaltung mit Jeanne Weiner:

Jeanne: Er sah weiß aus.

Ray: Bemerktest du eine Augenfarbe oder irgendeine Färbung seines Gesichtes, oder war er völlig weiß?

Jeanne: Nein. Ich erinnere mich nicht. Ich fürchtete mich so sehr.

Ray: Wie war er angezogen?

Jeanne: Er sah aus... Es schien mir, als hätte er ein weißes Gewand an oder ähnliches. Es war lang und weiß.

Ray: Stand oder schwebte er?

Jeanne: Er stand. Er, mein Mann, fragte immer wieder: "Was möchtest du?" Ja... Er fragte fortwährend, äh, "Wie bist du hergekommen?" Und, äh... Schließlich sagte ich zu ihm (ihrem Mann), "Geh, faß ihn!"

Ray: Ja.

Jeanne: Es schien, als wären wir betäubt, wir konnten uns nicht bewegen - verstehst du? Wir, ich sagte nur: "Faß ihn".

Ray: War es hell genug im Raum, daß du ihn im Dunkeln sehen konntest? Oder strömte das Licht von der Erscheinung aus?

Jeanne: Es gab kein Licht. Er schien mir ganz weiß (strahlte) zu sein.

Ray: Bewegte sich die Erscheinung, während du zu ihr hinblicktest?

Jeanne: Sie ging aus dem Raum. Sie schien bei der Tür hinauszugehen.

Rad: Sie drehte sich also um?

Jeans: Nein, daran kann ich mich nicht erinnern.

Rad: Bewegte sie sich, als ob sie auf Beinen laufe oder...?

Jeanne: Nein. Ich weiß nicht, wie sie den Raum verließ, aber mein Mann, er stand auf, zog seine Hose an und ging ihm nach. Und er brauchte nicht weit zu laufen, wir lebten in einer Art Bauernhaus, die Schlafzimmer lagen an einem Ende des Hauses und das Wohnzimmer, die Küche und die Garage und alles andere lag am anderen Ende. Und er, mein Mann, war sehr stark und verlor keine Zeit und, ja, er (Harry) war verschwunden.

Ray: Hmm, hmm, ging die Erscheinung durch die Tür?

Jeanne: Wir hörten keine Türe klappen.

Ray: War die Tür geschlossen?

Jeanne: Ja, die Tür war geschlossen.

Ray: In welchen Jahren bewohntet ihr das Haus?

Jeanne: Von 1951... bis 1986.

Ray: In welchem Jahr fand dieses Erlebnis statt?

Jeanne: Ende der 50er.

Ich rief ebenfalls Jeannes anderen Sohn, Tom, an. Er erinnerte sich an das sogenannte Gespenst, sah es merkwürdigerweise aber nicht, und weder er noch seine Mutter hatten jemals etwas gesehen, was ein UFO genannt werden könnte. Da die Zwillinge die Hauptpersonen dieser seltsamen Manifestationen waren, bat ich sie, mir alles zu erzählen, was sie von "Harry" wußten.

Jim Weiners Erinnerung

Als wir jung waren, so erinnere ich mich, hörten wir des Nachts Stimmen. Nicht jede Nacht, aber dann und wann. Äh, wenn wir zu Bett gingen, hörte ich diese Musik, welche die meiste Zeit... Ich dachte, es wäre eine Fernsehsendung, die vom Nachbarhaus herüberschallte. Es war fast wie der Schlag einer Trommel... bum, bum.... Äh... ein langsamer Trommelschlag... Aus irgendeinem Grunde störte es mich, wenn ich diesen Laut hörte. Es schien, als riefe mich jemand beim Namen, wann immer ich ihn vernahm. Eine leise männliche Stimme rief meinen Namen. Es hörte sich an wie: "Jim, Jim, Jim, Jim"... und klang wie eine drei- oder vierfache Wiederholung von "Jim". Und ich machte mir vor Angst fast in die Hose. Weißt du, wir wuchsen als Katholiken auf und... Als ich ein kleiner Bub war, dachte ich immer, es wäre Gott, der mich rief oder so, der mich aus einem bestimmten Grunde rief, entweder, weil ich etwas Böses getan hatte, oder er mich aus diesem Leben nehmen wollte. So jagte es mir großen Schrecken ein und endete damit, daß ich mich zu unterst im Bett unter den Decken wiederfand und dort bis zum nächsten Morgen ausharrte.

An ein Ereignis erinnere ich mich noch... Ja, an eine Nacht. Es begann mit dieser tiefen, männlichen Stimme, die "Jim" rief, und dann waren da noch andere Stimmen - hohe, weibliche Stimmen. Es gab auch ein Hintergrundgeräusch, das mir Entsetzen einjagte. Wir hörten auch, als wir klein waren, Klopfgeräusche in unserem Zimmer. Wir schoben diese Dinge auf unser Gespenst, das wir Harry, den Geist, nannten. All dies war unheimlich und geschah in unserem Hause, und Mutter und Vater würden sagen: "Oh, das ist nur Harry, der Geist. Macht euch keine Gedanken. Er wird euch nichts tun." Ich erinnere mich... ja... Jack behauptete, er könne diese Kreaturen in unserem Zimmer sehen -, daß sie ins Zimmer kamen und versuchten, die Bettdecken wegzuziehen und ihn aus dem Bett zu holen... Oder wir gingen abends zu Bett und erwachten bei dem Geräusch, als würde jemand mit den Knöcheln an die Wände schlagen oder klopfen... Und ich fürchtete mich. Wir riefen dann nach unserem Vater, der darauf in unser Zimmer kam und sagte, wir hätten einen Alptraum.

Diese paranormalen Aktivitäten, die Jim beschrieb, kamen mir vertraut vor. Während meiner Forschungen hatte ich oftmals von diesen Dingen gehört oder gelesen. Jetzt stachelten sie meine Neugier noch mehr an. Ich wollte hören, was Jack über Harry zu sagen hatte. Ich brauchte nicht lange zu warten. Jack beantwortete bald meine Bitte.

Jack Weiners Erinnerung

Hier ist meine Erinnerung an Harry, den Geist. Ich beschreibe sie, so gut ich kann.

Meine erste Erinnerung geht auf das Alter von vier oder fünf Jahren zurück, nachdem wir in das neue Haus gezogen waren, das mein Vater gebaut hatte. Es war das erste Haus, das inmitten einer ziemlich abgelegenen, bewaldeten Gegend, umgeben von weiten Kornfeldern, errichtet wurde.

Jim und ich teilten uns ein Schlafzimmer an einem Ende des Hauses. Eines Nachts wurde ich durch eine Anwesenheit in unserem Schlafzimmer geweckt. Ich erwachte und sah ein schrecklich aussehendes Monster, das neben meinem Bett stand. Ich erinnere mich, daß ich es ganz deutlich sehen konnte, weil eine Nachtlampe in unserem Zimmer angeknipst war. So etwas hatte ich zuvor noch nie erblickt, und es schien an meinem Bett hin- und her zu schweben. Es hatte große Augen, einen riesigen Kopf und machte keinerlei Geräusch. Es schien mich nur eine Weile anzustarren und zog dann meine Bettdecke fort. Da bekam ich schreckliche Angst und versuchte wegzuschauen. Ich wollte schreien, konnte aber nicht. Mein Mund und meine Stimme versagten. Das nächste, woran ich mich erinnerte, war, daß die Bettdecke wieder über mich gezogen wurde und daß das Monster mich erneut anstarrte. Dann schien es sich in der dünnen Luft aufzulösen und verschwand. Kaum war es verschwunden, sprang ich aus dem Bett und rannte in das Zimmer meiner Eltern, so daß sie mich vor dem Monster schützten. Meine Eltern sagten, es sei ein Alptraum gewesen, aber ich wußte, daß ich wach war und nicht geträumt hatte. Ich erzählte ihnen, daß es sich wirklich in unserem Zimmer aufgehalten hatte und ich nicht zurück in mein Bett wollte aus Furcht, es könne zurückkommen und mich holen.

Nach dieser ersten Begegnung mit Harry, dem Gespenst, kam und ging er im regelmäßigen Abstand. Auch dem Rest der Familie fiel dies auf. Jim und ich wurden oft besucht, hauptsächlich nachts, und das Phänomen machte sich bemerkbar entweder als Stimmen, die laut unsere Namen riefen, oder durch lautes Klopfen an den Wänden unseres Schlafzimmers oder durch durch Fußschritte. Dann wiederum saß eine unsichtbare Wesenheit auf unseren Betten oder zog die Bettdecken weg, ergriff meine Füße und versuchte, mich aus dem Bett zu ziehen. Manchmal wanderte Harry in des Zimmer meiner Eltern und weckte sie auf. Meine Mutter behauptet, Harry immer neben ihrem Bett stehen gesehen zu haben... Mein älterer Bruder, Tom, war sich ebenfalls bewußt, daß etwas Außergewöhnliches im Haus vorging. Ich kann mich nicht erinnern, ob Tom Harry jemals gesehen hat.

Es gab zahlreiche Begebenheiten, bei denen sich die Türen wie von Geisterhand öffneten und schlossen. Manchmal, inmitten der Nacht oder am Tag, ging das Radio oder Fernsehen von selbst an, wechselte die Kanäle und schaltete wieder ab. Objekte bewegten sich aus eigener Kraft und häufig kam das überwältigende Gefühl einer fremden Anwesenheit im Hause auf.

Diese Vorfälle überschatteten unsere gesamte Kindheit, bis Jim, Tom und ich im Teenageralter waren. Das letzte Ereignis, das mir großen Schrecken einjagte, geschah, als ich 15 Jahre alt war. Ich erinnere mich, daß ich in der Küche stand und mit einer Freundin telefonierte. Plötzlich bemerkte ich eine helle, gelbe Lichtkugel in der Größe eines Strandballs, die draußen vor dem Küchenfenster, direkt über der Spüle, schwebte. Zu der Zeit hielt ich mich ganz allein im Hause auf und war etwas ängstlich, weil ich nicht wußte, was es war. Zuerst glaubte ich, es sei ein Feuer vor dem Haus. Aber dann flog die Lichtkugel direkt durch das Küchenfenster in die Küche hinein. Voller Entsetzen drückte ich mich in eine Ecke, als das Licht einmal in der Küche herumschwenkte, dann in das Wohnzimmer und den Flur hinunter in unser Schlafzimmer glitt. Es schwebte einige Minuten in der Mitte unseres Schlafzimmer umher, bevor es durch das Schlafzimmerfenster davonflog. Es machte keinerlei Geräusch. Es gab kein Feuerwerk oder ähnliches. Es schwebte einfach durch das Haus und verschwand. Ich war in Panik und erinnerte mich, daß ich meine Freundin noch immer am Telefon hatte. Ich ging zur Küche zurück und ergriff den Telefonhörer. Meine Freundin war noch an der Strippe und aufgeregt erzählte ich ihr, was gerade geschehen war. Das war das letzte Mal, daß ich mich an etwas Merkwürdiges in unserem Haus erinnerte.

So war es, Ray. Während all dieser Jahre haben wir niemals daran gedacht, daß Harry etwas mit den Außerirdischen zu tun haben könnte. Wir glaubten an eine Art von Poltergeist oder ähnlich Unerklärbares. Aber es war bestimmt etwas im Haus. Und ich erfinde nichts. Was auch immer es gewesen sein mag, es konzentrierte sich auf Jim und mich. Wir waren Harrys Hauptziel. Auf jeden Fall hoffe ich, daß dies dir bei deinen Nachforschungen weiterhilft.

Die Angaben der Zwillinge und ihrer Mutter halfen uns bei der Erforschung dieses Falles. Wie bereits erwähnt, ist die Kindheitserinnerung eines Entführten an das Eindringen fremder Wesenheiten ins Schlafzimmer einer der Prüfsteine bei Entführungsphänomenen. Diese Erinnerung verstärkt den Indizienbeweis für die physische Realität der Allagash-Entführungen. Jacks Reaktion auf die Schlafzimmerbesuche einer erschreckenden Wesenheit hatten in mir meine eigenen Kindheitsbegegnungen geweckt. Erst kürzlich habe ich in Hypnose meine Erlebnisse wiedererlebt, und ich fühlte das gleiche tiefe Entsetzen. Ein ganz bestimmtes Gefühl, die Anwesenheit einer Präsenz, ließ mich damals erwachen. Ich saß dann aufrecht im Bett und erblickte eine Gestalt, die in meiner Zimmertür stand. Ihr Umriß wurde durch das Nachtlicht hinter ihr im Flur sichtbar. Wenn ich zu schreien versuchte, kam kein Ton heraus. Ein fremdes, elektrisierendes Gefühl pulsierte durch meinen Körper. Ich konnte mich nicht bewegen, als die Gestalt sich meinem Bett näherte. Später tauchten Erinnerungsbruchstücke auf, und ich sah mich mit einem blassen, schlitzäugigen Wesen, das ein Gewand trug, mein Bett verlassen. Vieles, was die Allagash-Vier beschrieben, kam mir bekannt vor, und es fiel mir leicht, mich in sie hineinzuversetzen.

In den Entführungsberichten wird ebenfalls allgemein das Auftauchen von Lichtbällen beschrieben. UFO-Forscher nennen sie "Schlafzimmerlichter". Manchmal löst sich die glühende Kugel auf und speit eine fremde Wesenheit aus. Andere Male verschwindet sie darin und verwandelt sich zu einem gleißenden Ball. Auch in mir stieg das Gefühl von déjá vu auf, denn als Kind hatte ich eine Begegnung mit einem kleinen Licht, das vor meinem Bett schwebte.

Während unseres Interview mit Jim über Harry, den Geist, entdeckten wir noch etwas Wichtiges, nämlich eine Zeitlücke:

Mein Vater und alle anderen Familienmitglieder erzählen die Geschichte, daß ich in einen Schneesturm hinausging, mich verirrte, irgendwie in ein Loch bei einer Baustelle fiel... und beinahe erfror. Ich weiß, daß ich als Kind oft in Schneestürmen hinaus zum Spielen ging. Aber an diese spezielle Begebenheit kann ich mich nicht entsinnen -

überhaupt nicht. Jeder andere scheint sich daran zu erinnern, nur ich nicht, gleich, wie sehr ich mich darum bemühe.

Als ich klein war, gab es noch einen anderen Vorfall. Wir fuhren öfters auf einem nahegelegenen Hang, etwa 1,5 km von unserem Haus, Schlitten. Es war ein Feldweg. Ich erinnere mich, daß ich dort eines Nachmittags Schlitten fuhr. Da die Sonne unterging, muß es so zwischen 3.30 - 4.00 Uhr gewesen sein. Und ich dachte: "Nun mach dich auf den Weg, sonst kommst du zu spät zum Abendessen". Wir aßen immer um 5 Uhr nachmittags". Auch entsinne ich mich gedacht zu haben: "Nehme ich den langen Rückweg, dann bin ich unpünktlich, deshalb nehme ich besser die Abkürzung... über die Felder"... Und, ja, ich weiß, daß ich den Weg über die Felder einschlug. Was danach geschah, habe ich vergessen, ich weiß nur noch, daß meine Eltern stocksauer waren, als ich nach Hause kam, denn ich hatte mich sehr verspätet. Sie fragten mich immer wieder und wieder: "Wo hast du dich herumgetrieben? Wo hast du gesteckt?" Und ich antwortete: "Ich bin auf der Straße Schlitten gefahren, dann habe ich, um heim zu kommen, die Abkürzung über die Felder genommen... Ich erinnere mich, die Abkürzung genommen zu haben."

Diese geheimnisvolle Begebenheit meiner Kindheit habe ich bis heute nicht entschlüsseln können... Ich fragte mich immer wieder, was geschehen war. Wo war die Zeit geblieben, als ich an diesem Abend nach dem Schlittenfahren nach Hause ging?

Wo war die Zeit geblieben? Jim hatte die Straße, auf der er Schlitten fuhr, zeitig verlassen, um rechtzeitig zum Abendessen zu Hause zu sein. Dies war eine der spannenden Fragen, die während unserer Untersuchung auftauchte. Später nahmen wir Tonys Hilfe in Anspruch, um diese Frage unter Hypnose zu klären. Es folgen Auszüge aus den Sitzungen, die von Jims Zeitlücke in seiner Kindheit handeln. Andere provozierende Punkte dieser Sitzung werden später behandelt.

Jim Weiner - Hypnosesitzung #3A - 10.03.1990

Dave Webb und ich beobachteten wortlos, wie Tony Jim zur Vorbereitung der Befragung in einen leichten Hypnosezustand versetzte. Wie üblich reagierte Jim leicht, und die Befragung nahm ihren Lauf:

Tony: Erlaube deinem Unterbewußtsein, zurück in die späten 50er Jahren zu gehen - Anfang der 60er Jahre. Du fährst mit deinem Schlitten auf einem Hügel herum, offensichtlich in einem Schneesturm, etwa 1,5 km von zu Hause entfernt. Du hast beschlossen, eine Abkürzung zu nehmen, um nicht zu spät zum Abendessen zu kommen... Erinnerst du dich daran, Jim?

Jim Hm, hmm.

Tony: Gut, du wirst uns jetzt alles erzählen, was du über dieses Ereignis weißt.

Jim: Ich erinnere mich daran, als wenn es gestern gewesen wäre. Da war eine Straße, eine hügelige Straße, auf der wir als Kinder Schlitten fuhren. Ich versuche, mich an den Namen der Straße zu erinnern... Oh, ich kann sie sehen, und da gibt es eine Familie, die auf einem Bauernhof lebt. Ihr Sohn ging mit mir zur Schule... Er war einer der Kumpel meines Bruders... Wir benannten den Hügel nach ihnen. Ich erinnere mich, daß es nachmittags war. Wir gingen immer dorthin zum Schlittenfahren. Es war ein herrlicher Platz. Und eines Nachmittags bin ich nach der Schule dorthin gegangen. Und...Wir aßen immer um 5 Uhr zu Abend. Deshalb mußten wir zu dieser Zeit zu Hause sein. Ich blieb noch ein wenig länger, und ich erinnere mich, daß es langsam dunkel wurde. Es muß im Dezember gewesen sein, weil es bereits dunkel wurde. Die Sonne ging unter, und ich dachte: "Oh, Mist, ich muß zusehen, daß ich nach Hause komme."Ja, ja, es war der Ruths Hügel! Das war der Name. Und, hm, links vom Ruths Hügel, wenn man nach Osten schaut und nach Osten geht, den Hügel hinunter, auf unser Haus zu, da waren Wälder und Kornfelder. Unterhalb des Hügels gab es ziemlich viel bewaldetes Land, und unser Haus lag oben auf diesem Hügel. Etwas abseits lag der Ruths Hügel. Und, hmm, äh, um zu unserem Haus zu gelangen, mußte man östlich die Ruths Straße hinuntergehen, dann auf der anderen Seite des Hügels wieder hinauf und links in eine Nebenstraße einbiegen... Dies war der lange Weg. Ich beschloß, eine Abkürzung zur Linken zu nehmen, entlang des unteren Endes des Waldes, am Fuße des Hügels. Aus irgendeinem Grunde glaubte ich, daß dieser Weg kürzer sei und mich schneller zum Hause bringen würde. So nahm ich die Abkürzung durch den Schnee. Aber ich merkte, daß der Schnee tiefer und tiefer wurde und der Weg immer beschwerlicher. Ich erinnere mich, daß mir der Schnee bis an die Knie ging und an meinem Schlitten zog. Dabei dachte ich: "Das wird ewig dauern. Ich werde niemals rechtzeitig zu Hause sein." Und ich ging auf die Waldseite zu, hatte sie erreicht... Und es wurde dunkel. Und ach, das nächste, woran ich mich erinnere ist, daß ich zu Hause ankam. Es war bereits dunkel. Meine Mutter und mein Vater waren wirklich... Sie waren stocksauer... Aber ich wußte, daß sie sich wirklich Sorgen gemacht hatten und nun glücklich waren, daß ich endlich da war. Und es schien, als seien Stunden vergangen, seit ich Ruths Hügel verlassen hatte.

Tony: Kann der Schnee die Ursache gewesen sein oder der neue Weg, den du nach Hause gegangen bist?

Jim: Das habe ich immer angenommen. Immer. Mein ganzes Leben habe ich es auf den tiefen Schnee geschoben, aber (hält inne) ich glaube nicht, daß dies der Grund war.

Dave: Wie spät war es, als du heimkehrtest?

Jim: Es muß nach 6 Uhr abends gewesen sein.

Dave Kannst du dich nach einer Uhr umschauen?

Jim: Da steht eine Uhr auf dem Küchentisch, und ich weiß, daß es dunkel war. Es mußte schon dunkel sein. Deshalb war es nach sechs Uhr abends.

Dave: Erinnerst du dich, die Uhr gesehen zu haben?

Jim: Nein, ich fürchtete mich zu sehr. Ich dachte, mein Vater würde mich verdreschen. Aber weißt du, da gab es etwas Sonderbares, das, hm, mich jetzt zweifeln läßt... (daß der Schnee und neue Weg Schuld an seiner Verspätung waren). Ich hatte einen merkwürdigen Traum im letzten Jahr, und ein Teil des Traumes führte mich zurück zu dem Zeitpunkt, als ich mit dem Schlitten nach Hause lief. Und, äh, er ist der Grund für meine Verwirrtheit, denn dieser Teil war so ganz anders als der Rest des Traumes. Er schien so real zu sein.

Tony: Wann hattest du diesen Traum?

Jim: Entweder in diesem oder im vergangenen Jahr. Nicht 1990, sondern irgendwann im letzten Jahr. Und, hm, ich glaube, ich könnte ihn im Kalender vermerkt haben, aber ich kann mich jetzt nicht an den Tag erinnern. Im Traum - das war der eigenartige Teil - waren wir in Allentown, Pennsylvania, und auch Jack kam darin vor. Wir waren Kinder und spielten zusammen. Wir spielten vorn im Hof auf dem Rasen. Es war Sommer. Ich erinnere mich an das Grün des Grases, und meine Mutter hatte diese gelben Büsche... Sie blühen gelb im Frühling. Wir spielten vorn und ganz plötzlich war es Winter. Und da stand ich wieder mit dem Schlitten vor dem Wald. Ich schaute nach oben, und da kam diese riesige, runde Kugel vom Himmel. Es war wirklich eigentümlich, denn ich sah sie von fern. Sie war, sie war da oben... Ich erinnere mich, wie ich hochschaute, und wie sie näher und näher und immer näher und näher kam...

Tony: Ist dies dein Traum?

Jim: Ja, aber der Traum veränderte sich. Zuerst spielten wir im Frühling auf dem Rasen, und dann wurde es ganz plötzlich Winter, und ich lief heim mit dem Schlitten beim Ruths Hügel... Und schaute nach oben. Ich erinnere mich, wie dieses Ding herunterkam. Es war riesig und, ja, das ist alles, woran ich mich erinnere. Dann wechselte der Trauminhalt. Und da tauchten diese kartoffelköpfigen Außerirdischen auf, die auf Jack und mich zukamen. Sie sahen aus wie Kartoffelköpfe und, hmm, ich erinnere mich, im Traum gedacht zu haben: "Das ist wirklich lächerlich. Diese Kerle sind Kartoffelköpfe, und wie können Kartoffelköpfe ein solches Schiff haben?

Jim hatte mir gegenüber diesen Traum schon einmal erwähnt. Er hatte meine Vermutung, daß die Zeitlücke und die Kindheitserinnerungen an Harry, den Geist, eng miteinander verknüpft waren, bestärkt. Unser Eindringen in Jims unbewußte Erinnerungen an das Allagash-Erlebnis, hatte anscheinend andere versteckte Erinnerungen wachgerufen, die in diesem Traum an die Oberfläche traten. Tony hatte das ebenfalls erkannt und stellte sich auf diese Möglichkeit ein.

Tony: Wie alt bist du im Traum?

Jim: Etwa neun oder zehn.

Tony: Wie alt warst du etwa 1950, als du von dem Schlittenereignis nach Hause kamst?

Jim: Es war nicht 1950. Wir sind 1951 geboren, und daher war es in den 60er Jahren oder so. Ja, es war etwa 1963.

Tony: Wie alt warst du da?

Jim: Nun, neun oder zehn.

Tony: Ich möchte auf das Ereignis zu sprechen kommen, als du neun oder zehn Jahre alt warst. Aber zuvor möchte ich, daß du dich etwas entspannst.

Tony nahm sich Zeit, Jack in eine tiefere Hypnose zu versetzen und fuhr mit der Befragung fort:

Tony: Ich möchte, daß du zurückgehst zu der Zeit, als du neun oder zehn Jahre alt warst und Schlitten fuhrst. Es ist dir bewußt, daß es spät ist und dunkel wird und du weißt, daß deine Mutter und dein Vater dich gegen 5 Uhr erwarten. Ich bitte dich, dir vorzustellen - nur vorzustellen -, daß dich jemand gefilmt oder auf Video aufgenommen hat, wie du durch den tiefen Schnee stapfst, um rechtzeitig nach Hause zu kommen, damit du nicht ausgeschimpft wirst. Ich werde dich jetzt bitten, diese Aufnahmen langsamer ablaufen zu lassen, so daß wir trotz des Schnees eine Erklärung für den außergewöhnlich langen Rückweg finden können. Ich möchte, daß du alles noch einmal erlebst, daß du die Szene neu durchlebst. Ich werde für wenige Augenblicke aufhören zu sprechen... Ich möchte, daß du jetzt die Szene neu erschaffst. Fühlst du den Schnee? Fühlst du ihn unter deinen Füßen? Selbst der Schnee hat einen ganzen charakteristischen Geruch.

Jim: Ja, ich kann ihn riechen. Kalt.

Tony: Während du ihn riechst, werde ich, wenn du zustimmst, deine rechte Hand heben (bereitet Jim auf eine noch tiefere Hypnose vor). Darf ich das?

Jim: Hmm, hmm.

Tony: Wenn ich sie hochhebe, dann möchte ich, daß sie entspannt ist... Schlaff, so daß ich es bin, der sie anhebt. Einverstanden?

Jim: Hmm, hmm.

Tony: Also, ich nehme ihn jetzt (hebt Jims Arm hoch). Das wars. Ausgezeichnet. Ja. Ausgezeichnet. Nun möchte ich, daß du den Arm in dieser Stellung läßt. Wenn ich ihn loslasse, soll er in dieser Position bleiben. Ich werde ihn jetzt loslassen, und er wird in dieser Stellung bleiben... Wenn ich ihn anstoße, wird er in seine Stellung zurückschnellen. Ich werde ihn jetzt niederdrücken, und er wird in seine ursprüngliche Stellung zurückfallen. So... (drückt und schnellt zurück.)

Jim: Hmm, hmm.

Tony: Der Punkt ist: je weiter er herunterfällt, desto tiefer ist die Entspannung. Hast du verstanden?

Als sich Jims Hand langsam senkte, entspannten sich Gesicht und Körper mehr und mehr. Er versank mehr und mehr im Lehnstuhl. Jim war in tiefster Hypnose, als die Befragung wieder aufgenommen wurde.

Tony: Ich möchte, daß du in diesem Entspannungszustand bleibst und zur Szene zurückgehst, als du neun oder zehn warst. Wie du weißt, hat eine kalte Wintersnacht etwas Besonderes - etwas Eigenes. Eine ihr eigene Atmosphäre. Der Schnee drückt gegen deine Knie. Versuche, ob du dich dagegen anstemmen kannst. Du arbeitest dich jetzt durch den Schnee. Ich werde jetzt dein Unterbewußtsein bitten, sich an etwas zu erinnern... Etwas Ungewöhnliches, das zu deiner Verspätung führte. Entspanne dich jetzt, und lasse dein Unterbewußtsein die Erinnerungen freigeben, die zu deiner ungewöhnlichen Verspätung führten. Du kannst sprechen, wann immer du bereit bist.

Jim: (Spricht mit zittriger Stimme). Ich erinnere mich, daß ich nach oben schaue und diese große Kugel sehe.

Tony: Wir sprechen jetzt über die reale Begebenheit und nicht über den Traum.

Jim: Ja, das tue ich auch. Da ist sie!

Tony: Du erblickst eine Kugel?

Jim: Ja, da sitzen Fasane in den Bäumen. Irgend etwas stört sie, sie fliegen fort, und diese Bewegung brachte mich dazu, aufzuschauen.

Tony: Was siehst du?

Jim: Diese große Kugel am Himmel.

Tony: Beschreibe sie.

Jim: Sie ist groß und hoch oben am Himmel. Sie ist blaugrau und hat eine braune Struktur. Es ist, als hätte sie eine Struktur. Beim Näherkommen scheint sich etwas von ihrer Oberfläche abzuheben - ja, es sind irgendwelche Paneelen.

Tony: Was macht das Objekt?

Jim: Es nähert sich.

Tony: Wie nahe kommt es an dich heran?

Jim: Ich weiß nicht. Das letzte, woran ich mich erinnere, ist, daß ich völlig in Anspruch genommen bin, das Ding zu betrachten.

Tony: Was meinst du mit völlig in Anspruch genommen?

Jim: Ich kann es immer nur anschauen. Es ist, als existierte nichts anderes als dieses Ding, das da aus dem Himmel kommt.

Tony: Kommt es näher und näher?

Jim: Ja.

Tony: Du kannst die Zeit langsamer laufen lassen. Du kannst sie verlangsamen. Verlangsame sie! Laß uns vorgeben, daß alles auf einem Video oder auf einem Film ist. Laß es in Zeitlupe laufen. Beim nächsten Bild ist die Kugel noch näher gekommen. Was geschieht?

Jim: Ich weiß nicht. Ich erinnere mich danach an nichts, außer (pausiert)... Da ist das Gefühl, daß etwas geschieht. Die Luft schien, äh, nicht schwer zu sein, aber, äh, der Druck... Als ob überall Druck um mich herum ist. Und er wird stärker... Stärker. Er wird wirklich... Er nimmt sehr schnell zu. Fast wie ein Aufwallen. Und, ja, ich bin wie eingeschlossen in diesem Ding! Es ist, als würde ich explodieren!

Tony: Und was geschieht dann?

Jim: Ich weiß nicht. Das ist das letzte, woran ich mich entsinne.

Tony: Und danach? Woran erinnerst du dich? Woran erinnerst du dich danach als erstes?

Jim: Ich entsinne mich daran, auf der Straße zu sein... Am Anfang des Waldes, da, wo die Straße beginnt.

Tony: Näher an deinem Zuhause?

Jim: Ein bißchen näher, ja, aber nicht viel.

Tony: Was machst du dann?

Jim: Ich stapfe einfach mit meinem Schlitten nach Hause.

Tony: In Ordnung. Laß uns zurückgehen. Zurückgehen in der Zeit und zum riesigen Objekt, das herunterkommt, näher und näher heranschwebt.

Jim: Ja, ich kann es sehr gut sehen. Und da ist dieses Druckgefühl.

Tony: Du fühlst den sich aufbauenden Druck.

Jim: Ja, er nimmt schnell zu.

Tony: Wann bewegt sich das Objekt von dir fort?

Jim: Ich erinnere mich nicht daran, daß es sich von mir fortbewegt - nur, an sein Näherkommen... Und dann das Aufwallen dieses Druckes, so, als ob alles um mich herum explodieren wird.

Tony: Hörst du Geräusche?

Jim: Nein. Nichts. Alles ist sonderbar still. Alles ist still (das ist der sogenannte "Oz-Faktor", der in vielen Fällen beschrieben wird). Ich höre gar nichts.

Dave: Ist es dunkel da draußen?

Jim: Noch nicht. Es ist noch hell am Himmel, weil ich die reflektierenden Seiten dieses Objektes sehe.

Ray: Hat es Lichter?

Jim: (Pausiert.) Ich weiß nicht, es ist schwer zu sagen... Da müssen Lichter gewesen sein, weil die Einzelheiten an den bräunlichen Paneelen so gut hervortraten. Ich glaube, daß hinter oder zwischen diesen Paneelen, diesen bräunlichen Paneelen, Lichter waren.

Ray: Trugen die erleuchteten Paneelen irgendwelche Muster?

Jim. Da waren hunderte.

Ray: Waren sie auf der Kugel angebracht?

Jim:	In konzentrischen Reihen. Aber nicht gleichmäßig. Sie waren nicht quadratisch angeordnet. Es waren ungleichmäßige Muster, ja, mit einer Reihe oben, die ganz, ganz lang war. Und die nächste Reihe war ein wenig kürzer, aber es war nicht gleichmäßig. Es war nicht, als ob... Ja, es war fast so, als sehe man eine Karte auf dem Globus, mit ausgefransten Grenzen... Unebenen Küstenlinien von Kontinenten... Das war das Muster dieser braunen Dinger. Es gab keine Symmetrie.
Ray:	Führten sie um das ganze Objekt herum? Oder nur auf einer Seite? Auf beiden Seiten?
Jim:	Sie waren rundum, aber in Flecken.
Ray:	Wo waren sie rundum angeordnet?
Jim:	Zum Nordpol hin war ein Fleck an meiner Linken (pausiert). Da oben gab es einen Fleck. Dann war da um den Äquator ein kahles Gebiet und mehr von diesen Dingern unten zum Südpol hin. Nur schienen sie... Sie gingen völlig rundherum, abgesehen davon, daß sie einen Flecken darstellten.
Dave:	Rotierte das Objekt oder stand es still?
Jim:	Es stand still.
Ray:	Was war beim Äquator?
Jim:	Dieses blaugraue Metall. Es schien eine Art Metall zu sein. Dieses Ding war gewaltig...
Ray:	Gab es Öffnungen an dem Objekt?
Jim:	Nichts, was ich erkennen könnte. Ich sehe nichts.
Dave:	Hörst du etwas?
Jim:	Nur diesen Druck.
Ray:	Drückte der Druck dich nieder, oder zog er dich hinauf oder seitwärts?
Jim:	Es fühlte sich an, als würde er mich zum Explodieren bringen. So, als wäre er nicht nur um mich herum, sondern auch in meinem Inneren.
Tony:	Veränderte sich der Geruch des Schnees?.Gab es eine Geruchsveränderung?
Jim:	Ja, kein Geruch.
Tony:	Kannst du uns, wenn möglich, eine Zeichnung dieser Paneelen anfertigen... Und die von dir beschriebene Konfiguration?
Jim:	Natürlich. Die Farben haben ein lebhaftes Braun. Aber es war kein einheitliches Braun.

Dave: Was geschah dann?

Jim: Ich erinnere mich an nichts. Nur daran, daß alles um mich... Dieses plötzliche Ansteigen von Druck.

Ray: Sollst du dich an das erinnern, was geschah?

Jim: Ich spüre nicht, daß mir jemand sagt, ich solle mich erinnern, oder nicht erinnern... Ich glaube, daß ich mich erinnern möchte.

Dave: Und warum erinnerst du dich nicht?

Jim: Ich weiß nicht. Da ist eine Leere. Eine völlige Leere, als ob dies meine letzte Erinnerung ist und dann, das nächste, woran ich mich entsinne... Es ist, als ob ich mit den Augen zwinkerte... und auf der Straße stehe.

Tony: Ich bitte dich jetzt, dich ein wenig zu entspannen.

Da jetzt ein UFO mit im Spiel war, waren wir fest entschlossen, der Zeitlücke auf den Grund zu gehen. Tony beschloß, Jim noch tiefer in die Hypnose zu führen. Er wandte das, was als Bildschirmprojektion bezeichnet wird, an, um die Erinnerung von Jims Unterbewußtsein zu aktivieren. Jim wurde dazu gebracht, sich einen Fernsehschirm vorzustellen. Ihm wurde gesagt, daß die rechte Seite bei einem Ja aufleuchten würde, und bei einem Nein die linke.

Tony: Rechts bedeutet "Ja", links "Nein"... Nur das Unterbewußtsein erinnert sich. Das Unterbewußtsein vergißt nichts... Nicht dich bitte ich, Jim, sondern dein Unterbewußtsein, sich zu erinnern.

Tony schoß dann die 64-Million-Dollarfrage ab und hoffte, so Jims Unterbewußtsein zu überrumpeln:

Tony: Erinnerst du dich, was sie (die Kugel) mit Jim tat? Rechts oder links?

Jim: Es sagt "Ja".

Auf diesen Riß in Jims Erinnerungsblockade hatten wir alle gewartet, und Tony machte sich diese Situation sogleich zu nutze. Wir alle warteten mit angehaltenem Atem auf die Resultate:

Tony: Ließ die Kugel Jim im Schnee stehen?

Jim: Nein. (Pause). Sie nahm mich mit.

Tony: Entspanne dich. Wie hat sie dich mitgenommen?

Jim: Sie hat mich irgendwie gezogen.

Tony: Nach rechts oder links?

Jim: Nein, es ist nur das Gefühl... Es ist ein plötzliches Explodieren. So, als würde ich auseinandergezogen, und dann war ich in irgendwo drinnen.

Tony: Wo warst du drinnen?

Jim: In diesem Raum.

Tony: Sieh dich um und beschreibe ihn.

Jim: (Antwortet nicht, beginnt heftig zu atmen.)

Tony: Entspanne dich. Beschreibe einfach, was du siehst.

Jim: (Antwortet nicht.)

Tony: Wo ist dein Schlitten?

Jim: Der Schlitten ist nicht da. Nur ich. Der Schlitten ist weg.

Ray: Ist noch jemand bei dir?

Jim: Ich habe ein vages Bild von verschiedenen Dingen... Menschenähnlichen Gestalten... Eine Art von Wesen weit... In einer entfernten Ecke... Weit weg, nicht in einer Ecke, sondern nur weiter weg im Raum.

Tony: Bleiben sie dort?

Jim: Ja, sie bleiben dort und beobachten mich.

Tony: Was machst du?

Jim: Ich fürchte mich.

Dave: Wie sehen sie aus?

Jim: Ich kann sie kaum erkennen. Kann nicht... Sie stehen im Dunklen.

Ray: Wann kommen sie näher?

Jim: Ich weiß nicht.

Ray: Berühren sie dich jemals? Sprechen sie jemals mit dir?

Jim: Ich bin an diesem Ort in einer Art Schock, ich schaue mich um.

Tony: Warum bist du dort?

Jim: Ich weiß nicht.

Dave: Stehst oder sitzt du?

Jim: Ich sitze am Boden und da ist, ja, es ist dunkel da drüben auf beiden Seiten, aber vor mir ist ein Licht am hinteren Ende. Ich bin in einem Raum, der, ohhh, er scheint riesig zu sein. Wahrscheinlich nur, weil ich ein kleines Kind bin.

Ray: Was tun diese, äh, Personen?

Jim: Sie stehen herum und beobachten mich lange Zeit.

Es war klar, daß Jim diese Szenen noch einmal durchlebte, und wir mußten abwarten, bis das, was geschah, zutage treten würde. In der Zwischenzeit fuhren wir mit unserer Befragung fort.

Ray: Was machen sie, nachdem sie dich beobachteten?

Jim: (Seufzt.) Ich weiß nicht. Mir scheint, als ob sie kamen und etwas mit mir machten. Aber das gefällt mir nicht. Mir gefällt die ganze Situation nicht.

Dave: Wie viele sind es?

Jim: Zwei... Nebeneinander.

Dave: Kannst du ihre Kleidung beschreiben?

Jim: Ich kann das Licht erkennen, das hinter ihnen ist. Hinter ihnen ist ein Licht und, ja, das ist komisch! Aber sie haben etwas gewandähnliches an.

Tony: Welche Farbe haben ihre Gewänder?

Jim: Äh, dunkel.

Tony: Welche Farben sind... äh... hat der Rest der Kleidung?

Jim: Das kann ich nicht erkennen, wie sagt man... Ich sehe nur ihre Silhouette... Sie sehen so dunkel aus, aber da ist ein Licht hinter ihnen.

Dave: Welche Farbe hat das Licht?

Jim: Gelblich... Ein gelbliches Licht.

Ray: Was tun diese gewandeten Gestalten?

Jim: Sie stehen da und beobachten mich.

Wir stellen Jim Fragen und warteten, was als nächstes geschehen würde. Endlich war es so weit. Jim schnellte aus seinem Sessel hoch, stieß ihn beiseite und begann stoßweise zu atmen.

Jim: Ohhh, ohhh...

Tony: Entspanne dich. Entspanne dich.

Tony brauchte einige Zeit, um Jim zu beruhigen. Etwas schien ihm Angst eingejagt zu haben. Jim wurde darüber befragt:

Jim: Eines dieser Dinger! Großer Gott! Plötzlich stand es direkt vor mir!

Tony: Was heißt das, direkt vor dir?

Jim: Eines dieser Dinger (Wesen) schien direkt auf mich zuzustürzen.

Dave: Eines der beiden, die du vorher gesehen hast?

Jim: Ja, es war... Und es kam so schnell. Es sprang. Es ließ mich hochschnellen.

Tony: Und dann?

Jim: Es steht da, direkt vor mir! Dieses Ding schaut auf mich hinunter.

David: Kannst du es beschreiben?

Jim: Es hat eine Art loses Gewand, wie nennt man das, eine Tunika? Oder ein, ein... Nein... Nein... Tunika, ja... Ein lockeres Gewand, das am Körper herunterhängt.

Mir lief es heiß und kalt über den Rücken, als ich hörte, wie Jim das Wesen beschrieb, das auf ihn niederschaute.

Dave: Was ist mit dem Kopf?

Jim: Kopf? Es sind die gleichen Dinger (Allagash Wesen), außer, ja... Sie scheinen mir größer zu sein. Aber das liegt sicherlich an meiner Größe. Ich stehe auf dem Boden, und sie überragen mich.

Ray: Was haben sie auf ihren Köpfen?

Jim: Nichts.

Ray: Was tun sie?

Jim: Sie nehmen mich irgendwohin mit.

Dave: Ging der andere auch mit? Der, den du erwähnt hast.

Jim: Der eine stürzte vorwärts und das alarmierte mich, weil ich bisher nichts und niemanden gesehen habe, das sich mit solcher Geschwindigkeit bewegen kann.

Ray: Ging er oder...

Jim: Es war, als stürze er sich auf mich, aber ich konnte seine Beine nicht sehen. Es geschah so plötzlich.

Ray: Wohin hat er dich geführt?

Jim: Hin zum Licht.

Ray: Was tun sie?

Jim: Sie, sie, sie (hält inne)... Sie legen mich auf einen Tisch. Ich sitze.

Ray: Hm, hm. Was hast du an?

Jim: Meine Kleidung.

Ray: Was tun sie als nächstes?

Jim: (Schweigt kurz.) Ich weiß nicht, aber als nächstes sehe ich mich... Das, woran ich mich als nächstes erinnere, ist... Liegen. Ich liege auf diesem Ding, dieser Platte.

Ray: Was tun sie?

Jim: Sie schauen mich an.

Ray: Wo schauen sie hin?

Jim: Auf meinen Oberkörper.

Dave: Wie fühlt sich die Platte an?

Jim: Hart.

Ray: Sie schauen deinen Oberkörper an. Betrachten sie deine Kleidung?

Jim: Nein, mein Hemd (pausiert), ich glaube, ich glaube, ich bin ausgezogen... Ich schaue (hält inne)... Meine Kleidung liegt neben mir.

Ray: Was machen sie?

Jim: Sie drehen mich um.

Ray: Auf deinen Rücken?

Jim: Auf meinen Bauch. Ich liege auf meinem Bauch, und sie berühren meinen Rücken (Pause) mit äh... (Pause) etwas Kaltem. Es fühlt sich kalt an und ist glatt und kalt. Und, ach, es schmerzt! Da ist ein Druck... Ein Druck wie ein Knoten in meiner Brust.

Ray: Wann? Wenn sie deinen Rücken berühren?

Jim: Ja. Und ich drehe durch. Ich habe schreckliche Angst. Ich verstehe nicht, was passiert.

Ray: Warum springst du nicht vom Tisch und rennst weg?

Jim: Ich fürchte mich zu sehr.

Tony: Sprechen sie zu dir?

Jim: Nein.

Ray: Kannst du dich bewegen?

Jim: Ja, wenn sie mich umdrehen, bin ich... Tun sie mir nichts. Ich bewege mich mit ihnen.

Ray: Kannst du ihre Augen sehen?

Jim: Es sind die gleichen Augen (Wie die der Wesen von Allagash).

Ray: Was sagen diese Augen?

Jim: Das weiß ich nicht, aber da ist ein Geräusch. Ich höre ein Geräusch.

Ray: Was für ein Geräusch?

Jim: Ah-wah-wah-wah-wah (das gleiche Flüstern, das Jim auch bei anderen Begegnungen hörte).

Ray: Woher kommt das Geräusch?

Jim: Es kommt von meiner Linken. Ich liege auf dem Tisch, und es kommt von hier. Neben meinem Kopf... Ah-wah-wah-wah-wah macht es (ein flüsterndes Geräusch).

Ray: Ertönt das Geräusch, wenn sie sich an deinem Rücken zu schaffen machen oder danach?

Jim: Während sie etwas an meinem Rücken machen. Und es ist... als ob jemand zu dir spricht, aber ich kann es nicht richtig verstehen. Man kann nicht richtig verstehen, was sie sagen. Aber, wenn du dir ein bißchen mehr Mühe gäbest, könntest du es verstehen, denn da ist ein Muster... Wie eine Sprache. Danach hört es sich an wie: (flüstert sachte) ah-wah-wah-wah-wah... So.

Ray: Was geschieht dann?

Jim: Sie, sie machen das gleiche mit meiner Brust, und es schmerzt höllisch.

Ray: So. Sie machen sich an deinem Rücken zu schaffen, aber es schmerzt in deiner Brust?

Jim: Ja, es schmerzt in meiner Brust. Es ist, als würde meine Brust explodieren... So, als steckte etwas da drinnen.

Ray: Wie lange dauert das?

Jim: Etwas fünf bis zehn Minuten.

Ray: Und dann?

Jim: Dann geht es weg. Der Schmerz ebbt ab.

Ray: Was tun sie dann?

Jim: Sie drehen mich auf meinen Rücken und schauen sich meinen Bauch an (Pause). Da ist etwas um meinen Nabel (hält inne). Sie, sie, ja, sie berühren meinen Nabel, aber es ist sehr empfindlich dort.

Ray: Berühren sie dich mit ihren Fingern oder mit etwas anderem?

Jim: Nein, es ist, ja, eine Art von Sonde.

Ray: Hm, hm. Wie sieht sie aus?

Jim: Etwa 15 Zentimeter lang, zwölf bis fünfzehn Zentimeter. Sie hat die Dicke meines Fingers am Handrücken... Und verjüngt sich am Rand.

Ray: Wie eine Nadel?

Jim: Nein, nicht spitz wie eine Nadel... Wenn sie mich damit pieksen... Sie ist nicht so spitz wie eine Nadel.

Ray: Ist es wie eine Nadel mit stumpfem Ende?

Jim: Ja.

Dave: Ist dieses Objekt an etwas aufgehängt?

Jim: Nein, sie halten es nur.

Ray: Bearbeiteten sie damit deinen Rücken, oder benutzten sie ihre Finger oder etwas anderes?

Jim: Es fühlte sich nicht so an, als ob sie es für meinem Rücken gebrauchten. Es war nicht... Dieses Ding war nicht kalt. Sie benutzten etwas Kaltes an meinem Rücken.

Ray: Was geschah, nachdem sie deinen Nabel untersuchten?

Jim: Sie... äh... sie machen wieder etwas an der Seite.

Ray: Sie machen irgend etwas, aber nicht an dir?

Jim: Ja. Dort drüben geschieht etwas. Es ist, ja, die gleiche Tunnelvision, die ich in Maine hatte. Ich kann alles direkt vor mir erkennen, aber die Peripherie ist verschwommen.

Ray: Was passiert, nachdem sie fertig sind?

Jim: Sie, sie beschäftigten sich mit etwas zu meiner Linken und dann, hm, ja, stecken sie... Sie stecken etwas in mich hinein. Rechts in meine Seite... Wie... Es fühlt sich heiß an.

Ray: Wie lange bleibt es da?

Jim: Ich weiß nicht. Aber es wurde tief hineingesteckt... Ganz tief hinein... Und es schmerzt. Es ist heiß, es tut weh.

Dave: Warum schreist du denn nicht, wenn du Schmerzen hast oder tust sonst irgend etwas?

Jim: Ich möchte schreien, kann aber nicht.

Dave: Warum? Warum kannst du nicht?

Jim: Ich weiß nicht. Es scheint, als könne ich meinen Mund nicht öffnen.

Ray: Was geschieht, als sie das Ding herausziehen?

Jim: (Seufzt) Sie, äh... (hält inne) Sie bewegen sich hin und her. Sie bewegen sich hin und her. Sie....

Dave: Kannst du sie hören?

Jim: Ja. Ich höre ein Rascheln wie von Kleidern.

Ray: Und dann?

Jim: Sie... Sie kommen jetzt auf diese Seite herüber und schauen sich mein, mein Handgelenk und meinen Arm an.

Dave: Stehen sie beide auf der gleichen Seite?

Jim: Ja.

Ray: Was tun sie, nachdem sie sich dein Handgelenk und deinen Arm angesehen haben?

Jim: (Hält inne) Von dort... gehen sie zu meinen Genitalien.

Ray: Was machen sie da?

Jim: Ich weiß nicht. Ich bin... Ich bin... (pausiert), sie befummeln mich dort unten. Mit ihren Händen. Und, ja...

Dave: Tun sie dir weh?

Jim: Nein. Es ist, als ob sie...

Ray: Wie fühlen sich ihre Hände dabei an?

Jim: Sie sind warm.

Ray: Und dann?

Jim: Sie betrachten meine Genitalien, die Innenseite meiner Beine (hält inne), ja, sie schauen auf meine Knie. Es scheint, als würden sie weiter runtergehen. Sie sehen hinunter. Aber... Ich habe das Gefühl, als suchten sie etwas (pausiert).

Ray: Und weiter? Erzähle, was geschieht.

Jim: Sie, ja, gehen ganz nach unten. Sie überprüfen meine Zehen (Pause).

Ray: Mit ihren Händen?

Jim: Ja. Und dann kommen sie... Sie sind zurück... Jemand macht sich wieder oben an meinem Kopf zu schaffen.

Ray: Die beiden, oder jemand anderes?

Jim: Jemand anderes. Und, äh, einer von ihnen ist wieder bei meinen Knöcheln und (hört sich so an, als hätte er Schmerzen). Auuu! Sie tun etwas an meinem Kopf!

Ray: Was?

Jim: Es ist, als ob sie etwas in meinen Kopf hineinsteckten.

Ray: Wie fühlt es sich an?

Jim: Spitz. Wie eine Nadel, und es schmerzt wie verrückt. Es geht direkt in meinen Hinterkopf hinein. Und sie sind... Auuu! Großer Gott, wie das schmerzt!

Ray: Wie lange dauert das?

Jim: Sie schieben es immer noch hinein!

Ray: Wie ist der Schmerz?

Jim: Wie ein brennender Druck.

Ray: Nur hier, oder auch anders wo?

Jim: Im Hinterkopf.

Ray: Was passiert danach?

Jim: Ja... Ich erinnere mich jetzt an nichts mehr.

Das Einstechen der Nadel und das Herausziehen bewirkte anscheinend einen Gedächtnisverlust. Tony schaltete sich ein, um Jims Unbehagen zu erleichtern:

Tony: Entspanne dich, entspanne dich...

Ray: Nun gut, sie schieben dieses Ding in deinen Hinterkopf. Richtig?

Jim: Ja.

Ray: Was tun sie nach dem Herausziehen?

Jim: Ich erinnere mich nicht. Dann bin ich auf der Straße. Mein Gott, wie das wehtat. Ich kann noch die Schmerzen fühlen.

Ray: Tony wird sich darum kümmern.

Unsere Untersuchung von Harry, dem Gespenst, endete mit einer weiteren erstaunlichen Enthüllung. Sie betraf Jims anderen Gedächtnisverlust in der Kindheit. Wie bereits erwähnt, war er an einem schneereichen Tag in ein Loch gefallen und geborgen worden. Vor der Hypnose konnte sich Jim nicht an diesen Vorfall erinnern und wußte nur das, was ihm seine Familie berichtet hatte. Hier seine ersten Worte, als er aus der Hypnose erwachte:

Jim: Weißt du? (Klingt überrascht.) Ich habe weitere Erinnerungen. Ich entsinne mich an noch etwas anderes, als ich ein Kind war.

Ray: An was denn?

Jim: Als ich klein war, verirrte ich mich eines Tages in einem Schneesturm und , ja, ich fiel in... äh, in einen Graben. Und, äh, es war kein Graben. Es war das Loch eines Faulbehälters. Mein Großvater war ein Bauunternehmer.

Dave: Wie alt warst du da?

Jim: Ich war noch ganz klein, vielleicht fünf oder sechs. Und, äh, als ich mich an den Heimweg vom Schlittenfahren erinnerte, da fiel es mir wieder ein. Ich erinnere mich... Mein Bruder Tom und noch irgend jemand fanden mich. Als ich mich, äh, an den Vorfall, der auf dem Rückweg mit dem Schlitten passierte, erinnerte, da tauchte eine weitere Erinnerung auf. Weil, (pausiert) diese Dinger (Außerirdische) auch dort waren!

Tony: Wo?

Jim: Sie blickten von Rande des Loches auf mich herab.

Tony: Du warst fünf oder sechs, als das geschah und neun oder zehn bei dem Schlittenvorfall.

Jim: Zumindest... Ich erinnere mich, diese Dinger (Außerirdische) im Schnee gesehen zu haben, weil sie dazukamen und ich dachte: "Warum ziehen sie mich nicht heraus?"

Dave: Wie viele waren es?

Jim: Zwei.

Ray: Haben sie dich da hineingestoßen?

Jim: Nein. Ich denke, daß ich gestolpert bin. Der Schneefall war so stark, daß er meine Augenlider verklebte... Und ich stolperte in dieses Loch des... Faulbehälters.

Ray: Das ist interessant. Sie kamen später hinzu.

Jim: Das Loch war zwei, zweieinhalb Meter tief. Aber ich entsinne mich daran, bald hochgeschaut zu haben, weil ich endlich meine Augenlider vom Schnee befreit hatte, und da sah ich diese beiden Gestalten da oben stehen. Und ich dachte, nun, du weißt schon: "Helft mir." Und sie standen nur herum und glotzen mich an. Und, äh, später fanden mich Tom und einer unserer Nachbarn.

Dave: Hast du dich jemals an diese zwei Außerirdischen nach diesem Ereignis erinnert?

Jim: Niemals. Heute ist es das erste Mal, daß ich mich bewußt erinnere.

Ray: Manchmal bringen sie dich in bestimmte Situationen, und wenn du wieder bei Bewußtsein bist, dann sieht es aus, das sei dies der Grund für die Zeitlücke.

Ich fuhr fort zu erklären, daß die Außerirdischen oft nach einer Entführung die Begegnung verschleiern, indem sie Bedingungen schaffen, die die Zeitlücke erklären. So hatten sie zum Beispiel die vier Camper zurück ins Kanu gesetzt. Das Kanu war dann ans Ufer getrieben. Als die Camper ihre fünf Sinne wiedererlangten, saßen sie im Kanu. Das letzte, woran sie sich erinnerten, war, daß sie vom leuchtenden UFO wegpaddelten. Sie glaubten, zum Ufer gepaddelt zu sein und hatten keine bewußte Erinnerung an die Entführung. Die List wäre geglückt, hätte das Lagerfeuer noch hell gebrannt. Das Schlittenereignis, der Schneesturm und das scheinbare Verirren durch die Abkürzung waren eine List der Außerirdischen, ihre Spuren zu verwischen:

Tony: Sie erschufen die Szene.

Ray: Sie kreierten die Szene und gingen weg. Ich frage mich nur, ob es da auch eine Zeitlücke gab. Vielleicht steckten sie dich in das Loch. Aber, das ist... Spekulation.

Jim hatte keine Erinnerungen an weitere Ereignisse. Das Wiedererleben der Begegnung bei der Schlittenfahrt schien eine Teilerinnerung an den vorangegangenen Vorfall ausgelöst zu haben.

Erkennt man die Bedeutung dieser Erlebnisse, dann wird klar, daß Harry, der Geist, bestimmt kein Gespenst war. Der offensichtliche Spuk im Hause der Weiners war möglicherweise nur die sichtbare Spitze eines verschleierten Überwachungsprogrammes der Außerirdischen.

Mit diesen neuen Beweisen fragte ich mich, wieviel ähnliche Berichte über Gespenster, Poltergeister und paranormale Phänomene sich wohl auf die gleichen Schlußfolgerungen zurückführen lassen. Diese Frage wird im nächsten Kapitel behandelt, das die Aufklärung anderer mysteriöser Ereignisse bei den Allagash-Betroffenen zum Inhalt hat.

Kapitel 10

Die Enthüllung

Über drei Jahrzehnte liegen zwischen den frühsten Manifestationen von Harry, dem Gespenst, und Jack und Marys Entführung aus ihrem Haus in den Bergen. Wie bereits erwähnt, zeigen die Entführer ein dauerhaftes Interesse an den Entführten, was mit dem CEIV-Phänomen übereinstimmt. Da dies auch hier der Fall war, wollten wir mehr über die dazwischenliegenden Lebensjahre der Allagash-Vier erfahren. Wir vermuteten - aufgrund früherer Untersuchungen -, daß weitere Begegnungen in den dazwischenliegenden Jahren stattgefunden haben mußten. Um herauszufinden, ob das zutraf, durchforsteten wir das Leben jedes einzelnen Zeugen. Wir wurden nicht enttäuscht.

Charlie Foltz - Begegnungsmuster mit Außerirdischen

Die Durchleuchtung von Charlies Leben erbrachte keinen nennenswerten Beweis, daß außerirdische Wesenheiten ihn in der Kindheit besucht hatten. Dennoch war das Allagash-Erlebnis nicht seine erste Begegnung mit einem UFO. Sie ereignete sich, als er von 1968 - 1972 in der US Navy diente. Die Sichtung fand im Frühling 1970 statt, als ein Atom-U-Boot-Begleitschiff auf geheimer Mission unterwegs war. Zur Zeit der Sichtung befand sich das Marineschiff etwa 500 Kilometer von der spanischen Küste entfernt. Charlie und die anderen Mannschaftsmitglieder beobachteten ein leuchtendes Objekt, das sich dem Begleitschiff näherte. Es schwebte eine Weile über ihnen, so, als ob es die Mission beobachtete und flitzte dann mit unglaublicher Geschwindigkeit davon. Meiner Ansicht nach hing die Erscheinung des UFOs mit dem Auftrag zusammen. Charlie war überzeugt, daß die öffentliche Bekanntgabe der Mission einen Verstoß gegen die Nationale Sicherheit darstelle und hatte den Eid geleistet, solche Dinge nicht vor seiner Entlassung zu enthüllen. Er fühlte sich sogar verpflichtet, bei der Navy Intelligence vorzusprechen, bevor er mir die Erlaubnis gab, diesen Vorfall zu erwähnen. Die Marine war hoch erfreut, daß Charlie bei ihr nachfragte und bestätigte, daß er die Natur dieser geheimen Mission nicht aufdecken dürfe. Er durfte nur erwähnen, daß sie von höchst sensibler Natur war.

Höchstwahrscheinlich gibt es keinen Zusammenhang zwischen der Marine-Sichtung und dem Allagash-Zwischenfall. Charlie scheint beim Allagash-Ereignis das Opfer von Umständen gewesen zu sein. Er war für eine andere Person eingesprungen, die den Ausflug abgesagt hatte, und somit war seine Anwesenheit ein Zufall... Am Ende erlebte er auf diesem Ausflug mehr, als er je zu träumen gewagt hätte. Die Untersuchung durch die außerirdischen Wesen und seine enge Verbindung mit den Zwillingen zog weiteres Interesse von seiten der Außerirdischen nach sich. Ein Telefonanruf von Jack am 22. November 1989 erbrachte einen ersten Hinweis.

Jack rief mich an und berichtete, daß Charlie sie über das Wochenende des Veterans´ Day besucht hatte, um Jack und Mary beim Holzhacken in Vorbereitung auf die Wintermonate zu helfen. Eines Morgens erschien er am Frühstückstisch und sah aus, als hätte er ein Gespenst gesehen. Er schilderte Jack und Mary seinen äußerst lebhaften und so realistischen Traum, daß er die Bilder noch ganz klar vor Augen hatte. Er konnte den Traum nicht vergessen. Ich fand das sehr seltsam, da Charlie bei seiner ersten Hypnosesitzung erwähnt hatte, daß er sich kaum jemals an seine Träume erinnern könne.

Kurz gesagt, Charlie träumte, daß er in der Nacht erwachte und draußen vor der Glastür eine Gruppe von Außerirdischen stehen sah. Zwei von ihnen drehten sich um und gingen auf dieTür zu, woraufhin Charlie sich ins Bett verkroch und wieder einschlief.

Ich rief Charlie an und befragte ihn über den Traum. Er erzählte mir, daß er ihm immer noch im Kopf herumspukte. Der Traum war noch genau so frisch in seiner Erinnerung wie an jenem Tag. Ich wollte diese Geschichte nicht auf sich beruhen lassen und fragte Charlie, ob wir diesen "Traum" in Hypnose untersuchen könnten. Charlie stimmte zu, und wir einigten uns auf eine Sitzung nach dem Urlaub. Es folgen die wichtigsten Auszüge aus dieser Sitzung.

Charlie Foltz - Hypnosesitzung #2 - 20.01.1990

Nachdem Tony Charlie in Hypnose gesetzt hatte, fragte er ihn nach dem Datum des Traumes:

Charlie: Am 11. oder 12.

Ray: November 1989?

Charlie: Ja

Tony: Zu den Geschehnissen in dieser Nacht.... Was geschah?

Charlie: (Beginnt heftig zu atmen; stößt Luft aus). Ich schlief (lange Pause). Und, ja, es war, als ob ich mich träumend hinsetzte und durch die gläserne Schiebetür schaute (räuspert sich). Da sah ich (pausiert) einige (hält inne) kleine Wesen zum hinteren Teil des Hauses blicken.

Tony: Wieviele siehst du?

Charlie: (Hält lange Zeit inne.) Sieben, vielleicht acht. Sie schauen alle zur Rückseite des Hauses, einer dreht seinen Kopf und schaut mich an (lange Pause). Da denke ich: "Ohh, nein!", lege mich zurück und schlafe ein.

Tony: Sag das noch einmal... Du legst dich wieder hin?

Charlie: Ich schlafe wieder ein.

Tony: Dauert es lange, bis du einschläfst?

Charlie: Hm, hmm...

Tony: Es dauert nicht lange (Pause). Kannst du ihr Aussehen beschreiben?

Charlie: (Holt tief Luft und bläst sie schweratmend aus; hält inne). Sie sind alle klein. Ovale Köpfe. Große, dunkle Augen. Sie schauen alle in die Richtung der Rückseite des Hauses.

Ray Womit sind sie bekleidet?

Charlie: Es sieht wie eine, äh, einteilige schwarze Uniform aus. Dunkel, hm, mit einem Gürtel, einem hellen, engen Gürtel. Alle haben ihre Hände an der Seite, außer dem einen, der sich umdrehte und mich ansah. Er wies in die Richtung, in die alle schauten.

Tony: Was macht er noch, während er sich umdreht und dich anschaut?

Charlie: (Pause. Schnalzt mit den Lippen.) Er nähert sich dem Haus. Deshalb schlafe ich wieder ein.

Tony: Und warum schläfst du wieder ein?

An diesem Punkt lächelte Charlie, wie er es immer tat, wenn er unter Druck stand und schwieg. Als er wieder antwortete, fing er heftig zu atmen an.

Charlie: Ich weiß nicht. (Räuspert sich) Nun, ich sagte "Nein!" und legte mich einfach zurück und schlief ein.

Tony: Was waren deine ersten Gedanken, als du am nächsten Morgen aufwachtest?

Charlie: Sonderbar. Komischer Traum. So lebhaft!

Tony: Wie lebhaft?

Charlie: So, als ob ich etwas beobachtet hätte. Gesehen hätte.

Tony: Träumst du normalerweise so lebhaft?

Charlie: Nein.

Tony: Glaubst du, daß du zwischen Traum und Wirklichkeit unterscheiden kannst?

Charlie: (Antwortet lange nicht.) Ich denke schon (hört sich an, als ob er zweifelt).

Tony: Wie reagiert dein Bewußtsein auf diesen Vorfall? Ist es ein Traum oder Wirklichkeit?

Charlie: (Lange Pause. Seufzt). Es schien realer als ein Traum zu sein (Pause), aber ich glaube, es war einer.

An dieser Stelle versetzte Tony Charlie in eine tiefere Hypnose und wandte einen Kniff an, um seine unterbewußte Erinnerung zu testen:

Tony: Gib mir eine "Ja"-Antwort, indem du deinen rechten Daumen hebst. Bei einer "Nein"-Antwort hebst du den linken Daumen. Du wirst ganz unbewußt - völlig unbewußt den jeweiligen Daumen bewegen. Hast du verstanden? Rechter Daumen hoch für "Ja", linker Daumen hoch für "Nein".

Tony: So ist es gut. Du bist völlig unbewußt. Ist dein Vorname Charlie?

Charlie: (Rechter Daumen hoch - ja.)

Tony fuhr fort, beziehungslose Fragen zu stellen, und Charlie antwortete weiterhin mit seinem Daumen. Dann schoß Tony die folgende Frage ab:

Tony: War der Vorfall ein Traum?

Charlie: (Rechter Daumen hoch - ja.)

Tony versetzte Charlie in einen noch tieferen Hypnosezustand, bevor er nochmals das gleiche fragte:

Tony: Fand dieser Vorfall in der Realität statt?

Charlie: (Stößt Luft aus, beide Daumen fangen zu zittern an.)

Tony: War es ein Traum?

Charlie wollte nicht antworten. Seine beide Daumen zuckten hin und her, als ob ein innerer Konflikt zwischen Charlies Bewußtsein und Unterbewußtsein ausgetragen würde. Tony stellte die gleiche Frage noch einmal, aber nachdrücklicher. Endlich gewann Tonys rechter Daumen die Oberhand. Es hatte einen definitiven Kampf zwischen Charlies Daumen gegeben, was bei einem Traum nicht hätte sein dürfen. Alle Zeichen deuteten auf die typische, tiefsitzende mentale Blockade hin, mit der wir es in der Vergangenheit so oft zu tun hatten. Tony führte Charlie noch tiefer in die Hypnose, um sie zu durchbrechen:

Tony: Entspanne dich, tiefer und tiefer... Was geschah, nachdem das Wesen sich umdrehte und zur Tür ging? Wie weit näherte es sich der Tür? Auf wie viele Meter?

Charlie: (Sagt lange nichts.) 1,20 m...1,50 Meter.

Tony: Kannst du das Wesen sehen, als es sich umdreht? Es schaut zur Rückseite des Hauses, dreht sich um und blickt zu dir. Kannst du das sehen?

Charlie: Es deutet auf die Rückseite des Hauses. Die anderen schauen zum Licht.

Ray: Welches Licht?

Charlie: Das Licht hinten am Haus. Wie der Mondschein, aber der Mond steht dichter an der Vorderseite des Hauses.

Ray: Was sagten die Wesen in Vermont zu dir? Was sagten sie?

Charlie: Es schaute mich nur an.

Ray: Was dachtest du, als es dich anschaute?

Charlie: "Nein!"

Ray: Was heißt "Nein?"

Charlie: Das ist, was ich dachte.

Ray: Warum hast du "Nein" gesagt, wenn es dich nicht ansprach?

Charlie: Ich weiß nicht. Ich legte mich einfach zurück und schlief ein.

Ray: Was meintest du mit "Nein?"

Charlie: Nicht schon wieder.

Ray: Nicht schon wieder, was?

Charlie: (Wird plötzlich nervös, beginnt zu husten.) Nun, einfach: "Nein, nicht schon wieder!"

Ray: Was nicht schon wieder?

Entweder wollte Charlie nicht antworten oder konnte nicht, weil er so aufgeregt war. Er schluckte mehr Luft, als er ausatmen konnte:

Ray: Du kannst... Du kannst uns das ruhig sagen.

Tony: Entspanne dich, entspanne dich einfach.

Ray: Nicht schon wieder, was?

Charlie: (Ist sehr aufgeregt, antwortet nicht.)

Tony: Gehe zurück, gehe einfach zurück.

Ray: Du kannst es uns erzählen. Nicht schon wieder, was?

Charlie schien seine ganze Kraft zusammenzunehmen, und es gelang ihm zwischen tiefen Atemzügen zwei Worte hervorzustoßen:

Charlie: Genug. Nichts mehr.

Tony: Nicht mehr, was?

Charlie: (Atmet schwer, zwingt sich, die Worte auszusprechen.) Nicht wieder... wie... Allagash.

Ray: Passierte das gleiche wie in Allagash, das du uns nichts erzählen durftest?

Charlie: (Antwortet nicht. Atmet schwer.)

Ray: Es ist schon in Ordnung, wenn du schweigen willst, aber war es wie in Allagash, als du nichts berichten durftest?

Charlie: Ich weiß nicht.

Ray: Warum weißt du es nicht?

Charlie: (Hustet und beginnt zu würgen, antwortet nicht.)

Ray: Solltest du es wissen?

Charlie: Ich schlief einfach wieder ein.

Tony hatte es sich in den Kopf gesetzt, die offensichtlich herbeigeführte Erinnerungslücke zu durchbrechen. Ich beobachtete gespannt, wie er Charlie während der Befragung schrittweise in tiefere Entspannungszustände führte. Charlie hielt daran fest, daß das Ereignis ein Traum war, wurde aber immer aufgeregter, je tiefer die Hypnose wirkte. Dann wendete Tony eine andere, häufig benutzte hypnotische Regression an, um die mentale Blockade zu überwinden.

Tony: Wenn du sagst, "du bist eingeschlafen", kannst du tatsächlich sehen, wie du einschläfst?

Charlie: (Hustet, scheint aufgeregt zu sein, antwortet nicht.)

Tony: Wenn du eine Filmkamera hättest, die dich aufnimmt, was würden die Bilder zeigen? Saßest du aufrecht im Bett, als du erwachtest? Drehtest du deinen Körper oder nur deinen Kopf? Was siehst du dich tun?

Charlie: (Stößt tief Luft aus und hält inne.) Ich sehe den Hund. (Jack und Mary Weiners Hund) die Treppe herunterkommen (lacht) und an mir schnuppern.

Ray: Wie verhält sich der Hund, als er die Wesen bemerkt?

Charlie: Es ist morgens.

Tony: Laß uns zur vergangenen Nacht zurückgehen. Du hast die Kissen und die Decken oder Laken etc. aufgeschüttelt, du schlüpfst in dieses behelfsmäßige Bett und schläfst ein. Stimmt das?

Charlie: Hm, hmm.

Tony: Schon gut. Laß uns zurückgehen zu dieser (imaginären) laufenden Kamera. Was würde sie aufzeichnen... uns zeigen, wenn die Bilder an eine Leinwand geworfen würden?

Charlie: (Antwortet nicht.)

Tony: Was ich wissen möchte ist: "Siehst du dich aufwachen?"

Charlie: Ja.

Tony: Hast du dich aufgesetzt? Hast du deinen Kopf gedreht? Das hast du doch gesagt?

Charlie: Nach rechts.

Tony: Um durch die Schiebetür zu schauen? Stimmt´s?

Charlie: Hm, hmm.

Tony: Gut. Du schaust durch die Schiebetüren.

Charlie: Hm, hmm.

Tony: Du hast uns bereits erzählt, was du siehst. Aber was machst du jetzt?

Charlie: Ich lege mich zum Schlafen nieder.

Tony: Schon gut. Laß mich wiederholen, um zu sehen, ob ich es richtig verstehe. Du kannst mich unterbrechen. Wenn jetzt eine Kamera laufen würde... sagen wir mal, jemand hätte eine Kamera eingeschaltet gelassen - sie vergessen, abzuschalten -, dann würden wir dich sitzend und deinen Kopf leicht nach rechts drehen sehen. Du schaust zur Schiebetür, die keine Vorhänge hat - keinerlei Abdunklung - und legst dich zurück. Du ziehst die Decken über deinen Oberkörper... Deine Arme hängen heraus, und du schläft wieder ein. Stimmt das?

Charlie: Ja.

Tony: Hier meine Frage. Und ich möchte, daß du dir Zeit mit der Beantwortung nimmst. Wenn wir versehentlich die Kamera die ganz Nacht laufen ließen, dann würden die Bilder zeigen, daß du die ganze Nacht im Bett bleibst. Dann sollte es kein Aufsitzen und kein Drehen des Kopfes geben, denn du sagst, dies ist ein Traum. Dennoch antwortest du auf unsere Frage: "Was würde der Film zeigen?" "Der Film würde mich aufrecht sitzend im Bett zeigen. Erkennst du den Widerspruch?... Darum muß ich dich nochmals fragen - und nimm dir Zeit - "Hast du das geträumt?" Die Kamera würde dich also liegend sehen mit den normalen Bewegungen im Schlaf, aber vorwiegend liegend während der Nacht... Oder geschieht das wirklich, wobei die Kamera dich zeigt, wie du dich aufsetzt, leicht den Kopf nach rechts drehst, dich dann wieder hinlegst, die Decken hochziehst - die Arme außerhalb - und wieder einschläfst? Sage uns, was dir richtig erscheint, was aber gleichzeitig der Wahrheit nahe kommt.

Charlie: Ich erinnere mich, mich aufgesetzt und durch die Scheiben geschaut zu haben. (Charlie träumte nicht.)

Tony: Und dann?

Charlie: Ich habe eine Gruppe etwa drei Meter von der Tür stehen sehen, die zur Rückseite des Hauses schaute. Einer deutete in einem Winkel dorthin, dann drehte er sich um und schaute zu mir.

Tony: Und was machte er?

Charlie: Als er mich anschaute, legte ich mich hin und sagte: "Nein!" Dann zog ich die Decken über mich und schlief ein.

Ray: Warum bist du aufgewacht?

Charlie: Ich weiß nicht.

Ray: Hörtest du Geräusche?

Charlie: Ich kann mich nicht erinnern, etwas gehört zu haben.

Ray: Hast du etwas gefühlt?

Charlie: Ich fühlte eine Gegenwart.

Hier war das Tonband zu Ende. Als ich es umdrehte, stellte ich das Tonbandgerät auf "Rekord", muß aber irgendwie irrtümlich den "Pausenknopf" gedrückt haben, denn leider wurde der Rest der Unterhaltung nicht aufgezeichnet. Auf jeden Fall wurde Charlie, als ich ihn über "die gefühlte Gegenwart" unter Druck setzte, sehr aufgeregt und rang nervös seine Hände. Mehr als das, was aufgezeichnet worden war, konnten wir nicht erfahren. Charlie hätte es am liebsten bei einem Traum belassen. Aber eine Analyse unserer Ergebnisse des sogenannten Traumes, bestätigte dies nicht:

1. Charlie erinnert sich selten an Träume. Er erinnerte sich aber an diesen hier. Noch heute sind die Details frisch in seiner Erinnerung. Mit seinen Worten: "Es ist lebhafter als ein Traum."
2. Der Traum war merkwürdig, da er vom Schlafen, Aufwachen und Wiedereinschlafen handelt.
3. Charlies Bemerkungen über den Mond, als er träumte, reflektieren die Realität. Jacks Hausseiten stimmen mit den vier Himmelsrichtungen des Kompasses überein. Charlie schaute nach Osten, als er die Außerirdischen durch die Glastür wahrnahm. Als er zu Bett ging, beschrieb

er den Mond als "den Hof (im Osten) erhellend". Das muß wirklich der Fall gewesen sein, denn gemäß astronomischer Aufzeichnungen war es in der Nacht am 11. und 12. November, 1989, beinahe Vollmond. Als er träumte, daß er erwachte, beschrieb er, wie die Außerirdischen auf ein Licht zeigten, das von der Rückseite (Norden) des Hauses kam. Im Traum beschrieb er das Licht "wie der Mond, aber weiter an der Vorderseite (Westen) stehend". Und genau hier hätte der Mond beim Vorrücken der Nacht entweder am 11. oder 12. November gestanden. Charlie mußte also wach gewesen sein und "gesehen" haben, was in dieser Nacht geschah. Er hat also nicht geträumt.

4. Ein weiteres anomales Geschehen an diesem Wochenende im Haushalt der Weiners untermauert den Beweis eines physischen Besuches der Außerirdischen.
5. Tonys Trick mit der Kamera während der Hypnose zeigt, daß Charlie wirklich erwachte und nicht träumte, er sei erwacht.

Bezüglich Punkt 5 faßte Tony seine Analyse der Sitzung folgendermaßen zusammen:

> Deine Aufnahme wird den ganzen Aspekt dieser Sitzung zeigen, da Charlie zugibt, "präzise und wortgetreu" auf meine Frage geantwortet zu haben "Was hätte die Kamera gezeigt, wenn sie die ganze Nacht gelaufen wäre?" Er benutzt die Gegenwart: "Ich erwache, setze mich auf, drehe meinen Kopf ein wenig nach rechts und sehe..." Das Knifflige an der Sache ist, daß der sehr präzise und wortgetreue Charlie geantwortet haben müßte (persönliche Meinung), daß die Kamera ihn die ganze Nacht hindurch hätte schlafend zeigen sollen. Noch immer vertrete ich die Meinung, daß Charlie jedes Mal, als wir ihn befragten, etwas wie "Ich träume, daß ich aufwache, aufsitze etc." hätte antworten müssen. Selbst nachdem wir dies Charlie in der Hypnose nahelegten, antwortete er in Hypnose und im Wachzustand: "Ich wache auf, setze mich aufrecht hin etc." Er sagte nicht: "Ich träume, daß ich erwache, etc."
>
> Ich bin ebenfalls beeindruckt von Charlies Erinnerung an diesen Vorfall, die noch immer scharf und detailliert ist und nicht, wie er zugibt, vernebelt oder verzerrt wie bei seinen anderen Träumen - und wie es mit fast jedermanns Träumen ist. Die Zeit verwischt die Details etc., aber dieses Geschehen ist bei ihm noch genau so frisch wie am ersten Tag.

Dennoch bleibt eine Frage unbeantwortet, selbst wenn das, was Charlie erlebte, Realität ist: Was wollten die Außerirdischen? Auch in tiefer Hypnose gab es keinen Hinweis, daß mit ihm noch etwas anderes geschehen war. Es könnte sein, daß die Außerirdischen nicht Charlie wollten, als sie sich der Tür näherten, daß ihn aber ihre großen, dunklen Augen fesselten. Nach dem anfänglichen Schock reagierte er völlig untypisch, indem er wieder einschlief. Physische Beweise zeigen, daß Jack das Ziel dieser Nacht war, worauf wir später zurückkommen werden. Neben der UFO-Sichtung bei der Navy fingen Charlies UFO-Begegnungen mit dem Allagash-Ereignis an und endeten mit dem zur Diskussion stehenden Fall. Das ergab die zweite Hypnosesitzung.

Ray: Wann begegnest du dem oder den Wesen das nächste Mal?

Charlie: Eben dann (im Traum).

Ray: Wann bist du ihnen früher begegnet?

Charlie: (Sagt lange nichts.) Nur in Allagash.

Ray: Wann hast du die Wesen vor Allagash gesehen?

Charlie: (Lange Pause.) Habe ich nicht.

Tony: Sahen sie gleich aus?

Charlie: (Pause.) Ja.

Chuck Rak - Begegnungsmuster mit Außerirdischen

Wie die Zwillinge erinnerte sich Chuck an die nächtlichen Besuche der nichtmenschlichen Wesen. In einem autobiographischen Bericht, den er für unsere Aufzeichnungen anfertigte, deutet er kurz diese Besuche an.

> Im Alter von vier bis sechs Jahren hatte ich wiederholt Erlebnisse mit einer erschreckenden, aber kraftvollen Präsenz, die nachts in mein Zimmer eindrang.

Während Chucks erster Hypnosesitzung, die das Allagash-Erlebnis zum Inhalt hatte, schob ich Fragen über diese Kindheitserscheinungen ein. Damals beschrieb Chuck die Wesen, die den Vier während der Allagash-Entführungen begegneten, folgendermaßen:

Ray: Hm, diese Gestalten - diese Wesen?

Chuck: Ja.

Ray: Bist du ihnen jemals zuvor begegnet?

Chuck: (Hält inne.) Ohh, ja.

Ray: Wo?

Chuck: Da war was in meinem Schlafzimmer, als ich klein war.

Ray: Wie klein?

Chuck: Etwa vier oder fünf.

Ray: Hmm. Was geschah dann?

Chuck: Da war was in meinem Zimmer.

Ray: Was?

Chuck: Sie war kleiner als diese (Allagash) Wesen - viel kleiner.

Ray: Und was machte sie? Was machte sie?

Chuck: Sie schien einfach da zu sein, und ich konnte mir nicht erklären, was das war und warum es da war.

Ray: Was geschah dann?

Chuck: (Hält längere Zeit inne.) Ich lief in das Zimmer meiner Eltern.

Tony: Warum?

Chuck: Weil es beunruhigend war.

Tony: Erzähltest du deinen Eltern etwas?

Chuck: Ja.

Tony: Was sagtest du ihnen?

Chuck: Das es mich an ein Kaninchen erinnerte.

Tony: Was erwiderten sie?

Chuck: Sie ließen mich zwischen ihnen schlafen.

Ray: Warum erinnerte es dich an ein Kaninchen?

Chuck: Weil es weiß war.

Ray: An was erinnerst du dich noch?

Chuck: Ich erinnere mich an das Erlebnis auf Cape Cod (dem Sommer-Familienbesitz).

Ray: Wann hast du eines dieser Wesen wiedergesehen?

Chuck: Es war,äh, auf unserem anderen Besitz in Waban.

Ray: Wie alt warst du?

Chuck: Etwa im gleichen Alter.

Ray: Was passierte?

Chuck: Eine Säge schien durch den Fußboden zu dringen... So, als ob sie ein Häutchen durchtrennte... Sie erinnerte mich an eine Motorsäge. Es war schrecklich.

Chucks Beschreibung des Wesens, das einer drehenden Motorsäge ähnelte, ließ mich erschaudern. Etwa vor einem Jahr war jemand in mein Haus gekommen, um eines meiner Bücher zu kaufen. Während wir an der Tür miteinander sprachen, erwähnte er zwei persönliche UFO-Erlebnisse, die er als Erwachsener hatte. Einmal sichtete er tagsüber eine kuppelförmige Scheibe. Ein anderes Mal erwachte er nachts und sah eine Wesenheit aus einem Lichtkegel heraustreten, der wie eine Säge durch den Fußboden drang. Er wurde paralysiert und konnte sich an nichts mehr erinnern. Ich versuchte, mehr über Chucks Erlebnis herauszufinden.

Ray: Was geschah? Kannst du genau beschreiben, was passierte?

Chuck: Ah, (macht eine Pause), hm, es ängstigte mich.

Ray: Warum ängstigte es dich?

Chuck: Es näherte sich mir.

Ray: Wie sah es aus?

Chuck: (Atmet schwer, stößt Luft aus.) Es war das gleiche. Es war das gleiche Ding.

Ray: Das gleiche Ding, wie was?

Chuck: Das ich am Cape sah... Nur ein wenig... Es war... Ich kann mich nicht richtig erinnern. Ich habe kein klares Bild.

Ray: Was tat es?

Chuck: Es versetzte mich in Schrecken.

Ray: Und was machte es außerdem noch?

Chuck: Es, ja (Pause), blieb einige Zeit in meinem Zimmer.

Ray: Was machte es in dieser Zeit?

Chuck: Es erschreckte mich.

Ray: Wie lange blieb es?

Chuck: (Pause.) Weiß nicht.

Ray: Seid ihr beide in dem Zimmer geblieben?

Chuck: (Regt sich sehr auf) Ja.

Es zeigte sich, daß wir wieder einmal die mentale Blockade nicht durchbrechen konnten, wie so oft in diesen Fällen. Die Sitzung näherte sich bald ihrem Ende. Dies war unsere letzte Gelegenheit, Chucks Erinnerung unter Hypnose nach anderen möglichen Begegnungen in seinem Leben abzuklopfen. Mit diesem Ziel im Auge, befragte ich ihn:

Ray: Es war also das letzte Mal, das du ihm damals und später dann in Allagash begegnet bist?

Chuck: Ich glaube, es waren nur diese beiden Male als ich klein war. Es könnte ein drittes Mal gegeben haben, aber ich kann mich nicht... Ich habe keine klare Erinnerung.

Ray: Hast du diese Gestalten nach Allagash wiedergesehen?

Chuck: Daran kann ich mich nicht entsinnen.

Ray: Gibt es etwas anderes, das du uns erzählen möchtest?

Chuck: Eines Nachts weckte mich meine Frau. Es war Winter. Und da strahlte blaues Licht durch das Nordfenster. Aber wir hatten Plastik an den Scheiben. Daher war das Bild unscharf, außer, daß ein blauer Lichtstrahl zu sehen war. Von unserem Nordfenster überblickt man ein Tal mit Bergen am Horizont.

Ray: Wann war das?

Chuck: Es war Februar... Etwa vor zwei Jahren (ca. 1986 oder 1987)... Kim fürchtete sich sehr, ja, war erschreckt. Sie, sie versuchte, mich aufzuwecken... Äh, ich sagte, sie solle sich beruhigen und sich entspannen. Und sie fragte: "Was ist das?" Ich antwortete unbekümmert: "Beruhige dich, das sind nur die Außerirdischen! Schlaf wieder ein." Und ich konnte mich nicht von der Schwere und dem Schlaf befreien.

Ray: Was machtest du danach?

Chuck: Ich schlief wieder ein.

Das war Charlie Foltz! Später befragte ich Kim über den Lichtstrahl. Sie berichtete, daß der Lichtstrahl hoch über dem Tal schwebte. Aus irgendeinem Grunde hatte sie darauf auch nicht normal reagiert:

Kim: Er war noch sichtbar und, hmm, aus irgend einem Grunde... Ich drehte mich um und schlief wieder ein. Normalerweise wäre ich die ganze Nacht aufgewesen und hätte mich gefürchtet.

Wir erhielten keine zusätzliche Information von Chuck. Er erwähnte kurz einen seltsamen Vorfall aus dem Jahre 1981. Er war jedoch zu verschwommen, um daraus eine Verbindung zu UFOs abzuleiten. Kurz gesagt, er fühlte einmal, als er sich beim Bergsteigen erholte, einen starken Luftwirbel an seinem Kopf vorübersausen.

Leider war Chuck nicht die richtige Person für eine tiefe Hypnose. Vieles mag noch in seinem Unterbewußtsein vergraben sein. Alles, was wir mit Sicherheit wissen, ist, daß auch er im Alter von fünf oder sechs Jahren während des Nachts Begegnungen hatte; danach und vielleicht zum letzten Mal in Allagash zusammen mit seinen drei Freunden.

Anscheinend galt den Zwillingen das fortlaufende Interesse der Außerirdischen. Dies wurde weitläufig bestätigt durch die nachfolgenden Daten, die sich bei der Zusammenstellung der Begegnungsmuster ergaben.

Jim Weiner - Begegnungsmuster mit Außerirdischen

Bis jetzt haben wir die Spukerscheinungen, von Harry, dem Gespenst, in Jims früher Kindheit dokumentiert, auch seine Entführung beim Schlittenfahren in seiner späteren Kindheit. Sie fanden in den Jahren 1955 bis 1960 statt.

Jim erinnerte sich an keine ungewöhnlichen Vorkommnisse zwischen 1960 und den frühen 70er Jahren. Zu jener Zeit hatte er keine bewußten Erinnerungen an seine Kindheitsbegegnungen mit den Außerirdischen und keine Ahnung, daß die Erscheinungen von Harry mit UFOs zusammenhingen.

Erst im Jahre 1973 wurde sich Jim seiner ersten UFO-Sichtung bewußt. Es ist bezeichnend, daß gerade im Jahr 1973 die größte Sichtungswelle in der UFO-Geschichte stattfand. Jim schildert diese Sichtung in einem Gespräch, das kurz vor seiner ersten Hypnosesitzung über das Allagash-Erlebnis aufgezeichnet wurde.

Mansfield, Pennsylvania (März 1973)

Ray: Was ich in dieser Sitzung tun möchte, ist, ganz an den Anfang zurückzugehen. Du hattest vor 1976 keines dieser Erlebnisse in Maine. Ist das richtig?

Jim: Nun ja, ich hatte 1973 zusammen mit zwei anderen Freunden eine Sichtung. Das war im Norden von Pennsylvania. Soll ich darüber sprechen?

Ray: Ja, aber kurz. Danach werden wir zu dem Vorfall im Jahre 1976 übergehen.

Jim: Ich war damals im Mansfield State College eingeschrieben. Heute ist es die Mansfield Universität... Eines Tages fuhr ich mit zwei Freunden über Land. Es war März. Wir machten uns auf den Weg nach Haus, und es war dunkel, weil die Sterne da draußen so unwahrscheinlich funkelten... Wir fuhren an einer riesigen Kuhweide vorbei (auf einer Landstraße). Und am Ende der Wiese... etwa einen Kilometer entfernt... stand eine Baumreihe. Als wir also da vorbeikamen, bemerkte ich durch meine Windschutzscheibe eine Wasseramsel oberhalb der Baumreihe... Sie zog meine Aufmerksamkeit auf sich. Die Sterne aus der Sicht einer Wasseramsel... Im Sturzflug... Hals über Kopf... Also hielt ich an, stieg aus und sagte: "Seht euch das da oben an! Was ist das? Sie sahen aus wie richtige, richtige, helle Sterne. Ich konnte nicht erkennen, ob sie wirklich groß und weit weg waren, oder kleiner und näher. Und, ich erinnere mich an fünf bis sieben Lichter, im Sturzflug... Hals über Kopf... Quer über den Himmel, von links nach rechts... Ihre Formation ändernd... Im Sturzflug... fast wie ein... .Slinky... So wie ein Slinky sich auf- und abbewegt, Hals über Kopf... Sie stürzten herunter und kamen näher und näher. Und dann kam das Auto. Und sie hielten im Sturzflug inne und blieben auf gleicher Höhe, indem sie von links nach rechts flogen. Dann fuhr das Auto vorbei. Und es wiederholte sich. Ich hatte eine Taschenlampe in meinem Auto und sagte: "Laßt uns diesen verdammten Dingern signalisieren und sehen, was geschieht." Wir nahmen die Taschenlampe aus dem Handschuhfach und blinkten mehrere Male damit. Und eines dieser Lichter ging aus wie eine riesige bernsteinfarbene Glühbirne. Einfach puff... Und plötzlich, ich kann mich nicht erinnern, daß sie angehalten haben, plötzlich flogen sie in die entgegengesetzte Richtung, einfach rückwärts... Sie stiegen auf in den Himmel und flitzten genau in die Richtung, aus der sie gekommen waren.

Tony: Wer begleitete dich?

Jim: Einer meiner Freunde... namens Craig Wofsy. Und der Name des anderen war Ray Donado.

Mir gelang es später, Craig Wofsy ausfindig zu machen. Wo sich Ray Donado aufhielt, war unbekannt. Ich telefonierte mit Craig, und er bestätigte die Sichtung:

Craig: Ich erinnere mich, daß er und ich und einer unserer anderen damaligen Freunde, er hieß Ray Donado, äh, entlang einer Landstraße in... South Mansfield, Pennsylvania... fuhren. Wir bemerkten am Rande der Straße, äh, einige blitzende Lichter am Himmel... Wir stiegen aus dem Auto und sagten uns: "Diese Lichter sehen wie UFOs aus!" Wir griffen nach einer Taschenlampe und blinkten diese Lichter an, und, ja, ich erinnere mich, sie gaben uns Antwort. Es schien, als ob... Ich habe es immer beschrieben, als sei es wie... wenn man eine Zahnpastatube ausdrückt. Und, äh, die Zahnpasta herausquillt. So war das Licht. Es quoll heraus. Es schien... wie eine Tube bernsteinfarbenes Licht zu sein. (Dies ist typisch für andere Berichte.)

Ray: Jim erwähnte, daß da ein anderes Auto zur gleichen Zeit vorbeifuhr.

Craig: Da waren Scheinwerfer. Die Lichter blinkten, der Scheinwerfer kam vom... UFO, oder wie immer man es nennen will, und kurz danach... näherte sich ein Auto. Und dann sauste das Ding davon. Es machte eine 90-Grad-Wendung von uns weg und war verschwunden.

Im Anschluß an das Erlebnis ins Mansfield, Pennsylvania, fand Jims nächste Sichtung und nachfolgende Entführung in Allagash im Jahre 1976 statt. Die vier darauffolgenden Jahre blieben ereignislos. Dann aber, im Jahre 1980, passierten wieder seltsame Dinge. Jim erlebte von 1980 bis 1988 eine Reihe paranormaler Vorkommnisse. Obgleich er sich dieser Vorfälle bewußt erinnert, beschlossen wir, ihn darüber in Hypnose zu befragen. Dave und ich hofften, so auf weitere Einzelheiten zu stoßen. Wir täuschten uns nicht.

Das erste Ereignis fand im Juni 1980 statt, als Jim Freunde in Austin, Texas, besuchte. Während dieses Besuches litt er an einem Bandscheibenvorfall und mußte das Bett hüten, bis er wieder laufen konnte. Seine Freunde, Jim und Susie, stellten solange ihr Heim zur Verfügung.

Sherman, Texas (Juni 1980), Hypnosesitzung #3B - 10.03.1990

Jim: Eines Abends ging ich zu Bett und, hmm, wachte auf. Ich hörte etwas draußen am Fenster... Ich fühlte eine drohende Präsenz... und schaue hinaus, weil das Fenster geöffnet ist und mir ist, als sei da draußen etwas, kann aber nicht erkennen, was es ist. Ein Umriß, mehr nicht.

Dave: Ist Licht im Zimmer?

Jim: Nein. Kein Licht.

Dave: Oder draußen?

Jim: Nein, nur ein schwaches Leuchten von der Straßenlampe an der Ekke.

Ray: Was passiert dann?

Jim: Nun, ich sagte zu mir: "Dies muß ein Traum sein, ich träume oder so." Ich betrachtete dieses Ding draußen vorm Fenster und, äh, da draußen ist bestimmt etwas. Es war da... Vor dem Fenster und... Es beobachte mich! Welch furchterregendes Gefühl.

Tony: In welchem Stockwerk befand sich das Zimmer?

Jim: Ebenerdig. Es war eine Ranch.

Jim: Hast du die Gestalt von nahem gesehen?

Jim: Nicht in dieser Nacht.

Tony: In einer anderen Nacht?

Jim: Ja, ja! In Ojai, Kalifornien.

Wir beschlossen, daß Jim uns ein andermal den Ojai-Vorfall schildern sollte. In der Zwischenzeit beschrieb er uns das Erlebnis in Sherman. Jim glaubte, geträumt zu haben und daß die Gestalt der Nachhall eines Traumes war. Er versuchte, wieder einzuschlafen:

Jim: Ich legte mich hin und im selben Moment, da mein Kopf das Kissen berührte, erklang ein Geräusch - direkt neben meinem Kopf auf dem Laken (er kratzt am Sessel, um das Geräusch nachzuahmen). In Windeseile sprang ich auf und drehte das Licht an... Aber da war nichts im Zimmer. Dennoch blieb das Gefühl... Was immer es auch war... Dieses bedrohliche Gefühl einer Anwesenheit im Zimmer. Ja, ich fragte mich, ob ich nicht vielleicht verrückt würde. Ich sagte mir immer wieder: "Das ist wirklich seltsam. Was zum Teufel geht hier vor?“

Dave: Schautest du aus dem Fenster, als du das Licht andrehtest (um zu sehen, ob die Gestalt noch da war)?

Jim: Ja. Aber ich konnte nichts erkennen. Es war dunkel draußen. Und so dachte ich immerzu: "Nun, du mußt zu träumen angefangen haben." Ich drehte das Licht aus und legte mich wieder hin. Aber wie sollte es anders sein: sobald mein Kopf das Kissen berührte, erklang das Geräusch erneut. Da sprang ich abermals auf und knipste das Licht an. Wieder nichts... außer diesem Gefühl. Da dachte ich: "Gut, was soll´s. Ich werde das Licht ausdrehen, mich wieder hinlegen, und, wenn dieses Geräusch abermals ertönt, dann ahme ich es einfach nach. Mal sehen, was passiert." Also knipse ich das Licht aus. Ich strecke mich aus und kaum hat mein Kopf das Kissen berührt, erklingt doch tatsächlich wieder dieses kratzende Geräusch neben meinem Kopf! Ich lange also hinüber und beginne mit meinem Finger zu kratzen. In dem Augenblick... Im selben Augenblick wurde ich aus dem Bett gezogen! Etwas schien mich gepackt zu haben. Ja, es war das gleiche Gefühl wie in meiner Kindheit... Als mein Körper zu explodieren schien (bezieht sich auf seine Entführung und Untersuchung während des Schlittenerlebnisses). Ich konnte buchstäblich sehen, wie ich zur Decke hinaufgezogen wurde. Ich erinnere mich, wie die Decke auf mich zustürzte, und dachte: "Schöne Scheiße! Wenn ich dieses Zimmer verlasse, dann kehre ich niemals zurück. Ich werde nie wieder zurückkommen.!" Dann klickte etwas in meinem Kopf. Es war, äh, als ob eine kleine Bombe in meinem Kopf detonierte... Bumm. Schließlich lag ich wieder in meinem Bett. Und ich, ich erinnere mich, daß ich sagte: "Nun reichts!" und verließ das Bett. Ich ging ins Wohnzimmer, auf das Sofa in ihrem Wohnzimmer.

Ray: Hast du jemals das Bett von oben gesehen?

Jim: In mir blitzt - so scheint es - das flüchtige Bild eines unter mir entschwindenden Bettes auf.

Ray: Lagst du noch auf dem Bett?

Jim: Nein.

Jim hatte offensichtlich keine außerkörperliche Wahrnehmung (OBE). Wir vermuteten, daß er zu diesem Zeitpunkt aus dem Zimmer entführt wurde. Jim konnte sich daran aber nicht entsinnen, auch nicht an eine eventuelle Zeitlücke während dieses Erlebnisses:

Ray: Bemerktest du zufällig, wie spät es beim ersten Mal war, und was die Uhr anzeigte, als du wieder im Bett lagst?

Jim: Nein. Als ich ins Wohnzimmer ging, war da eine Uhr. Sie stand auf 2.30 Uhr morgens. Aber das ist alles, woran ich mich erinnere.

Ojai, Kalifornien (Mai 1982)
Hypnosesitzung #3B - 10.03.1990

Ray: Zurück nach Ojai. Berichte uns darüber? Du erwähntest, daß es dem Vorfall in Sherman ähnelte.

Jim: Ja. Es war das gleiche. In Texas, weißt du, wußte ich nicht, was es war (hält inne).

Tony griff ein und versetzte Jim in eine tiefere Hypnose:

Tony: Ojai, Kalifornien.

Jim: Ja, ich war auf der Straße. Ich arbeitete als Verkäufer für diese Kunstgalerie in Baltimore.

Während einer Ausstellung hatte sich Jim vorgebeugt, um ein Stück japanische Kunst zu betrachten, das ein Ehepaar taxiert haben wollte. Wieder machte sein Rücken Schwierigkeiten, und das Ehepaar nahm Jim freundlicherweise bei sich auf, bis er sich erholt hatte. Folgendes geschah eines Nachts, als er in ihrem Gästezimmer schlief:

Ray: Was geschah, als du dich im Zimmer aufhieltest?

Jim: Ich erwachte. Das Zimmer gehörte ihrer Tochter, die entweder in diesem oder im vergangenen Jahr an einem Gehirntumor gestorben war. Sie war noch jung gewesen. Sie überließen mir ihr Zimmer und ich fühlte etwas... Als ob ein kleines Tier über den Bettbezug kroch. Ich erinnere mich ganz deutlich. Ich dachte, es sei die Katze... Und dann bemerkte ich ganz plötzlich, daß ich nicht auf meinem Bett lag! Der Kopf ruhte auf dem Bett, aber der Rest meines Körpers schwebte in einem 45-Grad-Winkel über dem Bett. Ich konnte buchstäblich die Schwerelosigkeit meines Körpers fühlen. Ich schien davonzuschweben.

Dave: Gab es Licht? Konntest du etwas erkennen?

Jim: Da war ein Licht. Es schien durch die Tür. Sie ließen ein Nachtlicht im Flur brennen, und so drang ein schwaches weißes Licht vom Flur ins Zimmer. Es war das einzige Licht.

Ray: Du schwebst, zumindest ein Teil von dir. Was dann?

Jim: Oh, ich, da ist wieder dieses Geräusch: "Ah-wah-wah-wah" etc.

Ray: Ja, und weiter?

Jim: Und ich konnte meinen Körper nicht bewegen. Und wieder dieses Geräusch seitlich meines Kopfes...."Ah-wah-wah-wah."

Ray: Auf welcher Seite?

Jim: Links. Ich drehte ihm meine Augen zu, denn mein Körper war steif und da stand... Herr, sei mir gnädig... dieses Ding! Es war da, und ich wußte... in der Sekunde, als ich es erblickte... daß es das gleiche Ding war, das ich in Texas gesehen hatte. Und mit ihm tauchte dasselbe Gefühl auf.

Ray: Wie sah es aus?

Jim: Es war wirklich seltsam. Es war, als ob das Gesicht in einem Leichenhemd steckte, und es stand dicht neben meinem Gesicht. Es war, als... Ich hatte das Gefühl, als gäbe es da eine andere Dimension. Daß da ein Riß in der Dimension war...Daß die Dimension, in der ich mich befand, gleichzeitig mit seiner Dimension koexistierte, mit dieser anderen Dimension. Dieses schleierartige Ding... Da war noch etwas. Ein Tablett. Darauf liegen Gerätschaften. Es ist ein Tablett voller Werkzeuge, sie, ja, sehen aus wie Zahnarztbestecke. Sie erinnerten mich an Zahnarztbestecke.

Ray: Und dann?

Jim: Danach, äh, dieses Ding... Während der ganzen Zeit... krächzte dieses Ding: "Ah-wah-wah-wah" in mein Ohr. Es hypnotisierte mich fast. Mir war, als... ja... Hätte ich mich ein bißchen mehr darauf konzentriert, dann hätte ich es verstehen können. Es zog mich förmlich an... Es war fast wie ein Zwang, diesem Ding zuzuhören.

Ray: Und danach?

Jim: Sie machten sich an meinen Genitalien auf dem Bett zu schaffen. Ich entsinne mich, daß meine Beine in die Luft ragten, und da war etwas auf dem Bett, denn ich fühlte, wie es sein Gewicht verlagerte. Ich konnte fühlen, wie das Bett sich verlagerte, und es machte etwas an meinen Genitalien. Ich kann mir, Teufel noch mal, nicht vorstellen, was es machte, aber der Gedanke, daß es versuchte, mit mir Geschlechtsverkehr auszuüben, schoß mir durch den Kopf. Und ich dachte: "Das ist völlig verrückt. Das kann ich nicht glauben!"

Ray: War das ein Instrument oder etwas Lebendiges? Sprichst du über etwas Lebendiges oder war es irgendein Material, daß deine Genitalien berührte?

Jim: Nein. Es lebte. Was auch immer mich berührte, es lebte.

Dave: Konntest du sehen?

Jim: Nein. Ich konnte nichts erkennen. Ich, ich erinnere mich, zur Seite geblickt und dieses Ding gesehen zu haben. Und ich glaube, daß ich meine Augen wieder schloß, als ich es sah. Ich wollte nicht sehen, was sonst noch da war. (Spricht mit zittriger Stimme.) Es war mehr als nur ein Wesen, es war eine, eine Gegenwart... Und das entsetzte mich. Und ich, ich glaube, hielt meine Augen geschlossen.

Ray: Was machten sie mit deinen Genitalien?

Jim: Ich fühlte, wie sie sich an meinen Genitalien zu schaffen machten, und der Gedanke, der mich durchzuckte war, daß sie versuchten, mit mir Geschlechtsverkehr auszuüben. Und ich dachte bei mir: "Das ist völlig verrückt. Was geschieht hier? Träume ich?“ Aber ich könnte schwören... Ich weiß, daß ich wach war.

Ray: Was geschah dann?

Jim: Das ist alles, woran ich mich entsinne. Ich erinnere mich danach an nichts mehr.

Ray: Entsinnst du dich daran, deine Beine gesenkt zu haben?

Jim: Nein. Ich erinnere mich nicht daran. Ich weiß auch nicht, wann das Geräusch aufhörte. Dann erwachte ich am folgenden Tag. Und ich erzählte John und Bonnie (Jims Gastgeber) aus guten Gründen nichts... Aber das werde ich niemals vergessen, so lange ich lebe.

Jim hatte eine weitere Erfahrung gemacht, - eine typische Schilderung männlicher Entführter - nämlich das Abnehmen von Samenproben. Vor der Hypnosesitzung konnte er sich an alles, was in Ojai geschah, erinnern, außer an diesen, von den Außerirdischen ausgeführten, Akt. Sie hatten ihn in seiner bewußten Erinnerung blockiert. In einem anderen Kapitel wird mehr über die Motive der Außerirdischen gesagt werden, Sperma von menschlichen Männern abzunehmen. Es genügt festzustellen, daß das gleiche Verfahren höchstwahrscheinlich in Sherman, Texas und bei der post-Ojai-Schlafzimmerbegegnung angewendet wurde.

Boston, Massachusetts (1982-1988)

Zwischen 1982 und 1988 hatte Jim viele nächtliche Besuche. Hier eine Zusammenfassung dieser Erlebnisse, die er für unseren Bericht auf Band aufzeichnete:

> Diese Ereignisse geschahen in meiner Wohnung, nachdem ich nach Boston zurückgezogen war. Ich wachte in der Nacht auf... und meinte, Schritte oder Bewegungen im Wohnzimmer gehört zu haben... Ich hatte immer das Gefühl, daß dort etwas Unheimliches anwesend war. Es war immer das gleiche Gefühl. Ich stand dann vom Bett auf... und knipste das Licht im Wohnzimmer an, um mir zu beweisen, daß dort nichts war... Ich konnte nur einschlafen, wenn ich Fenster und Türen geschlossen und verriegelt hatte. Das erstreckte sich über eine längere Zeit.
>
> Manchmal wachte ich auf und spürte Bewegungen im und um mein Bett herum... Und da war das gleiche Gefühl von... etwas Entsetzlichem, das auf mich zukam, und ich wollte nicht, daß es da war. Es gefiel mir ganz und gar nicht, was geschah.
>
> Es gab Ereignisse - ich habe sie bereits geschildert -, da wachte ich nachts auf und sah eine dieser Kreaturen neben meinem Bett stehen. Einmal, so entsinne ich mich, steckten sie eine lange Nadel oder einen Stab oder ähnliches links in meinen Brustkorb. Es tat höllisch weh. Ich konnte nicht schreien. Ich konnte mich nicht bewegen. Das ist alles, an was ich mich erinnere.
>
> Bei einem weiteren Erlebnis erwachte ich und fühlte, wie mein Unterkörper vom Bett abhob. Da war noch etwas anderes in meinem Bett und machte sich an meinen Genitalien zu schaffen, und wiederum konnte ich nicht schreien. Ich war bewegungslos, und mehr weiß ich nicht.
>
> Ein andermal, als ich sie an meiner rechten Seite spürte, versuchte ich nach ihnen zu schlagen und zu boxen. Es war seltsam, denn ich entsinne mich deutlich, daß meine Schläge, die ich mit ganzer Kraft austeilte, mitten in der Luft aufgefangen wurden. Es war, als würde mir nur ein

halber Schlag glücken und dann abgefangen werden. Ich erinnere mich deutlich an dieses Gefühl, aber an nichts weiter.

Diese Besucher-Alpträume, wie ich sie nenne, waren der Grund, daß ich dich bei der Tagung aufsuchte.

Das jüngste Ereignis geschah vor Weihnachten (Dezember 1988). Ich lag im Bett. Ich hörte... Ich wachte auf und vernahm ein Geräusch vor meiner Tür... Es sind die Türen, die von meinem Zimmer ins Wohnzimmer führen. Sie ähneln Flügeltüren, die sich öffnen, weil mein Zimmer einstmals das Eßzimmer war. Und, hmm, wirklich ungewöhnlich war, daß meine Augen sich anfühlten, als wögen sie fünfzig Pfund. Ich entsinne mich, daß ich mit mir kämpfte, sie offen zu halten. Und dann blickte ich zum Spalt in der Tür und bemerkte draußen dieses weiße Licht. Aber es war die Art von Licht, die man sieht, wenn das Wohnzimmerlicht an ist. Und, äh, ich kämpfte damit, meine Augen offen zu halten und plötzlich, von nirgendwo her, fast wie ein Gedanke, hörte ich das Wesen sagen: "Öffne die Tür, ich möchte hinein." Und ich erinnere mich, gedacht zu haben: "Aber gewiß nicht. Ich laß dich nicht herein, denn beim letzten Mal hast du mir wehgetan. Ich möchte nicht, daß du hereinkommst." Das ist alles, an das ich mich erinnere. Und das geschah kurz vor Weihnachten.

In der dritten Hypnosesitzung fehlte die Zeit, um auf alle seine Boston-Erlebnisse einzugehen. Wir beschlossen, an das letzte und jüngste anzuknüpfen. Wir konnten es kaum erwarten, zu erfahren, ob Hypnose wieder einmal zusätzliche Informationen zutage bringen würde. Der folgende Auszug knüpft an Jims erhaltenen telepathischen Befehl "Öffne die Tür" an.

Hypnosesitzung #3 - 10.03.1990

Jim: Ich erinnere mich, aufgewacht zu sein. Vor der Tür hörte ich ein Geräusch... Ich dachte, es sei ein Einbrecher... Aber, da tauchte dieses Gefühl auf... Genau das gleiche Gefühl... Eine bedrohliche Präsenz, und so wußte ich, daß es wieder diese Dinger waren. Und in meinem Kopf... Ich hörte es weniger, als daß ich es vernahm, denn es war eher ein Gedanke: "Öffne die Tür, Jim, wir möchten hinein." Und ich entsinne mich, darauf gedacht zu haben: "Ohhh, nein. Ich möchte nicht, daß ihr hereinkommt. Verschwindet. Solltet ihr hereinkommen, bringe ich euch um!" Und plötzlich stürmte dieses weiße Ding durch die Tür. Ich hatte sie nicht einmal geöffnet. Es kam einfach durch die Tür. An mehr kann ich mich nicht erinnern. Ich schnappte über. Ich kann bis zu einem gewissen Punkt damit umgehen... Aber diese Erlebnisse... Dann ist alles auf einmal wie weggewischt - wie abgeschaltet.

Ray: Also erinnerst du dich nicht, wie dieses Ding ausschaute, oder was es tat?

Jim: Es war weißlich. Es war weißlich. Es war, äh, nicht groß. Es war ziemlich klein, und das letzte, woran ich mich erinnere, ist, daß es ins Zimmer gestürmt kam. Danach weiß ich nichts mehr.

Tony: Hatte es eine bestimmte Form?

Jim: Es hatte eine Form und die gleiche Gestalt wie - wie die Gestalt in (Sherman) Texas.

Ray: Und die war?

Jim: Es hatte so etwas wie eine anthropomorphische Form. Und die gleiche Form wie in Ojai. Es war ein humanoider Typ... Ich weiß nicht, wie humanoid, es hatte eine leichte Furche auf der Nase, ein hervorstehendes Kinn, denn ich konnte es sehen, eine Stirn und Augen.

Dave: Wie die Wesen in Maine?

Jim: Anders... Weil ich mir die in Texas nicht richtig angeschaut habe. Diejenigen in Ojai konnte ich gut erkennen - aber es kam durch etwas hindurch. Deshalb war es nicht... Es war nicht so richtig zu erkennen.

Ray: Das gleiche Ding, wie in Boston?

Jim: Das gleiche wie in Boston.

Dave: Glaubst du, daß es die gleichen Wesen waren, denen du in Maine begegnet bist?

Jim: Das Gefühl war das gleiche... Dieses Bedrohliche.

Wir wissen bereits, daß Jim nicht als einziger schreckenerregende Alpträume von außerirdischen Besuchern hatte. Sein Bruder Jack und seine Schwägerin Mary hatten ähnliche Träume. Wir wenden uns nun Jacks UFO-Begegnungsmuster zu.

Jack Weiner - Begegnungsmuster mit Außerirdischen

Zusammen mit seinem Bruder Jim hatte Jack in den 50er Jahren die Erscheinungen von Harry, dem Gespenst, wahrgenommen. Aber das Erlebnis mit der Lichtkugel war ausschließlich ihm vorbehalten gewesen. Danach hatte Jack, soweit wir wissen, 1976 in Allagash seine nächste UFO-Begegnung. 1981 ereignete sich ein weiterer anomaler Vorfall in seinem Leben, der, zusammen mit einem anderen Ereignis, das physische Beweismaterial für den Besuch von Außerirdischen ergab. Es wird im nächsten Kapitel diskutiert werden.

Zwischen 1986 und 1988 litt Jack unter realistischen Alpträumen, die teilweise seine Entführung in Allagash widerspiegelten. Er hatte mir diese Träume in seinen anfänglichen Berichten geschildert, und zwar Monate bevor wir die erste Hypnosesitzung einleiteten. Viele Traumaspekte entsprachen dem, was die Allagash-Vier später unter Hypnose wiedererlebten. Einer dieser Träume handelte davon, daß Mary und er entsetzt über das blaue Licht waren, das durch die Fenster ihrer Bergresidenz flutete.

Im Mai 1988 träumte er wieder von einem blauen Licht in den angrenzenden Feldern und von seiner späteren Entführung mit Mary. Diese Entführung erlebte er nochmals lebhaft unter Hypnose (beschrieben in Kapitel 7). Seitdem hatte Jack zwei weitere lebensechte Träume von Außerirdischen, die wir hier untersuchen möchten.

Am 28. Oktober 1989 traf ich mich mit Tony, um den gesamten Fall mit den Allagash-Vier zu besprechen. Ein Thema betraf Jacks kürzlichen Traum. Er ähnelte dem von Charlie, in dem Jack träumte, daß auch er mitten in der Nacht erwachte und Außerirdische an seiner Tür bemerkte. Es folgen Jacks eigene Worte aus unseren Aufzeichnungen:

Southern Vermont (früher Oktober 1989)

Jack: Ich hörte ein Geräusch unten an der Tür und dachte: "Oh, ich werde Iksley (den Hund) rauslassen." So stand ich vom Bett auf, zog meine Hose an und schaltete das Treppenlicht ein... Aber Iksely war oben. Ich wollte gerade das Licht wieder ausknipsen und glaubte, geträumt haben oder so, als ich wiederum ein Geräusch an der Tür hörte. Ich dachte: "Eigenartig. Iksely ist hier. Was ist an der Tür?" Der Gedanke an einen Waschbären tauchte auf, denn es gibt sie überall hier. Also drehe ich das Flurlicht wieder an, schaue unter den Vorsprung und sehe dann an der Hintertür diese beiden Dinger nebeneinander stehen. Ich erinnere mich, sie angestarrt und gedacht zu haben:

"Nein, mit mir nicht! Ich verschwinde!" Dann bin ich einfach die Treppen wieder hinaufgestiegen, habe das Licht ausgedreht und bin wieder ins Bett gegangen.

Ray: Zwei dieser Dinger?

Jack: Bei unserem Haus... An unserer Tür! Die Außerirdischen! Diese Dinger. Zwei Außerirdische. Sie standen einfach da und ich, ich glotzte und sagte: "Nein, nein! Nicht mit mir. Vergeßt es. Ich will es jetzt nicht tun."

Tony: War das ein Traum?

Jack: Ich ging nach oben. Drehte das Licht aus. Ging zurück ins Bett und sagte mir: "Das ist ein Traum!" Daran erinnere ich mich. Ich wollte mich nicht damit befassen, verstehst du? Ich kann mich auch entsinnen, zu Mary gesagt zu haben, daß es ein Traum war.

Mary: Das ist das einzige, woran ich mich erinnere... Du erzähltest mir von dem Geräusch an der Tür.

Jack: Ich glaubte nicht, daß es von großer Bedeutung sei... Und ich wollte es einfach vergessen. Ich, ich, ich dachte daran, dich zu rufen und es dir zu erzählen, aber dann dachte ich: "Nein, es ist nur ein Traum."

Ray: Nun, aber jetzt, wenn so was passiert - falls es passiert... Ich sage nicht, daß es nicht passieren könnte... Halte auf alle Fälle ein kleines Notizbuch bereit und vermerke Datum, Zeit und Ort und mach eine kurze Beschreibung.

Tony und ich warfen einander wissende Blicke zu. Wir dachten beide dasselbe. Hatte Jack ein richtiges Erlebnis und war er programmiert worden, es zu vergessen? Eine weitere Hypnosesitzung schien nötig zu sein, um Jacks Traum zu überprüfen.

Wie viele andere CEIV-Fälle, schien die Allagash-Entführung ein nicht endendes Kapitel zu sein. Wir erforschten Jacks Traum und andere interessante Punkte, die wir in unserer letzten Hypnosesitzung zusammengetragen hatten. Einer dieser Punkte war ein weiterer bizarrer Traum. Es folgen diesbezügliche Auszüge aus dieser Sitzung. Die Unterhaltung beginnt, wo Jack sich von Angesicht zu Angesicht mit den Außerirdischen an seiner Türe wiederfand:

Hypnosesitzung #3A - 10.03.1990

Jack: Ich ging also hinunter und entsinne mich, mich gebückt zu haben, um nach der Tür zu sehen... Und als ich hinschaute... Da waren diese

Augen. Diese Augen waren da! Und ich dachte: "Ohh, ohh. Keinesfalls!"

Ray: Wessen Augen, Jack?

Jack: Ihre Augen. Vier Augen.

Ray: Wozu gehörten diese Augen?

Jack: Zu Köpfen.

Ray: Hast du diese Gestalten schon mal gesehen?

Jack: Ja.

Ray: Wo?

Jack: Die gleichen... Es waren die gleichen (Allagash Außerirdische).

Dave: Welche Kleidung trugen sie?

Jack: Glänzende Kleidung.

Ray: Welche Farbe?

Jack: Hell, glänzend, helle Kleidung wie eine Perle. Perlmuttfarben, die zu blinken oder glänzen schien... Ihre Köpfe! Sie waren es!

Ray: Was wollten sie?

Jack: Ich weiß nicht.

Ray: Was geschah dann?

Jack: Ich ging nach oben, zurück ins Bett und zog die Decke über meinen Kopf.

An diesem Punkt versetzte Tony Jack in eine tiefere Trance und führte ihn an den Punkt zurück, wo er den Außerirdischen auf der Treppe gegenüberstand. Die Befragung wurde wieder aufgenommen:

Dave: Wo standen sie?

Jack: An der Tür.

Dave: War die Tür offen oder geschlossen?

Jack: Geschlossen.

Ray: Standen sie drinnen oder draußen?

Jack: An der Tür (innen).

Dave: Wie konntest du sie sehen?

Jack: Hinter ihnen schien ein Licht.

Dave: Wo hinter ihnen?

Jack: Draußen.

Ray: War da eine Glastür?

Jack: Ja. (Siehe Bild 25.)

Bild 25: Jack Weiners Zeichnung, wie die Allagash Außerirdischen sein Haus betreten. Hinter ihnen der blaue Lichtstrahl.

Tony: Welche Farbe hatte das Licht?

Jack: Blau (der bekannte blaue Strahl).

Dave: Konntest du etwas im Licht erkennen? Irgendwelche Details?

Jack: Ich wollte nicht hinschauen.

Ray: Befahlen sie dir, darüber zu schweigen, was in dieser Nacht geschah?

Jack: Diese Augen... Das ist es, was sie sagten.

Ray: Sagten sie es in dieser Nacht? Während du bei der Tür standest?

Jack: Ja.

Ray: Was sagten sie?

Jack: Sie sagten: "Sprich mit niemandem darüber (Hält inne). Du mußt kooperieren!"

Ray: Was solltest du uns nicht sagen?

Jack: Was passiert, wenn sie kommen.

Ray: Also geschah etwas in jener Nacht?

Jack: Ich weiß nicht.

Vielleicht wußte Jack aus diesem Grunde nichts. "Sprich mit niemanden darüber. Du mußt kooperieren!" Der post-hypnotische Befehl der Außerirdischen behielt die Oberhand. So sehr Tony auch versuchte, er konnte an diesem Abend Jacks Erinnerung nicht wachrufen.

Offensichtlich waren die Außerirdischen nicht erfreut über Jacks laufende Versuche, uns über ihre Aktivitäten zu berichten. Eine weitere Warnung wurde ausgesprochen. Diesmal durch einen wirklichen Traum mit einer bedenklichen Drohung. Jack rief mich kurz nach dem Traum an, und ich zeichnete die Unterhaltung auf. Hier die diesbezüglichen Auszüge:

Southern Vermont (6. Januar 1990)

Jack: Ich war gerade dabei, dir einen Brief über den Traum vom 6. Januar zu schreiben. Es war wirklich ein seltsamer Traum. Zuerst versuchte ich, darüber hinwegzusehen und ihn zu vergessen, aber er war so seltsam, daß ich es nicht vermochte... Der Traum selbst handelte nicht von UFOs... Aber im Traum manifestierte sich viermal eine Gestalt aus der dünnen Luft vor mir. Sie kam ganz dicht heran... Es war genau die gleiche Gestalt, an die ich mich in der Hypnose erinnerte, die von Allagash... Außer, daß sie ein langes fließendes Gewand trug, das ihre Gestalt verhüllte... Und sie trug eine Kapuze... Alles, was ich erkennen konnte, war ihr Gesicht... Sie wiederholte sich immer und immer wieder. Es war wie eine Botschaft oder so, die in mein Gehirn drang. Es ist schwierig, sie in Worte zu fassen, aber es war wirklich eigenartig, Ray. Sie sagte mir ständig und wiederholte es immer wieder: "Du wirst nichts sagen. Die Zeit ist noch nicht reif!" Und dann: ich sollte mir nicht selbst schaden durch das Weitererzählen. Und die letzten Worte lauteten: "Du wirst kooperieren!" Nach dieser Botschaft zog sie sich ins Nichts zurück. Und das geschah viermal zu verschiedenen Zeiten im Traum... Es entstand das Gefühl in mir, als wolle ich... äh... ihrem Wunsch entsprechen. Weißt du, es war fast wie der Gedanke: "Ja, das kann ich verstehen." Und ich hatte das Gefühl, sogar in diesem Traum,... daß meine Knie weich wurden.

An diesem Punkt fragte ich mich, ob Jacks Imagination mit ihm durchgegangen war. War es nur ein Alptraum, ausgelöst durch tatsächliche Warnungen vonseiten der Außerirdischen? War es die unterdrückte Erinnerung einer echten Warnung, hervorgerufen durch eine mentale Blockade der Außerirdischen? War es eine auf Jack gerichtete telepathische Warnung, als er schlief? Was auch immer, wir glaubten, es in unserer nächsten Hypnosesitzung untersuchen zu müssen:

Hypnosesitzung #3C - 10.03.1990

Tony: Du erwähntest in einem Traum... einen bemäntelten, kapuzetragenden Außerirdischen, der dich warnte, über deine UFO-Erlebnisse zu sprechen. Entsinnst du dich?

Jack: Ja.

Tony: War es ein Traum, Jack?

Jack: Es war ein Traum, wenn auch ein eigenartiger. Nicht wirklich wie ein Traum.

Tony: Wie unterschied sich dieser von einem richtigen Traum, einem normalen Traum?

Jack: Er trat ein in meinen Traum.

Tony: Einen Traum, worüber, Jack?

Jack: Oh, es war ein netter Traum.

Tony: Worüber, Jack?

Jack: Nun, Mary und ich waren in Boston, und wir besuchten eine Show im Theater mit Carol, Charlie und Pete.

Bild 26: Jack Weiners Zeichnung von einem außerirdischen Wesen, das Jack im Traum warnte, "Nichts zu erzählen."

Tony: Und, was geschah, kurz bevor der Traum unterbrochen wurde? Wo warst du im Traum, als er unterbrochen wurde?

Jack: Ich saß auf dem letzten Sitz in der rechten Reihe.

Tony: In der Show?

Jack: Im Theater, und da standen Leute auf der Bühne und rissen Witze und jonglierten.

Tony: Und weiter?

Jack: Gleich rechts von mir, gleich rechts von mir war ein brauner Vorhang. ein dicker, brauner Vorhang... wie Samt.

Tony: Was geschah noch?

Jack: Da bekam der Vorhang ein Gesicht, so als ob es hinter dem Vorhang steckte. Und es guckte hervor... Und der Samt war das Gesicht, und es schaute mich direkt an und verschwand wieder.

Tony: Sagte es etwas zu dir?

Jack: Nein. Es zeigte sich nur. Dann waren da noch Leute, die draußen vor dem Theater herumirrten und es suchten. Und sie betraten ein Gebäude und gingen die Treppen hoch, um danach zu suchen. Ich war auf dem Gehsteig und wunderte mich, warum sie in das Gebäude gingen. Und auf einmal kam mir das Ding entgegen. Es betrat einfach meinen Traum wie... Als ob es nicht zum Traum gehörte. Und es kam mir ganz nah!

Tony: Was war das Jack?

Jack. Das Ding.

Tony: Beschreibe es.

Jack: Es sah aus wie diese Dinger mit den großen Augen und einem glänzenden Gesicht ohne Nase, ohne Mund, aber mit einer langen Kapuze über dem Kopf. Trotzdem konnte ich sein Gesicht erkennen, und es kam direkt auf mich zu... Nah an mein Gesicht! Es ließ mich erstarren. Es hielt mich wie gefangen und sagte: "Ich dürfe es niemals erzählen!" (Siehe Bild 26.)

Die Kleidung und das Auftreten des Außerirdischen erinnerte an diejenigen, die seinen Bruder, Jim, während des Schlittenfahrens entführt hatten. Tony befragte ihn über die Kleidung des außerirdischen Wesens:

Tony: Warum trug es eine Kapuze?

Jack: Ich weiß nicht. Ich dachte, das sei seltsam. Und es trug ein loses Gewand, das seinen ganzen Körper bis auf das Gesicht bedeckte. Diese Augen! Sie ließen mich nicht los.

Bild 27: Jack Weiner´s Zeichnung eines Außerirdischen, der ihm im Traum nahe war, um ihn erneut zu warnen „Nichts zu erzahlen“.

Dave: Hielt es dich physisch fest?

Jack: Ich war wie festgefroren. Ich konnte mich nicht rühren. Ich fühlte mich schwach, ausgelaugt und meinte, tun zu müssen, was es wollte.

Dave: Ist das ein Traum?

Jack: Ja. Im Traum... Und dann schwebte es durch einen Spalt in der Luft und war verschwunden.

Tony: Und was träumtest du danach?

Jack: Ich träumte, daß ich zu Mary sagte: "Hast du das gesehen?" Aber das hatte sie nicht. Dann waren wir in einer Straßenbahn in der Beacon Street an der Coolidge Ecke... und fuhren, uns unterhaltend, in der Straßenbahn. Und ich dachte über das Gesicht nach. Ich saß auf einem Sitz... (wird plötzlich ganz aufgeregt).

Tony: Entspanne dich.

Jack: (Spricht nervös.) Und plötzlich lag da etwas kleiderähnliches auf dem Sitz oder ein Häufchen Kleider. Und dann... Da war es wieder! Es formte sich aus den Kleidern und war einfach wieder da. (Wird außergewöhnlich aufgeregt.) Diese Augen! (Siehe Bild 27.)

Tony: Entspanne dich, entspanne dich einfach. Es ist schon gut. Bist du danach aufgewacht?

Jack: Nein. Sie wiederholten nochmals, ich solle nichts erzählen. Diese Augen!

Ray: Was sagtest du zu diesen Augen? Versprachst du diesen Augen, nichts zu erzählen? Oder konntest du das nicht?

Jack: Ich sagte nichts. Ich... Die Botschaft, nichts zu berichten, war alles, woran ich denken konnte: "Du wirst niemandem davon erzählen. Die Zeit ist noch nicht reif dafür.

Ray: Wird die Zeit kommen, wo du davon erzählen kannst?

Jack: Ja. Ich glaube... die Zeit wird kommen.

Ray: Was würde geschehen? Sagten sie, was geschehen würde, solltest du es ausplaudern?

Jack: Sie sagten: "Du kannst dir Schaden zufügen. Du kannst dir schaden, wenn du alles erzählst."

Tony: Erklärten sie, wie?

Jack: Nein.

Tony: Sagten sie, durch wen?

Jack: Ich mir selber.

Dave: Erwähnten sie uns oder jemand anderes?

Jack: Nein. Keine Namen.

Ray: Träumtest du den Traum noch einmal?

Jack: Ja.

Ray: Wie fühltest du dich, als du am Morgen aufgestanden bist?

Jack: Schrecklich. Ich fühlte mich ausgelaugt... Ausgelaugt, schwach und ich erwartete etwas. Ich fühlte, daß etwas passieren würde. Etwas würde geschehen, und ich fürchtete mich.

Ray: Wolltest du es jemandem erzählen?

Jack: Ha, nein. Ich wollte tun, was sie wünschten.

Ray: Wie lange hielt dieses Gefühl an?

Jack: Ich fühle immer noch so. Ich fürchtete mich.

Ray: Haben sie jemals -irgendwann einmal - diese Erforschung erwähnt?

Jack: Sie brauchten es nicht. Ich wußte, daß sie über diese Untersuchungen sprachen.

Ray: Wiederhole.

Jack: Sie wollen nicht, daß ich euch das mitteile. Das weiß ich.

Ray: Woher weißt du das?

Jack: Es ist nur ein Gefühl, das mich überkam, als sie sagten, sie wüßten,... daß ihr diejenigen seid, die wissen wollt... Ich darf nichts sagen.

Ray: Sagten sie dir jemals, wann du darüber berichten könntest, und erwähnten sie die Umstände?

Jack: (Pause.) Sie sagten: "Noch ist die Zeit nicht reif."

Ray: Teilten sie dir die passende Zeit mit und die Umstände?

Jack: Ich glaube, es zu wissen. Aber ich entsinne mich nicht, was oder wann ich mich erinnern oder berichten soll. Dennoch ist mir bekannt, wann es soweit ist, aber ich kann mich nicht erinnern.

Ray: Weil sie es dir sagten und dann befahlen, es zu vergessen?

Jack: (Pause.) Es ist schwer zu beschreiben. Es hängt mit dem zusammen, was sie in Maine mit uns machten... Und wir wissen.... Aber es ist noch nicht die richtige Zeit, uns zu erinnern.

Ray: Werden sie sich jemals öffentlich unseren Leuten zeigen?

Jack: Ich weiß es nicht. Ich spüre nur, daß sie die einzigen sind, die es sagen können. Wir wissen, daß sie sich uns gezeigt haben, aber wir kennen nicht alle ihre Motive.

Ray: Hast du irgendwann, außer mit Mary, Charlie, Jim und Chuck, noch mit anderen Leuten diese Dinger oder Wesen getroffen?

Jack: Nein.

Ray: Bist du diesen gleichen Wesen vor dem Maine-Zwischenfall begegnet?

Jack: Einmal, als ich sehr, sehr klein war. Ich erinnere mich, mich in unserem Zimmer, in dem Jim und ich gewöhnlich schliefen, gefürchtet zu haben. Da erschien ein Gesicht, das wie ihres aussah.

Dave. Wie alt warst du?

Jack: Etwa fünfeinhalb.

Dies war eine Anspielung auf Harry, den Geist. Der Kreislauf war geschlossen. Jacks UFO-Erlebnisse fanden in den Fünfziger und frühen Sechziger Jahren statt.

Diese Enthüllungen hatten unseren Untersuchungsprozeß einen Schritt weitergeführt, weil sie weitere starke Beweise für die Realität von UFO-Entführungen lieferten. Wie bereits erwähnt, fügten sie ebenfalls physische Beweise hinzu, denn in manchen Fällen hinterließen die Außerirdischen ihre Visitenkarten.

Kapitel 11

Außerirdische Visitenkarten

Die bisher untersuchten Daten der Allagash-Entführungen beruhen auf reinen Erzählungen. Eine Korrelation dieser Daten im nächsten Kapitel wird eindeutige Indizienbeweise erbringen, daß die UFO-Begegnungen der Allagash-Vier tatsächlich in der Realität stattgefunden haben. Bevor allerdings eine vollständige Korrelation der Daten zufriedenstellend durchgeführt werden kann, muß noch eine weitere Art der Beweisführung erörtert werden. Sie bezieht sich nicht auf das Erlebnis der Entführten an sich, sondern vielmehr auf die Auswirkungen dieses Erlebnisses auf den Entführten. Diese Folgen sind von zahlreichen UFO-Forschern dokumentiert worden, einschließlich von Dr. David M. Jacobs.

Dr. Jacobs ist Professor für Geschichte an der Temple Universität. Seine Doktorarbeit wurde 1975 von der Indiana Universitäts Presse als *Die UFO Streitfrage in Amerika* veröffentlicht. In seiner Eigenschaft als Mitglied des MUFON Beratungsausschusses definiert er die zuvorgenannten Auswirkungen als Post-Abduction-Syndrom (PAS) folgendermaßen:

> Eine Reihe physischer und psychologischer Symptome, die schädigende Auswirkungen auf ihre Opfer haben. Das Erkennen dieser Symptome ist ein wichtiger Schritt, um Entführungen zu diagnostizieren und den Entführten die benötigten Hilfe zum Überwinden der PAS Auswirkungen zu geben.[13].

Das Ziel dieses Kapitels ist es, das Entführungserlebnis der Allagash-Vier zu durchleuchten, und zwar im Hinblick auf das Post-Abduction-Syndrom. Physische und psychologische Symptome werden ausführlich erörtert, da sie für jeden Entführten gleichermaßen gelten.

---

[13] David M. Jacobs, Ph.D., "Post-Abduction Syndrome," MUFON 1988, International UFO Symposium Proceedings, Seite 87.

Das Post-Abduction-Syndrom
Physische Symptome

Dr. Jacobs bemerkt folgendes zu den physischen Folgen des Post-Abduction-Syndroms:

> Physisch gesehen kann das Opfer als Folge des Entführungerlebnisses unter mehreren Auswirkungen leiden. Narben, Augenprobleme, Muskelschmerzen, Quetschungen, ungewöhnlicher Ausfluß aus Vagina und Nabel, genitale Störungen, neurologische Probleme, Schwangerschaftsanomalien, Eierstockprobleme etc. sind nur einige... der physischen Probleme, die mit solchen Entführungserlebnissen zusammenhängen.[14]

Bei unseren Untersuchungen traten einige dieser Symptome bei einem oder mehreren der Allagash-Entführten auf: Narben, Quetschungen, Muskelschmerzen und neurologische Probleme. Hier eine Zusammenfassung unserer Untersuchungsergebnisse eines jeden der vier:

Jack Weiner

Die auffallenden physischen Auswirkungen, die Jack Weiners UFO-Entführung zuzuschreiben sind, fallen in zwei Kategorien, wobei eine nicht von Dr. Jacobs beschrieben wurde. Die andere läßt sich unter die Kategorie Quetschung einordnen. Wir wollen der Reihe nach jede einzelne erörtern.

Eine der vielen Körperregionen, die für außerirdische Wesenheiten von Interesse sind, ist die Stelle gerade oberhalb des Schienenbeins, Tibia genannt. Dieses ist von mir und anderen Forschern, die Entführungsfälle untersuchen, wie Budd Hopkins und Richard Neal, MD. als MUFONS Berater für physiologische Auswirkungen, dokumentiert worden. Was an dieser Stelle normalerweise entdeckt wird, ist "eine runde oder löffelartige Vertiefung mit einem Durchmesser von circa 3 - 19 Millimetern und einer Tiefe von etwa sechs Millimetern.[15] Ich selbst fand ein solches Mal an meiner rechten Tibia nach dem Schreckensgespenst einer Entführung. Ein Dermatologe sagte mir, es sehe genau so aus wie eine Stanzbiopsie. Meine Begegnungen mit dem UFO-Phänomen sind in meinem letzten Buch "The Wächter" dokumentiert.

---

[14] Jacobs "Post-Abduction Syndrome", Seite 87-88

[15] Richard, Neal, M.D., "Generations of Abduction: A Medical Casebook," UFO, Vol. 3, No. 2, 1988, Seite 22 (Credit: UFO Maazine, 1800 S. robertson Blvd., Box 355, Los Angeles, CA)

Als Jacks Bein untersucht wurde, fand sich an dieser Stelle eine Narbe. Er berichtete, daß sie von einer Operation herrühre, durch die ein seltsamer Tumor an der Tibia entfernt wurde. Diese Information war wichtig, denn Dr. Neals Forschungen hatten ergeben, daß bei manchen Entführten "fragwürdige Tumore (Lipome) dicht unter der Haut gefunden wurden." Interessant ist die Tatsache, daß später, nach einer weiteren Entführung und einer Reihe von Alpträumen, über Nacht eine typische löffelartige Vertiefung, die einer Stanzbiopsie ähnelte, knapp über Jacks Operationsnarbe zu sehen war. Später mehr darüber. Wir möchten zuerst den Tumor erörtern.

Nach Jacks Befragung, stellte ich fest, daß es sich ganz bestimmt um einen solchen "fragwürdigen Tumor" handelte. Es war auch logisch, denn er wurde an einer der Stellen gefunden, die von besonderem Interesse für die Außerirdischen sind. Unsere Unterhaltung wurde aufgezeichnet.

Jack: Das Ding, das sie aus meinem Bein schnitten... Keiner wußte, was es war.

Ray: Was war es?

Jack: Ich hatte so was wie einen Knoten, hier an meinem Bein. Man sieht noch die Narbe.

Ray: Oh, je.

Jack: Es war... so groß wie mein Daumenknöchel.

Ray: Gut. Die erste Frage, die ich dazu habe, ist: Wann und wie ist er dir zum ersten Mal aufgefallen?

Jack: 1981 (Januar). Hmm, ich war gerade, äh, beim Fernsehen mit Mary und schlug meine Beine übereinander, und ich, äh, fühlte einen Schmerz dort... Ich dachte, daß etwas durch meine Hose und dann ins Bein gegangen wäre. Als ich dann mein Hosenbein hochschob und den Socken herunterstreifte, bemerkte ich diesen sonderbaren Knoten am Vorderbein dicht beim Knöchel.

Ray: Stammt die Narbe von der Operation?

Jack: Ja.

Ray: Wie sah es aus, bevor er entnommen wurde?

Jack: Wie eine Beule, ohne besonderen Umriß, halbrund oder so, du weißt schon, rund.

Ray: Gut, und was machtest du damit?

Jack: Nun, ich zeigte sie Mary und sagte: "Oh je, vielleicht bin mit dem Bein bei der Arbeit irgendwo angestoßen". Wenigstens dachte und hoffte ich es. Ich beobachtete sie etwa zwei Wochen. Falls die Stelle nach einigen Wochen noch da sein sollte, dann wollten wir sie untersuchen lassen, was wir auch taten. Nach wenigen Wochen verschlimmerte sie sich, und ich beschloß, die Hausärztin aufzusuchen. Ihr Name war Dr. Wrigley.

Ray: Was sagte sie dazu?

Jack: Sie steckte eine Nadel in die Beule, um die Flüssigkeit abzusaugen.

Ray: Ging die Nadel hinein?

Jack: Sie ging rein, aber es tat sich nichts... Nichts floß heraus. Sie drückte und versuchte Flüssigkeit herauszuziehen, aber alles, was herauskam, war eine rötliche, blaßrosa, klare Flüssigkeit... Sie hörte sogleich auf und sagte sofort: "Nun, es ist nicht das, was ich dachte." Sie nahm ein Buch heraus und betrachtete irgendwas darin und meinte dann: "Ich bin nicht ganz sicher, was es ist, deshalb werde ich Sie zu einem Spezialisten nach Brattleboro, zum Memorial Hospital, überweisen."

Ray: Was machten die dort?

Jack: Dort ging ich in die Praxis von Dr. Kingley... Er schaute es sich an und sagte: "Ja, es ist etwas da drinnen" Und, äh, er wollte es gleich operativ entfernen.

Ray: Konntest du sehen, was es war, als sie es entnahmen?

Jack: Ja, es war etwa so groß wie ein Nickelgeldstück. Ich entsinne mich nicht so recht. Ich fühlte noch die Nachwirkungen der Betäubung.

Ray: Welche Farbe hatte es?

Jack: Blaßrosa.

Ray: Hast du es angefaßt?

Jack: Nein. Daran kann ich mich nicht erinnern, aber ich entsinne mich, daß die Krankenschwester überrascht war... Sie wollte es sehen... Sie hielt es in ihrer behandschuhten Hand. Es paßte direkt in die hohle Hand... dieser Bausch - wie durchgekautes Kaugummi - rosa Kaugummi.

Ray: Schildere nun das Nachgespräch mit dem Arzt.

Jack: Es folgte ein ausgedehntes Nachgespräch... Er (Dr. Kinley) sagte: "Nun, Jack, unser Labor glaubt, es gebe da ein Problem mit dieser Probe, sie reagierte positiv im Labor. Um aber ganz sicher zu sein, werden wir sie nach Atlanta, Georgia, zum Gesundheitsamt schikken. Dort wird sie eingehender analysiert werden, nur um sicher zu sein, daß Sie sich keine Sorgen zu machen brauchen. Aber ich möchte Sie nicht alarmieren. Wir sind uns sicher, daß nichts mit der Probe ist... Aber um ganz sicher zu sein, werden wir sie einschikken." Danach mußte ich ihn einmal wöchentlich in den nächsten Wochen aufsuchen, denn es war eine schlecht heilende Wunde... Und bis heute, ein wunder Fleck.

Ray: Wann erhieltest du das Ergebnis?

Jack: Ich ging immer wieder zu ihm hin. Nach etwa zwei Monaten fragte ich: "Nun, Doktor, haben Sie etwas gehört?"... Er, er schaute mich an, schien nervös zu sein und wollte nicht so recht darüber reden und sagte schließlich ausweichend: "Nun, ich möchte Sie nicht beunruhigen, aber manchmal dauert es bei solch seltenen Krebsarten sehr lange, bis sie untersucht sind." Krebs! Ich war alarmiert und entgegnete: "Soll das heißen, daß ich eine Art von Krebs habe?" Er antwortete: "Nein, nein, noch kann ich das nicht sagen... Aber sie haben die Probe lange behalten... Das Ergebnis ist noch nicht eingetroffen, könnte aber bald kommen." Nun wurde ich wirklich besorgt. Schließlich, nach einem Monat oder zwei, sagte er zu mir: "Nun, Jack, es scheint, daß es nichts gibt, worüber Sie sich Sorgen machen müßten, obwohl wir uns nicht hundertprozentig sicher sind... Wir werden diese Sache im Auge behalten, und wenn es nachwächst, werden wir es wieder herausschneiden."

Ray: Hast du jemals einen Bericht darüber erhalten?

Jack: Sie sagten, sie wüßten nicht, was es gewesen ist und gaben auf, es herauszufinden. Es schien eine Art von Zyste... oder ein ungewöhnlicher (bösartiger) Krebs gewesen zu sein.

Ray: Was du mir gerade gezeigt hast, du weißt schon, diese Stelle, das ist eine der Hauptstellen, an denen solche Sachen gemacht werden.

Jack: Was? Ohhh nein!... Seine genauen Worte lauteten: "Wir wissen wirklich nicht, was es ist." Das sind Dr. Kinleys Worte.

Es erübrigt sich hervorzuheben, daß Jacks Knoten genau mit der Beschreibung von Dr. Neals fragwürdigen Tumoren, die bei Entführten gerade unterhalb der Haut zu finden sind, übereinstimmt. Ich bat Jack sofort um Kopien seiner Krankengeschichte für eine Untersuchung bei Dr. Neal. Er tat es, und die ganze Geschichte wurde noch geheimnisvoller. Es folgt Jacks Beschreibung, wie er das Krankenhaus aufsuchte, um an die Unterlagen seiner Operation zu gelangen:

> Ich ging also hin und bat darum. Sie riefen meinen Vorgang per Computer auf. Als die Schwester ihn hatte, fragte sie, äh, "Waren sie beim Militär, als das passierte?" Ich antwortete: "Nein, ich arbeitete bei Unified

Data in Cambridgeport." Und sie sagte: "Komisch, sie schickten sie (die Unterlagen) ins Pathologische Institut des Militärs."

Jack war natürlich sehr schockiert. Ihm war ausdrücklich gesagt worden, daß der Knoten zum Gesundheitsamt nach Atlanta, Georgia, zur Analyse geschickt worden war. Darüber hinaus war der endgültige Bericht des Pathologen von einem William R. Cowan, Colonel der United States Air Force, unterzeichnet. Der Titel von Colonel Cawan lautete: Direktor des Pathologischen Instituts der Streitkräfte, Washington, D.C. (Armed Forces Institute of Patholo-gy- AFIP).

Jack wurde gesagt, als er Auskünfte einholte, daß der Knoten aus Kostengründen ans AFIP gesandt worden war, da das AFIP keine Gebühren für Dienstleistungen erhebt. Dies war rätselhaft, da Jack durch seine Versicherung völlig gedeckt war. Andere, die im Krankenhaus befragt wurden, hielten dieses Vorgehen für ungewöhnlich, außer, wenn Jack sich diese Verletzung beim Militär zugezogen hätte.

Bald danach befragte ich selbst die für die Krankengeschichte zuständige Angestellte. Sie erklärte mir, es gehe aus ihren Unterlagen nicht hervor, daß der Knoten ans Gesundheitsamt nach Atlanta, Georgia, geschickt worden sei. Ferner konnte sie keinen Überweisungsbrief finden, aus dem hervorging, warum er ins AFIP nach Washington, D.C., gesandt worden war.

Die Sekretärin des Pathologen sagte fast das gleiche. Sie konnte keinerlei Überweisungskorrespondenz zu diesem Fall finden. Sie bestätigte die damalige Vorgehensweise des Krankenhauses, solche Proben zwecks einer weiteren Stellungnahme an externe Gutachter zu senden.

Die letzte Wendung des Falles war für mich von großem Interesse, weil die amerikanische Luftwaffe immer massiv in der UFO-Forschung verwickelt war. Als ich die AFIP über diesen Fall anrief, wurde mir lediglich mitgeteilt, daß die AFIP gelegentlich Dienste für zivile Krankenhäuser leistet.

Ich schickte Dr. Neal die Unterlagen zur Analyse. Er forderte später die Röntgenaufnahmen des Knotens an. Als Jack nach den Duplikaten der Röntgenaufnahmen fragte, begegnete ihm starrer Widerstand. Er rief mich deswegen an. Hier das aufgezeichnete Gespräch:

Jack: Es war komisch, Ray. Als ich in die entsprechende Abteilung ging, um die Röntgenaufnahmen zu holen, sagten sie mir, ich müsse zur Radiologie. Das klang vernünftig, und ich ging dort zur diensthabenden Schwester. Ich sagte ihr, daß ich Röntgenaufnahmen benötigte. Sie war wirklich nett zu mir und sehr entgegenkommend. Sie fragte:

"Was ist Ihr Name und Geburtsdatum?" Und dann, äh, rief sie die Information auf ihrem Computer ab, und ihr Computer spuckte eine Karte aus. Sie liest sie und schaut mich komisch an. Plötzlich änderte sich ihr Verhalten, ja, wie Tag und Nacht, so sehr veränderte es sich. Sie fragt als erstes: "Wer benötigt sie?" Ich antwortete: "Ich brauche sie." Sie antwortete: "Nein, nein, nein. Welcher Arzt braucht sie?" Und sie fuhr fort, mich wieder und wieder zu befragen, warum ich sie benötigte. So sagte ich schließlich: "Hören Sie mal, das ist ungewöhnlich, ich bin schon mal hier gewesen, um Aufnahmen nach Hause zu holen... für meine Handgelenksverletzung." Schließlich... sagt sie: "Ich kann sie Ihnen erst morgen aushändigen." Ich antworte: "Gut, gut, ich komme morgen wieder, um sie abzuholen." Am nächsten Tag erhielt ich sie.

Das Verhalten der Angestellten in der radiologischen Abteilung fügte dem Geheimnis um den Knoten ein weiteres, faszinierendes Mosaiksteinchen hinzu. Ich entschloß mich, an Dr. Kinley zu schreiben und hoffte, daß er etwas Licht in das Dunkel bringen könnte. Ich erwähnte ebenfalls die mögliche Verbindung zwischen dem Knoten und Jacks Entführungserlebnis. Er wollte nicht darauf eingehen und schickte mir lediglich ein Duplikat des Operationsberichtes.

Dann sandte ich Dr. Neal die Röntgenaufnahmen zur Begutachtung. Dr. Neal drängte mich, Jack in Hypnose über die Herkunft des Knotens zu befragen. Wir fragten uns alle, wie er praktisch über Nacht an einer der Stellen, der das Hauptinteresse der Außerirdischen gilt, erscheinen konnte. Deshalb war die Herkunft des Knotens eines der Hauptanliegen der letzten Hypnosesitzung. Es folgen die einschlägigen Auszüge dieser Sitzung:

Hypnosesitzung #3D - 10.03.1990

Tony versetzte Jack anfänglich in einen leichten Hypnosezustand und bat ihn, zu berichten, was er über den Knoten wußte. Jack faßte nochmals zusammen, wie er ihn bemerkt hatte, als er vorm Fernseher saß. Er betonte seine Überraschung, als er das Hosenbein hochzog und die Schwellung über seinem rechten Knöchel bemerkte. Am Tag zuvor war sie noch nicht da gewesen, und er hatte auch keinerlei Schmerz bis zu diesem Zeitpunkt verspürt.

Jack beschrieb ebenfalls seine Arztbesuche und die Überweisung ins Krankenhaus zur Operation. Nachdem Jack alles wiederholt hatte, was er über die Situation wußte, führte Tony ihn in eine tiefere Hypnose. Die Befragung wurde wieder aufgenommen:

Tony: Weißt du, was den Knoten hervorrief?

Jack: Nicht wirklich. Mir ist klar, daß ich ihn nicht verursachte, denn ich weiß, daß ich mich an dieser Stelle nicht stieß oder etwas tat, was einen Knoten oder eine Verletzung hätte hervorrufen können. Ich weiß nicht, wie er dahin kam.

Tony: Ich werde dich jetzt bitten, dich noch mehr zu entspannen... daß dein Geist einfach diese Arbeit für dich übernimmt... dein Unterbewußtsein sie für dich tut. Ich möchte, daß du dich entspannst. Ich möchte, daß du eine Leinwand visualisierst... Vielleicht einen großen Fernsehschirm... Vielleicht eine Filmleinwand. Kannst du das, Jack?

Jack: Ja.

Tony: Teile die Wand in zwei Hälften. Von oben nach unten. Kannst du das, Jack?

Jack: Ja.

Tony: Entspanne dich. Fein. Ich möchte, daß in der rechten Hälfte das Wort "Ja" aufblitzt. Kannst du es sehen?

Jack: Ja.

Tony: Ich möchte, daß in der linken Hälfte das Wort "Nein" aufblitzt. Siehst du es?

Jack: Ja.

Tony: Wir können jederzeit diese Lichter wieder ausschalten. Jedesmal, wenn ich eine Frage stelle, frage ich, welche Seite des Bildschirms aufleuchtet. Rechts ist "Ja", links "Nein". - Rechts "Ja". Links "Nein". Stimmst du mir zu, Jack?

Jack: Ja.

Tony: Erhellte sich der Bildschirm, als ich diese Frage stellte?

Jack: Ja.

Tony: Blitzte "Ja" auf?

Jack: Ja.

Tony: Wenn immer wir eine Ja/Nein-Frage stellen, dann bedeutet die rechte Hälfte "Ja", die linke Hälfte "Nein". Ich möchte wirklich zu deinem Unterbewußtsein sprechen, Jack. Ich möchte, daß du irgendwohin schwebst: ein heißes Bad nimmst, - spazierengehst, - am Strand sitzt, - am Schwimmbad liegst... Weißt du, wie der Knoten dahinkam?

Jack: (Antwortet nicht.)

Tony: Welche Seite leuchtet auf?

Jack: (Spricht sehr langsam und abwägend.) Ich... sehe... ein... "Ja."

Tony: Entspanne dich einfach. Ich weiß, es ist angenehm. Laß los. In den wenigen Minuten, in denen ich zu dir spreche, hast du die Welt vergessen. Es tut so gut... Hat sich der Knoten entwickelt, weil du dir etwas angetan hast?

Jack: Nein.

Tony: Hat sich die linke Seite der Leinwand erhellt?

Jack: Ja.

Tony: Gut. Je mehr du meiner Stimme lauscht, um so tiefer wirst du dich entspannen. Und je tiefer du entspannt bist, um so leichter wirst du Zugang haben zu dem Speicherkabinett, das wir das Unterbewußtsein nennen. Jedesmal, wenn du ausatmest, entspannst du dich mehr und mehr.

Jacks Körper sackte tiefer und tiefer in den Lehnstuhl, als Tony ihn langsam aber sicher in einen sehr tiefen hypnotischen Zustand versetzte. Dann stellte er Jack die entscheidende Frage:

Tony: Entstand der Knoten dadurch, daß sich jemand anderes daran zu schaffen machte?

Jack: Ja.

Tony: Entspanne dich. Entspanne dich. Laß alles los. Erinnerst du dich, wie der Knoten dorthin gelangte?

Jack: Ich glaube ja. Ich entsinne mich, daß sie etwas mit meinen Beinen machten.

Tony: Wer sind sie?

Jack: Diejenigen, die ich in Maine sah.

Tony: Wo in Maine?

Jack: Im Licht... Das Licht in Maine... Da waren diese Dinger... diese Dinger (Außerirdische).

Tony: Was machten sie?

Jack: Sie rieben meine Beine (Pause) mit (Pause) mit einem Ding (Pause)... Ich weiß nicht, wofür es benutzt wurde. Aber ich sehe, wie sie an meinem Bein reiben, und sie machen was... Sie machen (Pause) was da unten.

Tony: Was tun sie, Jack?

Jack: Ich, ich weiß nicht, warum, warum sie das tun... Sie schauen sich etwas an meinem Bein an.

Ray: Der Knoten Jack. Glaubst du, daß die Ursache, die den Knoten hervorrief, zu diesem Zeitpunkt gelegt wurde?

Jack: Sie hantierten an meinen Beinen mit einem Ding herum, das ein langes, spitzes Ende hat, wie eine Nadel (Bild 28).

Tony: Was machten sie damit?

Jack: Zuerst rieben sie mit etwas Kleinem und Glattem (Bild 29) an meinem Bein herum... Ich kann nicht richtig fühlen, was sie machen... Aber ich kann zwei von ihnen sehen, die sich an meinem Bein mit einem langen, dünnen Ding zu schaffen machen und ihre Augen... Ich kann ihre Augen nicht leiden!

Ray: Berührte die Nadel nur deine Haut oder hat sie sie angekratzt? Hat die Nadel dich gestochen?

Jack: Das ist schwer zu sagen.

Dave: Hast du Schmerzen verspürt?

Jack: Nein.

Dave: Fühlst du eine Betäubung?

Jack: Mir ist, als könne ich mich nicht bewegen.

Ray: Fühlte sich dein Bein vorher anders an, als nach dem Einreiben?

Jack: Ja.

Ray: Wie?

Jack: Ich konnte nicht fühlen, was sie taten.

Das hatten wir erwartet. Das Reiben mit einem Instrument hatte die Beine betäubt. Die Sitzung ging weiter.

Ray: Weißt du, was sie tun?

Jack: Sie stechen meine Beine mit etwas, das sie in ihren Händen halten, aber ich möchte es gar nicht wissen (seufzt und fängt heftig an zu atmen).

Tony: Entspanne dich, Jack. Du machst es fein. Entspanne dich.

Jack: Ich weiß, daß sie dort unten etwas wie eine Operation ausführen - wie ein Arzt -, aber ich fürchte mich und weiß auch nicht, warum sie mir das antun.

Der Allagash-Zwischenfall hatte sich 1976 ereignet. Der Knoten entwickelte sich fast fünf Jahre später in der letzten Januarhälfte des Jahres 1981. Ich stellte die Überlegung an, ob die Außerirdischen auch während Jacks und Marys Entführung am 20. Mai, 1988, Interesse an der Stelle gezeigt hatten, an der der Knoten entfernt worden war.

Ray: Wann schauten sie sich diese Stelle das nächste Mal an?

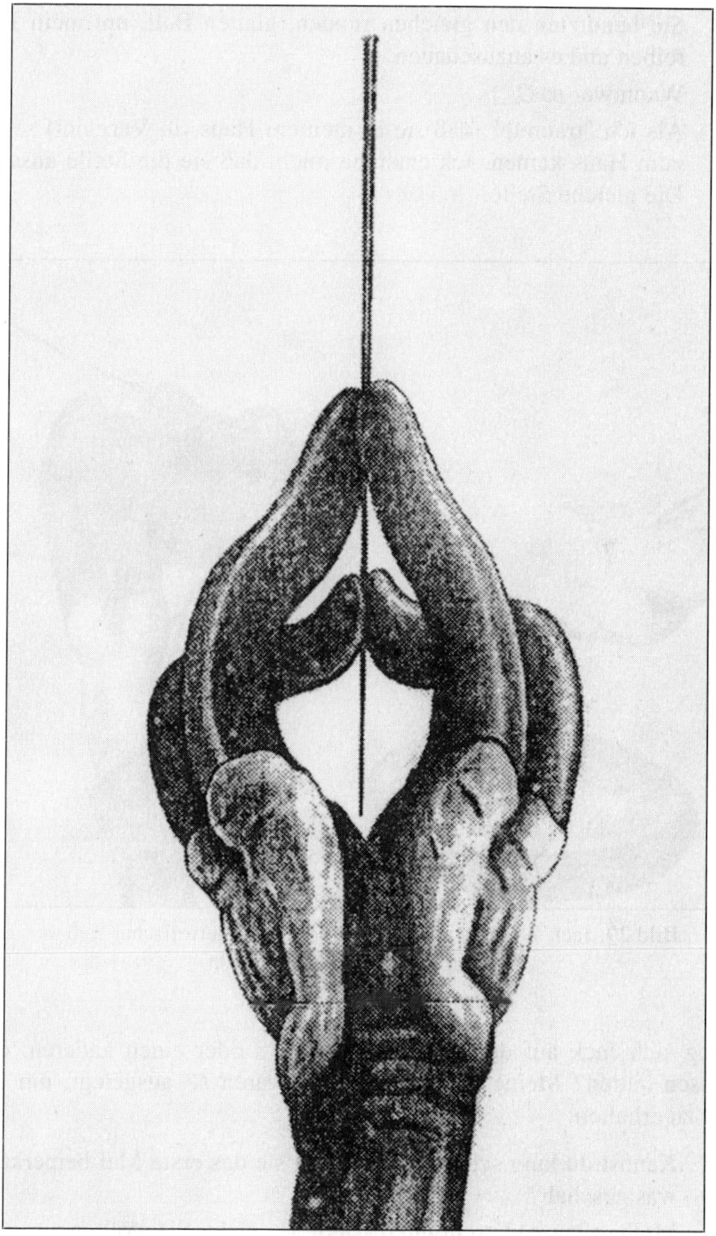

Bild 28: Jack Weiners Zeichnung des nadelartigen Instrumentes, mit dem die fremden Wesenheiten in sein Bein stachen.

Jack: Sie benutzten den gleichen runden, glatten Ball, um mein Bein zu reiben und es anzuschauen.

Ray: Wann war das?

Jack: Als ich "träumte", daß sie in meinem Haus (in Vermont) seien und zum Haus kamen. Ich entsinne mich, daß sie die Stelle anschauten. Die gleiche Stelle.

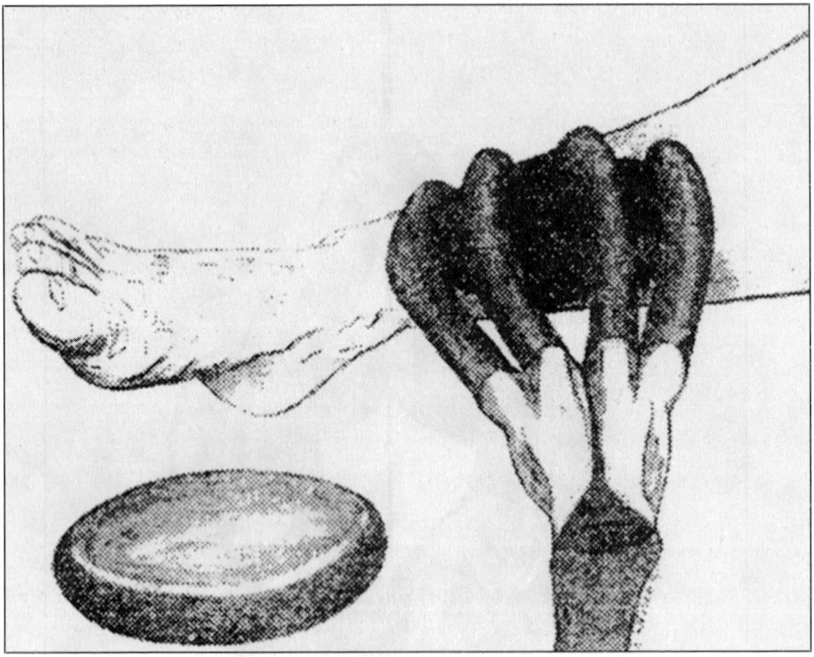

Bild 29: Jack Weiners Zeichnung, wie ein Außerirdischer sich an seinem Bein zu schaffen macht.

Bezog sich Jack auf den Zwischenfall 1988 oder einen anderen, den wir ausgelassen hatten? Meine nächsten Fragen waren so ausgelegt, um darüber Klarheit zu erhalten:

Ray: Kannst du kurz schildern, wann du sie das erste Mal bemerktest und was geschah?

Jack: Meine (Pause) Furcht interessierte sie nicht. Sie wollten nur stechen.

Ray: Wann sahst du sie zum ersten Mal? Du warst da zu Hause, in Vermont, nicht wahr?

Jack: Ja.

Ray: Wie wußtest du, daß sie anwesend waren? Wann hast du sie das erste Mal gesehen? Beschreibe die Umstände des ganzen Zwischenfalls.

Jack: Es war, als ich vom Bett aufstand, um den Hund spazierenzuführen. Da sahen sie es sich an. Ich entsinne mich, alles fand statt, als ich dir davon erzählte... Es war, als Mary und ich da waren... Da untersuchten sie meine Beine und verweilten einige Zeit an der Stelle (wo der Knoten entfernt wurde), und ich mochte ihre Augen nicht!

Es war klar, daß Jack sich auf den 20. Mai 1988 bezog, als er und Mary aus ihrem Hause entführt wurden. Er hatte diese Episode bereits in der Hypnose wiedererlebt, und sie wurde früher in diesem Buch beschrieben.

Als ich Jack zuhörte, fragte ich mich, was die Außerirdischen wohl empfunden haben mochten, als sie die Narbe entdeckten und bemerkten, daß etwas fehlte! Vielleicht war der Knoten ursprünglich eine kleine Implantation von Lebendgewebe, das die Außerirdischen für ihre genetischen Studien benutzten. Die schnelle Vermehrung der Zellen deutet darauf hin, daß etwas mit ihrem Experiment schief gelaufen war.

Da Jack sich bei dieser Erörterung sehr aufgeregte, griff Tony ein, um ihn zu beruhigen, bevor die Befragung wieder aufgenommen wurde:

Tony: Wo warst du, als dein Bein von ihnen untersucht wurde?

Jack: In einem sehr hellen Raum.

Tony: Schau dich um, Jack, und beschreibe alles, was du im Raum erkennen kannst.

Jack: Ich sehe (hält inne) überall helles, diffuses Licht und ich stehe: Aber ich spüre nicht, wie ich stehe... Ich kann meine Augen bewegen. Ich sehe zwei von ihnen (Außerirdische) vor mir und dahinter. Da ist noch eine helle Fläche.

Ray: Wo ist Mary?

Jack: Ich weiß nicht.

Ray: Wann hast du Mary das letzte Mal gesehen?

Jack: Im (blauen) Lichtstrahl... Im Hof... Da habe ich zuletzt ihr Gesicht gesehen.

Wir unterbrachen Jack an diesem Punkt, weil es noch weitere wichtige Themen gab, die wir mit ihm unter Hypnose erörtern wollten. Obwohl die Außerirdischen angesichts der Narbe überrascht gewesen sein mußten, untersuchten sie nicht zum letzten Mal seine Füße. Den ersten Hinweis hierauf erhielt ich, als Jack mich anrief und mir von Charlies Traum berichtete.

Der Traum, wie Sie sich erinnern, stellte sich ein, als Charlie Jack und Mary besuchte, um ihnen für den Winter beim Holz hacken zu helfen. Er schlief unten vor einer Haustür aus Glas. In den frühen Morgenstunden erwachte er durch das Gefühl einer Präsenz. Er richtete sich auf und schaute durch die Tür. Eine Gruppe von Außerirdischen stand da, von Licht umflossen, das von oben kam. Zwei drehten sich um und schauten auf Charlie, als sie auf die Tür zugingen. Charlie blickte lange hin und zog schließlich die Bettdecke über sich. An mehr konnte er sich nicht erinnern. Auf diese Episode wurde im letzten Kapitel eingehendst eingegangen. Die Hypnose war erfolglos, es gab für Charlie keine weiteren Hinweise. Charlie war ein unschuldiger Beobachter. Wie in Allagash, war er am falschen Ort zur falschen Zeit. Die Hypnosesitzung ergab, daß Jack in dieser Nacht das Ziel war.

Als Jack anrief, klang er besorgt. Nachdem wir Charlies Traum durchgesprochen hatten, hielt er inne und stellte mit zögernder Stimme eine Frage. Die Unterhaltung wurde aufgezeichnet. Hier sind die wichtigsten Auszüge:

Jack: Nun, ich wollte fragen, hm, als die Sache mit Charlie passierte... Etwa einen Tag später... bemerkte ich etwas unterm Fuß. Wahrscheinlich... Es hat wahrscheinlich nichts mit dieser Sache zu tun. Aber ich erinnere mich nicht... Ich meine, es war einfach da... An einem Tag war nichts, aber schon am nächsten... Es scheint, als ob sich die ganze Haut unter meinem rechten Fuß.-. ich kann es mir nicht erklären - schält. Ich frage mich, ob du darüber schon bei anderen Leuten (die UFO-Erlebnisse hatten) gestolpert bist?

Ray: Nein. Schmerzt es?

Jack: Es tut weh. Ich habe, äh, Salbe und ähnliches aufgetragen, weil die Haut wund und aufgerissen ist. Es ist so, als wäre ich über etwas sehr Kaltes gelaufen und meine Haut sei erfroren oder verbrannt.

Ray: Ich würde, äh, all das niederschreiben.... es fotografieren und einen Arzt aufsuchen, es scheint besorgniserregend zu sein. Man muß ja jeden Tag laufen.

Jack: Ja. Ich habe schon alles mögliche eingerieben und trage einen Socken und versuche, den Fuß zu entlasten. Ich kann mir nicht vorstellen, was die Ursache ist... Ich habe es nicht herbeigeführt... Gestern schien es nicht da zu sein, aber dafür heute... Ich dachte, es könnte das sein, was Athleten bekommen, aber das hatte ich bisher nicht, ich treibe keinen Sport. Ich hätte so etwas nirgendwo einfangen können... Es kam plötzlich über Nacht. Hast du verstanden? Ich stand eines Morgens auf, und als ich auftrat, war mein Fuß ganz wund. Ich dachte, ich hätte auf ein Stück Glas getreten.

Ray: Der Besuch beim Arzt... wie ich schon sagte... Äh, als Charlie seinen Traum hatte, bemerktest du da etwas, daß, äh...

Jack: Ich ging auf die Suche im Hof, nachdem er mir davon erzählt hatte. An jenem Morgen war er wirklich ganz aufgeregt...

Ray: Nun also, keine Fußspuren, keine verbrannten oder dreischenkligen Abdrücke, also nichts dergleichen?

Jack: Das würde schwer zu erkennen sein, außer sie wären sehr auffällig, weil zu dieser Jahreszeit... Es ist Frost... Der Boden arbeitet.

Ray: Ja... Wenn du ein Foto machen könntest...

Jack: Ja, ich werde meine Fußsohle fotografieren... Die ganze Haut schält sich, und da sind diese vier tiefen Furchen... Spalten... über der ganzen Fußsohle. (Bild 30).

Ich muß zugeben, daß ich niemals von solchen UFO-betreffenden Auswirkungen, wie Jack sie beschrieb, gehört hatte. Später aber, als sich zeigte, daß Charlies Traum die Realität reflektierte, beschlossen wir, Jack über seinen Fuß zu befragen. Wenn in jener Nacht die Außerirdischen das Haus besucht hatten, dann könnte das plötzliche Auftreten von Jacks Wunde über Nacht ein weiterer Beweis dafür sein, daß die Außerirdischen abermals ihre "Visitenkarte" hinterlassen hatten. Es folgt der wichtigste Teil unserer follow-up Hypnosesitzung mit Jack:

Hypnosesitzung #3D - 10.03.1990

Ray: Zurück zum November, 1989, Jack... Dies passierte, nachdem dein Freund Charlie Foltz einen Traum über Außerirdische hatte, die vor der Tür standen?

Jack: Ja.

Ray: Du erwachtest und bemerktest am folgenden Tag oder wenige Tage später, daß deine Fußsohle unter scheinbaren Erfrierungen oder Verbrennungen oder dergleichen gelitten hatte. Es erschien dir seltsam.

Jack: Ich erinnere mich.

Ray: Vielleicht kann Tony mit dir darüber sprechen, um herauszufinden, was geschah.

Tony: Gibt es etwas, was du uns erzählen möchtest? Es ist November, 1989.

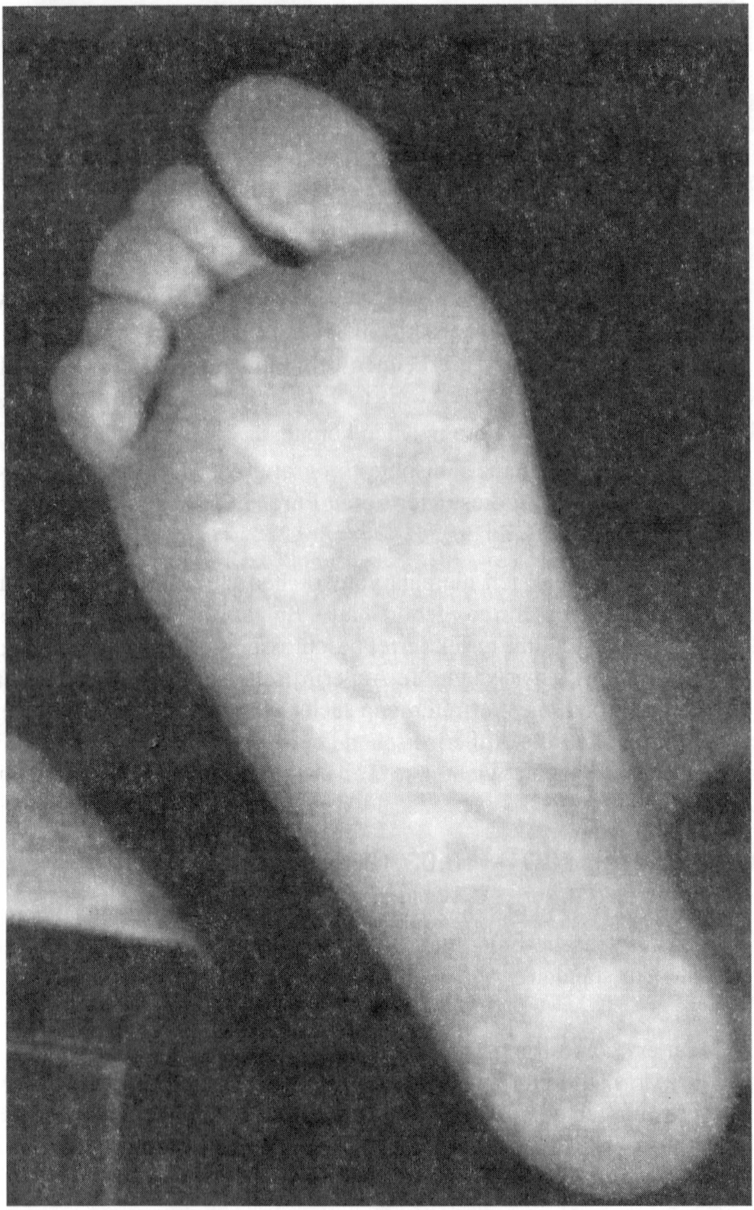

Bild 30: Hautzersetzung an Jack Weiners Fuß nach der Untersuchung durch Außerirdische mit einem runden Gegenstand.

Jack: Ich entsinne mich, daß Charlie auf Besuch kam und daß er am Morgen so merkwürdig dreinschaute. Er sah verängstigt aus und angespannt (wird nervös).

Tony: Entspanne dich. Entspanne dich einfach.

Ray: Charlie erzählte uns davon. Also, einen Tag später oder so, bemerkst du, daß etwas nicht mit deiner Fußsohle stimmt.

Jack: Ja.

Ray: Erinnerst du dich, wie es dazu kam?

Jack: Ich erinnere mich, zwei Tage, nachdem Charlie da war, aufgewacht zu sein, und als ich die Treppen hinunterging, fühlte ich, daß meine Füße schmerzten. Ich dachte, daß ich auf Glasscherben oder ähnliches getreten sei... Ich erinnere mich auch noch, gedacht zu haben: "Wie seltsam", denn ich wußte, daß ich nicht mit meinen Füßen auf Glas getreten war, noch etwas getan hatte, das sie bluten ließ.

Dave: Ist es dein rechter Fuß oder sind es beide Füße?

Jack: Mein rechter Fuß war am schlimmsten, aber beide Füße waren aufgescheuert und gerissen.

Tony: Entspanne dich, einfach, Jack. Entspanne dich.

Tony versetzte Jack in eine noch tiefere Hypnose. Er fuhr dann mit der Befragung fort und benutzte noch einmal den geteilten Fernsehschirm. Nachdem er Jack eine Reihe von Fragen gestellt hatte, schoß er "die" Frage ab:

Tony: Rechts bedeutet "Ja." und links "Nein"... Weißt du, was mit deiner Fußsohle geschah, Jack? Welche Seite des Bildschirms leuchtete auf?

Jack: Ja. (Die rechte Seite leuchtete auf.)

Tony: Kannst du uns erklären, was geschah?

Jack: Ich (hält inne) kann (Pause) es nicht sagen.

Tony: Heißt das, du kannst dich nicht erinnern?

Jack: Ich erinnere mich nicht, warum (Pause), ich weiß nur, daß ich nichts erzählen darf.

Tony: Woher weißt du das?

Jack: Weil ich das Gesicht sehe... Ihre Augen (Pause) sagten es mir.

Tony: War das vor oder nach dieser Sache mit deinen Füßen?

Jack: Danach.

Tony: Entspanne dich einfach, Jack. Entspanne dich, entspanne dich.

Tony beruhigte Jack und führte ihn in eine noch tiefere Hypnose. Er versicherte Jack, daß er bei einer einfühlsamen Gruppe sei, die ihn unterstützte:

Tony: Ich werde dir jetzt suggerieren, daß alles, was geschah, dir verständlich wird, so daß du uns so klar wie möglich berichten kannst, was mit deinen Fußsohlen passierte. Entspanne dich. Entspanne dich.

Jack: Ich sehe das Gesicht! Diese Augen! Ich kann diese Augen sehen! Und (hält inne)... Ich soll nicht... Sie sind so riesig!

Tony: Entspanne dich. Entspanne dich. Möchtest du uns erzählen, was geschah?

Jack: Nein.

Tony: Warum nicht?

Jack: Ich soll nicht.

Ray: Könnte es uns jemand anderes erzählen? Schau auf den (imaginären) Fernseher. Kannst du ihn sehen?

Jack: Ja.

Ray: Nehmen wir an, da ist jemand, wie der Nachrichtensprecher, der allem zugeschaut hat. Warum läßt du ihn nicht erzählen, was passierte? Dann brauchst du uns nichts zu sagen.

Jack: (Hält inne.) Ein Gesicht! Diese Augen (Pause) sind auf dem Bildschirm.

Tony: Was ist das für ein Bildschirm?

Jack: Der (imaginäre) Fernseher.

Dave: Und wo erblickst du das Gesicht, Jack?

Jack: Direkt vor mir.

Ray: Nun, Jack, die gleichen Augen, die gleichen Dinger (Außerirdische) befahlen dir, uns nichts über den Allagash-Zwischenfall und anderes zu erzählen... Also muß es okay sein.

Jack: Ich weiß, warum ich nichts erzählen darf.

Ray: Sind deine Füße durch Zufall so geworden, wie sie sind? Oder verfolgten sie damit ein Ziel?

Jack: Ich habe meine Füße nicht durch meine Schuld oder einen anderen Grund verletzt.

Tony: Jack, du sagtest vor ein paar Minuten: "Ich weiß, warum ich nichts erzählen darf." - Kannst du uns erklären, warum du nichts sagen darfst?

Jack: Ja.

Tony:	Dann tu es.
Jack:	Die Augen... Die Augen befahlen mir, nichts zu erzählen.
Ray:	Kannst du sehen, wie sie sich an deinen Füßen zu schaffen machen?
Jack:	(Pause) Nein.
Ray:	Kannst du es fühlen?
Jack:	Ich weiß nicht, wie sie es taten.
Ray:	Fühltest du etwas dabei?
Jack:	Nein.
Ray:	Warum weißt du nicht, wie sie es taten? Waren deine Augen offen?
Jack:	(Hält inne.) Ich (Pause) sehe (Pause) die Gesichter (Pause) auf die Stelle an meinem Bein schauen (wo sich der Knoten befand)... Und sie sehen mich mit diesen Augen an! Sie sagen: "Du... wirst... kooperieren!"
Dave:	Wo befinden sie sich?
Jack:	An meinen Füßen.
Dave:	Wo? In deinem Haus oder anderswo?
Jack:	Sie sind irgendwo anders.
Dave:	Wo?
Jack:	Wo es hell ist... sehr hell... und... ich soll es nicht (Pause) wissen.
Dave:	Kannst du die Umgebung beschreiben?
Jack:	Alles, was ich erkennen kann, sind diese Augen und Köpfe und lange, dünne Arme und komische Hände an meinen Füßen.
Dave:	Wieviele sind da?
Jack:	Zwei. Nur zwei.
Ray:	Nun, du hast uns all das erzählt, obwohl die Augen dir befahlen, nichts zu berichten... Also kannst du auch den Rest erzählen. Was machten sie mit deinen Füßen?
Jack:	Ich (hält inne) weiß nicht. Ich kenne den Grund nicht. Ich fürchte mich.
Dave:	Wir fragen nicht warum, sondern was sie tun.
Jack:	Sie halten etwas, es ist weißlich und abgerundet und damit berühren sie meine Haut.
Ray:	Welche Haut?
Jack:	Die an meinen Füßen.
Ray:	Bluteten deine Füße und waren sie wundgerieben? Berührten sie sie dort?

Jack: Ja.
Ray: War es schmerzhaft?
Jack: Nein.
Ray: Machten sie sich an der Stelle zu schaffen, bevor sie deinen Fuß mit dem anderen Ding berührten?
Jack: Zuerst befühlten sie meine Füße mit ulkigen Händen.
Dave: Konntest du ihre Hände fühlen?
Jack: Nein. Mir kommen meine Füße dick und betäubt vor. Ich fühle nichts.
Dave: Arbeiteten sie an beiden Füßen?
Jack: An beiden.
Dave: Schauten sie deine Beine an?
Jack: Ja.
Dave: Was machten sie an deinen Beinen?
Jack: Sie rieben mein Bein an der Stelle der Narbe (rührte von der operativen Entfernung des Knotens her).
Dave: Womit rieben sie dein Bein?
Jack: Mit dem abgerundeten Ding. Und sie schauten mich immer wieder an. (Bild 29.)
Dave: Hast du dieses abgerundete Werkzeug schon einmal gesehen?
Jack: Ja.
Tony: Wo?
Jack: Ich sehe es... sah es...das erste Mal, als sie meine Beine rieben (in Allagash, es scheint, als ob dieses Instrument zur Betäubung von Jacks Beinen benutzt wurde).
Ray: Kannst du dich daran bis ins Kleinste erinnern und es aufzeichnen? Ist es so klar, daß du es aufmalen kannst?
Jack: Könnte ich.
Ray: Fein, wenn du dich für uns daran erinnern könntest.
Dave: Und auch an andere Instrumente, die sie benutzten.

Es war unmöglich, mehr Information über Jacks verletzte Beine herauszuholen. Die Zeit wurde knapp, und es stand noch viel mehr auf der Agenda. Es genügt zu sagen, daß alle beide, Charlie und Jack, die Besucher des nachts sahen. Es scheint, als sei Jack allein untersucht und von den Außerirdischen mental programmiert worden, sich nicht an diesen Zwischenfall zu erinnern. Nur Tonys Sachkenntnis war es zu verdanken, halbwegs diese herbeigeführte

Erinnerungsblockade zu durchbrechen. Es genügte, um herauszufinden, daß Jacks Wunden von einer weiteren rätselhaften Begegnung mit den fremden Kreaturen herrührten.

Als wir Jacks Körper untersuchten, zeigte er uns eine verblichene Narbe an seinem rechten Schulterblatt. Ich maß ihr keine sonderliche Bedeutung zu, da ich keine Veranlassung hatte, anzunehmen, daß sie mit UFOs zusammenhing. Am Tage nach Jacks und Marys Entführung in der Nacht vom 20. Mai 1988 machte sich die Narbe jedoch wieder bemerkbar. Hier Jacks eigene Worte. Unsere Unterhaltung wurde aufgezeichnet:

Jack: Erinnerst du dich daran, daß du die Narbe auf meinem Rücken kontrolliertest?

Ray: Auf deinem Rücken? Ja, richtig.

Jack: Nun, sie hat sich wieder entzündet. Gleich nach dem Traum im Mai verschlechterte sie sich. Sie trieb mich fast zur Weißglut. Seitdem nicht mehr. Sie ging mehr und mehr zurück. Ich habe noch immer die Stelle, und man könnte meinen, sie sei mit Novocaine unterspritzt worden, aber sie stört mich nicht mehr so wie zuvor

Es ist möglich, daß Jacks Narbe mit einer der Untersuchungen durch die Außerirdischen während seiner Entführung zusammenhängt. Obgleich nicht so offensichtlich wie Jacks Knoten und Fußwunden, ist sie es wert, erwähnt zu werden.

Die löffelartige Vertiefung, die ganz plötzlich über Nacht über der Operationsnarbe des Tumors auftauchte, wurde bereits erwähnt. Kurz vor ihrem Auftreten war Jack in der Nacht mit blankem Entsetzen aufgewacht. Er erzählte, daß er die Präsenz der Außerirdischen sehr stark gefühlt habe. Die Narbe ist das exakte Duplikat von denen, die an gleicher Stelle an den Beinen anderer Entführter gefunden wurden, einschließlich mir. Ein Vergleich meiner stanzbiopsieähnlichen Narbe mit der an Jacks Bein zeigt dies sehr dramatisch. Das Auftauchen dieser Narbe über Nacht und Jacks gleichzeitige nächtliche Panikattakken bestätigen, daß die Verbindung zwischen den menschlichen Zwillingen und den Geisterärzten seit dem 1. Mai 1988 aufrecht erhalten wird!

Andere Mitglieder der Allagash -Vier tragen ebenfalls seltsame Narben und Male zur Schau, die charakteristisch sind für das Entführungsphänomen. Wir möchten sie der Reihe nach untersuchen.

Charlie Foltz

Ich konnte es kaum erwarten, zu erfahren, ob Charlie Narben an den Körperstellen trug, wo sie gewöhnlich bei Entführten zu finden sind. Charlie konnte im Gegensatz zu den anderen keine jahrelangen Begegnungen mit außerirdischen Wesen vorweisen. Er wurde jedoch bei der Entführung in Allagash von Untersuchungen nicht ausgenommen. Charlie stimmte zu, seinen Körper zu untersuchen und auch, uns das Vorhandensein eigenartiger Narben mitzuteilen. Seine Antwort wurde aufgezeichnet:

Charlie: Oh, ich habe eine... An der Innenseite meines linken Beines... Da ist etwas narbenähnliches, eine Vertiefung... Ich hatte niemals...

Ray: Welche Form hat sie?

Charlie: Sie ähnelt einem Täschchen.

Ray: Wie ein Löffel?

Charlie: Man könnte es so nennen. Sie ist etwa halb so groß wie mein kleiner Fingernagel.

Ray: Hast du jemals eine Stanzbiopsie gesehen?

Charlie: Ja.

Ray: Könnte es ein solcher Einschnitt sein?

Charlie: Ja, ja.

Ray: Wie lange hast du sie schon?

Charlie: Keine Ahnung. Sie ist mir nie aufgefallen, noch habe ich ihr jemals meine Aufmerksamkeit geschenkt.

Ray: Okay. An deinem linken Bein?

Charlie: Linkes Bein, innen am Oberschenkel.

Wieder schien ich fündig geworden zu sein. Diese Stelle befand sich wiederum in der Region, in der Narben, ähnlich einer Stanzbiopsie, bei Entführten gefunden werden. Dr. Neal schreibt, daß sowohl er als auch Entführungsforscher Budd Hopkins Narben bemerkt hätten:

> ...an Waden (einschließlich kurz oberhalb der Tibia oder des Schienenbeins), "Oberschenkel", Hüfte, Schulter, Knie, Wirbelsäule und auf den rechten Seite des Rückens und Vorderkopfes... Narben lassen sich topographisch in zwei Hauptgruppen einteilen: ein dünner, gerade, haarfeiner Schnitt linear und etwa 8 mm lang; und eine runde oder löffelähnliche

Vertiefung, etwa 3 bis 19 Millimeter im Durchmesser und vielleicht so etwa 6 Millimeter tief.[16]

Chuck Rak

Chuck hatte ein ihm rätselhaftes Mal auf dem Rücken. Es befand sich an der Wirbelsäule zwischen den Schulterblättern. Es war ihm erst kürzlich aufgefallen, als wir nach regelwidrigen Narben fragten, und er hatte es mir während eines Besuches in meinem Hause gezeigt. Unsere Unterhaltung wurde aufgezeichnet:

Chuck: Ich habe etwas zwischen meinen Schulterblättern. Ich habe deswegen schon einen Arzt aufgesucht. Der fragte: "Sind sie in der Sonne gewesen?" Und ich antwortete: "Nicht ohne Schutz. Seit meinem 14. Lebensjahr habe ich mich immer vor der Sonne geschützt. "

Ray: Was glaubte er, woher es stammte?

Chuck: Er ließ anklingen, daß es mit etwas Ultraviolettem von der Sonne zu tun hätte.

Niemand kann beweisen, daß Chucks Verbrennung auf eine der "Visitenkarten" zurückzuführen ist. Es wäre aber nachlässig gewesen, sie hier nicht zu erwähnen; ganz besonders, da Dr. Neal auf Hautausschläge und Verbrennungen hinweist, die an verschiedenen Körperstellen eines Entführten gefunden werden und einer "begrenzten Psoriasis" ähneln. Chuck beschreibt das Mal als "verkrustete Stelle... einer beeinträchtigten Haut."

Jim Weiner

Jim zeigt möglicherweise zwei physische Manifestationen, die charakteristisch für andere Entführte sind. Das erste liegt an der üblichen Region an der Tibia. Beide Stellen, rechts und links, gerade oberhalb des Schienenbeins sind deutlich erkennbar, elliptisch und haarlos. Bei einem kürzlichen Arztbesuch zeigte Jim diese Stellen vor. Der Arzt konnte keine Erklärung für die Narben abgeben.

Jims zweites Zeichen ist ebenfalls in Dr. Jacobs Liste der Post-Abduction-Syndrome enthalten, und zwar fällt es in die Kategorie der neurologischen Probleme. Diese Komplikation war der Ausschlag dafür, daß Jim mich überhaupt aufsuchte.

---

[16] Nealls, "Generations,", Seitte 22

Zwei Jahre nach dem Allagash-Zwischenfall hatte Jim einen Unfall zu Hause. Obwohl er damals glaubte, sich davon erholt zu haben, traten bald danach schmerzhafte Symptome auf, die er folgendermaßen beschreibt:

> Als ich im Westen unterwegs war (arbeitete für eine Kunstgalerie), fühlte ich mich immer krank. Ich dachte, ich hätte ein Herzproblem, weil ich plötzlich unter Energieverlust litt und Schmerzen in meiner linken Seite auftraten. Meine linke Seite war wie betäubt.

Jims medizinische Unterlagen sagen folgendes über seine Schmerzen aus:

> Diese treten seit 1978 oder 1979 auf, und er wurde oft in Krankenhäusern für seine untypischen Brustschmerzen behandelt. Ein Internist und ein Neurologe überwiesen ihn ins Massachusetts General Hospital in Pennsylvania, ferner im Dezember 1981 ins New England Medical Center; ins Allentown Sacred Hospital in Pennsylvania; im Februar 1982 ins McAllen Hospital in Mohave, Utah; im März 1982 ins Marina Mercy Hospital in Marina Del Ray, Kalifornien; im März 1982 ins Breckenridge Hospital in Austin, Texas. Im Dezember 1983 war er das erste Mal im Beth Israel Hospital, Boston, Massachusetts.
>
> Er unterzog sich zahlreichen nicht-invasiven Untersuchungen, und es ihm wurde mitgeteilt, daß es sich entweder um eine Neuritis über dem Brustkorb handele oder alles nur "Einbildung" sei.

Von 1983 bis zum heutigen Tag unterzieht sich Jim Weiner neurologischer Untersuchungen in der Neurologischen Abteilung des Beth Israel Hospitals in Boston, Massachusetts, und läßt sich ebenfalls von dort betreuen. Untersuchungen haben ergeben, daß seine Brustanfälle symptomatisch sind für eine Epilepsie, die die Gehirntemporallappen (TLE) betreffen.

Während seiner Behandlung vertraute Jim den Ärzten seine Schlafzimmerbesuche an. Er fragte sich nämlich, ob er verrückt würde. Zu jener Zeit hatte er noch keine Verbindung gezogen zwischen den Phänomenen in seiner Kindheit, im Erwachsenenalter und dem UFO-Zwischenfall in Allagash. Erst später fragte er sich, ob es da Zusammenhänge gebe. Der Auslöser dafür war zum Teil Jacks Traum über die Außerirdischen, aber auch die Erkenntnis, daß diese für die Zeitlücke in Allagash verantwortlich sein könnten. Seine Ärzte bezweifelten, daß Jims seltsame Erlebnisse das Ergebnis von TLE seien. Wegen dieser Zweifel schlug Jims Arzt vor, Hilfe bei UFO- Forschern zu suchen.

In Kürze: es kann nicht mit Sicherheit nachgewiesen werden, ob Jims neurologische Probleme den Auswirkungen seiner UFO-Erlebnisse zuzuschreiben sind oder seinem Unfall. Es stimmt, daß einige Entführte an neurologischen

Folgen leiden. Dennoch ist es wichtig zu dokumentieren, daß Jims Ärzte beträchtlich daran zweifeln, daß es die neurologischen Probleme sind, die seine UFO-Erlebnisse herbeigeführt haben. Das sollte ziemlich eindeutig sein, denn Jims Erlebnisse mit Harry, dem Gespenst, gingen dem Unfall voraus, der angeblich die neurologischen Probleme vor Jahrzehnten auslöste.

Jims Ärzte waren sehr hilfreich, indem sie uns für unseren MUFON-Endreport ihre professionellen Ansichten über die TLE/UFO-Frage unterbreiteten. Ihre Stellungnahmen folgen. Der erste Brief ist eine Antwort auf die Anfrage von Dave Webb:

> Harvard University Medical School
> Neurologische Abteilung
> 5. September, 1989
> David F. Webb
> 23 Eugene Road
> Burlington, MA 01803
> Betreff: Jim Weiner
>
> Sehr geehrter Herr Webb!
>
> Wir erhielten Ihre Anfrage vom 22. 8. 89 und möchten Ihnen darauf antworten. Seit den letzten vier oder fünf Jahren bin ich Jim Weiners Neurologe gewesen. Er leidet unter einer Epilepsie der Temporallappen, welche eine Reihe von medialen Symptome hervorrufen kann. Das sind unter anderem Déjà vu und Jamais vu, gespaltene Zustände und äußerkörperliche Wahrnehmungen, ohne Grund auftretende Panik und Brustschmerzen, Halluzinationen. Es ist möglich, daß Jims Alpträume und Träume durch die TLE hervorgerufen wurden; doch ist das nicht bewiesen. Es ist sehr merkwürdig, daß sein Zwillingsbruder die gleichen Close-Encounter-Begegnungen hatte. Die Möglichkeit, daß er (Jack Weiner) TLE hat, könnte untersucht werden, aber die Tatsache, daß er das Erlebnis mit seinem Bruder teilt, spricht gegen TLE als Ursache.
>
> Ich hoffe, Ihnen behilflich gewesen zu sein.
> Hochachtungsvoll
> Bruce H. Price, M.D.
> Verhaltensneurologie-Abteilung

Dr. Prices Schlußfolgerung wird weiter untermauert durch die Tatsache, daß beide, Charlie Foltz und Chuck Rak, dieses Erlebnis gemeinsam mit den Zwillingen teilen.

Die nächste Aussage stammt von Jims persönlichem Gesundheitsspezialisten im Beth Israel Hospital, Boston, Massachusetts:

15. März, 1989
An alle Interessierten
Betreff: Jim Weiner

Zusammen mit dem Neurologen Dr. Bruce Price behandle ich Jim Weiner im Beth Israel Krankenhaus. Ich weiß, daß er bei Ihnen Hypnosesitzungen hatte. Sie erbitten Informationen über seinen medizinischen Status. Er wird mit Tegretol gegen Anfälle behandelt und zeigt eine Reihe von Symptomen, welche epileptischer Art sein könnten. Umfassende EEG-Untersuchungen auf dem Monitor vor einem Jahr "bestätigten dies nicht". Da er auf Tegretol reagiert, ist ihm dies weiter verordnet worden. Zusätzlich scheint er unter Schlafstörungen mit häufigen Alpträumen zu leiden, aus denen er mit vielen Symptomen erwacht, die Anfälle sein könnten. Zu diesem Zeitpunkt ist es unmöglich zu beurteilen, ob es tatsächlich Anfälle sind, oder ob diese Symptome "anderen Phänomenen" zugeschrieben werden könnten.

Hochachtungsvoll
Patricia Osborne Shafer, R.N.
MN Neuro-Epilepsie-Spezialistin

Es versteht sich von selbst, daß Berichte von Außerirdischen, die Jim am Bett aufsuchen, ihn angeblich untersuchen und ihm Sperma abnehmen, den Ärzten rätselhaft erscheinen müssen. Diese Geschichten/Symptome waren ein Hilferuf, der sich durch frühere Beschwerden in Form von Anfällen in der Brust bemerkbar machte. Jim erzählte mir, daß er einen Anfall nahen fühlte, und es war ein völlig anderes Gefühl als das, was während der nächtlichen Besuche durch die Außerirdischen auftrat. Ärzte und Schwestern, die nicht mit dem UFO-Entführungsphänomen vertraut sind, beurteilten Jims Erlebnisse anfänglich als neurologische Auswirkung des TLE. Später, als Jim mutig über das Allagash-Erlebnis sprach, erwogen seine Ärzte die Möglichkeit, daß es sich um UFO bezogene Manifestationen handele. Dies könne durchaus möglich sein, da einige von Jims Symptomen nicht in das übliche TLE-Muster paßten. Jims Hausarzt faßte dies im folgenden Brief zusammen:

22. August, 1989
Raymond E. Fowler
Woodside Planetarium and Observatory
13 Friend Court
Wenham, MA 01984

Sehr geehrter Herr Fowler!

Ich schreibe Ihnen auf die Bitte von Jim Weiner, der seit Mai 1983 mein Patient ist. Er hat mir die Vollmacht erteilt, mich mit ihnen in Verbindung zu setzen. Ich kenne Jim in meiner Eigenschaft als psychiatrischer Berater der Beth Israels Verhaltensneurologie-Abteilung. Sie möchten meine Ansicht über Jims Anfälle und seine Zuverlässigkeit hören, und wie diese seine Erzählung, ein UFO beobachtet zu haben, beeinflussen könnten. Die Frage nach seiner Lauterkeit ist einfach zu beantworten: Wenn immer ich mit ihm zusammen bin, ist er ehrlich, allem zugetan und verantwortungsbewußt. Nie hat es jemals einen Hinweis gegeben, daß er um "Aufmerksamkeit heischt" oder in irgendeiner Situation die Tatsachen verdreht.

Die Frage zu seinen Anfällen ist komplizierter. Je nachdem, wo die Anfälle einer Person physisch im Gehirn stattfinden, können auch solche ungewöhnlichen Erlebnisse wie visuelle Halluzinationen, auditive Halluzinationen, das Gefühl oder das Erlebnis einer "Präsenz" oder das Verbundensein mit Gott oder einer höheren Gewalt, Zeitlücken... auftreten. Anfälle werden jedoch durch sich wiederholende, stereotype Muster charakterisiert. Das heißt, eine gegebene Person kann sogar etliche verschiedene Arten von Anfällen haben, aber die Anfälle neigen dazu, sich zu wiederholen, indem sie auf die gleiche Art und Weise wieder und wieder auftreten. Jim berichtete, daß nicht nur er diese Erlebnisse hatte, sondern auch die anderen, die ihn begleiteten. Das Auftreten von Anfällen kann hier natürlich nicht in Betracht gezogen werden; außerdem gibt es keinen Zusammenhang zwischen Suggestion und Anfällen.

Ich hoffe, daß diese Stellungnahme Ihnen nützt. Ich würde mich freuen, Ihnen weitere spezifische Fragen zu beantworten oder hilfreiche Informationen zu geben. Wie könnte ich von Ihrer Arbeit nicht fasziniert und auf die Ergebnisse dieser besonderen Untersuchung gespannt sein.

Hochachtungsvoll
Jonathan Weinberg, M.D.

Die soeben diskutierten physischen Auswirkungen sind nur Teil des Post-Abduction-Syndroms. Es gibt ebenfalls eine Reihe gemeldeter psychologischer Probleme, die scheinbar die Opfer von Entführungen belasten.

Post-Abduction-Syndrom Psychologische Symptome

In seiner Arbeit über das Post-Abduction-Syndrom, schreibt Dr. Jacobs:

> Es sind diese Probleme, die die größten zerstörerischen Auswirkungen auf das Leben und ihre Beziehung zu anderen haben. Entführte leiden gewöhnlich unter dem Aufprall psychologischer Probleme - hervorgerufen durch Entführungserlebnisse -, lange bevor sie sich darüber im klaren sind, daß sie durch sie zum Opfer geworden sind. Die nichts ahnenden Entführten haben charakteristische, nachteilige psychologische Symptome... von geringeren bis schwächenden psychologischen Auswirkungen, die durch unverarbeitete Entführungserlebnisse hervorgerufen werden.[17]

Dr. Jacob führt eine Reihe psychologischer Symptome auf, unter denen Entführte leiden. Ich habe sie alle im Lichte der Allagash-Vier geprüft. Etliche Symptome scheinen zuzutreffen: Schlafstörungen, das Auftreten von Panik, sporadische Erinnerungen und Zeitlücken. Dr. Jacobs untersucht alle der Reihe nach. Es ist nicht schwierig, sie mit den Erlebnissen der Allagash-Vier in Einklang zu bringen:

Schlafstörungen

Das häufigste Post-Abduction-Syndrom sind Schlafstörungen. Für den Durchschnittserwachsenen kann Schlaf etwas sein, nach dem er sich sehnt, um von den täglichen Sorgen und Spannungen abzuschalten. Die Entführten betrachten den Schlaf als etwa Furchterregendes, angefüllt mit Schrecken und Pein. Sie benötigen dringendst Schlaf, aber sie können ihre Augen vor einer großen, unbestimmten Furcht nicht schließen. Manchmal fürchten sie sich davor, daß etwas Unbekanntes ihr Zimmer betritt oder ihnen etwas zustoßen könne, während sie schlafen. Um ihre Furcht zu mindern, können viele Entführte nur bei Licht schlafen, oder wenn entweder das Radio, das Fernsehen oder alle drei angeschaltet sind. Sie lassen ihren Ehepartner das Haus durchsuchen, um sicher zu gehen, daß sich keine Eindringlinge verstecken. Die Schlafzimmer- und Badezimmertüren

[17] Jacobs, "Post-Abduction Syndrome," Seite 88

müssen geschlossen sein. Selbst nach diesem Ritual leiden die Opfer unter Schüben von Schlaflosigkeit. Beim Schließen ihrer Augen wird ihr Geist mit furchterregenden Bildern von gräßlichen Wesen mit schrecklichen Augen überflutet. Dieses Bild erschüttert und ängstigt die Entführten so, daß sie versuchen, so lange wie möglich wach zu bleiben anstatt das Wagnis einzugehen, ihm ins Gesicht zu sehen. Schlafen sie schließlich ein, dann haben Entführte Schwierigkeiten, im Schlaf zu verharren, sie wachen oft in der Nacht auf und befürchten, daß ihnen etwas geschehen könnte.[18]

Welche psychologische Beschreibung könnte besser zu Jims nächtlichen Besuchen in Austin, Texas und Ojai, Kalifornien passen, um nicht die vielen Zwischenfälle in seiner Wohnung in Boston zu erwähnen? Es verwundert nicht, daß er medizinische Hilfe suchte. Er glaubte, verrückt zu werden, konnte er doch nicht ahnen, daß Hunderte anderer Entführter ebenfalls unter solchen bizarren Erlebnisse leiden.

Dr. Jacobs fährt fort:

Schlaf kann lebhafte und störende Träume bringen. Sie träumen davon, auf einem Tisch, umringt von kleinen, großäugigen Kreaturen zu liegen, daß an ihnen "Operationen" durchgeführt werden, sie sehen eigenartig aussehende Kinder, und es mag erschreckende sexuelle Komponente in diesen Träumen geben.[19]

Gegenwärtige und vergangene Entführungen können halb erinnert werden als Träume, die sehr erschreckend, außergewöhnlich lebhaft und lebensecht sind. Sie haben nicht die irreale, sprunghafte, unsinnige Qualität normaler Träume. Wachen die Opfer am Morgen nach einem Entführungserlebnis auf, das nun einem Traum zugeschrieben wird, sind sie zittrig und nervös - ein Gefühl, das ein oder mehrere Tage anhalten kann. Sie fühlen sich ausgelaugt, obgleich sie anscheinend ihren normalen Schlaf bekamen.[20]

Wenn ich die obigen Absätze lese, denke ich sofort an Jack und Charlies lebhafte Träume, welche, wie die Hypnose zeigte, wirkliche Erlebnisse - erinnert als Alpträume - waren und natürlich an den sexuellen Bestandteil, der ziemlich offenkundig in Jacks "Träumen" von Allagash und Jims nächtlichen

---

[18] Jacobs, "Post-Abduction Syndrome, Seite 88

[19] Jacobs "Post-Abduction Syndrome, Seite 88

[20] Jacobs, "Post-Abduction Syndrome, Seite 88

Bettbesuchen war. Es gibt dennoch mehr PAS Symptome, die auf unsere vier Entführten passen:

> Sie können starke und ziemlich irrationale Furcht vor ihrem Schlafzimmer entwickeln und von diesem Zeitpunkt an in einem anderen Raum schlafen, obwohl sie sich dabei dumm und töricht vorkommen. Es geschieht oft, daß sie im Hause eines anderen tief und fest schlafen, aber wenn sie in ihr eigenes Zimmer zurückkehren, sie wieder unter Schlafstörungen leiden. Oft ziehen es Jungen und Mädchen und sogar junge Männer und Frauen vor, am Boden neben dem elterlichen Bett zu schlafen, obgleich sie dadurch in Verlegenheit gebracht werden. Das Zusammensein im elterlichen Zimmer vermittelt ihnen ein Gefühl von Sicherheit, das sie in ihrem eigenen Schlafzimmer nicht finden. Diese Schlafstörungen stellen eine Zerreißprobe in ihren Leben dar, aber sie lernen damit umzugehen, indem sie versuchen, mit so wenig Schlaf wie möglich auszukommen.[21]

Diese Untersuchungen beschreiben passend die Reaktion der Zwillinge auf Henry, das Gespenst, und Chucks Reaktion auf die nächtlichen Besuche als Kind.

Panikartige Zustände

Dr. Jacobs zählt viele panikartige Zustände bei Entführten auf. Jims folgendes Symptom ist charakteristisch für eines seiner neurologischen Probleme, die angeblich durch TLE hervorgerufen werden:

> Entführte verallgemeinern sehr oft die Furcht, aber sobald diese Furcht akut wird, können panikartige Zustände das Opfer plagen. Entführte können jederzeit von einer Panikattacke ergriffen werden, und zwar ohne erkennbaren Auslöser.
>
> Wenn sie Panik überfällt, dann rasen ihre Herzen, sie atmen heftig, werden rot und können hyperventilieren. Todesangst überfällt sie.[22]

Bei wie vielen anderen Entführten wird das PAS-Symptom als TLE diagnostiziert. Einige werden sagen, daß TLE für das Entführungsphänomen verantwortlich ist. Dürfen wir es wagen zu sagen, daß Hunderte von Entführten auf der ganzen Welt unter TLE leiden? Ein Problem ergibt sich bei dieser Theorie, denn TLE hinterläßt keine typischen Narben, Tumore und Verbren-

---

[21] Jacobs, "Post-Abduction Syndrome", Seite 88

[22] Jacobs, "Post-Abduction Syndrome", Seite 90

nungen bei den Betroffenen. TLE könnte nicht der Grund für das gemeinsame Erlebnis der Allagash-Entführung sein.

Der Autor von "Die Besucher", Whitley Strieber, litt nach seinen Entführungserlebnissen unter ähnlichen PAS-Symptomen. Er, genau wie Jim, glaubten, verrückt zu werden. Whitley unterzog sich ausgedehnter neurologischer Untersuchungen, denn es wurde vermutet, daß er TLE hatte. Das Ergebnis war negativ.

Sporadische Erinnerungen

> Abgesehen von Obsessionen, Phobien und Panikattacken, die aus dem Nichts auftauchen, haben nicht informierte Entführte sehr oft sporadische Erinnerungen an seltsame und ungewöhnliche Zwischenfälle, die ihnen passieren.[23]

Die obige Beschreibung traf ganz besonders zu, als wir anfänglich die Zwillinge und Chuck auf mögliche Beweise für UFO-Begegnungen, die vor ihrem Allagash-Erlebnis stattfanden, untersuchten. Dinge tauchten in ihrer Erinnerung auf, die längst vergessen, aber plötzlich wichtig für die Erforschung waren. Sie waren tatsächlich wichtig.

Zeitlücken

Dr. Jacobs behandelt die Reaktion von Entführten auf Zeitlücken als eines der psychologischen Symptome von PAS. Er bemerkt:

> Budd Hopkins entdeckte die diagnostische Wichtigkeit rätselhafter Zeitlücken im Leben von Entführten. Sie sind nicht imstande, fehlende Zeitspannen zu erklären, die so kurz wie eine Stunde oder zwei sein können, oder so lang wie ein Tag - oder länger. Der Versuch, die Ursache für die Zeitlücke zu finden, kann quälend für das Opfer sein. Es ergibt keinen Sinn. Es gibt keine Erklärung, und dennoch wissen sie, daß es so ist.[24]

Jeder der Allagash-Vier quälte sich jahrelang wegen der Zeitlücke in Allagash. Als sie zusammenkamen, wurde oft darüber diskutiert. Jim konnte sich ebenfalls zwei Zwischenfälle - Zeitlücken während der Kindheit - nicht erklären. Er erinnerte sich absolut nicht daran erinnern, sich in einem Schneesturm verirrt zu haben und von seinem Bruder und einen Nachbarn in einem Loch gefunden worden zu sein. Auch hatte er keine Erinnerung an die Zeitlük-

---

[23] Jacobs, "Post-Abduction Syndrome", Seite 91

[24] Jakobs, "Post-Abduction Syndrome, Seite 92

ke während eines Zwischenfalls beim Schlittenfahren. Bevor er sich unter Hypnose an Bruchstücke der fehlenden Zeitspanne erinnerte, die die Begegnungen mit Außerirdischen enthüllten, sagte er zu mir:

> Dieses sind einige Zwischenfälle aus meiner Kindheit, unerklärbar bis zum heutigen Tage, und ich habe mich immer wieder gefragt, was wohl geschehen war.

Es besteht für mich kein Zweifel, daß Jack, Jim, Charlie und Chuck, jeder einzelne von ihnen, Schlüsselsymptome des Post-Abduction-Syndroms zeigen. Solche Visitenkarten, von den Außerirdischen hinterlassen, fügen dem gegenwärtigen, gültigen Zeugnis der Allagash-Vier überwältigende, physische und psychologische Beweise hinzu.

An diesem Punkt werden wir das letzte Bindeglied der wachsenden Beweiskette für die physische Realität des UFO-Entführungs-Erlebnisses bringen. Wir werden beweisen, daß es eine außergewöhnliche Zwischenbeziehung gibt zwischen ähnlich bruchstückhaften Informationen von Hunderten von aufgezeichneten UFO-Entführungsfällen und den unglaublichen UFO-Erlebnissen der Allagash-Vier.

Kapitel 12

Korrelationen

1988 wurde ein richtungsweisendes Werk vergleichender Studien, mit mehr als 300 UFO-Entführungsfällen, veröffentlicht. Das zweibändige Buch mit 642 Seiten trägt den Titel: „*The Measure of a Mystery*"[25]. Es wurde vom Fund for UFO Research[26] in Auftrag gegeben. Der Autor ist Dr. Thomas E. Bullard, ein Folklorist. Er promovierte an der Universität von Indiana über UFOs und ihre Wechselwirkungen als folkloristisches Thema.

Der erste Band analysiert die Abfolge von Ereignissen in Entführungsberichten, angefangen von der Gefangennahme bis zum Nachspiel, klassifiziert die mit dem Erlebnis zusammenhängenden mentalen und physischen Auswirkungen, erforscht die verschiedenartigsten Schilderungen über Außerirdische und ihre Schiffe und untersucht die Validität extraterrestrischer und psychologischer Interpretationen. Band zwei ist ein Katalog und die Zusammenfassung eines jeden Falls, der in Dr. Bullards Studie enthalten ist. Kurz gesagt, Dr. Bullard schreibt, daß die Berichte, welche er "Geschichten" nennt, eine große Zahl von Übereinstimmungen aufweisen - große wie kleine -, zu viele, als daß alle Schwindel oder zufällige Phantasien sein könnten. Dr. Bullard hat keine Erklärung dafür, warum sie übereinstimmen, sagt aber über seine Studie folgendes:

> Sie ist ein Akt literarischer Kritik, ein Versuch, gegensätzliche Detailsammlungen zu einem hypothetischen Ganzen zu vereinen. Damit die vielen verschiedenen Teile der Geschichte einen Sinn geben, sind etliche Voraussetzungen, auch das radikale Vereinfachen von Beweisen, erforderlich. Daraus ergibt sich ein unausweichliches Ergebnis: Allerlei Anhaltspunkte in der ganzen Geschichte führen zu einer allgemeinen Interpretation. Unähnliche Teile der Geschichte verzahnen sich zur selben Be-

---

[25] Bullard, Thomas E., UFO Abductions: The Measure of Mystery (Mount Rainier, Maryland: The Ffund for UFO Research, 1987).

[26] P.O.Box 277, Mount Rainier, Maryland 20712

deutung. Wenige Erzähler würden die Vorausschau besitzen, ihre Geschichten mit all diesen Implikationen im Sinn zu erfinden, und kein bekanntes psychologisches Phänomen erschafft ein so vielgesichtiges Bild von Außerirdischen - und das bei vielen Individuen. Die Wirklichkeit erklärt am besten, woher dieses einheitliche Bild des Zweckes und der Motivationen stammt.[27]

Es ist nicht meine Absicht, Dr. Bullards mächtiges Werk in diesem Kapitel zusammenzufassen. Seine Studie bietet jedoch eine einzigartige Gelegenheit, den Inhalt der Allagash-Geschichte mit vielen hundert anderen UFO-Entführungsberichten zu vergleichen. In diesem Kapitel werden daher die facettenreichen und faszinierenden Teilerlebnisse der Allagash-Vier als Katalysator für eine Korrelation mit den Maßstäben dienen, zu denen Dr. Bullard durch gründliche Untersuchung des UFO-Phänomens kam. Zu diesem Zweck greifen wir auf einen allgemeinen Umriß der Bullard-Studie als Schablone zum Vergleich zurück.

Zahl, Geschlecht, Beruf, Erinnerung, Alter und die geographische Lage der Zeugen werden zuerst in Bullards Studie beschrieben. Daraus ist zu entnehmen, daß es bei 309 Fällen einschließlich 400 Zeugen nur einen Zeugen in 76 % der Fälle gab, und mehr als einen bei 24 % der Fälle. In 49 Fällen gab es 2 Zeugen, in 12 Fällen 3, und mehr als drei in 12 Fällen. Zu den Fällen mit mehreren Zeugen gehörten Kinder, die zu jung oder außerstande waren, Zeugnis abzulegen. Ferner weigerten sich in einigen Fällen die zusätzlichen Zeugen, auszusagen. Deshalb beträgt die maximale Zahl von erwachsenen Zeugen, die unabhängig in einem gut untersuchten Fall Zeugnis ablegten, 3. Deshalb ist der Allagash-Zwischenfall einzigartig in der UFO-Geschichte.

Das Geschlecht der Zeugen in Dr. Bullards Studie setzte sich aus 64 % Männern und 36 % Frauen zusammen. Das ganze Spektrum der Gesellschaft spiegelt sich in den Berufsgruppen wider: ungelernte Arbeiter, Bauern, Hausfrauen, Doktoren, Krankenschwestern und Professoren. Die gesammelten Fälle zeigten jedoch eine nicht proportionale Anzahl von Berufen mit Menschen, die des Nachts ihre Zeit in verlassenen Gegenden verbrachten: Soldaten, Polizisten, Vertreter und Lastwagenfahrer. Dr. Bullard stellt ferner fest, was auch direkt auf die Entführungen der Allagash-Vier zutrifft (Kursive Schrift ist meine Anmerkung):

---

[27] Bullard, Thomas E., "Abductions in Life and Lore," *International UFO Reporter,* Vol. 12, No. 4, 1987, Seite 17

Dieser Trend weitet sich aus und schließt Zeugen ein, die, während sie ihren Freizeitaktivitäten wie Jagen oder "Camping" nachgehen, entführt werden, oder einfach auch Menschen, die bei ihren alltäglichen Aktivitäten exponiert sind, während sie des Nachts ein Feld überqueren. In diesem Lichte erscheinen Entführungen wie opportunistische Gelegenheiten, oder zumindest scheinen *dunkle und einsame Lagen* das Erlebnis zu begünstigen.[28]

Es ist unnötig zu erwähnen, daß das obige Beispiel die Umstände der Allagash-Entführung perfekt widerspiegelt. Die vier Camper wurden auf dem Allagash-Wasserweg aufgelesen, der eine der dunkelsten und einsamsten Gegenden in New England ist.

Über das Erinnerungsvermögen von Zeugen an eine Entführung bemerkt Dr. Bullard:

Hypnose ist ein anerkanntes Mittel, um die Erinnerungen von Zeugen wachzurufen, aber auch ein Streitpunkt bei der Erforschung von Entführungen. Bei 97 Fällen (31 %) wurde zu irgendeinem Zeitpunkt auf Hypnose zurückgegriffen. Nirgendwo gibt es unter den dokumentierten Fällen jemanden, der sich aus anderweitigen Gründen einer Hypnose unterzog, und bei dem eine Entführung wie aus dem Nichts auftaucht. Alle Entführten aber ahnen einen störenden Zwischenfall, denn sonst hätten sie sich keiner weiteren Untersuchung unterzogen. Der Grad des Gewahrseins einer Person kann von Fall zu Fall größere Unterschiede aufzeigen: Steven Kilburn fühlte jahrelang eine nagende innere Unruhe... Sara Shaw war sich draußen eines Lichtes bewußt, dem eine unerklärliche Zeitlücke folgte... Patty Roach... und Betty Andreasson... behielten vage, aber ungewöhnliche Erinnerungen von den Randerscheinungen ihrer Erlebnisse... Die Hills behielten ihre mentale und emotionale Fassung und Betty (Hill) durchlebte die Entführung nochmals in einer Reihe von Alpträumen... In Fällen mit Anzeichen, daß das Erlebnis fortbesteht... hilft Hypnose, die verborgene Entführung ans Tageslicht zu bringen. In anderen Fällen entsinnt sich der Zeuge mehr oder weniger an die Entführung, und Hypnose dient lediglich dazu, diese Erinnerungen zu festigen und gelegentlich vage Punkte zu erhellen... Nur eine Minderheit der Fälle schließt Hypnose bei ihrer Aufdeckung und Erforschung ein. Bei 212 Fällen (69%) enthalten die Berichte keinen Hinweis auf hypnotische Untersuchungen.[29]

---

[28] Bullard, *UFO Abductions*, Seite 35

[29] Bullard, *UFO Abductions*, Seite 35

Der Allagash-Fall reflektiert alle oben erwähnten Muster. Alle Vier sichteten eine glühende Kugel, hatten unerklärliche Zeitlücken und spürten eine nagende Unruhe. Jack durchlebte einen Teil des Allagash-Zwischenfalls in einer Reihe von Alpträumen. Er, Mary und Charlie erlebten in lebendigen Träumen nachfolgende Begegnungen wieder. Jims mentale und emotionale Reaktionen führten zu medizinischer Behandlung.

Die Bullard-Studie gibt das Alter der Entführten an. In manchen Fällen durchziehen die Entführungen ein ganzes Leben. Statistisch erreichen Entführungen ihren Höhepunkt, wenn Zeugen in ihren Zwanzigern sind und sinken drastisch nach Vierzig ab. Einige Zeugen erlebten von der Kindheit bis zum Erwachsensein Entführungen, so, als überwachten die Außerirdischen sie über eine lange Zeit. Chuck und die Zwillinge scheinen bis heute in diese Kategorie zu fallen. Charlie hingegen könnte ein Opfer von Umständen gewesen zu sein, ohne vorherige Entführungsgeschichte.

Geographisch gesehen, siedelt Bullard 142 der Fälle in Nordamerika an. 51 der Fälle ereigneten sich in europäischen Ländern. Südamerika konnte 66 Fälle aufweisen, und der Rest fand an anderen Plätzen der Welt statt. Es ist klar, daß die geographische Lage der Entführten in seinen Fällen direkt mit der Verfügbarkeit bekannter, ermittelnder Quellen zusammenhängt. Daher kann aus dieser Auflistung kein akkurates Verteilungsmuster entnommen werden.

Wir möchten nun zum Kern von Bullards Studie kommen, welche sich mit den verschiedenen Entführungsvorgängen beschäftigt. Seine Definition der "geschichtenähnlichen" Entführung ist folgende (Kursive Anmerkungen sind meine):

> Typ Geschichte bezieht sich auf ein erkennbares Muster von Ereignissen, die in verschiedenen erzählenden Texten wiederkehren. Namen und Orte mögen sich verändern, ebenso die Details und auch der Akteur, aber, wenn die gleichen Handlungen sich wiederholen oder sich die gleichen Ereignisse in gleicher Reihenfolge in zwei verschiedenen Schilderungen wiederfinden, dann handelt es sich bei der Erzählung um die gleiche Art der Geschichte. Beide Geschichten gehören dem gleichen Typ an... Der Entführungsbericht... erzählt die Geschichte der Handlung und der Ereignisse - manchmal etliche Episoden lang -, und zwar innerhalb eines erzählenden Musters mit genügend Komplexität, um eine Art von Geschichte zu identifizieren, genauso *wie ein Fingerabdruck durch seine Einzigartigkeit* identifiziert wird... Ähneln sich zwei komplexe Erzählungen stark in Form und Inhalt, dann wird *eine Abweichung unwahrscheinlich,* und nur eine gemeinsame Quelle kann überzeugend die Ähnlichkeit erklären.

Umfassende Gleichartigkeit zwischen Entführungsberichten führen zu der Folgerung, daß unterschiedliche Zeugen die gleiche Geschichte erzählten.

> Alle wahren Entführungsgeschichten passen in eine *einzige Kategorie*. Aus dieser Tatsache ergibt sich eine Schlußfolgerung: Schilderungen über Entführungen stimmen auffallend überein... Das soll nicht heißen, daß sie alle gleich sind,... sondern jede Geschichte entspricht einem idealen Muster oder Teilbereich, bei dem nichts oder kaum etwas übrigbleibt.[30]

Dr. Bullard entdeckte, daß das ideale UFO-Entführungsmuster aus acht Stufen besteht. Er betont, daß nicht jede Geschichte alle diese möglichen Stufen aufweist. Der einzige in seiner Studie enthaltene Bericht, der alle acht enthält, ist der Andreasson Fall, die ich für mehr als ein Jahrzehnt untersucht habe. Die acht Stufen sind:

1. **Gefangennahme.** Der Zeuge wird gefangen und an Bord eines UFO gebracht.
2. **Untersuchung.** Der Zeuge wird einer Untersuchung unterzogen.
3. **Unterredung.** Der Zeuge spricht eine gewisse Zeit mit den Außerirdischen.
4. **Rundgang.** Die Außerirdischen zeigen dem Zeugen Teile ihres Schiffes.
5. **Reise zu anderen Welten.** Der Zeuge besucht fremde Orte.
6. **Gotteserfahrung.** Der Zeuge hat ein religiöses Erlebnis.
7. **Rückkehr.** Der Zeuge wird zurückgebracht und verläßt das Schiff.
8. **Nachspiel.** Nachwirkungen und andere unübliche Ereignisse.

Bezüglich dieser acht Stufen bemerkt Dr. Bullard (Kursiv sind meine Anmerkungen):

> Eine Erzählung entspricht der Wahrheit, wenn die Episoden der Reihenfolge des vorgeschriebenen Musters folgen, das heißt, wenn die Unterredung der Untersuchung folgt, der Rundgang der Unterredung etc. Nicht jede dieser potentiellen Episoden muß vorhanden sein, aber ihren richtigen Platz in der Reihenfolge einnehmen. Um signifikante Relationen zu zeigen, muß eine Erzählung mindestens zwei Episoden enthalten... Eine eindrucksvolle Mehrheit der Geschichten über Entführungen folgt dieser Reihenfolge (72 %).

---

[30] Bullard, *UFO Abductions*, Seite 47, 48.

Die größte Zahl landläufiger Schilderungen besteht nur aus zwei Episoden, nämlich *Gefangennahme* und *Untersuchung... Gefangennahme* und *Nachspiel...* oder *Gefangennahme* und *Rückkehr.* Drei Episoden sind in beinahe einem Drittel des Ganzen enthalten. Es gibt vier Episoden (18 %) und fünf Episoden (10 %), während sogar Sechs- und Siebenepisodenfälle vorkommen, und alle folgen dem gleichen Muster.[31]

Die Entführung auf dem Allagash-Wasserweg spiegelt den Inhalt der größten Anzahl der landesüblichen Erzählungen in der Bullard-Studie wieder. Die Zeugen erlebten die vier üblichsten Episoden: Gefangennahme, Untersuchung, Rückkehr und Nachspiel. Wir wollen jede im Licht von Dr. Bullards Ergebnissen untersuchen.

Gefangennahme

Die typische Reihenfolge bei einer Gefangennahme, über die berichtet wird, besteht aus den folgenden vier spezifischen Ereignissen. Jede wird bestimmt und dann auf den Allagash-Zwischenfall bezogen werden.

Außerirdisches Eindringen

Der gemeinsame Nenner für 71 % der Fälle in der Studie ist die anfängliche Beobachtung eines UFOs.

Der Allagash-Zwischenfall paßt perfekt in diesen Teilabschnitt der Gefangennahme. Der erste Markstein eines Entführungserlebnisses ist die Sichtung eines großen, glühenden UFOs.

Zwischenbereich

Vor Betreten des Schiffes scheinen die Zeugen in einen Zwischenbereich zu kommen, wo die natürlichen Gesetze aufgehoben sind oder anders arbeiten. Jim und Jack erlebten dies, nachdem sie vom Lichtstrahl des UFOs erfaßt wurden:

Jim: Das ist nicht normal!

Jack: Irgend was geschieht hier. Irgend was verändert sich. Ich fühle... das Gefühl verändert sich. Hier ist was anderes, es ist... Irgend etwas geschieht... Mir ist, als ob ich nicht richtig hier wäre (keucht). Ich fühle mich, wie ich mich nicht fühlen sollte.

---

[31] Bullar, *UFO Abductions*, Seite 52.

Weder Charlie noch Chuck konnten ihr Betreten des Zwischenbereiches beschreiben. Beide waren höchst aufgeregt und mußten von Tony an diesem Punkt beruhigt werden. Dr. Bullard erklärt:

> 77 Fälle... schließen den Zwischenbereich ein. Von diesen... siedeln 66 Fälle dieses Ereignis nach dem anfänglichen Eindringen an.[32]

Wieder ist die Korrelation zwischen den obigen Ergebnissen und dieser Stufe der Gefangennahme auf dem Allagash-Wasserweg offensichtlich.

Zeitlücken

In der dritten Unterstufe der Gefangennahme findet eine Veränderung in der Beziehung des Zeugen zu den Entführern statt. Dr. Bullard schreibt:

> Bis hierher hat der Zeuge lediglich das äußere Ereignis registriert. Nun ändert sich seine Situation, er wird zur Schlüsselrolle, denn die Handlung konzentriert sich von nun ab auf den Zeugen. Wenn zuvor der Zeuge Kontrolle über seinen Geist und Körper hatte, so verändern sich jetzt seine mentalen und physischen Zustände. Die bewußte Erinnerung an eine Zeitspanne kann ausgelöscht sein und ist nur unter Hypnose wiederzuerlangen, physische Paralyse oder Lethargie kann einsetzen, Handlungen werden unfreiwillig oder uncharakteristisch ausgeführt, und der Zeuge kann sich nicht erklären, warum. Eine oder mehrere dieser Möglichkeiten können auftreten, sobald der Zeuge seinen Willen zu entfliehen und seine Erinnerung an das, was geschieht, verliert.[33]

Der Leser wird sich erinnern, daß dies mit den Allagash-Vier geschehen ist. Soweit sie sich erinnern konnten, ruderten sie in einem Moment mit dem Kanu vom UFO fort und waren im anderen plötzlich an Land, von wo sie das UFO furchtlos beobachteten. Sie handelten hier ganz gewiß uncharakteristisch:

Jim: Ich habe das Gefühl, mich an etwas erinnern zu müssen, aber es ist fast wie... eine Blockade.

Jack: Es ist genau hinter uns, und ich paddle mit meiner Hand... Dann... dann... sind wir an Land.

Charlie: Wir paddelten auf unser Lager zu... Dann erinnere ich mich, am Kanu gestanden zu haben in,.äh, im Wasser am Ufer.

---

[32] Bullard, *UFO Abductions*, Seite 60

[33] Bzllard, *UFO Abductions*, Seite 60

Chuck: Es kommt auf uns zu... Dann kam die Panik... Und dann waren wir am Ufer. Wir sind am Ufer! Ich kann mich nicht erinnern, dorthin gelangt zu sein.

Dr. Bullard schreibt über diese typische Zeitlücke, die als Teil der Gefangennahme bei einer UFO-Entführung auftritt:

> Worauf die Zeitlücke hinausläuft, ist, daß ein Teil der Erinnerung aus dem Bewußtsein herausgeschnitten ist und daß die beiden Enden der normalen Erinnerung zusammengeschweißt sind, um das Ereignis als ein ganz normales Kontinuum erscheinen zu lassen - oftmals mit zweifelhaftem Erfolg. Eine Zeitlücke bedeutet nicht wirkliche Unbewußtheit oder Halbbewußtheit, denn der Zeuge nimmt mehr oder weniger wahr, was geschieht... Träume, spontane Erinnerungen oder Hypnose demonstrieren, daß die Erinnerung während der Unbewußtheit da ist, wenn auch der bewußten Erinnerung unzugänglich. Die Zeitlücke wirkt wie ein Schleier, mit dem das ganze Erlebnis zugedeckt wird, als rückwirkende Folge, als das langsame Verblassen der Erinnerung.[34] .

188 Fälle der Bullard-Studie enthalten das Zeitlückenphänomen. Bullard weist darauf hin, daß 177 Fälle und 94 % der Schilderungen, die dieses Phänomen enthalten, es an der vorgeschriebenen Stelle ansiedeln und so die weniger bekannte Wahrheit bestätigen, daß die Ereignisse bei der Gefangennahme im hohen Grade übereinstimmen. Der Allagash-Zwischenfall korreliert perfekt mit den Ergebnisses dieses Aspektes der Bullard-Studie.

Beschaffung

Außerirdisches Eindringen, der Zwischenbereich und die Zeitlücke ebnen den Weg zur letzten Stufe der Gefangennahme. Es ist der wirkliche Raub eines Menschen. 185 Fälle spiegeln dieses Ereignis der Beschaffung wider. Dr. Bullard führt aus:

> In den vorausgegangenen Stufen der Gefangennahme repräsentiert ein einziges Ereignis oft ein wiederkehrende Element, aber Beschaffungsereignisse scheinen mehrfach und im Verhältnis nacheinander stattzufinden, so daß dieser Abschnitt der Geschichte durch eigene unterteilte Episoden verlängert wird. Etwa 16 Ereignisse mit starren Positionen wiederholen sich in den Beschaffungsberichten, obgleich die Häufigkeit be-

---

[34] Bullard, *UFO Abductions*, Seite 178

trächtlich variiert. Die echten allgemeinen Elemente reduzieren sich auf acht:

1. Ein Lichtstrahl trifft den Zeugen.
2. Eine Kraft zieht ihn zu
3. Wesen, die dann erscheinen und
4. mit dem Zeugen reden - gewöhnlich um ihn zu beruhigen oder ihn anzuweisen.
5. Es folgen physische und mentale Kontrolle, sobald der Zeuge beruhigt oder paralysiert ist, seinen Willen verliert oder in einen unbewußten oder halbbewußten Zustand verfällt.
6. Die Wesen begleiten den Zeugen und berühren oder halten ihn,
7. so daß er zum Schiff schwebt, und dann
8. in einen vorübergehenden Erinnerungsverlust, oder den Tür-Gedächtnisverlust, fällt.[35]

Wir wollen den Allagash-Zwischenfall im Licht jedes einzelnen dieser acht Unterpunkte untersuchen.

Der Lichtstrahl

Dr. Bullard erklärt folgendes zum Lichtstrahl:

> Wie Lichtstrahlen... in Beziehung zum Schiff stehen, bleibt schleierhaft, aber ihre Bedeutung ist bei der Entführung klar. In 61 Fällen berichten die Zeugen, daß ein Licht sie im Auto oder im Schlafzimmer trifft oder sie von Licht überschüttet werden. Dieses Licht kann direkt vom Schiff oder von einem Wesen ausgehen... Die übliche Position des Lichtvorfalls ist am Anfang der Geschichte während der Gefangennahme anzusiedeln, wo ein Strahl die Aufgabe hat, dem Zeugen seine mentale und physische Freiheit zu nehmen. Der Zeuge verliert sein Bewußtsein, sobald das Licht ihn trifft oder bald danach.[36]

Wieder sehen wir eine perfekte Korrelation zwischen der Allagash-Entführung und der Statistik in Bullards Studie. Das glühende UFO schickte einen hohlen, kegelförmigen Lichtstrahl aus, welcher die vier Camper auf ihrem Kanu einhüllte. Er nahm ihnen die mentale und physische Freiheit.

---

[35] Bullard, *UFO Abductions*, Seite 61

[36] Bullard, *UFO Abductions*, Seite 199

Jim: Plötzlich kam dieser Strahl aus... diesem Ding... Er trifft uns... Er hüllt uns ein.

Jack: Da ist ein Strahl. Ein Lichtstrahl kommt daraus hervor... Der Strahl... Er hat uns. Wir sind in ihm.

Charlie: Ein Lichtschacht, oder ein Lichtstrahl mit bläulicher Färbung... kam direkt herunter... Er scheint, äh, die Zeit... scheint... still... zu stehen.

Chuck: Das Ding schickte einen kegelförmigen Strahl herunter... Er ist direkt oberhalb.

Die Ziehkraft

Dr. Bullard bemerkt das folgende über die ziehende Kraft, die mit dem Raub der Entführten zusammenhängt (Kursive Anmerkungen sind meine):

> In 40 Fällen zieht irgendeine Kraft den Zeugen zum UFO oder zu den Wesen. Dieser Bestandteil hält die gleiche relative Position in 32 Fällen und läutet die Beschaffung in 25 Fällen ein. In 5 Fällen verfolgt die Kraft oder hat *irgendeine Verbindung mit dem Strahl...* Lichtstrahlen können andere Funktionen haben, meistens aber *ziehen* sie den Zeugen *zum Schiff oder lassen ihn schweben.*[37]

Die Ziehkraft spiegelt sich ebenfalls im Allagash-Zwischenfall wider. Die vier Camper wurden in das schwebende UFO durch einen von ihm ausgehenden hohlen Lichtschacht gezogen.

Jim: Ich sehe das Innere eines Schlauches... Es bewegt sich... Die Wände bewegen sich....Sie sind nicht da (Charlie und Chuck)... (Ich) bin in einem Raum (Jim ist jetzt an Bord des UFOs).

Jack: Der Strahl... Wir sind in ihm... In ihm bewegt sich etwas... Chuck ist verschwunden... Es geschieht etwas... Ohh! Vor mir sind Lichter, und da ist Jim (Jack ist jetzt an Bord des UFOs).

Chuck: Da ist er (der Strahl)... Wie ein Tunnel... Werde zu ihm hingezogen... Ein Raum (Chuck befindet sich selbst an Bord des UFOs).

Die Wesen erscheinen

Bei dieser Episode finden wir eine typische Abweichung, welche ebenfalls in der Bullard-Studie auftritt. Bei einer Reihe von Entführungen trifft der Stahl den Entführten und zieht das Opfer zu den Wesen, die ihn dann in das wartende UFO begleiten. Dies geschieht nicht im Rahmen des Allagash-Zwischenfalls,

---

[37] Bullard, *UFO Abduchtions*, Seiten 61-62

sondern es findet etwas statt, was noch mehr der Norm entspricht. Bullard legt dar:

> Viel alltäglicher ist, daß die Wesen *am Ende* der Sequenz der Gefangennahme auftauchen, nachdem *das UFO sie herbeischafft* und verschiedene Veränderungen in der Außenwelt und im Bewußtsein der Zeugen aufgetreten sind... Manchmal mag der Bericht bruchstückartig sein, oder der Zeuge erwacht und findet die *Wesen* bereits im Zimmer vor (meine Anmerkungen sind kursiv).[38]

Im Allagash-Fall war es der Strahl aus dem UFO, der die Allagash-Vier in einen Raum an Bord des UFOs zog, wo sie von den Außerirdischen erwartet wurden. Das führt zu dem vierten Teilbereich der Beschaffung.

Die Kommunikation der Wesen

Sobald sich Entführer und Gefangene gegenüberstehen, beginnt die erste Kommunikation. In manchen Fällen findet sie statt, wenn der Entführte mit den Außerirdischen außerhalb des Schiffes zusammentrifft. Ist das so, dann beruhigen die Außerirdischen normalerweise den Zeugen und bitten ihn, ihnen zu folgen.

Wird der Zeuge direkt ins UFO gezogen, dann findet die erste Unterhaltung sofort nach dem Zusammentreffen mit den Außerirdischen an Bord des Schiffes statt. Der Allagash-Zwischenfall fällt unter diesen besonderen Teilbereich. Bei anderen Fällen wird die Unterhaltung einseitig geführt und besteht entweder aus Beruhigung des Zeugen oder dem Erteilen von Anweisungen. Den Allagash-Vier wurde beides zuteil, die Beruhigung und das Erteilen von Anweisungen, und zwar durch das, was man am besten als Telepathie beschreibt. In den meisten Fällen der Bullard-Studie benutzten die Außerirdischen diese Art der Kommunikation.

> Von 124 Fällen mit Kommunikation schlossen 98 (79 %) Telepathie, Gedankenübertragung ein, oder der Zeuge konnte die Wesen verstehen oder sie hören, ohne daß sich ihre Münder bewegten oder ohne eine offensichtliche Gehörleistung zu erbringen[39].

Wir möchten nun den Allagash-Zwischenfall im Lichte dieser Statistik untersuchen:

---

[38] Bullard, *UFO Abduchtions*, Seite 59

[39] Bullard, *UFO Abductions*, Seite 109

Jim:	Sie, sie haben mich dazu gebracht, mein Hemd auszuziehen... Sie brachten mich dazu... Ich spürte, daß ich Schwierigkeiten bekomme, wenn ich es nicht befolgte.
Jack:	Sie sagen Dinge... mit ihren Augen... in meinen Kopf... Sie sagen: "Hab keine Angst... Wir werden dir nichts antun... Tue, was wir dir sagen."
Charlie:	Es war fast, als sagte er es mit seinen Augen..."Hab keine Angst. Entspanne dich."
Chuck:	Es ist, als ob sie uns anweisen... Wir wissen, was wir tun müssen. Wir wissen es einfach.

Uns begegnet noch einmal die faszinierende Übereinstimmung zwischen unserem Fall und den anderen aufgezeichneten Entführungsberichten. Diese Harmonie besteht auch im fünften Aspekt der Menschenraubs durch die Außerirdischen.

Physische und mentale Kontrolle

Aus der Bullard-Studie geht hervor, daß ein Entführter normalerweise schwächenden Einflüssen ausgesetzt ist, bevor er den Wesen direkt gegenübersteht. Ist er einmal an Bord des Schiffes, üben die Außerirdischen weitere physische und mentale Kontrolle aus, damit der Entführte willig ihren Anordnungen folgt. Diese Techniken werden oft den hypnotischen Augen der Außerirdischen zugeschrieben oder dem eigentlichen physischen Kontakt mit ihnen.

In 71 Fällen der Bullard-Studie machen sich die Außerirdischen die Mühe, die Zeugen zu kontrollieren. Techniken, die gewöhnlich von den Außerirdischen angewandt werden, sind Beruhigung, Paralyse, das Versetzen des Entführten in einen bewußtlosen oder halbbewußtlosen Zustand, ferner die Erlangung der Kontrolle über den Willen und das Verhalten des Opfers. Solche Kontrolle wurde zweifellos von den Außerirdischen über die Allagash-Vier ausgeübt. Die folgenden Auszüge aus der Hypnosesitzung demonstrieren dies ziemlich überzeugend:

Ray:	Warum hast du Jack nicht geholfen?
Jim:	Ich weiß nicht... Ich konnte nur zuschauen... Ich fühlte mich betäubt.... hatte Mühe, bewußt zu bleiben. Sie piekten mich mit etwas, um mich runtergehen zu lassen. Diese Schweinehunde!
Jack:	Ich bin paralysiert... kann mich nicht bewegen... (Meine Beine) fühlen sich an, als seien sie ganz weit weg... Sie bringen mich dazu, mich zu bewegen... Sie sagen: "Es ist nicht so schlimm." und ich sage: "In Ordnung, es ist nicht so schlimm."

Charlie: Mir ist, als würde ich gern umherschauen, aber ich möchte nicht umherschauen.

(An diesem Punkt ist Charlie physisch und mental unter der Kontrolle der Außerirdischen. Ruhiggestellt steht er da, nachdem er ins UFO gezogen wurde. Später sieht er, daß er liegt, weiß aber nicht, wie oder warum er es anfänglich tut.)

Tony: Warum liegst du?

Charlie: Weiß nicht.

Tony: Sind deine Augen beim Liegen geöffnet?

Charlie: Ich möchte sie nicht öffnen. Ich halte sie geschlossen... Ich setze mich auf... Der hinter mir Stehende half mir, mich aufzusetzen.

Tony: Wie war dir, als er dir half, dich aufzusetzen?

Charlie: So, als sei ich müde.

Chucks Erlebnis war ähnlich:

Tony: Kannst du dich bewegen, während du stehst?

Chuck: Nicht wirklich.

Tony: Kannst du hinter dich sehen?

Chuck: Nein.

Tony: Bemerkst du etwas an dir?

Chuck: Mir war fast so, als stehe ich unter Drogen. Sie führen mich zu einer Bank.

Die Allagash-Vier hatten wenig oder gar keine Kontrolle über ihr Verhalten. Die meiste Zeit agierten sie wie Zombies. Sie taten genau das, was die Außerirdischen von ihnen wollten.

Begleitung

Der sechste Teilschritt des Beschaffung bezieht sich nur auf Fälle, wo der Zeuge außerhalb des UFOs mit Außerirdischen zusammentraf. An diesem Punkt fällt der Entführte unter die Kontrolle der Außerirdischen und wird von ihnen zum UFO geleitet. Im Allagash-Zwischenfall wurden die vier Camper durch den hohlen Lichtschacht ins UFO gezogen. Kurz nachdem sie das UFO betreten hatten, standen sie den Außerirdischen gegenüber, die sie dann unter ihre Kontrolle nahmen und begleiteten.

Spricht über Jack:

Jim: Sie bringen ihn (Jack) hinüber zum anderen Raum... Sie führen ihn hinein... Einer an jeder Seite... Ich glaube, jetzt bin ich an der Reihe... Aber ich möchte nicht hinübergehen... Da sind zwei von ihnen... Einer an jeder Seite, und sie stützen mich... Ich fühle mich, als... ob ich in Ohnmacht falle.

Jack: Sie nehmen einfach meine Arme und bewegen mich... Ich gehe, aber ich fühle nicht, daß ich laufe.

Charlie: Sie führen uns vom Fenster fort... Wir folgten der Gestalt, die uns hereinbrachte und zwei anderen... der Gestalt, die uns in den Raum geleitete.

Chuck: Sie begleiten mich... fast so, als stehe ich unter Drogen... Sie führen mich zu einer Bank... Sie führen (Charlie) hinüber... zum Tisch. Wir folgen ihm („einem Außerirdischen").

Der Schwebeffekt

Bald nachdem ein Zeuge mit den Außerirdischen außerhalb eines UFOs zusammentrifft, "gleitet" er oder sie oft in das schwebende UFO. Im Allagash-Zwischenfall, wie bereits erwähnt, gibt es keinen anfänglichen Kontakt zu den Außerirdischen am Boden. Stattdessen gleiten die Vier anscheinend durch den hohlen Lichtschacht, um mit den Außerirdischen zusammenzutreffen, die in dem schwebenden Schiff auf sie warten. Wie vorher erwähnt, werden sie von dem Strahl eingehüllt. Sobald sie - umhüllt vom Licht - plötzlich an Bord sind, treten eine Reihe physischer Zustände auf. Die Tatsache, daß sich nur Chuck genau erinnert, wie dies geschieht, hat mit dem achten und letzten Teil der Beschaffung bei der Gefangennahme zu tun.

Tür-Gedächtnisverlust

Dr. Bullard erklärt diesen letzten Teil des Beschaffungszyklusses wie folgt:

> Auf dem Wege zum Schiff geschieht etwas Seltsames. Der Zeuge unterliegt einem Erinnerungsverlust, wenn er das Schiff betritt, und sobald er drinnen ist, kehrt das Bewußtsein zurück. Warum oder wie diese kurze Gedächtnislücke hervorgerufen wird, ist unbekannt, aber es geschieht in 32 Fällen, und in 28 von ihnen nimmt dieser Vorfall den Platz als letztes, bedeutendes Ereignis der Beschaffungssequenz ein.[40]

Dieses Phänomen ist im Allagash-Fall sehr ausgeprägt, wie die folgenden Auszüge aus der Hypnosesitzung dokumentieren:

---

[40] Bullar, *UFO Abductions*, Seite 63

Tony: Was geschieht zwei Minuten später, nachdem das Licht dich umhüllte?

Jim: Ich kann mich nicht erinnern. (Jim findet sich dann an Bord des UFOs wider.)

Jack: Es umgibt das ganze Kanu. Alles ist erhellt. Es ist so gleißend... Etwas verändert sich. Ich fühle mich nicht so, wie ich sollte. (Als nächstes wird Jack bewußt, daß er sich nicht länger im Kanu befindet. Er ist an Bord des UFOs!)

Charlie: (Charlie entsinnt sich, daß das Licht das Kanu überholte. Seine nächste Erinnerung zeigt ihn an Bord des UFOs, wie er auf das Kanu im Wasser hinunterschaut.) Das Kanu!... Es ist im Wasser... Es ist unter uns!

Chuck: (Nur Chuck erinnert sich, in den Schacht durch eine Sperre ins UFO gezogen zu werden.) Es ist über uns... Es ist wie ein Tunnel. Am Ende des Tunnels befindet sich etwas... Es ist fast wie eine Sperre... erscheint fest... Werde dort hingezogen... Passiere die Sperre. Ein Raum.

Bevor wir zur zweiten Episode einer typischen Entführung übergehen, ist es wert, ein weiteres Ereignis zu erwähnen, das manchmal während des Beschaffungszyklusses einer Gefangennahme auftritt. Dr. Bullard zählt einige weniger gebräuchliche Ereignisse auf. Er bemerkt:

> Keines dieser Ereignisse kann, was die Häufigkeit anbelangt, als bedeutend eingestuft werden, dennoch sind sie von Interesse und zählen, weil sie eine bestimmte Reihenfolge einhalten... Das Eigenartigste dieser seltenen Ereignisse tritt auf, wenn der Zeuge seinen Entführern Widerstand entgegensetzt. Vierzehn Fälle berichten von diesem Vorgehen. Der Zeuge fühlt die Doppelwertigkeit dieser Situation, oder besser gesagt, das Kontrollelement läßt vorübergehend nach... und der Zeuge macht sich Gedanken über seine mißliche Lage... Dann gewinnen die Sorgen des Zeugen überhand, und die Wesen werden mit einen Ausbruch konfrontiert.[41]

Jims Furcht gewann mit Sicherheit die Überhand und machte den Beruhigungseffekt an einem Punkt seiner Entführung wirkungslos. Das trat ein, als die Außerirdischen versuchten, ihn in einen anderen Raum auf dem UFO zu führen.

---

[41] Bullard, *UFO Abductions*, Seite 63

Jim: Ich gehe da nicht hin! Nein! Schei...! Laßt mich in Ruhe... Was? Sie piekten mich... Sie piekten mich mit etwas, um mich runter zu bekommen. Scheißkerle!

Die meisten Entführten glauben, daß der nächste große Abschnitt ihrer Entführungsgeschichte der wahre Grund für ihre Gefangennahme ist.

Untersuchung

Dr. Bullard gibt die folgende Einführungserklärung für den Abschnitt seiner Studie ab, die, wie er sagt, "Den Kern des Themas" bildet:

> Eine bizarre und unangenehme Heimsuchung erwartet den Entführten, sobald er das Schiff betritt. Die Wesen begleiten den Zeugen in einen Raum im Inneren von gleichmäßiger Helligkeit und krankenhausähnlicher Sterilität, unterziehen ihn einer systematischen, gründlichen und oftmals schmerzhaften medizinischen Untersuchung... Tatsache ist, daß Entführungsberichte eine Reihe von Gefühllosigkeit, Mißhandlung und Tortur offenbaren, die die Opfer sich von den Entführern gefallen lassen müssen, so daß die Entführung zum Schrecken wird... Die Anzahl der Entführungen, die Mißachtung der Wesen vor dem menschlichen Leiden und die Hauptbeschäftigung mit der Fortpflanzung läßt vermuten, daß mehr als wissenschaftliche Neugier den Untersuchungen zugrunde liegt, und dies verleiht den alternativen Ansichten mehr Gewicht, die besagen, daß Außerirdische genetisches Material sammeln... In jedem Fall machen die reichlichen Hinweise auf den Charakter, auf die Ziele der Wesen, und auch die Natur der Ereignisse die Untersuchung zur enthüllendsten Episode der Entführungsgeschichte. Vom Standpunkt literarischer Wertschätzung aus gesehen zieht keine andere Episode eine so starke Aufmerksamkeit auf sich, oder sträubt sich das Haar so verläßlich, wie bei dieser Verwandlung von Menschen in Versuchskaninchen...
>
> Die Untersuchung folgt einem regulären Handlungsablauf mit folgenden Stufen:
>
> 1. **Vorbereitung.** Die Wesen bereiten den Zeugen auf eine Untersuchung vor.
> 2. **Manuelle Untersuchung.** Die Wesen berühren oder manipulieren den Körper des Zeugen mit der Hand oder benutzen Instrumente, die sie in der Hand halten.
> 3. **Abtasten.** Ein Gerät wie ein Auge tastet den Körper des Zeugen ab.

4. **Untersuchung durch Instrumente**. Instrumente untersuchen den Körper des Zeugen.
5. **Proben.** Die Wesen nehmen Blutproben oder andere Körpermaterialien.
6. **Untersuchung der Fortpflanzungsorgane.** Es folgen Untersuchungen der Fortpflanzungsorgane oder Genitalien.
7. **Neurologische Untersuchungen.** Die Aufmerksamkeit wendet sich dem Kopf, dem Gehirn und Nervensystem zu, wenn die Wesen den Geist, das Gehirn und die Nerven des Zeugen untersuchen.
8. **Untersuchung des Verhaltensmusters.** Die Wesen untersuchen das Verhalten und stellen dem Zeugen Fragen.[42]

Eine Reihe von Fällen in der Bullard-Studie enthält ein oder zwei Elemente von manueller Untersuchung; 24 Fälle geben nur ein Ereignis an; 41 Fälle zeigen zwei Ereignisse auf; 15 Fälle haben drei Ereignisse; 7 spiegeln vier und 1 fünf Ereignisse wider. Die Studie enthüllt:

> Episoden bei der Untersuchung sind ein wenig besser geordnet als Entführungsepisoden... Die Wesen können auf ein ganzes Repertoire von Techniken zurückgreifen, je nachdem, was die Arbeit verlangt... Wechselt eine Untersuchungsepisode ihren Platz mit einer anderen, so geschieht das im engeren Rahmen und verliert niemals ihre Bedeutung im Kontext miteinander verbundener Ereignisse. Das Abnehmen von Sperma zum Beispiel bezieht sich auf die Untersuchung der Fortpflanzung, mag aber unter die Tätigkeit des Probeabnehmens fallen. Das Umstellen der Reihenfolge der Ereignisse gemäß der Umstände demonstriert, daß sie flexibel zu Gunsten der Effektivität eingesetzt wird und nicht mechanisch starr.[43]

Gemäß unserer Studie, fanden bei den Untersuchungen der Allagash-Entführten wenigsten fünf der typischen Untersuchungspraktiken statt.

Vorbereitung

Achtzig Prozent der analysierten Fälle in Bullards Studie beschreiben eine Art von Vorbereitung, bestehend aus drei Bestandteilen. Das häufigste Element (57 %) ist ein Tisch, auf dem der Zeuge liegt oder sich liegend wiederfindet. Das zweithäufigste Element (26 %) ist die Entfernung aller Kleidung oder eini-

---

[42] Bullard, **UFO Abduction,** Seite 82

[43] Bullard, *UFO Abduchtions*, Seite 90

ger Kleidungsstücke beim Entführten. Nur 7 % der Fälle beschreiben einen dritten Teil, nämlich die Reinigung des Entführten.

Dr. Bullard bemerkt, daß es kein festes Muster in der Anordnung dieser drei Sequenzen gibt. Manchmal steht der Zeuge während einer kurzen Untersuchung. Der Zeuge zieht sich aus oder wird ausgezogen, bevor er auf dem Tisch liegt. Im Gegensatz dazu kann er auch vor dem Ausziehen auf dem Tisch liegen. Der Allagash-Zwischenfall spiegelt die beiden gebräuchlichsten Elemente der Vorbereitung wider:

Der Tisch

Jim:	Da ist ein Tisch... Sie haben mich auf den Tisch gelegt.
Jack:	Ich liege, und ich weiß nicht, was sie tun.
Chuck:	Sie legen (Jack) auf den Tisch.
Charlie:	Ich schaute es an, als ich auf dem Tisch lag.
Chuck:	Sie legten mich auf den Tisch.

Entfernung der Kleidung

Jim:	Ich habe kein Hemd an. Sie brachten mich dazu, es auszuziehen... Ich habe auch den Eindruck, daß ich besser meine Hosen ausziehe.
Jack:	Meine Füße, meine Zehen! Ich bin nackt!
Jim:	Sie ziehen seine (Jacks) Hosen runter, oder vielmehr, er tuts... Sie haben ihn dazu gebracht, völlig nackt zu sein!
Charlie:	Seine (Jacks) Kleidung... Er zog sie aus.
Ray:	Wie bist du wieder in deine Kleidung hineingekommen?
Charlie:	Ich muß sie angezogen haben.
Chuck:	Ich sehe meinen mittleren Körperteil... Sie ziehen meine Hose runter.

Manuelle Untersuchung

Gemäß Dr. Bullards Analyse dieser frühen Phase der Untersuchung durch Außerirdische (kursive Anmerkungen stammen von mir) berühren, fühlen oder benutzen die Wesen in 16 Fällen in der Hand gehaltene Instrumente, um den Zeugen eingangs auf allgemeine Art zu untersuchen... In anderen Fällen berühren die Wesen einfach den Zeugen, pieken in bestimmte Stellen wie in das Ende der Wirbelsäule, befühlen den Kopf oder andere Körperteile. Instrumente, die in der Hand gehalten werden und nicht mit größeren Apparaten verbunden sind, können eine Rolle bei dieser Untersuchung spielen... wie ein *kugelschreiberähnliches Gerät oder Chrom-Kugelschreiber.* Das kleine Gerät kann einen

Lichtstrahl zur Beleuchtung abgeben oder irgendwie den Körper des Zeugen untersuchen...

Eine andere Art manueller Untersuchung schließt energischere Körperuntersuchungen mit ein, bei der die Wesen die Glieder bis zum Schmerzpunkt bewegen oder drehen.[44]

Jeder der Allagash-Vier wurde dieser gleichen, einleitenden Art der manuellen Untersuchung unterworfen. Es folgen etliche Beispiele aus den Hypnosesitzungen:

Jim: (Beschreibt, wie die Außerirdischen den stehenden Jack untersuchen) Sie schauen seinen Rachen an. Sie halten seinen Kopf hoch und schauen seinen Rachen an, berühren ihn mit ihren Händen, so als ob, äh, sie die Muskulatur untersuchen... Sie haben Instrumente... Eines ist eine Art Stab oder so ähnlich... Oh, dünn, lang, 20 bis 25 cm... Sie berühren damit seine Augen... wie eine Taschenlampe... aufblitzend... Sie schauen sich seine Genitalien an, befühlen seine Hoden und seinen Penis und das Innere seiner Oberschenkel... betrachten seine Knie... lassen ihn seine Füße im Kreis bewegen... Sehen sich seine Zehen an... Sie tun Jack weh... bewegen seinen Arm... Nun bin ich an der Reihe... Die machen genau das gleiche... schauen jede einzelne meiner Rippen an... machen das gleiche mit meinen Armen, prüfen meine Genitalien.

Jack: Mein Handgelenk, es berührte mein linkes Handgelenk... Sie heben meinen Arm hoch... Einer von ihnen hat etwas... metallisches... glänzend... wie ein Kugelschreiber... Sie berühren mich... unter den Armen... fühlt sich an wie Schaben... Sie schaben meine Beine... die inneren Waden... An der Kniekehle..

Charlie: (Hat keinerlei Erinnerung an die manuelle Untersuchung. Er entsinnt sich, daß er sich auf einmal stehend in einem Raum wiedergefunden hat. Als nächstes findet er sich auf einem Tisch liegend wieder.)

Chuck: (Hat keine Erinnerung an die manuelle Untersuchung. Er erinnert sich, geführt worden zu sein, und daß er dazu gebracht wurde, sich auf den Tisch zu legen.)

Man mag spekulieren, daß Jim und Jack, weil sie Zwillinge sind, für diese einleitende Phase der stattfindenden Untersuchung ausgesucht wurden. Beide bekamen die gleiche Behandlung. Mit diesem Gedanken im Sinn mag es inter-

---

[44] Bullard, *UFO Abductions,* Seite 84

essant sein, etwas über Jims unmittelbaren Eindruck zu hören, als er seinem Bruder Jack bei der ersten manuellen Untersuchung zuschaute:

Jim: Sie, sie wissen, daß Jack und ich gleich sind,... daß wir gleich aussehen und die anderen beiden nicht (Charlie und Chuck). Das ist, was sie interessiert.

Später, während der Untersuchung, hatte Charlie den gleichen Eindruck.

Charlie: Es scheint, daß sie sich dafür interessieren, warum sie gleich aussehen (Jim und Jack).

Untersuchung mit Instrumenten

Die Zeugen beschreiben eine Reihe von Instrumenten. Dr. Bullard erwähnt einen Instrumententyp, der dem ähnelt, der im Allagash Vorfall benutzt wurde: "Instrumente, die auf ihren Brustkörben liegen."[45] Als Chuck auf einer Bank saß, sah er, wie die Außerirdischen etwas auf Charlies Brust legten, als dieser auf einem Tisch lag.

Chuck: Er liegt ausgestreckt... mit irgendwelchen Instrumenten auf ihm... silbrig... gebogen... auf seiner Körpermitte.

Charlie wollte seine Augen geschlossen halten, aber ab und zu blinzelte er, um zu sehen, was vor sich ging, als er auf dem Tisch lag:

Charlie: Es liegt auf dem Ding über meiner Brust... wie ein Tablett oder eine Paneele oder so.

Charlie konnte nicht erkennen, was zu diesem Zeitpunkt mit ihm geschah, beobachtete aber später, wie die Außerirdischen das gleiche Gerät über Jims Brust legten und beschrieb, was sie mit ihm machten.

Charlie: Sie haben eine Paneele oder ein Tablett... über seiner Brust... Sie entnehmen ihm Dinge und legen sie wieder zurück... berühren Jim (seufzt). Ich möchte nicht zuschauen.

Weder Jim oder Chuck konnten sich an diese Gerätschaften erinnern, die über ihre Brustkörbe gelegt wurden. Als sie Chuck auf den Tisch legten, fiel es ihm schwer, sich auf seine Umgebung zu konzentrieren und er sagte, er fühlte sich "wie betäubt". Jack jedoch erwähnte, daß etwas über seine Brust gelegt wurde, als sie ihn auf etwas hoben, das er als summende Maschine beschrieb:

---

[45] Bullard, *UFO Abductions*, Seite 85

Jack: Sie legen etwas auf mich... auf meine Brust.

Proben

Über diese Untersuchungsphase von Menschen durch Außerirdische schreibt Dr. Bullard:

> In 29 Fällen sammeln die Wesen während der Untersuchung Proben von Körpermaterialen... Das bevorzugte Material ist Blut - gesammelt in wenigstens 16 Fällen... Andere Körperflüssigkeiten wie... Augenflüssigkeit... Sperma... Urin... Magen- und Rückenmarksflüssigkeit... Feste und auch flüssige Materialien ziehen ihre Aufmerksamkeit auf sich... Haare... Nägel... Ohrenschmalz... Abschaben ergibt Hautproben.[46]

Bei den Allagash-Vier benutzten die Außerirdischen ebenfalls diese Methode. Sie schabten Jims Haut von verschiedenen Körperstellen, bevor er auf den Tisch gelegt wurde. Während er auf dem Tisch lag, mußte Jim Sperma in einen silbernen Behälter ejakulieren:

Jim: Sie möchten eine Spermaprobe... Sie haben eine Art Behälter... silbriges Metall... Sie lassen mich dahinein ejakulieren... Was ich auch tue. Ich gebe ihnen ihre verdammte Probe.

Jack hingegen mußte eine Urinprobe mittels eines Gerätes abgeben, das über seinen Penis gestülpt wurde:

Jack: Sie berühren meinen Penis... Sie stülpen etwas drüber... wie eine Glocke, und es hat eine Röhre. Und die Röhre (atmet schwer), die Röhre (spricht langsam und deutlich) führt in ein Ding... In eine Flasche. Und ich kann sie fühlen. Mir gefällt das nicht!... Es schmerzt. Und ich pinkle hinein. Ich kann nicht aufhören.

Das erste, an was sich Chuck erinnerte, als er über die Untersuchung befragt wurde, war die offensichtliche Entnahme von Sperma:

Chuck: Sie untersuchen mich... Sie scheinen äußerst interessiert an diesem Körperteil zu sein (Seine Genitalien). Sie schauen sie sich sehr intensiv an. Sie leuchten mit Licht darauf... Es scheint, als käme etwas, das sich bewegt, herunter... auf meinen Penis... Dann weiß ich nichts mehr... Es floß etwas aus meinem Penis heraus.

---

[46] Bullard, *UFO Abductions*, Seite 86

Charlie, vielleicht weil er ein Neuling im Entführungsszenario war - er konnte sich keiner vorangegangener Entführungen entsinnen -, mußte wohl die ganze Stufenleiter des Probeabnehmen über sich ergehen lassen. Als er gefragt wurde, ob die Außerirdischen ihm etwas abgenommen hatten, antwortete er:

Charlie: Haut, Speichel aus dem Mund, etwas Blut... Hautfetzen, Urin und Stuhl, etwas Haar, Finger- und Fußnagelschnipsel... Sie untersuchten... meine Hoden mit etwas, das sie in ihrer Hand hielten... Etwas mikroskopartiges... Sie klemmten es fest, dann schauten sie hinein und klemmten es ab.

Nachdem sie seine Hoden mit diesem Gerät untersucht hatten, hakten sie Charlies Penis an etwas fest, das in die Harnröhre eingeführt wurde. Charlie nuschelte an diesem Punkt und sagte: "Ich weiß nicht, ob da Feuchtigkeit austrat oder nicht. Sie tupften es ab." Dies könnte wiederum die Entnahme einer Spermaprobe durch ein ähnliches Gerät wie bei Chuck gewesen sein.

Untersuchung der Fortpflanzungsorgane

Diese Phase schließt das besondere Interesse und die Untersuchung der Außerirdischen an den Genitalien ein, was, wie wir gesehen haben, auch bei allen vier Allagash-Zeugen der Fall war. Bei weiblichen Entführten wird oft eine Nadel in den Nabel gesteckt, um das Fortpflanzungssystem zu untersuchen und Eizellen zu entfernen. Bei anderen Fällen werden Entführte angeblich gezwungen, mit außerirdischen Wesen Geschlechtsverkehr auszuüben.

Die vier Episoden, die der Untersuchung folgen, wurden von den Allagash-Vier gemäß unseren Ermittlungen nicht erlebt. Mit den Wesen wurde keine Unterhaltung geführt. Sie erfolgte einseitig in Form von Befehlen, die die Wesen den Entführten erteilten. Sie erlebten keine Reise zu anderen Welten und hatten kein religiöses Erlebnis. Diese Episoden scheinen für besonders ausgesuchte Entführte wie Betty Andreasson reserviert zu sein. Betty wurde eine bevorzugte Behandlung und eine Botschaft für die Menschheit gegeben. Der Allagash-Fall entspricht mehr der Norm. Dr. Bullard wiederholt, daß die "inneren Unterredungen, Rundflüge, Reisen, auch zu anderen Welten und religiöse Erlebnisse selten sind"...[47]

Wir gehen jetzt zur dritten Hauptepisode über, die in der Bullard-Studie hervorgehoben wird: wann und wie die Entführten freigelassen werden.

---

[47] Bullard, *UFO Abduction*, Seite 104

Rückkehr

Das Entführungserlebnis endet damit, daß der Entführte in seine familiäre Umgebung und den normalen Aktivitäten, die er zur Zeit der Entführung ausübte, zurückkehrt. Dr. Bullard erklärt:

> Die Rückkehr in das tägliche Leben des Entführten spiegelt oft das Bild seiner Gefangennahme wider... 111 Fälle beziehen sich darauf... Noch weniger beschreiben dieses Erlebnis in einer klaren und gehaltvollen Art. Die kennzeichnenden Übereinstimmungen dieser Episode sind:
>
> 1. **Abschied.** Die Wesen geben ihrem Festgehaltenen eine letzte Botschaft und sagen ihm Auf Wiedersehen.
> 2. **Ausgang.** Der Tür-Gedächtnisverlust tritt ein, wenn die Wesen den Zeugen begleiten und er aus dem Schiff schwebt.
> 3. **Abflug.** Das Schiff fliegt davon, während der Zeuge zuschaut.
> 4. **Wiedereintritt.** Der Zeuge nimmt seine normale Tätigkeit wieder auf, während die Erinnerung an die Entführung verblaßt.[48]

Das Schema der Rückkehr stimmt gut mit den Erlebnissen der Allagash-Vier überein.

Abschied

Einleitend sagt Dr. Bullard im Vorwort (Meine Anmerkungen sind in kursiver Schrift):

> Undeutlichkeit statt scharf umrissene Merkmale bestimmen den Beginn der Rückkehr. *Das Ankleiden* nach einer Untersuchung... kann einen solchen Punkt anzeigen. Kurz bevor der Zeuge das Schiff verläßt, findet das erste unmißverständliche Ereignis statt - die Wesen, oder zumindest einer von ihnen... sagen dem Zeugen Auf Wiedersehen und hinterlassen den Zeugen mit positiven Eindrücken... Die gute Wendung beginnt, wenn die Wesen sagen, *daß es jetzt Zeit für den Zeugen ist, zu gehen...* und schließlich den Zeugen bitten, ihm raten oder ihn ermahnen, die Entführung zu *vergessen*, zumindest gegenwärtig.[49]

Jim erinnert sich, sich anzuziehen und von den Außerirdischen vor dem Verlassen des Schiffes umringt gewesen zu sein.

---

[48] Bullard, *UFO Abduction*, Seite 104

[49] Bullard, *UFO Abduction*, Seite 64

Jim: Sie ließen mich meine Kleidung anziehen.

Die Tür-Gedächtnisblockade setzte früh bei Jim ein. Als ich ihn fragte, wie er das Schiff verließ, konnte er sich nicht entsinnen.

Jim: Ich habe absolut keine Erinnerung... Es ist wie fortgewischt.

Jack hingegen erinnert sich, daß die Außerirdischen mit allen Vier, die zusammenstanden, gesprochen haben, und zwar nach der Untersuchung, kurz vor dem Anziehen. Er entsinnt sich, daß alle Wesen sie zu einer Maschine gebracht haben, die wie die Öffnung einer Röhre in der Wand aussah.

Jack: Und dann sagten sie zu uns... Sie sagen: "Habt keine Angst. Habt keine Angst. Wir sind fast fertig." Dann helfen sie uns in unsere Kleider... Sie bringen uns zu einer Maschine... röhrenähnliches Glas.

Charlie zog seine Kleidung an und erinnert sich, an die Tür oder Öffnung gebracht worden zu sein.

Charlie: Wir folgen der Person, die uns begleitete... Da ist die Wand hinter ihm... eine Tür... Die Wand... sie flimmerte... gesprenkelt... glitzert wie Flitter im Licht... Dann ist da eine Öffnung.

Chuck erinnert sich, von der Bank mit den anderen aufgestanden und von den Außerirdischen zu dem, was er Portal in der Wand nannte, gebracht worden zu sein.

Chuck: Wir folgen ihm... Es ist wie ein Portal.

Ausgang

Jeder der Allagash-Vier erlebte seinen Austritt aus dem Schiff anders, aber ihr Erlebnis ähnelt den Fällen in der Bullard-Studie. Die Unterschiede, wie oben beschrieben, beziehen sich auf den Punkt, wenn der Tür-Gedächtnisverlust eintritt. Dr. Bullard bemerkt folgendes über diese mentale Entgleisung (Anmerkungen in kursiver Schrift sind meine):

> Bei der Rückkehrepisode findet fast der gleiche Prozeß wie bei der Gefangennahme statt, nur in umgekehrter Reihenfolge. Wenn der Zeuge das Schiff verläßt, entgleitet ihm die Erinnerung in 55 Fällen... die höchste Proportion eines jeden Vorgangs in dieser Episode... In 25 Fällen findet in der Erzählung ein Erinnerungsverlust *am Ende* der Entführung statt, und zwar während der Rückkehrepisode an einem e*inzigen Kontaktpunkt...* Selbst wenn die Wesen in den Zeugen beim Verlassen des Schiffes den Samen des Vergessens pflanzen, wirkt sich ihr voller Einfluß erst

nach mehreren anderen Ereignissen aus. Sehr üblich ist die Begleitung der Wesen bis zur Tür des Schiffes und manchmal sogar noch darüberhinaus, (24 Fälle) und das Schweben vom Schiff zum Boden (22 Fälle). In sechs Fällen ist auch ein Lichtstrahl an diesem Vorgang beteiligt.[50]

Es war schwierig, den Tür-Gedächtnisverlust zu durchbrechen, als wir versuchten, eine deutliche Beschreibung über das Verlassen des Schiffes zu erhalten. Bei Jim erreichten wir gar nichts.

Dave: Wie bist du ins Boot gelangt?

Jim: Ich erinnere mich nicht... Es ist, als ob wir im selben Moment hier (im Schiff) und im anderen plötzlich im Boot waren.

Bei Jack hatten wir etwas mehr Erfolg, aber das bedeutete, daß er durch ein schmerzliches Trauma gehen mußte:

Jack: Der Schlauch... Er fängt an, sich zu bewegen... Kommt auf uns zu... Es kommt mir vor, als ob ich zerstückelt werde! Mir wird schlecht... Es geschieht so schnell.

Tony: Dir ist, als ob du in Stücke zerrissen würdest? Spürst du auch, wie du wieder zusammengesetzt wirst?

Jack: Ja... Im Kanu.

Die unglaublichen physischen und visuellen Auswirkungen, die Jack wiedererlebte, als er und seine Freunde die röhrenähnliche Maschine betraten, werden ebenfalls zum ersten Male in der UFO-Geschichte erwähnt. Es war wirklich ein unheimliches Erlebnis für uns alle, seinen Gesichtsausdruck zu sehen und den Ton seiner Stimme zu hören, als er dieses unter Hypnose noch einmal durchlebte.

Charlie konnte ebenfalls das Gefühl beschreiben, als er die schimmernde, glitzernde Öffnung betrat, die plötzlich in der Wand erschien.

Charlie: Es war etwas Fahrstuhlähnliches. So, als ob wir mit dem Fahrstuhl ins Kanu fuhren... Ich entsinne mich, das Gefühl des Fahrstuhlfahrens gespürt zu haben.

Chuck beschrieb die Öffnung als Portal. Er bemerkte, daß sie sich öffnete, kurz nachdem ein Außerirdischer einige Instrumente in der Wand in Gang gesetzt hatte:

---

[50] Bullard, *UFO Abductions*, Seite 65

Chuck: Die Gestalt macht etwas mit ihrer Hand... Hebt den Arm hoch... Scheint sich an einigen Instrumenten zu schaffen zu machen... Das Portal öffnet sich... Es ist wie eine Membrane... Wir gehen durch das Portal hinaus... Wir gehen bis zum Rand... schweben... wie ein Skilift... Wir gehen rückwärts den Berg hinunter anstatt hinauf.

Chuck beschrieb, wie er den See zuerst erblickte, dann das Kanu. Wir sollten uns daran erinnern, daß die Zeugen mehr oder weniger durch die von den Außerirdischen herbeigeführte Ruhigstellung und den Gedächtnisverlust während des Hinausgehens beeinflußt waren. Jeder beschrieb den Zugang des Schiffes nach seinen eigenen geistigen Fähigkeiten und Perspektiven. Es scheint, als sei die Öffnung in der Wand das obere Ende des hohlen Lichtschachts, der sie ursprünglich in das Schiff hinaufzog. Die Zone unterhalb des Schiffes wurde durch seinen glühenden Rand erhellt, als sie durch sein hohles Zentrum hinuntergelassen wurden. Wie in vielen Fällen war die Methode ihres Austritts die genaue Umkehr ihrer Gefangennahme.

Abflug

Die Bullard-Studie enthält 20 Beschreibungen, daß das UFO nach der Entlassung der Gefangenen vom Boden abhebt oder fortfliegt. Alle Fälle plazieren dieses Ereignis zeitlich an den Punkt, an dem die Zeugen die Erde wieder betraten, und bevor sie ihre normalen Aktivitäten aufnahmen. Es genügt zu sagen, daß alle der Allagash-Vier das UFO vom Ufer abfliegen sahen, bevor sie ihren normalen Tagesablauf wiederaufnahmen. Bezeichnenderweise wurden sie in die gleiche Situation gesetzt, in der sie sich vor ihrer Gefangennahme befanden. Das Entführungserlebnis war nicht länger Teil ihrer bewußten Erinnerung. So weit sie wußten, waren sie im Kanu an Land geflüchtet, als sich das UFO ihnen mit dem suchenden Lichtstrahl näherte.

Wiedereintritt

Dr. Bullard beschreibt diese Stufe der Rückkehr wie folgt (kursive Anmerkungen sind von mir):

> Zurück auf der Erde nimmt der Zeuge seinen normalen Tagesablauf wieder auf, aber manchmal überschatten unnatürliche Auswirkungen seine Rückkehr. Autofahrer kommen auf eine besonders anmerkenswerte Art zu sich. Ihr Auto setzt auf der Landstraße auf und fährt noch ein Weilchen von selbst weiter, der Augenzeuge fährt solange in einem unbewußten Zustand weiter, bis er ein Hindernis passiert und es ihm bewußt wird, was er tut. Zehn Fälle reflektieren dieses Element... Sobald der Fahrer oder ein

anderer Zeuge sein Normalbewußtsein wiedererlangt hat, kann alle Erinnerung an die Entführung verblaßt sein, so daß nur die Entdeckung der Zeitlücke ihm einen Hinweis auf ein außergewöhnliches Geschehen gibt...

Vergleiche mit der Gefangennahme und der Rückkehr bestätigen eine generelle Symmetrie zwischen beiden Episoden, da das UFO kommt und geht, Beförderungseffekte einsetzen und verblassen, der Zeuge mentale Kontrolle verliert und wieder gewinnt, und die Wesen ihn einfangen und wieder freisetzen...

Die Botschaft, die den Abschied begleitet, wirbt für eine kooperative Zusammenarbeit mit den Wesen. Sie mögen den Zeugen Geheimnisse anvertrauen oder versprechen ihm wichtige Aufgaben. *Er muß vergessen*, aber nur eine Zeitlang, zwar mit Bedauern und *für sein Bestes.* [51]

Der Zeitlückenfaktor wurde von den Allagash-Vier bemerkt, als sie das Ufer erreichten und ihr riesiges Lagerfeuer fast niedergebrannt vorfanden. Es loderte hell auf, als sie vor dem sich nähernden UFO ans Ufer geflohen waren. Andere Hinweise würden sich beim Nachspiel ergeben, aber dies erzeugte als erstes ihr Mißtrauen. Mit Dr. Bullards Worten: dies war das Anzeichen für ein ungewöhnliches Ereignis.

Die Abschiedsbotschaft der Außerirdischen an die Allagash-Vier mag viel ausführlicher gewesen sein als das, was wir herausfinden konnten. Eines ist sicher; sie enthielt die allzu typische Einschärfung, die Entführung zu vergessen:

Charlie: Sie halfen uns ins Kanu....Und sagten, wir seien okay, es gebe nichts, worüber wir uns zu sorgen brauchten, und wir sollten zurück an unseren Platz gehen... Nichts erinnern, nicht besorgt sein.

Sobald der Wiedereintritt beendet ist, beginnt die nächste und letzte der acht charakteristischen Entführungsepisoden mit lang anhaltenden Nachwirkungen, die die Entführten oft quälen. Dr. Jacobs nennt diese Nachwirkungen Post-Abduction-Syndrom. Dr. Bullard bezeichnet sie lediglich als Nachspiel. Wir wollen kurz Dr. Bullards Ergebnisse, wo die Daten überlappen, zum Zwecke des Vergleichs zusammenfassen. Ich werde nur die erwähnen, die direkt auf den Allagash-Vorfall zutreffen. Auf andere Themen, die nicht in dem letzten Kapitel behandelt wurden, wird später detaillierter eingegangen werden.

---

[51] Bullard, *UFO Abductions*, Seite 66

Nachspiel

Dr. Bullards Studie unterteilt diese Episode in drei Kategorien: sofortige, mittelbare und langfristige Folgen.

Sofortige Folgen

Zwanzig Fälle weisen Schnitte, Schrammen und Einstiche auf. Jack Weiner und Charlie Foltz haben löffelartige Vertiefungen, die einer Stanzbiopsie ähneln, und zwar genau in der Körperregion, wie bei anderen Entführten. Nachdem er mit einem Gefühl von blankem Entsetzen aufwachte, entdeckte Jack ein Mal oberhalb der Operationsnarbe des Knotens. Dieser Vorfall wird unter mittelbare Folgen diskutiert werden. Chucks löffelartige Vertiefung kam nach dem Allagash-Vorfall zum Vorschein und sitzt auf seinem Oberschenkel.

Andere Wunden lassen vermuten, daß sie durch ultraviolettes Licht entstanden sind. Verbrennungen dieser Art kamen in 23 Fällen vor, während Jucken bei einigen zusätzlichen Fällen auftrat. Einige dieser Verletzungen können ebenfalls auf ultraviolette Strahlen zurückgeführt werden. Mögliche Überbleibsel dieser Auswirkungen sind an den Körpern der Allagash-Vier gefunden worden. Andere Konsequenzen, die in der Studie hervorgehoben wurden, waren psychologischer Natur, einschließlich Schlafstörungen, welche hier auch auf Jim Weiners Probleme zutreffen mögen.

Mittelbare Folgen

Einige mittelbare physische Folgen, die in der Bullard-Studie auftauchen, ähneln wieder Jim Weiners medizinischen Problemen: sich wiederholende chronische Black-out-Perioden, Desorientierung und der Drang zu fliehen, begleitet von Paralyse.

Auch eine andere erwähnte Folge trifft auf Jack und Mary Weiner zu. Dr. Bullard legt dar, daß einige:

> ...wiederkehrende Folgen bei Zeugen chronisch werden, die periodisch... ein summendes Geräusch vernehmen.[52]

Jack und Mary begannen beide irgendwann im Januar 1990 übereinstimmend einen summenden Ton zu hören. Zuerst schrieb Jack diesen Ton lokalen Quellen zu und erwähnte Mary gegenüber nichts. Auch Mary erzählte Jack

---

[52] Bullard, *UFO Abduchtion*, Seite 149

nichts von diesem Ton, bis er sie eines Tages schließlich fragte, ob sie ihn vernehme. Hier Jacks Worte:

Es fing in den letzten Wochen an, als ich diesen Winter beim Mount Snow arbeitete... Ende Februar oder Anfang März (1990)... Zuerst dachte ich, es wären Lastwagen und dann glaubte ich, es seien die Pumpen am Mount Snow, die Wasser pumpen, um Schnee zu machen... Mount Snow liegt etwa 32 Kilometer entfernt... In einer klaren Nacht könnten wir diese Pumpen hören... Sie lassen sie nicht mehr laufen... Mary und ich waren überzeugt, daß etwas im Haus das Geräusch verursachte, wie der Eisschrank oder die Pumpe oder dergleichen...

Ich ging umher und drehte alles im Haus ab, was mit Elektrizität arbeitete, einschließlich der Pumpe draußen, und es war dennoch da. Es steckt in Marys und meinem Kopf, denn wir hören das Summen, egal wo wir hingehen. Es spielt keine Rolle, wo wir uns aufhalten. Wir können in Deerfield sein oder im Haus eines anderen und hören es dennoch beide.

Wir hören es in Chuck und Kims Haus, im Wald, wenn wir die Straße hinuntergehen - ganz egal, wo wir sind. Ich hörte es sogar in New Hampshire. Es scheint, als trügen wir es mit uns herum... Es tut nicht weh, und es hält mich nicht wach, aber ich bemerke es. Wenn ich das Radio ausschalte und irgendwo hingehe, wo es kein Hintergrundgeräusch gibt, dann höre ich es ganz deutlich. Als ich darüber einmal so beunruhigt war, sagte ich zu Mary: "Ich werde mein Ohr untersuchen lassen. Was ist, wenn ein Tumor in meinem Kopf oder dergleichen heranwächst?" Und sie antwortete: "Warum höre ich es dann?" All das stört mich. Etwas anderes wäre es, wenn nur ich es hörte, dann könnte ich es auf Hörprobleme schieben, aber die Tatsache, daß auch sie es hört.... Und es ist komisch... Als wir in New Hampshire dieses Wochenende unsere Freunde besuchten und schlafen gingen, da gab es nirgendwo ein Geräusch im Haus, und als wir im Gästebett lagen, da konnte ich es klar und deutlich hören. Und, hm, ich bin es leid, immer wieder zu Mary zu sagen: "Mary, hörst du es jetzt auch?" Ich wollte nichts zu Mary sagen, da aber sagte sie schon: "Jack, hörst du es?" Und ich antwortete: "Ja". Sie antwortete: "Ich auch."

Im mentalen Bereich führt die Bullard-Studie 42 Beispiele auf, in welchen Alp- oder Entführungsträume eine der alltäglichsten Nachwirkungen darstellen. Besonders Jack litt unter solchen Träumen, die mit dem Allagash-Erlebnis zusammenhingen. Eine weitere, am Rande erscheinende mentale Folge in dieser mittleren Phase des Nachspiels ist: "Eine übertriebene Reaktion auf harmlose und alltägliche Situationen, die an die vergessene Entführung erinnern." Auch

Jack litt unter dieser Art von Reaktion nach den Post-Allagash-Entführungen aus seinem Haus in Vermont.

Eines dieser Ereignisse fand in der Nacht zum 26. März 1990, statt, und zwar fünf Monate nachdem Jack von einem Geräusch an der Glastür unten erwacht war. Wie Sie sich erinnern, dachte er, es sei ein Waschbär oder sein Hund. Als er hinunterging, um nachzuschauen, standen zwei Außerirdische an der Glastür. In dieser speziellen Nacht im März hatte Jack Rückenschmerzen. Es war ihm schwer gefallen, Treppen zu steigen, und so schlief er unten bei der Glastür. Jack erwachte, als der Hund einen Waschbären anbellte, der in den Abfällen draußen vor der Tür herumwühlte. Als Jack schlaftrunken zur Glastür schaute, geschah etwas Schreckliches. Hier seine eigenen Worte:

> Aus keinem besonderen Grund... überkam mich blankes Entsetzen. Nicht, weil ich Angst vor der Dunkelheit hatte... Da war was. Etwas ging in meinem Kopf herum und es schien, als ob sie, diese Wesen oder Wesenheiten oder Ähnliches, da draußen standen und kamen. Es war fast, als hätte ich keine Kontrolle mehr über mich. Das war ungerechtfertigt, denn da war nichts an der Tür. Auch keine Lichter draußen. Es gab kein Geräusch, nur dieses überwältigende Entsetzen. Es war so intensiv, daß ich nicht einmal mehr zur Tür schauen konnte, neben der ich schlief - etwa 1,50 Meter entfernt.

Dr. Bullard nennt das, was Jack an eine lang vergessene Entführung erinnerte, eine übertriebene Reaktion auf eine harmlose Situation.

Langfristige Folgen

Dr. Bullard führt eine Reihe von Ereignissen auf, über die Entführte längere Zeit berichten. Es sind die sogenannten Men in Black, Fälle von Telefonanzapfen, mysteriöse Hubschrauber, Erscheinungen, persönliche Veränderungen und nicht zuletzt nachfolgende UFO-Erlebnisse, die auch auf einige der Allagash-Vier zutreffen.

Men in Black

Dieser Ausdruck wird für jede fremde männliche Person benutzt, die der Entführte unter seltsamen Umständen begegnet. Es scheint, daß Chuck Rak mit solchen Personen einige Wochen nach seiner zweiten Hypnosesitzung zusammengetroffen ist. Chuck lebt sehr abgeschieden, so daß unerwartete Besucher außergewöhnlich selten sind. Er überraschte Unbefugte auf seinem Besitz am 12., 25., und 26. Oktober. Am 27. Oktober schwirrte ein schwarzer, unmarkierter Hubschrauber um sein Haus herum. Die ersten beiden Eindringlinge behaupteten, auf einer Vergnügungstour zu sein. Der zweite Eindringling fuhr einfach weg. Der Dritte ist der Interessanteste. Chuck, Kim und Jack überraschten ihn und stellten ihn: Es folgt eine aufgezeichnete Unterhaltung mit den Allagash-Vier:

Chuck: Es war Mittwoch, nicht wahr Jack, als wir den Metalldetektor sahen?

Jack: Oh, ja, den Kerl auf deinem Land. Ein äußerst verdachterregender Kerl.

Chuck: Ja, Jack, Kim und ich waren draußen, um eine nahe gelegene Fuhre Mist zu holen, und als wir wiederkamen, sahen wir diesen Kerl aus der Einfahrt herauskommen. Er hatte ein Pickup-Auto oder einen Chevy Suburban, Blazer oder dergleichen.

Jack: Einen Blazer, ein neues Blazer Modell. Es war kein altes.

Chuck: Richtig... Und es war ein geschniegelt aussehender Typ.

Jack: Sehr geschniegelt. Gestutztes Haar.

Kim: Sauberes Hemd.

Jack: Richtig nett, Ausgehhemd, hmm, er sah aus, als würde er jemandem einen Besuch abstatten. (Wendet sich Chuck zu). Er erzählte uns das, nicht wahr?

Chuck: Hmm (benutzte) einen Metalldetektor. Er untersuchte "Straßen der 6. Ordnung". Er benutzte diese Worte. Habe niemals davon gehört.

Jack: Ich auch nicht.

Chuck: Wir waren besorgt, daß uns ein Einbrecher auskundschaftete... Ich bemerkte, daß sein Autokennzeichen wie eines aus Massachusetts aussah. Als ich näherkam, sah ich die Worte New Hampshire. Aber es hatte das Aussehen eines Massachusetts-Kennzeichens. Vielleicht war es ein amtliches Kennzeichen, denn sie sehen ein bißchen anders aus als die normalen.

Jack: Er war offensichtlich in Eile. Er wollte nicht... Er schien sehr nervös darüber zu sein, daß wir ihn aufhielten und Fragen stellten. Er wollte eiligst fort.

Chuck: Und dann, am nächsten Tag, Kim war in Brattleboro, es war jetzt Donnerstag... Ich kam zurück vom Suchen nach Malplätzen... äh, oh, es muß etwa 2 Uhr nachmittags gewesen sein... Ich war fast am Haus, als einer dieser Hubschrauber über meinem Kopf herumschwirrte.

Ray: Hast du irgendwelche Markierungen erkennen können?

Chuck: Keinerlei Markierungen. Es war ein olivschwarzer Sikorsky.

Ray: Siehst du oft Hubschrauber in Wardsboro?

Chuck: Nein.

Kim: Niemals.

Jack: Niemals.

Es gab keine Möglichkeit, die Entschuldigungen der ersten zwei Eindringlinge zu überprüfen. Auch Versuche, die Halter von unmarkierten Hubschraubern zu identifizieren, waren in der Vergangenheit zeitraubend und ergebnislos verlaufen. Beim dritten Eindringling sah es anders aus. Er hatte eine spezifische Bemerkung gemacht, die auf Richtigkeit überprüft werden konnte. Er sagte, daß er "Straßen der 6. Ordnung" mit einem Metalldetektor überprüfte.

Ich telefonierte mit dem staatlichen Straßenverkehrsamt für Vermont und sprach mit der zuständigen Abteilung. Mir wurde gesagt, daß es so etwas wie "Straßen der 6. Ordnung" gar nicht gebe, und daß der Staat keine Straßen mit einem Metalldetektor von jemandem untersuchen lassen würde, der ein Auto, das in New Hampshire registriert wäre, fahre. Ich nahm dann Kontakt mit der Wardsboro Highway Abteilung auf, und mir wurde das gleiche gesagt. Es könnte nun sein, daß die Person unwissentlich die falsche Terminologie für seine Beschreibung der Bergstraße benutzte. Vielleicht war er ein Archäologe-Freak und suchte nach Artefakten. Dennoch bleibt das Rätsel ungelöst.

Warum sollte ein Mann aus New Hampshire, ordentlich gekleidet, sich auf Chucks abgelegenen Besitz aufhalten? Warum erwähnte er das Benutzen eines Metalldetektors, wenn keiner in seinem Lastwagen zu sehen war? Warum war er so nervös und wollte in aller Eile fort? Ein anderes Rätsel war sein Akzent. Chuck ist ausgesprochen viel herumgereist und hat es sich zur Gewohnheit gemacht, Dialekte zu studieren. Er sagte mir, daß er normalerweise auf Grund des Dialektes sagen könne, wo die Leute aufgewachsen sind und aus welcher sozio-ökonomischen Schicht sie stammen etc.

> Der Mann in dem amtlich aussehenden New Hampshire-Blazer hatte absolut keinen Dialekt, nicht einmal den leisesten Diphtong oder Sprechrhythmus, der etwas über seine Herkunft hätte verraten können. Das ist außergewöhnlich, denn die meisten staatlichen Jobs werden im Zusammenhang mit politischen Strukturen vergeben, und das nur, wenn die Angestellten besondere sozio-ökonomische Eigenschaften aufweisen, wobei regionale Sprachgewohnheiten eine Rolle spielen. Niemals ist mir ein Polizist, Beamter etc. begegnete, dessen Sprache nicht von solchen Merkmalen gekennzeichnet war, außer beim Mann mit dem Blazer.

Man könnte verzweifeln bei diesem Vorfall. War die Erwähnung des Metalldetektors ein Deckmantel für das Benutzen eines ähnlichen Gerätes wie der eines Geigerzählers? War der kurzgeschorene Haarschnitt ein Anzeichen dafür, daß er für die Regierung arbeitete?

Das plötzliche und seltene Auftreten von Eindringlingen bei Chuck und die Hubschrauber könnten leicht als Zufälle dargestellt werden, wären da nicht andere seltsame Ereignisse, die mit den Eindringlingen zusammenhängen. Chuck und Kim hüteten vom 17. Februar bis 1. April 1990 das Haus seiner Schwester auf der Insel Martha Vineyard, in Massachussets. Chuck berichtete:

> Während dieser Zeit hat Jack Weiner ab und zu nach unserem Haus geschaut. Bei seinem zweiten Besuch bemerkte er, daß eine Sperrholzplatte, die wir vor unsere Eckvitrine gestellten hatten (altes Möbelstück voller wertvoller Gläser etc., das wir vor hereinschauenden Auge verbergen wollten), zur Seite geschoben war. Nichts anderes war berührt oder fortgenommen worden. Als Kim und ich zurückkehrten, sahen wir, daß die Vitrine von ihrem gewohnten Platz gerückt worden war. Wir suchten nach allen möglichen Erklärungen und kamen zum Entschluß, daß jemand im Haus gewesen sein muß.

Ich rief dann Jack an und fragte ihn, ob er mehr darüber wüßte. Er erzählte mir folgendes:

> Das erste Mal, als ich nach dem Hause schaute - sie haben eine Vitrine in der Ecke, in der sie all ihr gutes Geschirr etc. aufbewahren. Beim ersten Mal, als ich in ihr Haus kam, stand eine Platte vor der Vitrine, so daß man nicht hineinschauen konnte. Man konnte zum Eingang gehen und durch das Fenster schauen, und alles, was man sah, war dieses Brett. Beim ersten Überprüfen verdeckte diese Platte alles. Man konnte nichts sehen. Man konnte nicht einmal erkennen, daß dort eine Vitrine stand... Einige Wochen später, als ich nochmals zum Eingang ging und durch das Fenster schaute, sah ich sofort, daß die Platte zur Seite geschoben war, und mir entfuhr ein "Oh, oh, das ist aber schlimm!" Auch waren die oberen Schiebetüren geöffnet. Ich ging von Zimmer zu Zimmer und um das ganze Haus. Nichts schien entwendet worden zu sein. Es fehlte nichts in der Vitrine, dennoch war die Platte verschoben und stand an der Wand. Und oben war die Tür geöffnet. Normalerweise versperrt ein Brett die Tür unten, so daß sie nicht geöffnet werden kann. Dieses Brett war jetzt hochgelegt und die Tür etwa 20 bis 25 cm offen. Ich kann mir nicht erklären, wie sie geöffnet worden war. Das erste Mal, als ich da oben war, so erin-

nere ich mich, legte ich in Nähe der oberen Tür Vogelfutter aus und schloß sie ab. Ich habe keine Ahnung, wie sie geöffnet werden konnte.

Telefonanzapfen

Zuvor war noch ein Eindringling in Jacks Haus eingedrungen, und zwar als er und Mary seine Mutter in Pennsylvania besuchten. Jack beschrieb mir, was geschehen war:

> Als wir von Mutter zurückkamen... lag weißes Zeugs verstreut über dem Badezimmerteppich (das Badezimmerfenster war nicht verschlossen gewesen), und ich konnte einfach nicht begreifen, woher es kam, weil es vorher nicht da gewesen war. Und dann bemerkte ich... Wir hatten einen Rigipshaufen draußen, den ich aus dem Fenster geworfen hatte, als ich oben ausbaute. Der Einbrecher mußte wohl über diese Reste gelaufen sein, die sich dann an den Sohlen befanden. Als er in unser Badezimmerfenster sprang, fiel alles auf den Boden.

Später, als sie sich häuslich niedergelassen hatten, ging Jack nach oben in sein Studio. Er nahm das Telefon zum Telefonieren hoch, und da fiel es plötzlich in seiner Hand auseinander. Jemand hatte es zerlegt. Die langen Schrauben, die es zusammenhielten, waren an ihrem Platz, aber nicht festgeschraubt. Es schien, als hätte sich jemand am Telefon zu schaffen gemacht, aber aus Eile die Arbeit nicht beenden können. Jack schickte mir das Telefon in diesem Zustand. Ich untersuchte es gründlich, konnte aber äußerlich nichts entdecken. Einige Wochen später erhielt Jack einen seltsamen Telefonanruf:

> Ich arbeitete in meinem Studio am Computer, als das Telefon läutete; es schien aber wie tot zu sein. Das wiederholte sich viermal innerhalb von zehn Minuten. Schließlich klingelte das Telefon erneut, ich nahm es auf, und da meldete sich dieser Typ und fragte: "Sind sie John Weiner?" Und ich antwortete: "Was soll das? Wollen Sie meinen Anschluß überprüfen? Und er entgegnete: "Ich arbeite für die Telefongesellschaft und versuche, Ihren Anschluß zu finden, da er erneuert werden muß." Und ich entgegnete: "Ich habe das aber nicht beantragt. Wir hatten bisher kein Problem mit unserem Telefon. Es braucht nicht erneuert zu werden." Er sagte daraufhin: "Nein, es hat nichts mit Ihnen zu tun. Es ist reine Routine." Und ich fragte: "Können Sie den Anschluß nicht finden?" Und er meinte "Derjenige, der die Aufsicht über Ihren Anschluß hat, ist erkrankt, und ich weiß nicht weiter." Da fragte ich: "Geben sie Euch keine Karte, an die Sie sich halten können, wenn Sie bei der Telefongesellschaft arbeiten?" Und dann hörte es sich an, als ob er all die Ausflüchte hatte wie: "Ich hatte

keine Zeit." - Du weißt schon. - Und ich fragte: "Möchten Sie die Leitungsmastennummer?" Und er antwortete: "Nein, ich möchte nur wissen, auf welcher Straße Sie sind." Und ich antwortete: "In Ordnung" (und sagte ihm unsere Straße, in der wir leben). "Soll ich rausgehen, und die Leitungsmastennummer holen?" "Nein," antwortete er, "die finde ich schon". Dann hing er auf.

Auch dieser Vorfall konnte überprüft werden. Ich telefonierte mit der New England Telefongesellschaft. Eine Überprüfung ihrer Unterlagen ergab, daß keine Instandsetzungsarbeiten seit über einem Jahr an den Telefonleitungen in Jacks Umgebung durchgeführt wurden. Es gab keine Instandsetzung an seinem persönlichen Anschluß. Wer war der Mann, der Jack angerufen hatte? Hat irgendeine Organisation ein Überwachungsgerät an seine Telefonleitung angeschlossen?

Es ist interessant zu bemerken, daß weder Chuck noch Jack solche Probleme vor unserer Untersuchung hatten. Auch wurde nichts aus ihren Häusern gestohlen. Einmal war jedoch tatsächlich an dem Telefon gearbeitet worden. Wer sind diese mysteriösen Eindringlinge, und wonach suchen sie? Andere Entführte wie Betty Andreasson haben ähnliche Aufdringlichkeiten und Telefonprobleme zu spüren bekommen.

Erscheinungen / nachfolgende UFO-Erlebnisse

Unnötig zu sagen, daß die Allagash-Vier ihren Anteil an diesen Aspekten des Nachspiels hatten. Sie erlebten nächtliche Bettbesuche und weitere Entführungen. Da diese Erlebnisse bereits früher beschrieben wurden, brauchen wir sie hier nicht nochmals zu wiederholen. Ein Aspekt des Nachspiels ist bisher unerwähnt geblieben, und wir möchten unsere Aufmerksamkeit darauf richten.

Lang anhaltende Folgen: Persönlichkeitsveränderungen

In seinem ursprünglichen an mich gerichteten Bericht über die Allagash-Entführung erwähnt Jim folgende Auswirkung auf seine Persönlichkeit, die scheinbar auf das UFO-Erlebnis zurückzuführen ist:

> Zur Zeit unserer Reise nach Maine nahm ich an dem Bostoner Universitätsprogramm für Kunsthandwerk teil, das mit dem Meistertitel in Keramik abschloß. Vor unserer außerirdischen Begegnung war mein Stil im Töpfern ziemlich traditionell. Nach der Begegnung veränderte sich mein Töpferstil ganz plötzlich und dramatisch in eine sehr esoterische und ausgefallene Richtung, einschließlich Herstellung und Brenntechni-

ken. Das Konzept für diese neue Richtung erfolgte durch plötzliche Eingebung als Ganzes.

Jim und Jack erlebten beide nach der Allagash-Begegnung eine plötzliche Veränderung ihrer Einstellung zur Wissenschaft, Mathematik und Computertechnik. Jacks Kunst spiegelt diese Veränderung dramatisch wider. Ich sprach mit der Gattin seines Geschäftspartners, als ich seine Charakterreferenzen einholte. Sie schnitt ohne meine Aufforderung die Wandlung in Jacks artistischem Ausdruck an:

> Er zeigte mir eine Menge seiner früheren Kunstwerke, welche mir sehr gefallen. Sie sehen sehr klassisch aus. Und plötzlich bemerkte ich darin eine große Veränderung. Ich sagte: "Großer Gott, was ist mit dir geschehen? Du bist von einem wirklich wundervollen, klassisch aussehenden, fließenden Stil zu diesem, äh, sehr linearen, geometrischen Stil übergewechselt. Es ist fast so, als würdest du bei Punkten und diesem eigenartigen geometrischen Zeugs enden." Und er antwortete: "Es ist komisch, ich war immer schlecht in Mathematik. Ich konnte diese Dinge niemals ergründen. Nach diesem Erlebnis, kann ich nur noch dieses Zeug herstellen." Und er sagte: "Jetzt fasziniert mich der Computer völlig, wohingegen ich mir vorher nichts aus ihm machte." Mir erschien diese Geschichte interessant. Welch ein Unterschied! Verstehen Sie? Es war fast wie ein Meilenstein. Ich zeichne und male ebenfalls. Es mußte etwas Dramatisches geschehen sein, um einen solchen Wechsel herbeizuführen... Es ist fast wie eine Veränderung seiner ganzen Anschauung.

Die Übereinstimmung des Allagash-Erlebnisses mit der achten und letzten Episode einer typischen Entführungsgeschichte in der Bullard-Studie ist hiermit abgeschlossen. Ähnliche Korrelationen bestehen zwischen den UFO-Erlebnissen der Allagash-Vier und dem idealen Muster bei Entführungen in der Bullard-Studie. Bevor wir dieses Kapitel abschließen können, müssen allerdings noch einige auffällige Korrelationen untersucht werden. Die Beschreibungen, welche die Entführten von den Außerirdischen gaben, werden mit denen in der Bullard-Studie verglichen werden.

Die Besatzung

Kopfregion, Umriß und Größe

Dr. Bullard gibt die folgende zusammenfassende Erklärung zu den meist typischen Beschreibungen dieses Körperteils der Außerirdischen ab:

Ein durchschnittlicher Humanoid hat einen haarlosen Schädel und ein schmales Kinn... Zeugen benutzen bildhafte Ausdrücke wie Eier, Glühbirnen oder Birnen, um den allgemeinen Eindruck zu beschreiben... Der allgemeine Eindruck, den das Wesen vermittelt, ist fötusähnlich.[53]

Jim, Jack Chuck und Charlie gaben folgende Beschreibungen:

Jim: Ihre Köpfe sind eierförmig.

Jack: Große, runde Köpfe... oben kahl.

Charlie: Der Kopf ist... geformt wie ein Ei... Kein Haar.

Chuck: Sieht aus wie ein embryoartiger Hühnerkopf... Schädel fast wie eine Ente... Kann kein Haar sehen.

Augen

Die Bullard-Studie enthüllt, daß die Augen der Außerirdischen wie kein anderer Körperteil die Aufmerksamkeit der Entführten auf sich ziehen. Fast die Hälfte seiner Fälle bezieht sich auf die Augen. In 42 Fällen werden sie mit folgenden Worten beschrieben: verlängert, mandelförmig, walnußförmig, geschlitzt, wie eine Träne, verschleiert und katzenartig. Die Augenfarbe wird selten spezifiziert, aber die Augen sind außergewöhnlich dunkel und einheitlich.

Die Allagash-Vier sagten:

Jim: Insektenähnlich... Sie sind dunkel... Befinden sich an den Schläfen...

Jack: Große Augen an den Seiten ihres Kopfes... Komisch aussehende Augen... wie Eier.

Charlie: Wie große, asiatische Mandelaugen.

Chuck: Dunkle Augen... elliptisch... Sie sind schwarz.

Mund, Nase und Ohren

Auffällig ist der Kontrast zwischen den Augen und dem fast Nichtvorhandensein von Zügen in diesen drei Körperregionen, die die Zeugen in Bullards Studie beschreiben. Adjektive wie klein, lippenlos, Loch und Schlitzmüder überwiegen. Die Nasen der Außerirdischen sind so winzig, daß die Zeugen oftmals aussagen, es sei fast keine Nase vorhanden. Dies trifft ebenfalls auf die Ohren zu, welche winzig oder einfach Löcher im Kopf sind.

---

[53] Bullard, *UFO Abductions,* Seite 242

Jim: Mundähnlich... Sie haben keine Ohren... nur... äh, Löcher... Sie haben keine Nasen, da ist etwas...

Jack: Wie Schildkrötenmünder... keine Nase... keine Ohren.

Charlie: Sie haben keinen Mund... So als ob die Lippen versiegelt sind... Asiatische Nase... klein, verglichen mit meiner... Kleinere Ohren, eng anliegend.

Chuck: (Der Mund) so wie Hühnerlippen... (Nase) kann man kaum erkennen... Kann nicht viel erkennen... (von den Ohren)... nur angedeutet.

Körperbau

Dr. Bullard bemerkt, daß 25 von 39 gegebenen Beschreibungen den durchschnittlichen außerirdischen Humanoiden als gebrechlich angeben, dünn, ohne Muskeltonus oder Muskelansatz, kränklich, dünnhalsig, mit engen Schultern wie ein "Skelett." Er erklärt, daß Zeichnungen von Entführten diese Beschreibung oft bestätigen:

> Illustrationen bestätigen dies oft... Sie sehen kopflastig aus und prekär mit riesigen Köpfen, die auf dünnen Hälsen balancieren - unproportioniert zum Rest des Körpers - mit mageren Gliedern und eingefallener Brust.[54]

Jim: Knochig... Ein Hautskelett.

Jack: Sie sind klein und dünn. Ich kann ihre Gelenke nicht sehen... dünne... Arme.

Charlie: Zart gebaut... klein.

Chuck: Sie sind knochig... mager.

Kleidung

Es folgt eine zusammenfassende Beschreibung der Kleidung in Bullards Studie, die von den Wesen getragen wurde.

> Der... Außerirdische trägt in 82 aus 105 Fällen eine Art ganzteiligen Anzug. Diese Anzüge bedecken normalerweise den ganzen Körper außer Hände und Gesicht, und es sind keine Knöpfe, Reißverschlüsse, Nähte oder Teilungen in Hemd und Hose sichtbar... Das am häufigsten benutzte Adjektiv zur Beschreibung dieser Anzüge ist: eng oder enganliegend... Manchmal sitzt die Kleidung so eng, daß das Wesen nackt aussieht.[55]

---

[54] Bullard, *UFO Abductions,* Seite 246

[55] Bullard, *UFO Abduction*, Seite 249

Laut unseren vier Campern:

Jim:	Anzug oder ähnliches... wie Skianzüge... Eng anliegend.
Jack:	Sie sind bedeckt... Es ist ein Anzug... Keine Knöpfe... Keine Falten... Keine Nähte... Wie ein Skifahrer im Anzug.
Charlie:	Kleidung... glatt... eng anliegend.
Chuck:	Er liegt eng an.

Dieses Kapitel handelte hauptsächlich von den erstaunlichen Übereinstimmungen, die zwischen den Allagash-Angaben und denen in den Entführungsberichten der Bullard-Studie bestehen. Ähnliche Resultate würden Vergleiche mit weiteren Erlebnissen der Allagash-Vier bringen, wenn sie mit der Bullard-Studie verglichen würden. Die Schlußfolgerungen, die aus diesen außergewöhnlichen Korrelationen gezogen werden können, bilden das Thema des nächsten Kapitels.

Kapitel 13

Schlußfolgerungen

Die Bullard-Studie enthüllt eine außergewöhnliche Symmetrie, die hunderte von dokumentierten Entführungsberichten durchzieht. Dr. Bullard formuliert ganz treffend: "Die Übereinstimmungen sind so augenscheinlich, daß man einen Affen trainieren könnte, sie herauszufischen."[56] Die bemerkenswerte Korrelation zwischen der Allagash-Entführung und der Bullard-Studie bestätigt ihr Verwandschaftsverhältnis mit dem gesamten UFO-Entführungsphänomen.

Warum UFO-Entführungsberichte so auffällig übereinstimmen, ist die 64-Millionen-Dollar-Frage. Bullard bietet etliche Gründe für diese Übereinstimmung an: ein gemeinsamer psychologischer Mechanismus, der ähnlich subjektive Erfahrungungen kreiert, eine Tradition der Übermittelung, die sich etabliert, wenn Menschen ähnliche, zuvor gehörte Geschichten erzählen, oder ein ähnlich objektives Erlebnis. Wir möchten erst die Theorien untersuchen, die einen gemeinsamen psychologischen Mechanismus haben.

Subjektive Erlebnisse

Imaginäre Entführungen

Verfechter dieser Theorie wählten Versuchspersonen aus, denen der Inhalt von UFO-Entführungsberichten unbekannt war. Diesen Versuchspersonen wurde dann unter Hypnose suggeriert, eine Situation zu schildern, in der ein UFO sie entführt. Jeder beschrieb eine imaginäre Entführung. Es gab zwar Parallelen zwischen diesen imaginären Entführungen und den angeblich richtigen Entführungsberichten, doch mit signifikanten Unterschieden. Unähnlich der angeblich wahren Entführungen wurde den imaginären Entführten

- gesagt, sie sollten ihre Entführungen imaginieren.

---

[56] Bullard, *Abductions in Life and Lore*, Seite 18

- Sie kontrollierten ihre Gefühle und beschrieben lediglich das, was in ihrer Phantasie ablief.
- Sie hatten keine bewußte Erinnerung an eine richtige UFO-Sichtung und keinen nachfolgenden Erinnerungsverlust.
- Sie beschrieben die typischen Außerirdischen nicht so, wie die angeblich richtig Entführten.
- Sie glaubten nicht, daß ihre Erlebnisse der Wahrheit entsprachen.

Ich vertrete die Meinung, daß, wenn den gleichen Versuchspersonen gesagt worden wäre, sich zurückzulehnen und sich ohne Hypnose vorzustellen, von einem UFO entführt zu werden, ähnliche Ergebnisse erzielt worden wären.

Fantasieveranlagte Persönlichkeit

Diese Hypothese besagt, daß UFO-Entführte zu den vier Prozent der Bevölkerung gehören, die als "fantasieveranlage Persönlichkeiten" klassifiziert werden. Diese Personen führen seit ihrer Kindheit insgeheim ein paralleles Phantasieleben. Solch eine Persönlichkeit mag der Katalysator sein für lebhafte Träume, Leben in einer erdachten Welt, Glauben an die Existenz von Feen, Besitzen von imaginären Freunden, Sehen von Erscheinungen und dem Glauben, okkulte Kräfte zu besitzen - all dies sind Charakteristika für diesen Persönlichkeitstyp. Äußerlich gesehen sind diese Leute sozial bewußt, normal und gesund.

Es gibt keinen Zweifel, daß solche Menschen leicht phantasieren, erzählen und eine UFO-Entführung unter Hypnose erleben können. Sie würden dann wirklich an ein solches Ereignis glauben und auch leicht den Lügendetektortest bestehen.

Mir sind einige Menschen dieser Kategorie während meiner vielen Jahre in der UFO-Forschung begegnet. Solche Menschen könnten jedoch nicht, falls sie von UFO-Forschern unentdeckt bleiben, beweisen, daß all die hunderte von Entführungsberichte von Persönlichkeiten mit Wachträumen stammen. Es wäre vermessen, kategorisch zu behaupten, daß alle Entführte unter diesen geringen Prozentsatz unserer Bevölkerung fallen. Viele Entführte, einschließlich Betty Andreasson Luca, sind psychologisch von kompetenten Fachleuten durchleuchtet worden und haben sich psychologischer Tests unterzogen, deren Ergebnisse auf keine fantasieveranlagten Persönlichkeiten hinweisen. Dr. Leo Sprinkle, Beratungs- und Untersuchungsdirektor und pensionierter Beratungsprofessor der Wyoming Universität hat mit mehr als 200 Entführten psychologische Tests durchgeführt. Die Ergebnisse konnten die Hypothese, daß Entführte neurotische Reaktionen zeigen, nicht bestätigen.

Psychose

Diese Hypothese ähnelt der der fantasieveranlagten Persönlichkeiten. Verfechter würden behaupten, daß UFO-Entführte Personen sind, die neurotische oder psychotische Reaktionen haben. Das gleiche Argument wurde für die Wachtraum-Hypothese benutzt und kann auch hier angewendet werden. Psychologen und Psychiater, die eine Anzahl angeblich Entführter getestet haben, würden leichthin sagen, daß die Resultate psychologischer Tests diese Theorie nicht unterstützen.

Geburtstrauma

Anhänger dieser Hypothese würden behaupten, daß Hypnose die unbewußten, traumatischen Erinnerungen der Geburt wachruft. Entführte berichten über Tunnel, gebärmutterähnliche Räume, cervixähnliche Türen, helle Lichter und von Untersuchungen durch Außerirdische mit Instrumenten, was alles mit dem Geburtserlebnis eines Fötus zusammenhängt. Der Fötus bewegt sich durch den Geburtskanal (Tunnel) in ein helles Zimmer (Krankenhaus) mit fremden Kreaturen (Doktoren und Krankenschwestern), die mit Instrumenten stechen und pieken. Diese Hypothese versucht ebenfalls, die fötusähnlich beschriebenen Außerirdischen zu erklären.

Eine Reihe von Einwendungen kann gegen eine solche Möglichkeit erhoben werden. Viele nicht-entführte Zeugen haben bewußt solche fötusähnlichen Kreaturen in Verbindung mit UFOs gesehen und beschrieben. Viele Entführte erinnern sich an Bruchstücke oder an das ganze Erlebnis ohne Hilfe von Hypnose. Zwei Studien zeigen auf, daß zwischen 29 und 33 Prozent von 232 Fällen Entführte sich ihrer Erlebnisse ohne Hypnose erinnern. Ich möchte hinzufügen, daß Entführte, die durch Kaiserschnitt geboren werden, nicht die bildliche Darstellung haben, die mit normalen Geburten zusammenhängt. Letztlich würden die meisten Embryologen die Theorie ablehnen, daß ein Fötus die Fähigkeit hat, sein eigenes Bild zu sehen.

Kollektives Unterbewußtsein

Der bemerkenswerte Psychiater und Analytiker Carl Gustav Jung bahnte den Weg für die Idee des kollektiven Unterbewußtseins, das irgendwie mit der ganzen Menschheit seit unendlichen Zeiten verbunden ist. Jung, der nicht den außerirdischen Ursprung mancher UFOs ablehnte, spekulierte, daß sie psychologischen Ursprungs sein könnten. Er deutete an, daß UFOs archetypische Bilder sind, die von allen geteilt werden. Einige UFOs, gemäß Jung, sind psychische Projektionen, die es der Menschheit ermöglichen, Ganzheit und Gelassenheit in eine zersplitterte und gewalttätige Welt zu bringen.

Diejenigen, die diese Hypothese unterstützen, würden auch andere Konzepte, die ausführlich in den UFO-Entführungserlebnissen geschildert werden, als vom kollektiven Unterbewußtsein abgeleitet, betrachten. Diese würden die Umrisse von UFOs einschließen, Visionen, sich in einem Tunnel zu befinden und OBEs (außerkörperliche Erfahrungen). Verfechter dieser Ansicht würden behaupten, daß ein solches Kollektivunterbewußtsein die Ähnlichkeit zwischen modernen UFO-Entführungen und dem Entführungsmotiv erklärt, das in der Folklore gefunden wird und welches von zwergenhaften Wesen mit übernatürlichen Kräften, die Menschen kidnappen, erzählt, daß sie menschliche Hilfe beim Gebären benötigen, Interesse an der Genetik haben und die Zeit kontrollieren.

Jungianische Theoretiker würden vieles, was mit dem UFO-Phänomen und seinen Entführungssequenzen zusammenhängt, nur als neue Mythologie, hervorgebracht vom kollektiven Unterbewußtsein, ablehnen. Aber Jung selbst gab zu, daß er herausgefordert wäre, außersinnliche Phänomene wie radar-visuelle und fotografische Fälle in diese Kategorie aufzunehmen. Nichtsdestoweniger würden einige jungianische Extremisten darauf bestehen, daß die Kräfte des Kollektivbewußtseins solche physischen Wirkungen hervorrufen könnten, einschließlich Narben an den Entführten. Dies kann natürlich nicht wissenschaftlich bewiesen werden. Über die Jungianische Ansicht über Narben und andere physische Folgen bei Entführten schreibt D. Scott Rogo (Kursive Anmerkungen sind meine):

> Mein größtes Problem bei den Wachtraum-Befürwortern ist, daß nichts die physischen Dimensionen des Entführungsphänomens erklären kann... Studiert man die Literatur über die psychosomatischen Wirkungen von Suggestionen, dann erkennt man, daß diese Wirkungen *vorübergehende* physische Veränderungen an Haut und Körperfunktionen etc. darstellen. Was wir *bei einer Person vorfinden, die angibt, von einem UFO entführt worden zu sein, sind bleibende Narben oder krankhafte Veränderungen.* Nirgendwo in der Literatur über Suggestionen gibt es einen solchen Präzedenzfall.[57]

---

[57] Rogo, D. Scott, "Letters (fantasyprone theory)", *International UFO Reporter,* Vol. 13, Nr. 4, 1988, Seite 20

D. Scott Rogo hält Vorlesungen in Parapsychologie an der John F. Kennedy Universität und ist ein produktiver Schriftsteller, der über paranormale Phänomene, einschließlich UFOs schreibt.

Schwindler

Es wird immer Menschen geben, die versuchen, und manchmal sogar erfolgreich, einen Schwindel zu begehen, wenn es um UFOs geht. Einige sind notorisch darin. Andere tun es aus einer tiefen psychologischen Notwendigkeit heraus. Einige Schwindler sind lediglich Spaßmacher und verlieren die Kontrolle. Statistiken, zusammengetragen vom Militär und privaten Forschern, bestätigen beide, daß echte Schwindler nur einen kleinen Prozentsatz in irgend einem der UFO-Berichte ausmachen.

Lassen Sie uns nun von den psychologischen Entführungstheorien zu der Theorie übergehen, die besagt, daß Entführungen lediglich erfundene Geschichten sind.

Traditionelle Erzählungen

Verfechter dieser Theorie behaupten, daß die öffentliche Bekanntmachung der Entführungsgeschichte von Barney und Betty Hill der Katalysator für alle nachfolgenden Entführungsberichte ist. Andere Entführungsgeschichten sind lediglich Wiedererzählungen des gleichen Skriptes durch verschiedene Schauspieler. Der Folklorist Dr. Thomas Bullard gibt zu:

> Menschen mit gutem Willen können sich als Augenzeugen eines Geschehens betrachten, das sie nie gesehen haben und das nie jemand erlebte - das ist die überzeugende Kraft der Überlieferung.[58]

Eine Variation dieser Theorie besagt, daß die kulturelle Tradition als Folge des Hill-Falls andere Entführungsberichte beeinflußt, so daß zwischen den Berichten Ähnlichkeiten bestehen. In seiner vergleichenden Studie über UFO-Entführungen bestätigt Dr. Bullard, daß einige Entführte die Unvoreingenommenheit gegenüber ihrem Erlebnis verloren haben, weil sie in den Medien mit anderen Entführungsfällen konfrontiert wurden. Dennoch folgert Dr. Bullard aus seiner Studie:

> Die Möglichkeit, daß Entführungsberichte aus Geschichten mit traditionellem Hintergrund entstehen, paßt schlecht in die vergleichende Analyse. Einflüsse breit publizierter Fälle und durch Zeitveränderungen, die

[58] Bullard, *UFO Abductions,* Seite 366

eine Entwicklung der Geschichte anzeigen, haben sich nicht bewahrheitet.[59]

Ein anderer Test für die Theorie der traditionellen Überlieferung ist, ob eine Übereinstimmung zwischen Entführungsberichten der ganzen Welt besteht oder nicht. Wenn Entführungsberichte Abweichungen aufgrund der Geographie zeigen, dann erklärt es, daß sie den kulturellen Traditionen einer gegebenen örtlichen Lage unterliegen. Wenn sich in einer Umgebung bestimmte Charakteristika in Berichten häufen und in einer anderen fehlen, dann könnte man darauf schließen, daß die Entführungen eine signifikante Eigenschaft traditioneller Geschichtenüberlieferungen zur Schau stellen. In seiner Analyse der Berichte bemerkt Dr. Bullard in seiner Studie:

> Das Bemerkenswerteste beim geographischen Vergleich von Fällen ist, daß überhaupt Ähnlichkeiten auftreten. Die Tatsache, daß es 65prozentige Übereinstimmungen aus 85 Möglichkeiten (78 %) gibt, bedeutet, daß Zeugen eine übereinstimmende Geschichte erzählen, gleich wo sie herkommen, und daß nationale Versionen keine unverkennbaren und auffälligen Folgen dieses vergleichenden Experimentes sind. Selbst da, wo Differenzen auftreten, weichen sie mehr im Grad als von der Art ab und haben mehr oder weniger den gleichen Sachbestand und bieten nichts Neues.[60]

Ich möchte einfach hinzufügen, daß einige der dargelegten Argumente gegen die Alternativen, die unter subjektiver Erfahrungen diskutiert wurden, ebenso gültig für die Hypothese der traditionellen Erzählungen sind.

Dr. Bullard kommt zu keinen definitiven Schlußfolgerungen bezüglich der UFO-Entführungen. Er legt eine weitreichende, detaillierte Studie und vergleichende Analyse von Hunderten von Entführungsberichten vor. Dann stellt er die Pros und Kontras der Haupttheorien vor, die sie erklären. Seine Analyse der Theorie, daß UFO-Entführungen reale Erlebnisse darstellen, und meine eigenen persönlichen Beobachtungen bilden die Grundlage für die nächste und letzte Alternative: UFO-Entführungen sind wirkliche Ereignisse in physischer Realität.

---

[59] Bullard, "Abductions in Life and Lore", Seite 18

[60] Bullard, *UFO Abductions*, Seite 320

Objektives Erlebnis

Dr. Bullard bemerkt folgendes über die Objektivität von UFO-Entführungserlebnissen:

> Eines der stärksten Argumente kommt von den Zeugen, die behaupten, daß das Entführungserlebnis so überzeugend wie jedes andere reale Ereignis ist. Diese Zeugen stellen eine breite Durchschnittsbevölkerung dar, einschließlich vieler Individuen von gutem Ruf. Psychologische Test zeigen keine Spur von Geisteskrankheit. Bei allen anderen Gelegenheiten würden diese Menschen bei Gericht für so glaubwürdig erachtet werden, um jeden hinter Schloß und Riegel zu bringen. Manchmal nehmen mehrere Zeugen an der gleichen Entführung teil, und jeder beschreibt ähnliche Erlebnisse - das ist eine gute Definition von Objektivität.[61]

In den Allagash-Entführungen gibt es ohne Zweifel mehrere Zeugen, die das gleiche Erlebnis beschreiben. Jim Weiner hat ein physisches Problem als Folge eines Hausunfalls, welches versuchsweise als eine Form von Epilepsie diagnostiziert wurde. Wir haben jedoch die Tatsache dokumentiert, daß diese Beeinträchtigung nicht in seinen UFO-Erlebnissen begründet liegt. Es war sein Arzt, der Jack vorschlug, Hilfe bei einem UFO-Forscher zu suchen.

Außer dieser Beeinträchtigung sind alle Allagash-Zeugen von gesunden Verstand und gutem Ruf. Nicht nur, daß alle die gleiche Geschichte erzählen, sie durchleben sie aufs Neue mit all den damit verbundenen Traumata und Emotionen, die bei einem realen, physischen Ereignis erwartet werden. Jede Schwankung in ihrer gesamten Zeugenaussage kann leicht auf die momentane Lage und den Bewußtseinszustand eines jeden zurückzuführen sein.

Es ist wichtig, den anfänglichen Schock und den von den Außerirdischen herbeigeführten nachtwandlerischen Zustand in Betracht zu ziehen, unter denen die Allagash-Vier während des Entführungsprozesses litten. In diesem Zustand denken Entführte bestimmt nicht über die Fragenliste nach, die UFO-Forscher ihnen später vorlegen werden. Die Zahl der Finger an der Hand eines Außerirdischen, die genaue Größe ihrer Augen, Ohren, Nase etc. sind für die Entführungsopfer nicht von besonderem Interesse. Zeichnungen von Außerirdischen, ihren Schiffen und benutzter Instrumente während einer Untersuchung sind Eindrücke und keine Fotografien. Die Entführten sind durch die Situation, in der sie sich befinden, verwirrt, bestürzt und entsetzt. Außerdem wird ihnen ein

[61] Bullard, "Abductions in Life and Lore," Seite 14

starker posthypnotischer Befehl gegeben, sich nicht an das Erlebnis zu erinnern.

Das sind die Hindernisse, mit denen ein UFO-Forscher während einer Untersuchung konfrontiert wird. Es ist wirklich ein Wunder, daß es so viele Übereinstimmungen unter diesen Bedingungen gibt. Diese Tatsache unterstreicht die Prämisse, daß ihre Erlebnisse physisch real waren.

Dr. Bullard fährt fort:

> Vergleicht man die Forscher, dann ergibt sich kein überzeugender Beweis, daß sie die Inhalte ihrer Berichte verschieden abfassen. Hypnose ist seit dem Hill-Fall angewendet worden, um Zeitlücken zu durchbrechen... Eine Person kann vom Hypnotiseur vorsätzlich oder arglos geleitet werden... aber (a) eine Gegenüberstellung von Fällen, die spontan enthüllt werden und solchen unter Hypnose zeigten nur wenige Abweichungen. Diese Ergebnisse sprechen dagegen, daß Hypnose verantwortlich für das Erzählen von Entführungsgeschichten ist. Auch chronologisch geordnet nach Datum enthalten Entführungsberichte die gleichen Charakteristika über eine lange Zeit. Breit publizierte Fälle wie die Hill-, Pascagoulo- oder Walton-Fälle hatten so gut wie keinen Einfluß auf nachfolgende Berichte. Solche historische Übereinstimmung ist das Zeichen realer Ereignisse und nicht die Entwicklung mündlicher Überlieferungen oder Mythologien.[62]

Es wurde sorgfältig vermieden, den Entführten bei den hypnotischen Rückführungen während unserer Allagash-Untersuchungen wegweisende Fragen zu stellen. Sie wurden hingegen angehalten, sich zu erinnern und ihre Erlebnisse wiederzuerleben. Spezifische Informationen, nach denen wir suchten, wurden abgefragt, aber in einer solchen Art, daß sie die Aussagen nicht verzerrten.

Es sollte darauf hingewiesen werden, daß wegweisende Fragen ebenfalls Personen beeinflussen können, die nicht unter Hypnose stehen. Jemand kann in Hypnose lügen, aber es ist ebenfalls möglich, daß jemand während eines nichthypnotischen Kreuzverhörs lügt. Hypnose ist neutral. Wichtig ist, wie sie angewendet wird. Ein ehrlicher Mensch würde weder in einem nichthypnotischen Zustand noch in Hypnose lügen.

Während der Untersuchung meiner eigenen Entführungserlebnisse hatte ich nicht den Wunsch zu lügen. Meine unerschütterliche christliche Ethik hielt auch der Hypnose stand. Meine Wortwahl war besonders sorgfältig und äußerst

---

[62] Bullard, "Abductions in Life and Lore,", Seite 14

akkurat. Bei meiner Untersuchung von Entführungen, einschließlich des Allagash-Ereignisses, bemerkte ich, daß die hypnotisierte Person oft den Hypnotiseur korrigiert, wenn er unbemerkt oder absichtlich (als Test) etwas fälschlich wiedergab.

Während der Hypnose wurde ich in die Zeit zurückversetzt und erlebte noch einmal meine Entführungserlebnisse. Ich wurde von Emotionen überrannt, fühlte die buchstäblich überwältigenden Erinnerungsblockaden der Außerirdischen und die nackte Angst dieser zuvor unterdrückten Erinnerungen.

Es ist mir klar, daß die Genauigkeit von Erinnerungen, hypnotisch hervorgelockt durch einen fachkundigen Hypnotiseur, direkt mit der psychologischen und moralischen Veranlagung des Individuums zusammenhängt. Hat die Person einen gesunden Verstand, eine starke ethische Einstellung und läßt sich leicht hypnotisieren, dann wird Hypnose wahrscheinlich erfolgreich sein beim Wiedererwecken wahrer und akkurater Erinnerungen.

Die Überprüfungen und persönliche Beobachtung unserer Zeugen lassen keinen Zweifel, daß jeder der Allagash-Vier solch einen Charaktertest mit Auszeichnung besteht.

In seinen Bemerkungen weist Dr. Bullard ausdrücklich darauf hin, daß beides, die anfängliche Entführung und nachfolgende Untersuchung einer komplexen Reihenfolge mit überraschender Regelmäßigkeit folgen. Im letzten Kapitel haben wir die überraschende Korrelation bemerkt, die zwischen den Daten der Allagash-Entführung und der komplexen Reihenfolge und Erlebnisbeschreibungen in Bullards Studie besteht. Dr. Bullard bemerkt:

> Wichtig ist die Willkür der Reihenfolge... Keine Anforderung oder Handlung zwingt den Erzähler, eine Sequenz einzuhalten. Dennoch erscheint diese Reihenfolge immer und immer wieder, als ob die Zeugen einen ehrlichen Bericht einer wahren Begebenheit schildern. Die beschreibenden Details der Berichte werden mit zunehmender Vertrautheit monoton... Die Wesen haben selten mit der Person nach nur einer Entführung abgeschlossen... Nachwirkungen überschütten die Forscher mit Beweisen, die die Entführungsgeschichte physisch untermauern. Entführte berichten über Sonnenbrände, Augenverletzungen, gastro-intestinale Verstimmungen und Einstichverletzungen als sofortige Folgen des Erlebnisses, - innerhalb weniger Wochen gefolgt von Unruhe und Alpträumen, sobald die versteckten Erinnerungen an die Oberfläche dringen. Es besteht hier eine Symmetrie von Ursache und Wirkung, da jede Nachwirkung auf eine Ursache während der Entführung zurückzuführen ist, obgleich die Zeugen nichts von der Entführung erinnern, bis sie nach lan-

gem die Konsequenzen bemerken.... die physische Realität erklärt am besten diese Ereignisse.[63]

Nachdem Dr. Bullard diese und andere bedeutende Aspekte des Entführungserlebnisses in Betracht gezogen hat, schlußfolgert er:

> Keine lange Auflistung einzelner Punkte, sondern ein breites Spektrum der Entführungsgeschichte ist das überzeugendste Argument für ein objektives Erlebnis. Diese höhere Perspektive betrachtet in den Berichten das Muster, bestehend aus Sinn und Zweck. Was wir vorfinden, sind Bruchstücke von Beweisen, die aus allen Ecke kommen und Teile der gleichen Botschaft enthalten - alles Stücke des gleichen Rätsels.[64]

Nach meiner Überzeugung liefern der gute Ruf der Zeugen und die außergewöhnlichen Korrelationen zwischen Entführungsberichten überwältigende, ausführliche Beweise, daß UFO-Entführungen objektive Erlebnisse sind. Abgesehen von meinen persönlichen Erlebnissen, die ausführlich in meinem letzten Buch "Die Wächter" beschrieben sind, kann ich dies bejahen. Ich habe mir sehr viel Mühe gegeben, die Schlußfolgerung dieses Buches nicht durch meine eigenen Erlebnisse zu beeinflussen. Bisher hat es genügt, die Bullard-Studie heranzuziehen, zusammen mit den vier Entführungen und allen weiteren Entführungserlebnissen der Allagash-Vier, um eine objektive Untersuchung für die physische Realität des UFO-Entführungsphänomens zu liefern.

Es gibt allerdings noch eine Art von Beweismittel, welche zusammen mit dem starken korrelativen Beweis bezeugt, daß UFO-Entführungen real sind. Hier fühle ich mich befugt, über meine eigenen UFO-Entführungserlebnisse zu sprechen. Ich beziehe mich auf die physischen Nachwirkungen, unter denen die Entführten leiden.

Im August 1988 litt ich unter einer der typischen Nachwirkungen, die von Dr. Bullard erwähnt werden. Sie tauchte über Nacht auf. Es war eine löffelähnliche Narbe. Ein kleiner, runder Fleischklumpen war direkt über meinem rechten Knöchel entnommen worden. Solche Male hatte ich schon zuvor an Entführten gesehen. Ich konnte mich an nichts Außergewöhnliches erinnern, was in der Nacht des 16. Augusts 1988 geschehen war. Später jedoch tauchten zwei dramatische blitzhafte Erinnerungen auf, die mit dieser schicksalhaften Nacht zusammenhingen.

---

[63] Bullard, "Abductions in Life and Lore," Seite 16

[64] Bullar, "Abductions in Life and Lore,", Seite 16

Die beiden bruchstückhaften Erinnerungen tauchten nach der zweiten Hypnosesitzung auf, die abgehalten wurde, um Entführungserlebnisse zu untersuchen, die bis in meine frühe Kindheit reichten. Die erste tauchte in der Nacht zum 22. September 1988 auf, als ich im Liegen mit meiner Frau sprach. Meine Erinnerung wurde angeregt durch eine einfache Bemerkung, die sie mir gegenüber machte: "Du kannst immer und überall sofort einschlafen." Sofort tauchten zwei vergessene Ereignisse aus den geheimsten Winkeln meines Wesens auf, die mein Blut erstarren ließen.

Die erste Erinnerung bezog sich auf die Nacht des 16. August. Wie konnte ich nur die unheimliche, schlaflose Nacht vergessen? Bis dahin habe ich mich nur entsinnen können, nach einer Vorlesung, die ich in einem nahegelegenen Club über Astronomie gehalten hatte, nach Hause gekommen zu sein. Was ich vergessen hatte war, daß ich bis in die frühen Morgenstunden von einem seltsamen, beengenden, elektrischen Gefühl wachgehalten wurde. Am folgenden Morgen war mir die Narbe aufgefallen.

Meine zweite bruchstückhafte Erinnerung war ein Traum in der Nacht, bevor meine Frau unwissentlich die Bemerkung über meine Schlafgewohnheiten am 22. September gemacht hatte. Während der Nacht zum 21. September hatte ich einen schrecklichen Alptraum. Es war eigenartig, weil man normalerweise Dinge in einem Traum visualisiert; hier jedoch träumte ich, daß ich nicht sehen konnte. Ich fühlte, daß ich irgendwohin bewegt wurde. Als ich meine Augen öffnete, um zu sehen, was geschah, umhüllte mich nur Dunkelheit. Ich wußte, daß ich träumte und versuchte, aufzuwachen, konnte es aber nicht. Später, als ich dann erwachte, setzte ich mich abrupt im Bett auf und platzte fast unbewußt heraus: "Sie operieren an meinem Beim herum!"

Als ich mich im Liegen von meinem Alptraum erholte, dämmerte es mir, daß dies etwas mit meiner Narbe zu tun haben könnte. Ich fragte mich, ob das, was im August geschehen war, aus meinem Unterbewußtsein in Form eines Alptraums durchgesickert war. Ich suggerierte mir, mich an diesen Traum zu erinnern. Ich langte nach der Kleenex-Box, um sie auf meinen Schreibtisch zu stellen, damit sie mich am nächsten Morgen erinnerte, aber das war es auch schon. An mehr entsann ich mich nicht. Später, unter Hypnose, entdeckte ich, daß meine Entführer mich programmiert hatten, dieses Vorfall zu vergessen.

Im Buch "Die Wächter" habe ich dieses Geschehen dokumentiert und auch andere UFO-Zwischenfälle, die ich und meine Familienmitglieder erlebten. Solche Zwischenfälle wurden zurückverfolgt bis zu meiner Mutter im Jahre 1916 oder 1917 als CEI und bis zu meinem Vater, als CEIII, als er bei der Marine als Navy-Operator diente. Beides geschah auf der Mount Desert Insel in Maine.

Ein anderes Muster, das in der Bullard-Studie nicht erwähnt wird, aber immer und immer wieder in der UFO-Entführungsforschung auftaucht, ist, daß es ein Familienphänomen ist. Dr. Neal vermutet "Eine Art fortlaufende genetische Manipulation innerhalb verschiedener Familiengenerationen". Er spekuliert, daß solche Experimente "neue genotypische Individuen in nachkommenden Generationen" hervorbringen. Dr. Neal mutmaßt ferner, das "jede Familie von den Außerirdischen einer abweichenden oder vergleichbaren Art von Experimenten unterworfen ist"[65]

Die löffelartigen Narbe, die über Nacht an meinem Bein auftauchte, ist - so unglaublich es klingt - entstanden , als ich an meinem Buch "Die Wächter" schrieb und zwar gerade dann, als ich einen Beweis von den unwahrscheinlichen Ereignissen brauchte, die wir gerade während einer Untersuchung enthüllten. Unglaublich ist ebenfalls, daß eine identische löffelartige Narbe auch an Jack Weiners Bein über Nacht nach einer Reihe von Alpträumen auftauchte, und zwar während ich an diesem Buch hier schrieb.

Diese Narben und die der anderen Entführten, die ich und andere Forscher sahen, sehen identisch aus. Sie sehen aus wie die Überreste einer operativ entfernten Gewebeprobe. Als meine Narbe vom lokalen Dermatologen untersucht wurde, sagte er, daß sie einer Stanzbiopsie ähnele. Aber das konnte nicht sein, da ich von keinem Arzt operiert worden war. Natürlich erzählte ich ihm nichts über ihre wahre Herkunft. Er hätte an meinem Verstand gezweifelt!

Fotografien von meiner und Jacks löffelartigen Narbe sind zum Vergleich hier abgebildet. (Siehe Bild 31) Welche andere Erklärung kann für diese und andere identische Narben gegeben werden, die an typischen Körperregionen eines Entführten auftauchen?

Solche physischen Folgen - verbunden mit den überwältigenden Beweisen unserer Allagash-Vergleichsstudie und den Beweisen anderer hunderte von Fällen - sollten Unvoreingenommene von der Echtheit der UFO-Entführungen überzeugen.

---

[65] Fowler, *The Watchers,* Seite 299

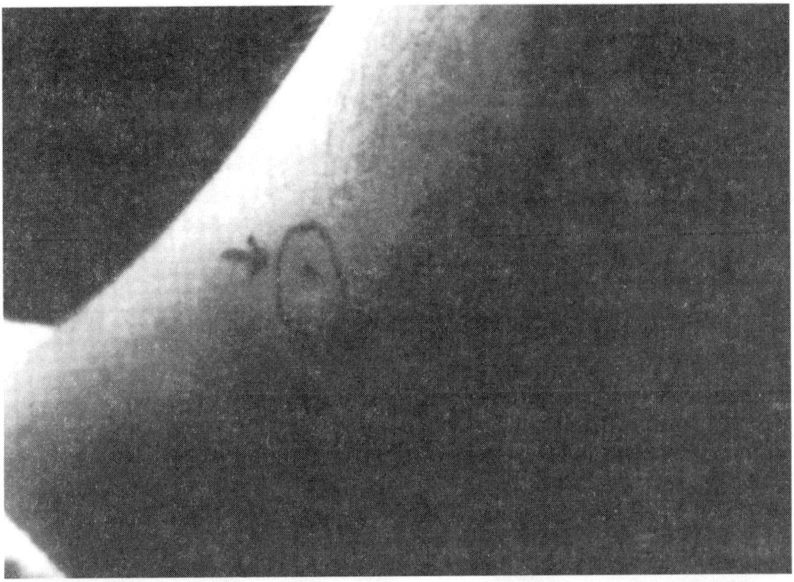

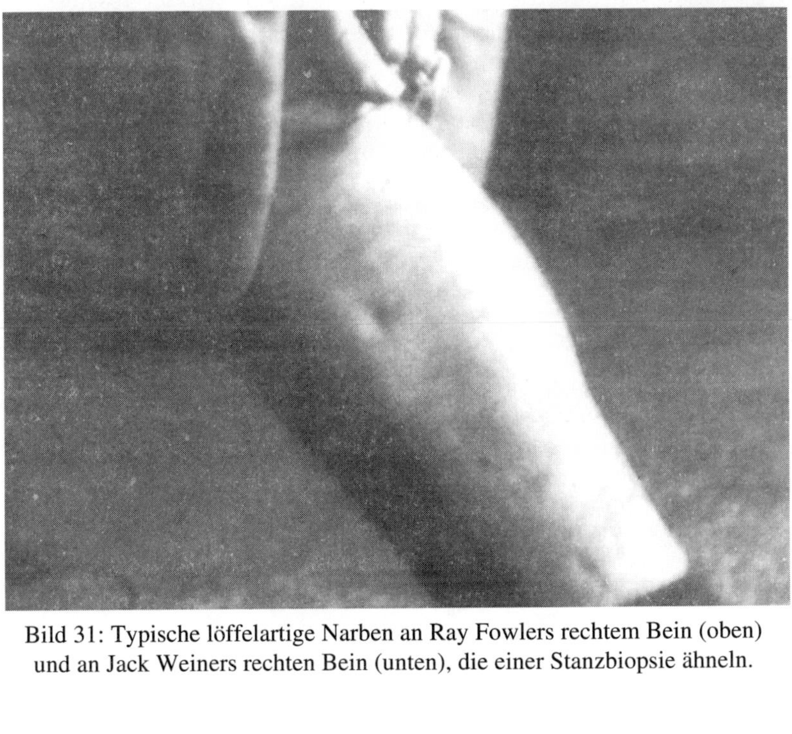

Bild 31: Typische löffelartige Narben an Ray Fowlers rechtem Bein (oben) und an Jack Weiners rechten Bein (unten), die einer Stanzbiopsie ähneln.

Kapitel 14

Welchen Verlauf hat das Leben der Zeugen genommen?

Seit der Fertigstellung des zehnbändigen Werkes mit 702 Seiten über ihre Erlebnisse, stehe ich im engen Kontakt mit den Allagash-Vier. Vielleicht werde ich die Untersuchungen irgend einmal wieder aufnehmen, um etliche neue und alte Erlebnisse, die in der ersten Nachforschung nicht berücksichtigt wurden, zu ergründen. Was machen die vier Entführten zum Zeitpunkt der bevorstehenden Veröffentlichung dieses Buch? Wie haben ihre Erlebnisse ihr Leben beeinflußt? Kürzlich stellte ich jedem diese beiden Fragen. Hier sind ihre Antworten:

Charlie Foltz

Inwieweit das Allagash-Erlebnis mein Leben beeinflußt hat, kann ich selber nicht beurteilen. Ich verfolge das Ziel, wofür ich nach New England kam, d.h. ich bilde mich künstlerisch weiter. Zuerst strebte ich eine Lehrerlaubnis an, so daß ich in meine Geburtsstadt Ohio zurückkehren könne, um dort zu unterrichten. Ich habe jedoch eine Stellung als medizinischer Illustrator gefunden und arbeite mit Medizinern, Erziehern und Wissenschaftlern auf dem biotechnischen Gebiet zusammen. Ich arbeite ebenfalls als Volontär im Kinderkrankenhaus hier in Boston. Ich habe mich bemüht, mich auf meinem Gebiet und ähnlichen weiterzubilden, ebenso in kreativer Kunst. Ich verfolge nach wie vor meine Hobbys aus der Jugend und hoffe, sie noch lange ausüben zu können.

Genau das habe ich von Charlie erwartet. Sein ruhiges Wesen und sein unkomplizierter Charakter scheinen von den UFO-Erlebnissen relativ unberührt geblieben zu sein, zumindest an der Oberfläche. Ich bin mir jedoch sicher, daß er innerlich viel darüber nachgrübelt, was auf dem Allagash-Wasserweg während dieses schicksalhaften Campings geschehen ist. Er liest jetzt Bücher über UFOs, um sich mehr mit diesem Thema vertraut zu machen und um herauszufinden, wie sein UFO-Erlebnis mit den anderen übereinstimmt.

Chuck Ray

Chuck ist nach wie vor selbständiger Künstler. Er malt Karikaturen in Einkaufszentren und bei besonderen Gelegenheiten und porträtiert auch privat. Er stellt seine Aquarelle und Ölgemälde im Vermont Art Center in Manchester, Vermont, aus.

Seine UFO-Erlebnisse sind ihm so gegenwärtig, daß er sie zusammen mit Jack bildlich dargestellt hat. Es fällt ihm schwer, im Gegensatz zu den anderen, die Allagash-Entführung als real zu akzeptieren. Nachdem er aus der Hypnose erwachte, war er entsetzt über das Auftauchen dieser Erinnerungen und fragte sich, woher sie kamen, und ob er wirklich unter Hypnose gestanden, oder ob er diese Geschichte irgendwie erfunden hatte. Wir versicherten ihm, daß er wirklich in Hypnose gewesen war. Wir teilten ihm mit, daß Hypnotisierte, sobald sie aus diesem Zustand erwachen, oft bezweifeln, daß sie hypnotisiert waren. Chuck bezog sich hierauf wieder in einem kürzlichen Brief an mich:

> Die UFO-Entführung ist mir nach wie vor ziemlich schleierhaft. Das Objekt und sein Strahl haben sich jedoch für immer in meine Erinnerung eingegraben. Die Empfindung ähnelt der Erinnerung, als ich erfuhr, daß Kennedy in Dallas erschossen wurde. Sie ist sehr lebhaft.
>
> Ich entsinne mich deutlich an das reine Entsetzen als kleiner Junge, das die Präsenz einer fremden Gegenwart in mir hervorrief. Ich weiß nicht, ob das miteinander zusammenhängt, aber ich habe mein ganzes Leben lang Angst vor medizinischen Eingriffen gehabt.

Zusätzlich zu der Lektüre von UFO-Büchern, der Teilnahme an UFO-Tagungen und dem Zeichnen des Allagash-Erlebnisses hat Chuck ein tieferes Interesse an diesem Thema entwickelt. Seine Erlebnisse haben ihn motiviert, eine CEV-Gruppe in Vermont zu organisieren, und zwar nach dem Muster einer nationalen Organisation namens CSETI, die danach trachtet, UFOs zu beobachten und Kontakt mit ihren Besatzungen aufzunehmen. CSETI ist die Abkürzung für Center For The Study of Extraterrestrial Intelligence.[66] Chuck faßt seine Empfindungen folgendermaßen zusammen:

> Das UFO-Phänomen liegt außerhalb unserer Sichtweise. Ich glaube, daß psychische Kräfte und Telepathie damit verbunden sind. Diese scheinen eine Voraussetzung für unsere UFO-Erlebnisse oder aber deren Nachwirkung zu sein. Ich erinnere mich meines Dranges, Jack und Jim

---

[66] Steven M. Greer, M.D., Headquarters at P.O.Box 15401, Asheville, NC 28813

zum Allagash-Ausflug zu überreden. Da ich diesen Ausflug angestiftet und organisiert hatte, wußte ich, daß diese Zwillinge von etwas Bizarrem geplagt wurden. Wenn ich sie dorthin bringen könnte, so war mir klar, würde ich Anteil an etwas Ungewöhnlichem haben.

Diese letzte Erklärung von Chuck überraschte, war sie doch ganz neu für mich. Es scheint, daß ihr Erlebnis auf dem Allagash - wie auch bei mehreren anderen Entführungsfällen - kein Zufall war. Vielleicht war es ein Plan gewesen. Chuck könnte unbewußt von außerirdischen Einflüssen kontrolliert worden sein, um den Campingausflug mit den Zwillingen zu planen und auszuführen. Charlie war lediglich als Begleitung mitgegangen. Er ahnte nicht, auf welchen Ausflug er sich begab!

Jack Weiner

Wie bereits erwähnt, war das UFO-Erlebnis auf dem Allagash-Wasserweg der Auslöser für Jack, zusammen mit Chuck ihr Erlebnis in Bildern festzuhalten. Davor hatten sie sich mehrmals getroffen, um das Ereignis, so weit sie sich erinnern konnten, zu besprechen, zu vergleichen und aufzuzeichnen. Das brachte ihnen Erleichterung. Der Allagash-Zwischenfall und meine nachfolgende Untersuchung enthüllten frühere und nachfolgende UFO-Erlebnisse in Jacks Leben. Die Wirkung, die diese Erinnerungen in seinem Bewußtsein hervorrief, zeigte in Jacks Leben eine Reihe von Nachwirkungen. Jack beantwortet meine Anfrage mit folgenden Worten:

Deine Anfrage, wie das Entführungserlebnis mein Leben verändert hat, ist berechtigt, aber nicht einfach zu beantworten. Von Wesen aus dem All entführt zu werden, ist kein alltägliches Erlebnis. Selbst nach allem, was ich durchgemacht habe, kann ich keine soliden Antworten auf meine Fragen zur Entführung finden. Ich habe mir jedoch einige Gedanken zu diesem Thema gemacht. Ich hoffe, du hast Verständnis, wenn meine Erklärungen ein bißchen durcheinander und vage sind.

Es ist mir sehr wichtig zu wissen, daß außerirdisches Leben existiert, schon allein wegen meiner Entführungserlebnisse. Darüber habe ich absolut keinen Zweifel. Aber die Frage, wer sie sind und woher sie kommen, ist noch ein ungelöstes Geheimnis. Auch warum sie mich als Objekt ihrer wissenschaftlichen Studien ausgesucht haben, ist ein völliges Rätsel. Ich bin nicht so bedeutend, mit der Ausnahme, daß ich einer von Zwillingen bin, um als Studienobjekt für die Außerirdischen herzuhalten. Die Entführungen durch die Außerirdischen haben ganz gewiß Veränderungen in meinem Denken hervorgerufen, ebenso meine Anschauungen über das Leben beeinflußt.

Bereits als kleines Kind wollte ich Künstler werden und hatte großes Interesse daran, mich durch Bilder auszudrücken. Mir hat es immer viel mehr Freude gemacht, etwas zu schaffen als zu zerstören. Während ich - vor der Entführung - auf der Kunstschule studierte, war ich auf die schönen Künste fixiert, insbesondere auf das Zeichnen und Malen von Stilleben und Landschaften. Ich betrachtete mich als sehr orthodoxen Künstler, und mein Interesse galt den Künstlern, die mir vorangegangen waren. Ich hatte keinerlei Interesse an Wissenschaft, Mathematik, Geometrie, Ingenieurswesen, Computer etc. Ich glaubte sogar, unfähig auf allen Gebieten der Wissenschaft zu sein, ganz besonders in Mathematik und Geometrie.

Gleich nach der Allagash-Entführung veränderten sich meine Interessen völlig. Ich verlor jegliches Interesse an der überlieferten Kunst. Ich wurde von den neuen Technologien besessen. Meine neuen Interessen schlossen die Wissenschaft ein, Mathematik, Ingenieurswesen, Architektur, Geometrie und eigenartigerweise alles, was ich über die alten Mayas Zentralamerikas finden konnte.

Ich weiß ganz gewiß, daß die Verlagerung meiner Interessen mit meinem Entführungserlebnis zusammenhängt. Aber ich weiß noch immer nicht, warum. Ich vermute, daß die radikale Veränderung in meinem artistischen Ausdruck auf den Einfluß außerirdischer Technologien zurückzuführen ist, mit denen ich auf dem außerirdischen Schiff in Berührung kam. Ich habe eine völlig fremdartige Technologie - eine Wissenschaft - gesehen, die sehr verschieden von der unsrigen ist. Ich glaube, ich versuche das immer noch zu verstehen.

Leider übermittelten mir die Außerirdischen nicht, wie einigen anderen UFO-Entführten, eine Botschaft für die Menschheit. Noch fühle ich mich dazu auserwählt, zur Weiterentwicklung der menschlichen Rasse beizutragen. Mir wurde lediglich der Eindruck vermittelt, daß ich nichts weiter als ein Objekt für wissenschaftliche Studien sei. Ich war ein Organismus, dem man Proben entnahm, ein Etikett umhängt und danach überwacht, bis alle benötigten Informationen zusammengetragen sind. So wird es wohl bis zum Ende meines Lebens bleiben. Ich glaube fest, daß die Außerirdischen nur Wissenschaftler sind, die ihren Job tun, um die Lebensformen auf diesem Planeten zu studieren - und nichts weiter. Ob oder nicht ihre Untersuchungen dem Wohl der Menschheit dienen, kann ich nicht beantworten.

Ich bin nicht davon besessen, all das herauszufinden. Mein Leben ist immer noch sehr bezeichnend. Ich verbringe meine Zeit mit all den Dingen, wie andere Menschen auch, um in diesem Leben von Tag zu Tag zu überleben. Aber ich weiß, daß diese Studie noch nicht beendet ist. Sie werden von Zeit zu Zeit zurückkommen, mich überprüfen und weitere Daten sammeln. Dessen bin ich mir sicher. Ich wünschte, ich würde im voraus um ihr Kommen wissen, dann könnte ich eine Reihe von Fragen stellen. Aber sie scheinen kein Interesse daran zu haben, wie ich über sie denke und über ihre Agenda hier auf der Erde. Bis jetzt haben sie nicht nach meiner Meinung gefragt. Dennoch wünschte ich, daß sie freundlicher wären.

Eigenartigerweise weiß ich, daß ich niemals alle Antworten auf meine Fragen zur Entführung erhalten werde, und ich bin darüber nicht enttäuscht. Wenn immer ich an einer klaren, sternenübersäten Nacht hinausgehe und zu den zahllosen Sternen aufschaue, dann weiß ich, daß mir von dort draußen etwas begegnet ist. Und mir ist ebenfalls bewußt, daß wir in diesem weiten Universum nicht allein sind. Vielleicht werden später in meinem Leben alle meine Fragen über sie - die Warums und Weshalbs - beantwortet werden. Bis dann kann ich nur meinen Blick zu diesen wundervollen Sternen erheben und rätseln.

Jim schrieb ebenfalls und teilte mir mit, wie die UFO-Erlebnisse sein Leben beeinflußten.

Jim Weiner

Jim ist noch immer an der Fakultät der Massachusetts Kunstschule im Computer Arts Learning Center angestellt. Er bringt Studenten das Computer-Zeichnen bei und wie man kreativ mit dem Computer arbeiten kann. Jim beschreibt, wie die UFO-Erlebnisse sein Leben verändert haben:

Es ist ein wenig schwierig, in ein oder mehr Sätzen zu beschreiben, wie das Entführungserlebnis mein Leben verändert hat. Es sind nur vier oder fünf Jahre her, daß die Entführungserinnerungen Teil meines Bewußtseins geworden sind.

Ich frage mich oft, wie die unbewußten/unterdrückten Entführungserlebnisse von Kindheit an die Entwicklung meines gegenwärtigen Glaubenssystems beeinflußt haben. Verdanke ich meine gegenwärtigen Überzeugungen einer möglichen Programmierung der Außerirdischen? Oder glaube ich an diese Dinge trotz der Außerirdischen? Nach welchen Überzeugungen suchen wir eigentlich, und seit wann beziehen wir uns auf sie? Schrittweise oder plötzlich?

Dieses sind die Fragen, auf die ich keine genauen Antworten weiß. Ich habe jedoch bestimmte Empfindungen über gewisse Aspekte meines Entführungserlebnisses. Jedesmal, wenn ich eine Begegnung habe, fühle ich, wie eine starke, feindselige Aura von diesen Wesen ausgeht.

Zuerst schob ich dieses Gefühl den neurophysiologischen Folgen des Kampf/Flucht-Syndroms zu, und das könnte auch stimmen. Es kann aber auch sein, daß meine Gefühle der exakte Ausdruck meiner Intuition sind.

Meine Intuition scheint mir zu sagen, ich solle nicht blind darauf vertrauen, daß diese Wesen gut sind oder daß ihre biologischen Versuche mir oder der Menschheit nützen. Ihre Methode ist meiner Erfahrung nach aufdringlich und beleidigend. Wir stecken Menschen, die so ihre Kinder behandeln, ins Gefängnis.

Ferner glaube ich vermehrt, daß die US Regierung und das Militär über ihre Verwicklung mit dem Entführungsphänomen lügen. Sie scheinen beide tief auf Gebieten verwickelt zu sein, über die man besser aus Angst nicht nachdenkt.

Etwas anderes sind Überzeugungen, die auf speziellen oder esoterischen Interessen basieren. In meinem Fall - ein plötzliches, unerklärliches Interesse/Besessenheit an alter Tempelarchitektur und seine Beziehung zu Ley-Linien, das Erdgitter und vieles mehr. Etwas über architektonisches Volumen und seine Auswirkungen auf akustischer Energieresonanz als Modell der Macro-Computer-Technologie... Dieses entwickelte sich sofort nach der Allagash-Entführung im Jahre 1976 und besteht bis heute.

Mir ist, als suche ich nach etwas sehr Wichtigem, dennoch kann ich nicht genau sagen, warum ich so empfinde, oder wie ich anfänglich Interesse daran entwickelte, oder ob ich wirklich etwas von dem verstehe, nach dem ich suche. Ich fühle mich wie Richard Dreyfus in den "Close Encounters", der versucht, die Bedeutung seiner Püree-Kartoffeln zu finden.

Das ist es, Ray, ein kleines Teilstück meiner Anschauung.

Ich möchte noch hinzufügen, daß Jim einer Gruppe, die von UFOs Entführten hilft, beigetreten ist. Sie treffen sich wöchentlich im Hause von Dr. John Mack, einem Harvard Medical School Professor. Dr. Mack arbeitet seit kurzem an der Erforschung von UFO-Entführungen. Kurz nachdem Jim der Gruppe beigetreten war, wählten ihn die anderen zum Gruppensprecher.

Ich bin überzeugt, daß die Äußerungen der Allagash-Entführten über die Veränderungen ihrer Leben - hervorgerufen durch die UFO-Erlebnisse - wahrscheinlich nur die Spitze eines Eisbergs sind. Diese Begegnungen fanden früh im Leben von Chuck und den Zwillingen statt. Wer könnte erraten, in wieweit die unterdrückten Erinnerungen ihrer Erlebnisse ihr Leben bis heute beeinflußt haben. Wer weiß, welche verborgenen Erinnerungen noch immer in ihrem Unterbewußtsein vergraben sind und wie sie ihre Zukunft beeinflussen werden? Und da wir über ihre Zukunft sprechen: Das Entführungsphänomen hat uns gezeigt, daß es für die Entführten niemals endet... Es ist eine unendliche Geschichte!

Bild 32: Von links nach rechts: Jack und Jim Weiner,
Charlie Foltz und Chuck Rak, 1993.

Bilderverzeichnis

Index

—A—

—B—

—C—

—D—

—E—

—F—

—G—

—H—

—I—

—J—

—Q—

—R—

—S—

—T—

—U—

—V—

—W—

—Z—

Das Abenteuer einer Transformation

12 Jahre bei Babaji

von Gora Devi
1. Auflage Dez. 1994, 216 Seiten,
zahlreiche Fotos, 14,5 x 21 cm
ISBN 3-926388-28-5 DM 32,--

Ein ungewöhnliches Frauenschicksal. Die Geschichte klingt so unglaublich, als sei sie der fiebrigen Fantasie entsprungen - und doch ist sie wahr, ist sie hier und heute mitten uns geschehen.

Dieses Buch enthält die intimen Erinnerungen einer in Gott Verliebten, es ist der Bericht einer erhabenen Liebe und Gora wurde sie geschenkt. Sie hat dieses Geschenk zwölf schwierige und fantastische Jahre in einem realistischen Märchen gelebt. Und sie schildert es in all seinen Gesichtern. Gora Devi (Valeria Bonazzola) promovierte in Philosophie, reiste 1972 nach Indien und war die erste italienische Schülerin Babajis und eine der ersten aus dem Westen, die ihm begegneten.

BABAJI spricht:

Prophezeiungen und Lehren

3. Aufl. 1995,

190 S., 6 Fotos, 11,5 x 18,5 cm

ISBN 3-926388-03-X DM 16,80

Dieses Buch enhält die Ansprachen Babajis an seine Schüler. Sie beinhalten Weisungen, Prophezeiungen und Lehren und richten sich nicht nur an einzelne Gruppen, sondern sind allgemeingültig für die gesamte Menschheit.

Shri Babaji sagte, daß der Menschheit am Ende des Kali Yugas, des "dunklen Zeitalters", des Überhandnehmens des Materialismus und des Zerfalls geistiger Werte, große Gefahren bevorstehen. Er prophezeite Zerstörungen in großem Ausmaß und Sterben von unzähligen Menschen für dieses Jahrzehnt; aber auch, daß alle diejenigen gerettet würden, die im Einklang mit dem kosmischen Gesetz lebten, die wahrhaftig Gott - in beliebiger Form - verehren und seine Namen preisen.

So ist es das Anliegen Shri Babajis, die Menschheit zurückzuführen zum Ursprung ihres wahren Seins: zur Menschlichkeit.

Babaji - Am Quell der Wahrheit
in Haidakhan Vishwa Mahadham

von Shdema Goodmann
2. Aufl. 1991, 144 Seiten, 7 Fotos,
11,5 x 18,5 cm, ISBN 3-926388-08-0 DM 16,80

Die Autorin, bekannt durch ihre psychotherapeutischen Workshops in den Vereinten Nationen (United Nations), schildert ihre Besuche bei Babaji mit großer Intensität und Offenheit. Sie macht keinen Hehl aus ihren anfänglichen Zweifeln und letztlich ihrer Dankbarkeit. Ihre innersten Erlebnisse, humorvoll dargestellt, berühren den Leser und lassen ihn teilhaben an ihren Erfahrungen.

"Das Licht, das Babaji umgab, wurde stärker und stärker, sein Körper schien beinahe durchsichtig zu sein, fast wie eine Silhouette. .. Licht strömte aus seiner Gestalt, und dieses Licht schien die Aktivitäten ringsum zu dirigieren... Es war, als ob Wasserfälle sich aus meinen Augen ergossen, während ich ständig wiederholte: "Bitte öffne mein Herz - mein Herz ist so verschlossen."... Jeder Blick auf Babaji und das Licht, das ihm umgab, führte meine Erfahrung in eine tiefere Schicht. Licht war um mich, göttliches Licht. Ich badete darin."

Unergründlich tief wie das Meer: Babaji - 108 Begegnungen

G. Reichel (Hrsg.)
4. Auflage 1992, 130 Seiten, 11,5 x 18,5 cm
ISBN 3-926388-22-6 DM 18,00

1970 von einem jungen Mann in einer Höhle am Fuße des Kailash bei Haidakhan entdeckt, lebte und lehrte Babaji von 1979 bis 1984 unter uns. Seine Besucher und Anhänger wurden auf die verschiedensten Weisen immer wieder mit seiner Größe und den übernatürlichen Kräften des Meisters konfrontiert. Dieses Buch enthält 108 kleinere und größere Erlebnisberichte, die der Herausgeberin direkt von Indern und "Westlern" berichtet wurden. Ein bewegendes Buch.

BABAJI - Pforte zum Licht

Ein Erlebnisbericht

von Gertraud Reichel

3. Auflage 1995, 168 S., 9 Fotos,
14,5 x 21 cm ,
ISBN 3-926388-12-9 DM 19,80

Durch Traumvisionen geleitet fand 1970 ein junger Mann in einer Himalaya Höhle einen Sadhu "von vollkommener Schönheit", der wochenlang unbewegt in perfekter Yoga Haltung saß. Schließlich gab er sich als Inkarnation des legendären BABAJI zu erkennen, eines Himalaya- Heiligen aus dem 19. Jahrhundert, der seine Rückkehr angekündigt hatte. In den folgenden Jahren lebte und lehrte Babaji im nordindischen Haidakhan, bis er schließlich auf Ankündigung und - wie er sagte - "nach Erfüllung seiner Aufgabe" freiwillig 1984 seinen Körper verließ.

Dieses Buch ist ein bunter Querschnitt durch den Alltag in Haidakhan, den Reflexionen der Besucher, das Wirken Babajis sowohl im Ashram als auch auf Reisen. Es gibt die ganz persönlichen Erfahrungen und Erlebnisse der Autorin wieder, die, durch einen Traum gerufen, Babaji mehrmals in den Jahren 1979 bis 1984 besuchte und ihn auf einigen Reisen durch Indien begleitete.

Ein Buch, das das Herz anspricht.

Leben aus dem Sein

Ein Buch über Babaji

von Radhe Shyam
2. Auflage 1995, 368 Seiten,
14 Fotos, 15 x 21 cm,
ISBN 3-926388-17-X DM 32,00

Das Leben und Wirken von Babaji, dem Meister vom Himalaja, ziehen sich als roter Faden durch dieses Buch. Die Umkehr als Weg: Diese Botschaft richtet sich an alle Menschen, denen die Heilung unserer Erde am Herzen liegt. Jeder Einzelne ist aufgerufen, seinen Beitrag zu leisten, damit der göttliche Plan - die harmonische Entfaltung der Schöpfung - seine Erfüllung finde. Für die entscheidende Aufgabe der kommenden Jahrzehnte weist die Gestalt und das Beispiel Babajis den Weg: Die Selbstfindung des Menschen ist Verwirklichung des Göttlichen in seiner Schöpfung.

Radhe Shyam, ehemaliger Rechtsanwalt, lebte nach seiner Pensionierung viele Jahre in Haidakhan und leitete den Ashram organisatorisch. Er hat mit diesem Buch in 8jähriger Arbeit ein umfassendes Standardwerk über Leben und Wirken Babajis geschaffen.

Ich bin Du - BABAJI

Botschaften des Meisters vom Himalaya

Maria Gabriele Wosien (Hrsg.)
4. Auflage 1992, 118 Seiten, 11 Fotos,
11,5 x 18,5 cm,
ISBN 3-926388-23-4 DM 16,80

Ein authentischer Querschnitt durch die wichtigsten Reden, Lehren und Prophezeihungen Babajis, den viele Menschen als Avatar verehren, erweitert durch eine kurze Einführung in Leben und Werk dieses Meisters.
Während der vierzehn Jahre, die er hauptsächlich in seinem Ashram in Haidakhan verbrachte, reformierte Shri Babaji das "Sanatana Dharma", die ewige, unvergängliche Religion, führte vedische Feuerzeremonien ein und verbreitete das Mantra Om namah Shivay (Herr, Dein Wille geschehe).

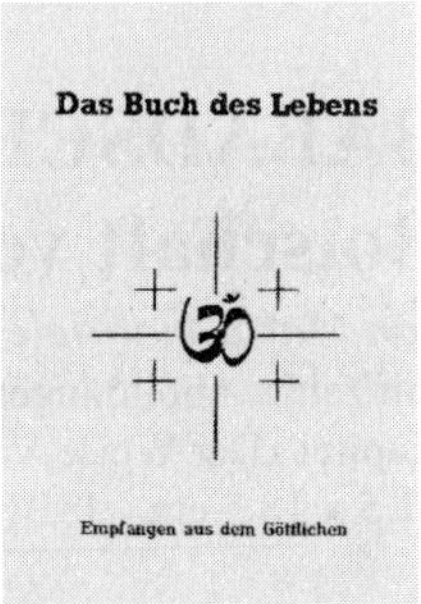

Das Buch des Lebens

v. Radha-Magdalena Bambeck
3. Auflage 1994, 120 S.,
Leineneinband mit Goldschnitt, Fadenheftung,
11 x 15,5 cm, ISBN 3-926388-13-7 DM 19,80

Dieses Buch ist empfangen aus dem Göttlichen. Es enthüllt dir sein Wesen nur, wenn du bereit bist, dein Inneres zu öffnen. Seine Essenz läßt sich nicht mit kritisch-analytischen Gedanken erfassen, aber einem geöffneten Herzen quellen die inneren Reichtümer dieses Buches entgegen.

Ein lesenswertes Buch, das nachdenklich stimmt für jeden, der den geistigen Weg beschreitet.

Babaji-Von Herz zu Herz

von Gertraud Reichel (Hrsg.)
1. Auflage 1991, ca. 230 Seiten, 15x21 cm,
ISBN 3-926388-20-X DM 24,80

Aus Amerika, Indien, Afrika und Europa berichten Menschen ihre tiefgreifenden oft sehr persönlichen Erlebnisse mit Babaji, dem Meister. Sie erfahren wundersame Wandlungen durch die Begegnung mit ihm, durch seine persönlichen Lehren, seine Einfachheit und Wahrheit und durch seine allgegenwärtige Liebe. Die anschaulichen Berichte stimmen nachdenklich und fordern uns auf, unsere eigene heutige Weltanschauung, die oftmals vom Materialismus geprägt worden ist, zu überdenken und zurückzukehren zum wahren menschlichen Sein, zur Menschlichkeit, zu seiner Lehre von Wahrheit, Einfachheit und Liebe.

BABADSCHI

Botschaft vom Himalaya

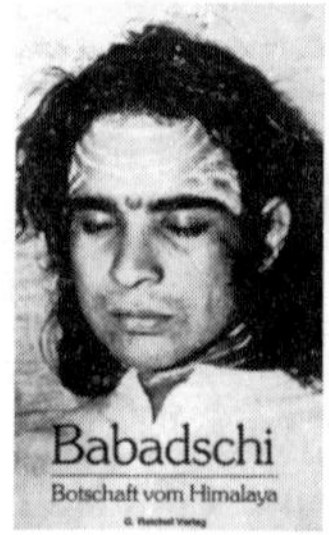

von Maria-Gabriele Wosien, 5. Auflage 1995,
mit zahlr. Abbildungen, erweitert um das
Kapitel „Der Weise Vasishta“, 135 S.,
11,5 x 18,5 cm, ISBN 3-926388-00-5 DM 19,80

Wir befinden uns in einer Zeit des Umbruchs, an der Schwelle zu einem Neuen Zeitalter, wie viele glauben, oder am Abgrund, der endgültigen Vernichtung der menschlichen Rasse, wie andere fürchten. Tatsächlich kann nur noch ein radikaler Wandel des Bewußtseins das "Ruder herumwerfen" und das Raumschiff Erde einer sicheren Zukunft entgegensteuern. An solchen Wendepunkten der Geschichte wird dem Menschen aus anderen Seinsbereichen auch immer verstärkt Hilfe zuteil. Viele große Seelen inkarnieren sich, um den verirrten Menschen den Weg aus dem drohenden Chaos zu weisen.

Babadschi gilt als ein Avatar, d. i. eine Verkörperung des Göttlichen selbst - Avatare erscheinen selten, und immer nur dann, wenn nur noch das direkte Eingreifen des Göttlichen selbst den Lauf der Geschichte ändern kann. Babadschi gilt als die Inkarnation des Gottes Schiwa, des großen Zerstörers und Erneuerers. Yogananda spricht in seiner "Autobiographie eines Yogi" von ihm als dem großen Führer der Menschheit im Verborgenen. Welchen Weg werden die Menschen wählen?

Der Weg des Tänzers

Selbsterfahrung durch Bewegung

Bernhard Wosien

Maria Gabriele Wosien (Hrsg.)
zahlr. Abb., 17 x 24 cm, 135 Seiten
ISBN 3-926388-29-3 DM 26,00

Thema dieses Buches ist der Tanz als Weg zur Ganzheit.

Bernhard Wosien, Künstler im umfassenden Sinn - Tänzer, Tanzpädagoge, Choreograph, Zeichner und Maler - vermittelt seine ganz persönlichen Erfahrungen und gibt einen Überblick über die Entwicklung des Tanzes: von den Mythen und Symbolen der Antike über das Exercice des klassischen Balletts hin zum höfischen Tanz und der europäischen Folklore. Die von ihm entwickelte *Meditation des Tanzes* (Sacred Dance) hat der religiösen Dimension dieser Kunst neue Impulse gegeben.

Erkenntnisse aus Atlantis

Wandlung durch neue Energiemuster
Kristall-Heilung

Dr. Frank Alper, zahlr. Abbildungen
2. Aufl. 1991, 14,5 x 21 cm, 392 Seiten,
ISBN 3-926388-19-6 DM 36,00

Dieses Buch besteht aus einer Reihe spiritueller gechannelter Vorträge von Dr. Frank Alper. Es beschäftigt sich zum größten Teil mit der Anwendung von Kristallen, wie sie zur Zeit von Atlantis zum Heilen benutzt wurden. Es werden zahlreiche Legemuster für viele Krankheiten beschrieben, was eine wertvolle Ergänzung zu alternativen Heilmethoden ist. Ferner sind in diesem Buch die spirituellen, sozialen, moralischen und sexuellen Gewohnheiten der alten Atlanter beschrieben.

Dr. Frank Alper ist im Südwesten der USA ein bekannter und angesehener Lehrer für Metaphysik und spirituelles Wachstum. Die gechannelten Texte werden in Amerika in regelmäßigen Abständen herausgegeben und veröffentlicht. In den letzten Jahren ist der Autor auch in Deutschland durch seine Seminare bekannt geworden.

Das Universelle Gesetz für das Wassermann Zeitalter

Dr. Frank Alper,

14,5x21cm, 136 Seiten
ISBN 3-926388-21-8 DM 24,80

Das Universelle Gesetz ist eine Vibration - ständig in Bewegung und sich erweiternd. Jeder Mensch ist in seinem Leben verantwortlich für die Auslegung und Anwendung dieses Gesetzes. Wird durch eine Handlung ein Fehler begangen, kann er durch eine andere Handlung bereinigt werden. Das nennt man Karma. Das Wachstum der Menschheit wird durch dieses Prinzip gewährleistet.
Dieses Buch ist gechanneltes Wissen. Es wird im Wassermann-Zeitalter immer größere Bedeutung erlangen. Es regt dazu an, die eigene Wahrheit zu finden und in Übereinstimmung mit ihr zu handeln.

Sternensaat

Das galaktische Erbe der Menschheit

Lyssa Royal & Keith Priest,
120 Seiten, 14,5 x 21 cm,
ISBN 3-926388-27-7 DM 26,00

Sternensaat untersucht die Idee des Schöpfungsprozesses aus einer provozierenden Sicht. Die Vorstellungen, daß die Menschen das Ergebnis einer Evolution sind, werden zu Fall gebracht. Die Autoren vertreten das Konzept, daß das humanoide Kollektivbewußtsein (oder Seele) unser Universum zu ganz bestimmten Zwecken schuf. Welches sind diese Zwecke? Wer war und ist an diesem Prozeß beteiligt? Die Antworten auf diese und andere Fragen eröffnen erstaunliche Möglichkeiten. Sternensaat beschäftigt sich ferner mit den verschiedenen außerirdischen Rassen und ihrer Verwicklung mit der sich entfaltenden Erde. Ein einzigartiges Buch, das zum Verständis unseres Hierseins auf diesem Planeten beiträgt. Das Buch ist in Amerika und in Japan bereits in der 6. Auflage erschienen.

Besucher von Innen

Lyssa -Royal u. Keith Priest
200 S., 15 x 22,5 cm,
ISBN 3-926388-26-9 DM 32,00

"Besucher von Innen" untersucht den außerirdischen Kontakt und das Entführungsphänomen auf einzigartige und fesselnde Weise. Eine außerirdische Rasse, die Zeta Reticuli, schildern durch das international bekannte Medium Lyssa Royal die Vergangenheit ihrer Rasse, streifen das galaktische Erbe der Menschheit und geben Antworten auf die am häufigsten gestellten Fragen. Was sucht die fremde Rasse auf der Erde? Warum werden Menschen entführt? Welches ist der Zweck ihrer Genexperimente? Gibt es bereits Hybriden?

Die gechannelten und neuartigen Aussagen ergänzen das bestehende Wissen der UFO-Thematik und tragen zur Erweiterung unseres Bewußtseins als Teil einer intergalaktischen Familie bei.

Der Armstrong Report

Außerirdische und UFO´s -

Sie brauchen uns, wir sie nicht!

Virgil Armstrong, 1. Auflage 1993, 144 S.,
14,5 x 21 cm, ISBN 3-926388-24-2 DM 26,00

Der Autor schildert seine Erlebnisse mit UFOs und Außerirdischen, den Zweck ihres Hierseins, erklärt ihre Experimente mit Menschen und gibt Einblick in die Verschleierungstaktik der amerikanischen Regierung.

Virgil Armstrong nahm an der ersten in den USA bekannten Bergung eines UFO's teil, dem "Project Grudge" auf dem Testgelände White Sands, New-Mexico. Bei seinen späteren UFO-Forschungen entwickelte er telepathische Fähigkeiten, die es ihm ermöglichten, mit höheren Intelligenzen zu kommunizieren. Seit seiner Pensionierung reist der Autor durch die USA und Europa. In seinen Seminaren gibt er sein Wissen über Außerirdische, UFO's und die momentane Reinigung der Erde sowie die Rolle der Weltraumbruderschaften während des Aufstiegs des Planeten Erde in das vierdimensionale Bewußtsein weiter.

Der Andreasson Fall

Dokumentierte Untersuchung der Entführung einer Frau durch ein UFO

Neuerscheinung Sommer 1995
von Raymond E. Fowler, Vorwort von J. Allen Hynek
G. Reichel Verlag, ISBN-3926388-31-5 DM 36,00

Im Januar 1967 wurde Betty Andreasson von Wesen aus einer anderen Welt besucht. In Gegenwart ihrer sieben Kinder und ihrer Eltern wurde sie von Außerirdischen in das wartende Ufo geführt und zu deren Planeten geflogen. Ihr wurden fremde Wesen, Landschaften und Gebäude gezeigt, die sie beschreibt.

Der Leser sieht die Sphäre der Außerirdischen durch ihre Beschreibungen und zahlreiche Zeichnungen. Betty hatte ebenfalls ein tiefgehendes religiöses Erlebnis während dieses Zwischenfalls. Ihr wurden Informationen über die mögliche Zukunft der Menschheit gegeben, und es wurde ihr aufgetragen, sie der ganzen Welt mitzuteilen. Dieses Buch wurde zu ihrem Kanal.

Der aus dem Amerikanischen übersetzte Ufo-Klassiker düfte UFO-Forscher und Skeptiker gleichermaßen interessieren.

Die **„New York Times" schreibt** :" Dieses Buch, wenn wahr, muß als großer Klassiker der wissenschaftlichen Revolution angesehen werden".